KB074164

한국의 사상가 10人

수운 최제우

예문동양사상연구원총서 10

한국의 사상가 10人 —— 수운 최제우

Ten Korean Thinkers, Su-un Choi-Jewoo

엮은이   예문동양사상연구원 / 오문환
펴낸이   오정혜
펴낸곳   예문서원

편 집   김병훈
인 쇄   상지사
제 책   원진제책

초판 1쇄   2005년 9월 20일

주   소   서울시 동대문구 용두2동 764-1 송현빌딩 302호
출판등록   1993. 1. 7 제5-343호
Homepage   http//www.yemoon.com
E-mail   yemoonsw@unitel.co.kr

ISBN 89-7646-199-1 93150

YEMOONSEOWON 764-1 Yongdu 2-Tong, Tongdaemun-Ku Seoul KOREA 130-824
Tel) 02-925-5914, 02-929-2284 Fax) 02-929-2285

값 23,000원

예문동양사상연구원총서 10

한국의 사상가 10人

수운 최제우

예문동양사상연구원
오문환 편저

예문서원

'한국의 사상가 10人'을 출간하며

　예문동양사상연구원이 출범한 지도 어느덧 5년이 되어 간다. '반추反芻'라는 반성적 행위의 성격이 늘 그렇듯이, 지난 5년의 시간도 되돌아보면 만족감보다는 아쉬움이 더 많이 남는다. 우리 동양철학계의 연구 분위기를 활성화시키는 데 조그만 힘이나마 보탬이 되어 보겠다는 포부에서 출범을 하긴 했지만, 그동안 그런 출범 취지를 구현하기 위해 얼마나 제대로 노력해 왔는가를 자문하면 사실 머뭇거리지 않을 수 없기 때문이다. 특히 초기의 지나친 의욕으로부터 비롯된 몇몇 시행착오와 예상치 못했던 현실적 난관들로 말미암아 애초에 구상하였던 사업들 가운데 일부를 불가피하게 축소할 수밖에 없었던 점은 여전히 많은 아쉬움을 준다. 이와 같은 경험들은 향후 연구원의 발전에 반면거울로서 소중한 자산이 될 것으로 기대해 본다.

　하지만 이런 반성의 마음가짐 속에서도 한편으로 나름대로의 성취도 확인하고 자랑하고픈 생각도 있음을 솔직히 고백하지 않을 수 없다. 그 가운데 동양철학과 관련된 종합학술정보지 『오늘의 동양사상』의 꾸준한 발간은 우리 연구원이 가장 손꼽고 싶은 성과이다. 국내의 척박한 동양철학 연구 현실을 생각할 때 처음에는 여러 가지 우려도 있었지만, 결과적으로 짧은 시간 안에 동양철학계의 대표적인 학술정보지로 자리를 잡았고 또 그에 상응하는 외부적인 평가도 받고 있다는 사실에 외람되지만 뿌듯한 자부심을 느낀다. 동양철학계의 연구 쟁점들을 지속적으로 예각화시켜 연구자들로 하여금 향후 연구 동향의 방향을 가늠케 하고 또 관련되는 자료를 꾸준히 정리해 냄으로써 연구의 여건을 실질적으로 뒷받침하는 데 일익을 담당하려는 것이 우리 예문동양사상연구원의 궁극적인 존립 이유이다. 그러므로 이런 점에서 볼 때 『오늘의 동양사상』에 대한 우리의 애정은 남다를 수밖에 없다. 그것은 곧 우리 연구원이 지향하는 바를 잘 드러내 주고 있는 하나의 지남指南이기 때문이다.

　여기 우리 연구원의 두 번째 출판물로 선보이는 '한국의 사상가 10人' 시리즈 역시 『오늘의 동양사상』에 투영되어 있는 우리의 그와 같은 관심이 온축된 결과이다. 한국사의 대표적인 사상가 10인(元曉, 義天, 知訥, 退溪, 南冥, 栗谷, 霞谷, 茶山, 惠崗, 水雲)을 선정하여 그들에 대한 지금까지의 연구사를 정리함으로써 이들 사상가들에 대한 앞으로의 연구에 충실한 나침반을 제공해 보자는 것이 이 시리즈의 기획 의도이다. 이런 기획 의도에 따라 이 시리즈는 공통적으로 다음의 세 부분으로 구성되어 있다. 첫째 부분은 해당 사상가에 대한 그동안의 연구사를 편저자가 총괄적으로 정리한 해제이다. 이를 통하여 우리는 해당 사상가에 대한 그동안의 연구가 어떤 궤적을 그리며 진행되어 왔는가를 한눈에 살펴볼 수 있을 것이다. 이어서 둘째 부분은 해당 사상가의 사상적 면모를 다양한 각도에서 접근할 수 있게 안내해 주는 대표적인 논문들의 모음이다. 해당 사상가의 사상은 어떤 과정을 거치면서 체계화되었으며, 또 연구자들 사이에서는 무엇이 쟁점인지 하는 등의 실질적인 문제에 대한 이해를 이 부분을 통하여 심화시킬 수 있을 것이다. 마지막 셋째 부분은 연구물 목록이다. 여기에는 그동안 나온 해당 사상가에 대한 연구 성과물이 총망라되어 있어 유용한 자료집 역할을 할 수 있을 것으로 기대한다.

　공부의 성패는 어떻게 보면 넘치는 정보의 바다에서 효율적으로 항로를 잡아

가는 능력과 직결된다고 해도 과언이 아닐 것이다. 더구나 오늘날과 같은 정보의 과잉 시대에 그런 능력은 한층 필수적이다. 그러므로 특정 분야의 그간의 연구 현황과 주요 성과들 그리고 그와 관련된 선행 연구들에 대한 정보를 종합적으로 갈무리해 내는 이와 같은 작업의 중요성은 말 그대로 아무리 강조해도 지나치지 않을 것이다. 이런 점에서 이 총서가 한국 사상에 관심이 많은 일반 독자들과 관련 전공자들의 연구에 작은 보탬이라도 될 수 있기를 바라마지 않는다.

끝으로 논문의 게재를 흔쾌히 수락하고 또 출간도 끈기 있게 기다려 주신 필자 선생님들께 감사를 드린다. 특히 해당 분야의 수록 논문 선정에 많은 조언을 해주시고 해제까지 집필하는 수고를 마다하지 않으신 편저자 선생님들께도 이 자리를 빌려 깊은 감사를 드린다. 만약 이 총서가 우리 동양철학계에 기여하는 면이 있다면 그 공은 전적으로 이 분들의 몫이다.

2002년 12월 5일
예문동양사상연구원
'한국의 사상가 10人' 간행위원회

간행위원장: 김충열(고려대 명예교수)
간 행 위 원: 고영섭(동국대 강사) 김교빈(호서대 교수) 김용현(한양대 교수) 박원재(고려대 강사)
박홍식(경산대 교수) 오문환(연세대 강사) 오이환(경상대 교수) 윤사순(고려대 교수)
이병욱(고려대 강사) 이덕진(고려대 강사) 이승환(고려대 교수) 황의동(충남대 교수)
홍원식(계명대 교수) (이상 가나다순)

해제 : 수운 최제우에 대한 연구현황

오 문 환

1. 수운 연구의 경향

1. 일반적 경향

수운 최제우는 1860년 음력 4월 5일 한울님[1] 체험으로 무극대도를 세우고 동학을 가르쳤다. 수운은 이 한울님 체험을 당시의 담론을 주도하던 유학의 개념으로 『동경대전』을 통해 철학적으로 풀어내고, 일반민의 말이었던 한글로 된 근대적 가사집인 『용담유사』로 노래했으며, 강령주문과 시천주 본 주문으로 구체적인 수행법으로 제시하였다. 수운은 "13자 지극하면 만권시서 무엇하며 심학이라 하였으니 불망기의 하였어라"(「교훈가」)[2]라고 하여 세 번째 길인 주문수행을 가장 중시하였다.

수운에 대한 연구는 지금까지 주로 종교학과 역사학의 시각에서 주로 이루어졌다. 그러나 수운의 철학과 행적에 대한 연구보다는 동학운동 연구의 연장선상에서 이루어져 왔다. 사회화된 수운이 중시되고 있음을 알 수

---

1) 『용담유사』 경주 계미판에는 '호놀님'으로 표현되어 있다. 천도교의 공식표기는 '한울님'이며 이를 따라 이하에서는 '한울님'으로 표기한다.
2) 이하에서 수운 저서의 인용은 경주 계미판을 저본으로 하며 편명만 기록한다.

있다. 사회화된 수운을 떠난 수운 개인을 생각할 수는 없을 것이다. 그럼에도 불구하고 이 책에서는 수운의 동학에 초점을 맞춘 연구들을 총 585건을 선정하여 연구 목록으로 수록하였다. 그러므로 동학농민혁명을 위주로 다룬 연구들은 포함되지 않았다.

1860년 한울님 체험을 논리적이고도 체계적으로 풀어낸 것이 수운의 철학과 사상을 형성한다. 그러므로 수운의 종교적 체험은 철학과 사상에 앞서서 연구 대상으로 된다. 천도교 교단의 연구들은 대부분 종교학적 접근으로 분류했기 때문에 양적인 다수를 점한다. 역사학계에서는 수운에서 시작된 새로운 사상이 1894년의 동학농민혁명, 3·1운동에서 구체적으로 어떻게 표현되는가에 초점이 맞추어져 왔다. 총량으로 볼 때 종교학적 연구가 총 140편에 이르는 반면 역사학적 연구가 97편에 머물고 있는 이유는 동학농민혁명이나 3·1운동에 초점을 맞춘 역사학계의 연구들을 연구 목록에 포함시키지 않았기 때문이다. 이들을 포함시킨다면 역사학계의 연구 성과가 훨씬 더 많을 것이다. 철학적 연구들은 주로 학계에서의 논의가 주류를 이루고 전공자가 소속된 학과보다는 연구 논문이 다루는 주제의 성격에 따라서 분류하였기 때문에 철학적 연구가 총 159편으로 양적으로 가장 높은 수치를 보여 주고 있다. 그러나 이 수치는 현재 철학계에서 동학 연구가 활발하게 진행되고 있음을 보여 준다기보다는 다양한 학문 분야에서 동학사상과 철학에 대한 관심이 높다는 점을 반영하고 있다.

시기별로 볼 경우 1970년대에 102편의 연구가 발표되어 수운에 대한 본격적인 연구가 시작되어 1980년대에는 209편으로 최고조를 이루고 1990년도에도 그 여세가 지속되어 165편의 연구 성과가 발표되었다. 1980년대와 1990년대에 들어서서는 사회학과 정치학 등 사회과학에서의 관심이 돋보인다. 이는 1980년대의 민주화 운동과도 무관하지 않을 것이다. 그리고 교육학과 국문학계에서도 연구가 크게 증대되고 있어 전체 학문 분야에서 수운의 동학에 대한 관심이 크게 증대되었음을 알 수 있다. 1990년대에 이르게 되면 동학은 단일 주제로서 학문 분과에서 특히 많은 연구 관심을 보여준 주제 중의 하나가 된다.

<표1> 학문분야별 연구현황

학문분야 / 연도	교육학	국문학	사회학	역사학	정치학	종교학	철학	총계
해방 이전	0	0	0	10	1	4	6	21
1950년대	0	0	0	1	0	2	6	9
1960년대	0	0	0	17	3	24	22	66
1970년대	1	8	1	17	6	31	38	102
1980년대	19	32	11	37	20	49	41	209
1990년대	25	18	12	15	25	29	41	165
2000년대	1	2	0	0	4	1	5	12
총 합계	46	60	24	97	59	140	159	585

연구형태별로 보면, 단행본 저서의 경우 해방 이전부터(한국전쟁 기간 제외) 비교적 꾸준한 연구 업적을 나타내고 있다. 해방 이전에 단행본 저서가 많은 것은 이돈화 등의 천도교 측 인사들에 의한 연구 업적이 많았기 때문이다. 반면 1980년대와 90년대의 연구 저서들은 주로 학계에서 주로 발표된다. 편저의 경우는 연구 성과들이 어느 정도 축적된 1990년도에 많이 출간되었음을 알 수 있다. 학계에서의 관심의 척도를 보여주는 석사논문의 경우 이미 1960년대에 3편이 발표되고, 1980년에 양적으로 크게 신장되어 34편이 제출되었으며, 1990년도에는 거의 2배에 이르는 59편이 출간되었다. 박사학위논문의 경우 1980년대에는 4편이, 90년대에는 9편이 제출되어 동학 연구가 학계에 뿌리를 내리기 시작했음을 알 수 있다. 그러나 아직까지 대학 강의에서 동학은 크게 다루어지지 않고 있는 실정이다. 에세이로

분류되는 글들은 논문의 형식은 아니지만 수운 연구에서 학술적 가치를 가
지는 글들을 의미하는데, 선택 기준에 따라 그 양이 유동적이다.

일반논문은 학계에서 논문의 형식을 갖추어 학술지에 발표된 글들로서,
1960년대에는 38편이었다가 70년대에는 65편으로 성장하고 80년대에는
126편으로 급신장된다. 1980년대 동학 연구가 급신장하는 것은 80년대를
거치면서 한국 사회가 정치적 민주화, 경제적 성장, 사회적 다양화, 문화적
자기정체성이 복잡하게 상호작용하면서 상승하는 역사의 전환기적 영향
때문이라고 할 수 있을 것이다. 1990년도에 들어서 80년도의 절반에 못 미
치는 61편이 발표된 것은 동학 연구의 거품이 빠지면서 안정을 찾아가는
것으로 볼 수 있을 것이다. 석사논문과 박사논문의 경우에는 1990년도에도
증가세를 보여 주고 있다. 1990년대 말에 출범하는 동학학회들과 학회지들
은 향후 지속적인 동학 연구의 가능성을 뒷받침해 준다.

<표2> 연구형태별 연구현황

연구형태 연도	단행본 저서	단행본 편저	박사 논문	석사 논문	에세이	일반 논문	총계
1945이전	8	1	0	0	12	0	21
1950년대	1	1	0	0	0	7	9
1960년대	3	1	0	3	21	38	66
1970년대	8	7	0	9	13	65	102
1980년대	21	7	4	34	17	126	209
1990년대	17	12	9	59	7	61	165
2000년대	2	0	0	0	1	10	13
총 합계	60	29	13	105	71	307	585

이와 같은 연구들을 먼저 주제별로 세분화하여 살펴보고 시기별로 어떤
특성을 드러내는지 살펴보도록 하자.

2. 문헌 연구

1) 수운의 저서

수운의 저서로는 한문으로 된『동경대전東經大全』과 한글로 된『용담유사』가 있다.『동경대전』에는 「포덕문布德文」, 「논학문論學文」, 「수덕문修德文」, 「불연기연不然其然」, 「탄도유심급歎道儒心急」, 「전후팔절前後八節」 및 시문들이 들어 있고,『용담유사』에는 「용담가」, 「안심가」, 「교훈가」, 「도수사」, 「권학가」, 「몽중노소문답가」, 「도덕가」, 「흥비가」 등 8편의 가사가 수록되어 있다.

전해지는 수운의 저서 판본은 인제麟蹄 경진판庚辰版, 목천木川 계미판癸未版, 경주慶州 계미판癸未版, 무자판戊子版 등이 있으나 현재 전해지는 판본은 1883년(癸未版) 6월에 경주에서 간행된 목각판이다. 그러나 실제 간행한 곳은 경주가 아니라 목천이었으며 공주접이 주도하였다. 대부분의 연구자들은 이 판본에 의거하여 연구하고 있다.

경진판은『최선생문집도원기서崔先生文集道源記書』의 기록에 의하면 경진년(1880) 강원도 인제 갑둔리에 경전 간행소를 차려 놓고 한 달 간의 작업 끝에 완성하여 100여 부로 출간하였다고 한다.

목천 계미판은『천도교회사초고』에 따르면 계미 2월에 해월 최시형이 충청도 목천군 구내리 김은경의 집에 간행소를 설치하여『동경대전』1,000여 부를 발간했다고 기록되어 있으나,『순무선봉진첩록巡撫先鋒陣瞻錄』갑오 10월 27일조에 의하면 목천 복구정 대접주 김용희와 김성지가 6천 량의 돈을 마련하여『동경대전』100부를 개간한 다음 30부를 최시형에게 주고 70부는 김용희와 김성지가 반씩 나누었다고 한다. 현재 필사본이 전해지고 있다.

무자판은 1888년 인제접의 김병내가 인제군 남면의 도인들의 도움으로 최초판본인 경진판의 누락된 부분과 잘못된 부분을 바로잡아 간행한 것으로, 현재 천도교중앙총부에 원판본이 보존되어 있으며 영월읍의 유시헌의 후손 유돈격이 필사본을 소장하고 있다. 현재 전해지는 판본들 간에는 자구상의 사소한 차이 등이 보이나 사상적인 현격한 차이를 가져올 수 있는 내용상의 차이는 눈에 띄지 않는다.

수운에 대한 문헌학적 연구는 천도교중앙총부가 『천도교경전』을 간행하는 과정에서 주로 연구되었다. 주요 연구로는 김경탁, 「동학의 동경대전에 관한 연구」(『아세아연구』 41, 1971); 교서편찬위원회, 「경전통일을 위한 수정작업」(『신인간』 368~386, 1979. 6~1982. 4); 표영삼, 「경전에 관한 사료상 문제점」(『신인간』 397, 1982. 4); 이형근, 「용담유사의 이본고」(부산대학교, 『어문교육논집』 9, 1986); 박맹수, 「동경대전에 대한 기초적 연구」(한국정신문화연구원, 『정신문화연구』 34, 1988); 교서편찬위원회, 「경전간행에 대하여(1~3)」(『신인간』 485~487, 1990. 8~10); 동학농민전쟁사료편찬위원회, 『동학혁명자료전시도록 및 총서해제목차집』(사예연구소, 1996); 윤석산 주해, 『동경대전』(동학사, 1996); 윤석산 주해, 『용담유사』(동학사, 1999) 등이 있다. 지금까지의 판본 연구에 의하면 수운 사상의 전체 내용에 큰 영향을 주는 판본간의 차이점은 나타나지 않는다. 앞으로 저서와 행적을 연결시킨 보다 심도 있는 문헌학적 연구가 요망된다.

2) 수운의 행적

수운의 행적에 대한 기록은 『최선생문집도원기서崔先生文集道源記書』와 『대선생주문집大先生主文集』(『水雲齊文集』)이 기초 자료가 되고 있으며, 해월 이후 의암 손병희가 동학을 천도교로 이름을 바꾼 뒤에 간행된 기록으로는 『본교역사本敎歷史』, 『천도교서天道敎書』, 『시천교종역사侍天敎宗繹史』 등이 있다.

『최선생문집도원기서』(이하 『도원기서』)는 해월 최시형을 보좌하는 차도 주였던 강시원이 쓴, 수운이 탄생한 1824년부터 1879년까지의 역사를 기록한 책이다. 이 책에는 1864년까지의 수운의 행적, 해월에 의한 동학재건활동, 1872년 영해 이필재의 교조신원운동, 수운 가족의 고난사 등이 비교적 자세하게 기록되어 있다. 『대선생주문집』(이하 『수운문집』)에 대하여 김상기 교수는 제사題辭에서 "천도교측의 자료(天道敎書)와 비교해 본즉 어느 일파에 치우치지 아니하고 공평한 처지에서 사실을 그대로 전한 것이 또 하나의 특색"이라고 평가한다. 실제로 『수운문집』은 수운과 해월의 관계에 있어서 『도원기서』의 내용과 약간의 차이가 있다. 『도원기서』가 해월의 정통성을 부각시킨 데 비해 『수운문집』에는 그러한 내용이 나타나지 않는 것이다.3) 위의 두 기록은 천도교사의 기초 자료로 이용된다.

『본교역사』는 1910년 8월 1일 창간된 『천도교회월보』에 오상준이 집필하여 연재한 글이다. 이 글에는 '수운'편과 '해월'편이 실려 있으나 1893년의 보은집회와 1894년의 동학농민혁명에 대해서는 기록이 없다. 『시천교종역사』는 시천교 관도사 박형채가 집필하여 1915년 1월에 간행한 것으로 이용구가 일진회와 손잡는 과정이 자세하게 기록되어 있다. 시천교는 수운과 해월을 스승으로 모시고 있다. 『천도교서』는 1920년 1월 15일부터 3월 31일까지 2개월 반에 걸쳐 전국에서 220명의 청년 교인이 참가했던 천도교청년임시교리강습회의 교재로서 수운, 해월, 의암의 법설로 이루어진 경전과 역사를 수록한 프린트물이다.

수운의 사상과 행적에 관련된 문헌들에 대한 연구는 역사학자들에 의해 상당 정도 발굴·분석되었다. 그리고 수운의 행적을 파악하는데 직·간접

---

3) 예를 들어 1862년 3월 해월이 단독으로 수운을 찾아간 것으로 『도원기서』에는 기록되어 있으나 『수운문집』에는 박하선과 하치욱과 함께 방문한 것으로 기록되어 있다. 또한 1863년 7월 기록을 보면 『도원기서』는 해월이 북도중주인으로 정해진 것으로 기록하고 있으나 『수운문집』에는 이런 내용이 없다. 1863년 8월 13일 해월은 수운은 단독 면담하여 여러 가지 신비체험을 한 것으로 『도원기서』는 기록하고 있는 반면 『수운문집』에는 그런 내용이 없다.

적으로 관련된 일차 사료들에 대한 문헌 연구도 어느 정도 이루어져 있다. 대표적인 연구들을 보면 다음과 같다. 표영삼, 「수운 대신사의 생애」(『한국사상』 20, 1985. 7); 계훈모, 「천도교(동학) 관계문헌 목록」(『신인간』 306~9, 1973); 박맹수, 「동학, 천도교 관계 논저목록」(『신인간』 482~488, 1990. 5~11); 이현희, 「동학관계 참고자료 문헌목록」(『동학사상과 동학혁명』, 청아출판사, 1984). 그러나 1860년 이전 수운의 행적에 대해서는 수운 저서에 나타나는 기록 이외의 객관적인 기록은 찾기가 어렵다. 수운의 행적과 관련된 구전된 이야기들을 모은 글로는 조동일, 『동학성립과 이야기』(홍성사, 1981); 이광순, 「수운선생과 동학창도」(『한국사상』 10, 1972) 등이 있다.

3) 동학사상 및 동학농민혁명 사료집

수운 사상은 동학농민혁명과 밀접한 관계가 있다. 동학사상과 동학농민혁명에 대한 자료들과 해제는 이미 몇 차례에 걸쳐서 수집되어 간행되었다. 1959년 국사편찬위원회는 동학농민혁명과 관련된 사료들을 모아서 활자화하여 『동학난기록』 상하로 간행, 연구자들에게 많은 도움을 주었다. 그 후 20년이 지난 1979년에는 백순재, 신일철, 신용하, 이광린을 편집위원으로 하여 아세아문화사에서 『동학사상자료집』 1~3권을 간행하였는데, 이로써 연구자들은 사료를 찾는 시간을 절약하고 보다 심도 있는 연구를 진행할 수 있게 되었다. 이 사료는 동학사상과 관련된 핵심적 원전들을 대부분 수록하고 있다. 1986년에는 신용하, 이이화, 정석종 등을 편집위원으로 하여 여강출판사에서 동학농민혁명과 관련된 『한국민중운동사대계 — 1894년의 농민전쟁편』 2책을 영인하였다. 그리고 동학농민혁명 100주년을 앞두고 1989년 역사문제연구소에서는 동학농민전쟁백주년기념사업추진위원회를 발족, 주로 동학농민혁명과 관련된 자료들을 수집하여 1996년에 총 30권에 이르는 방대한 사료집을 간행하였다. 이 사료집은 수운의 사상과 행

적을 파악하는 일차 자료로서 연구자들에게 많은 도움이 되고 있다. 중국
과 일본 등지의 해외자료 간행이 앞으로의 작업으로 남아있다.

3. 새로운 도덕과 사상적 배경

1) 도덕과 수도

수운은 "13자 지극하면 만권시서 무엇하며"(「교훈가」)라고 하여 시천주侍
天主 주문을 통한 수도를 중시했다. 도덕에 대한 공허한 앎보다는 한울님
에 대한 '경외지심敬畏之心'을 강조한 것이다. 또한 수운은 한울님 마음을
지키고 기운을 바로잡는 '수심정기修心正氣'는 자신이 정한 것이라 하였으
며, 한울님 기운이 사람의 몸에 직접 작용하는 '기화지신氣化之神'을 강조
했다. 보편적 천리나 천명보다는 구체적 생활 속에 살아 계신 한울님, 숨
한번 쉬고 몸 한번 움직이는 가운데 살아서 작용하는 하늘의 법칙(天命)에
주목한 것이라고 할 수 있다. 그는 또 천명이 사람과 우주자연에 어떻게
작용하는가를 「불연기연不然其然」을 통하여 논리적으로 설명하였다. 그에
게 있어서 도덕과 수도는 뗄 수 없는 관계에 있다. 이 점에 대한 연구는
일차적으로 해월을 비롯한 수운 생존 당시의 제자들에 의하여 이루어졌다
고 보아야 할 것이다. 그러나 여기에서는 수운에 대한 근대적인 연구들을
주로 정리한다.

수운의 철학을 근대적으로 해석한 대표적인 사상가로는 이돈화를 들 수
있다. 이돈화는『인내천요의』(1924),『수운심법강의』(1926),『신인철학』(1930)
등의 저서와, 천도교의 대중지라고 할 수 있는『개벽』과『신인간』에 발표된
많은 글들을 통해 수운 철학의 근대화에 이바지하였다. 다만 그가 수운의
뜻을 정확하게 전달하였는지는 더 논의되어야 할 문제이다. 이돈화는 수운
철학의 핵심을 '신인간'에서 찾고 있다. 신인간은 한울님을 모시는 사람으
로서, 개체가 아닌 사회 속에서 무궁한 자신을 찾는, 시대와 사회에 알맞은

창조적 인간이다. 이돈화는 이러한 신인간을 죽은 뒤의 내세나 창공이 아닌 현실세계에서 사람의 힘에 의하여 천국을 실현하는 사람이라고 본다. 수운이 '흐늘님' 등으로 표현한 천주天主를 우주만물을 창조하고 그 안에 내재한 절대자로 '한울님'이라는 표현을 사용하고 이를 철학적으로 뒷받침한 사상가도 이돈화라 할 수 있다. 천도교계에서는 이돈화 이외에 백세명이 『동학사상과 천도교』(대성출판사, 1947), 『천도교경전해의』(천도교중앙총부, 1969) 등의 저서를 통해 수운 철학을 분석적으로 해석하였다.

월산 김승복은 1961년부터 『신인간』에 수도에 기초하여 수운의 도와 덕을 새롭게 이해하는 글을 40여 회 연재하였다. 월산은 생각, 말, 글보다는 직접 몸으로 실행·체득하는 동학의 도와 덕을 강조한다. 이 책에는 도를 이루고 덕을 세우는 구체적인 실천을 강조한 「수심정기修心正氣」, 「기화지신氣化之神」, 「인내천 사람」을 하나로 묶어 싣는다. 수운이 논리나 사유로부터 철학을 시작하는 것이 아니라 마음의 신묘한 경지에 대한 체득에서부터 철학적 논의를 시작한 것과 같이, 월산도 수도를 통한 체득을 강조한다. 단순히 아는 것에 그치는 것이 아니라 직접 그 맛을 보는 마음의 경지가 잘 그려지고 있다. 김춘성은 종교학적 시각에서 수도를 통해 도덕을 실현하는 과정을 잘 분석하고 있다. 도덕과 수도에 대한 연구는 주로 천도교인을 중심으로 진행되어 왔다.

수운은 자신의 도를 '무극대도'로 부르면서 수도를 강조했는데, 이에 대한 연구는 아직 그리 많지 않으며 앞으로 연구될 과제로 남아 있다. 주요 연구들은 다음과 같다. 김승복, 「수도를 어떻게 할 것인가?」(『신인간』 225, 1961. 12); 김승복, 「수도의 계단」(『신인간』 349, 1977. 8); 김춘성, 「동학의 종교 철학적 고찰 — 신앙과 수도를 중심으로」(『부산예술학교논문집』 창간호, 1995. 12); 최동희, 「수운의 수도에 관한 사상」(『신인간』 269, 1969b); 최동희, 「동학의 종교적 동기와 수도목적」(『한국철학연구』 1, 해동철학회, 1970. 5); 김

승복, 「수도의 목적과 방법」(『신인간』 348, 1977. 7); 최동희, 「도의 의미와 그
한국적 전개 ─ 동학의 '도' 개념을 중심으로」(『한국사상』 10, 1972.8).

2) 수운의 사상적 배경

동학과 한국사상

수운은 "우리 도는 이 땅에서 받아 이 땅에서 폈으니 어찌 서라고 하겠
는가"(「논학문」)라고 하면서 '도는 천도이나 학은 동학'(「논학문」)이라 하여
사상적 주체성을 보여 주고 있다. 수운은 '한울님 마음이 곧 자신의 마음'
이라는 천인합일의 경지에 이르러 유불선 종교철학의 근원으로서 새로운
무극대도를 제시하면서 이는 '옛적에도 없으며 지금도 없는 독창적인 도이
며 만고에 비할 데 없는 법'(「논학문」)이라고 자부하였다. 또한 '편언척자 없
는 법을 어디 가서 본을 볼꼬'(「교훈가」)라고 하여 새로운 도법임을 분명히
한다. '학은 동학이고 도는 천도'라는 수운의 언명은 주체적 보편철학의 성
격을 단적으로 보여 준다. 한국에서 태어나서 한국에서 펴 낸 주체적인 보
편진리임을 천명한 것이다. 수운의 이러한 측면은 한국사상의 맥락에서 연
구되었다.

최동희, 신일철 등의 교수들이 중심이 되어 결성한 한국사상연구회에서
는 1957년부터 계속 『한국사상』이라는 학술잡지를 펴내 오고 있다. 수운 철
학에 대한 심도 있고 폭넓은 연구 성과가 발표되었으며 전통한국철학과의
비교연구, 서구철학과의 비교 등도 나타난다. 최동희는 수운의 핵심 개념
들에 대한 광범위한 연구 성과를 발표하여 한국철학의 지평에서 동학의 특
성을 밝히는 데 크게 기여하였다. 최동희는 동학에 관한 40여 편의 논문을
발표하였는데, 주요 논문으로는 「동학의 기본사상」(『한국사상』 3, 1959. 3),
「동학사상의 고유성과 외래성」(『한국학』 3, 중앙대 한국학연구소, 1974. 3), 「천
도교의 교리 해석에 따르는 문제」(『종교연구』 6, 한국종교학회, 1990.10) 등이

있다. 신일철은 수운의 사회철학을 밀도 있게 분석하여 수운 철학의 변화 과정을 잘 그려냈으며, 연구 논문들을 모은 『동학사상의 이해』(사회비평사, 1995)를 출간하였다. 이항녕, 김규영, 이을호, 김의환, 김용덕, 임종철, 김형모, 이광순, 장기운 등의 학자들도 『한국사상』을 매개로 수운 연구에 중심적 역할을 담당하였다.4)

수운 사상을 형성하는 기본 개념들에 대한 체계적 연구는 일찍부터 이루어져서 그 전체적 면모가 비교적 잘 밝혀져 있다. 주요 연구로는 다음이 있다. 김용덕, 「동학사상연구」(『중앙대 논문집』 9, 1964); 이선근, 「최제우의 민족종교 ― 그 교리와 운동」(『세계』 2~5, 1960); 한우근, 「동학사상의 본질」(『동방학지』 10, 연세대 국학연구원, 1969). 이들 연구들은 수운이 사용했던 다양한 개념들에 대한 내재적 연관성과 논리를 분석하고 있다. 특히 한우근의 「동학사상의 본질」은 수운의 핵심 개념들을 일목요언하게 소개하고 있기 때문에 수운 철학의 전체상을 조감할 수 있다.

수운과 동양철학

수운의 『동경대전』과 『용담유사』에는 유·불·선의 개념들이 폭넓게 사용되고 있다. 그래서 종교학자들은 수운의 동학을 습합적(syncretic)·종합적 성격을 갖는다고 주장한다. 수운은 경신년 한울님 체험 이전에도 구도자의 길을 떠나 유·불·선 등을 섭렵한다. 수운은 자신의 도는 공자의 도와 '대동소이'(「수덕문」)하다고 하여 동양철학의 영향을 부인하지 않았으며, 실제로 유·불·선의 개념들을 자유롭게 구사하여 자신의 철학을 전개하였다. 그러나 수운이 체험한 한울님이나 수운이 깨달은 무극대도가 전통적 유·불·선의 종합에서 나온 것이라고 볼 수는 없을 것이다. 왜냐하면 수운 자신이 자신의 도는 예전의 사상, 철학, 종교에서는 들어보지도 못한 완전히

---

4) 『한국사상』 19(1981), 245~266쪽에 제1집에서 제19집까지의 논문 총목차가 실려 있다.

새로운 것이라고 말하기 때문이다. 그렇지만 그 마음의 경지가 유·불·선의 개념으로 표현된 까닭에 많은 연구자들은 한국철학과 동양철학과의 맥락에서 수운을 접근해 들어갔다.

수운은 당시의 지배적 담론이었던 유교 철학가들의 개념들을 자유롭게 활용했으나 전통적 의미와는 다른 맥락에서 사용하는 경우도 많아 유교철학과의 유사점과 차이점에 대한 보다 폭넓은 연구가 요청된다. 유·불·선의 동양종교와 서학으로 불리었던 서양종교, 그리고 한국 전통철학과의 비교연구는 아직까지는 미답지로 남아 있지만, 수운의 가계이기도 한 고운 최치원의 사상에 맥을 연결하려는 조용일(1975)과 당시의 사상적 상황을 객관적으로 분석한 김의환(1964))의 글은 수운 사상 형성에 큰 영향을 준 사상들에 대하여 잘 분석하고 있다.

다음은 동양철학의 맥락에서 동학을 연구한 대표적인 연구들이다. 김의환, 「동학사상의 사상적 배경」(『한국사상』 7, 1964); 신일철, 「동학사상의 도교적 성격문제 ― 지기와 시천주의 관계」(『한국사상』 20, 1985. 7); 윤석산, 「동학에 나타난 도교적 요소」(『도교사상의 한국적 전개』, 한국도교사상연구회, 1989. 12); 윤석산, 「동학가사에 나타난 민간신앙적 요소」(『인간과 경험, 동서남북』 2, 한양대 민족학연구소, 1990. 12); 조용일, 「고운에서 찾아 본 수운의 사상적 계보」(『한국사상』 9, 1968); 조용일, 「근암에서 찾아본 수운의 사상적 계보」(『한국사상』 12, 1974); 홍장화, 「한사상과 동학」(『한국사상』 21, 1989).

서학에 대비되는 동학이라는 개념을 사용하고, 1860년 한울님을 만나서 대화하는 가운데 '서도로써 가르치는가'라는 질문을 하고, 「포덕문」과 「논학문」에서 여러 차례 서구의 침략주의와 서학을 비판하는 것으로 보아, 수운은 다분히 서양 세력과 서양 학문을 의식하고 있었으며 또한 나름대로 서학을 극복하고자 하였다고 할 수 있다. 이 점에서 서학에 뿌리를 둔 서양 철학과의 비교연구가 보다 깊이 있게 진행되어야 할 것이다. 이 분야 역시 향후의 큰 연구과제로 남아 있다.

서학과 관련된 기초적인 연구들로는 다음을 들 수 있다. 김용덕, 「동학사상의 독자성과 세계성 ─ 동학과 서학」(『한국사시민강좌』 4, 일조각, 1989. 2); 김용덕, 「동학에서 본 서학」(『동아문화』 4, 서울대동아문화연구소, 1965. 10). 김탁, 「한국사에서 본 서학과 동학의 비교연구」(『논문집』 4, 한국정신문화연구원 한국학대학원, 1990).

4. 수운의 인간론에 대한 연구

1) 신관과 인간학

수운 사상은 경신년 한울님 체험에서 시작되므로 많은 연구가들은 이점을 주목한다. 수운은 신을 인격적 존재로 만났던 것이 분명하다. '천주'라는 개념에서 알 수 있듯이 하늘은 인간을 초월하여 허공에 존재하는 것이 아니라, 수운의 글에서는 인격적 존재처럼 사람이 모시고 이야기할 수 있는 존재로 그려지고 있다. 수운이 체험했고 그려낸 천주에 대한 해석과 이해들은 초기에는 주로 천도교 인사들에 의하여 이루어졌으며 종교학자, 심리학자 등의 연구들도 있다. 수운의 사상은 인간과 신의 관계정립에서 출발하므로 수운이 만났다고 하는 한울님에 대한 연구는 다양한 시각에서 지속적으로 이루어질 필요가 있다.

김병준(1936. 7)은 「포덕문」에 나타난 인간과 천주의 관계 문제를 담박하게 전개하여 수운이 제시하는 천주관이 어떤 독창성을 가지고 있는지 잘 드러낸다. 최동희(1979. 9)는 천주교의 신 개념과의 비교·분석을 통하여 수운이 사용하는 천주 개념을 자세하게 분석한다. 신학자인 김경재(1974)는 수운의 신관은 '시천주'의 체험에서 나왔으며 '범재신론'적 특성을 갖는다고 본다. 유경환은 「용담유사」를 분석하여 신관에 초점을 두고 수운 철학의 원형으로 궁을弓乙을 찾아낸다. 윤석산(2000)은 수운이 현상계에서 한울님이 어떻게 작용하고 있는가를 논리적으로 설명하고자 하여 '불연기연'의 개념을 분석한다.

다음은 수운의 신관과 관련된 주요 연구들이다. 김경재, 「최수운의 신개념」(『한국사상』 12, 1974); 김광일, 「최수운의 종교체험」(『한국사상』 12, 1974. 12); 김병준, 「포덕문으로 본 천인관계의 금석今昔」(『신인간』 104, 1936. 7); 유경환, 「동학가사에 나타난 순환적 사고 (1) — 신관을 중심으로」(『새국어교육』 56, 한국국어교육학회, 1998); 윤석산, 「불연기연 연구 서설」(『동학학보』 창간호, 동학학회, 2000); 이부영, 「최수운의 신비체험」(『한국사상』 11, 1974. 3); 장기수, 「수운의 종교적 신비체험의 과정과 실재적 현존」(『현대사회와 종교』, 도서출판 주류, 1987); 최동희, 「동학의 주문에 대하여」(『한국사상』 8, 1966. 6); 최동희, 「동학의 신관」(『신인간』 371, 1979); 표영삼, 「동학의 종교사상」(『동학연구』 창간호, 한국동학학회, 1997).

수운에게 있어서 인간학은 매우 중요하다. 그의 표현으로 나타내자면 '한울님을 모심'(侍天主)이 수운의 주된 관심사이기 때문이다. 한울님과 사람을 연결하는 것이 바로 '모심'이다. 수운은 모든 사람이 한울님을 모시고 있다고 하면서 그 사실을 한시도 잊지 않는 것이 곧 사람의 해야 할 바라고 하였다. 또한 수운은 「수덕문」의 서두에서 "원형이정은 천도의 떳떳함이요, 오로지 중심을 잡는 것은 사람이 살필 바이다"[5])라고 하였다. 그러할 때 인간은 한울님의 '간섭'(無事不涉)과 '명령'(無事不命)이 언제 어디서나 작용하고 있다는 사실을 알게 된다는 것이다. 그러므로 수운 사상의 핵심은 초월적 존재에 대한 형이상학이나 무궁한 우주에 대한 우주론보다는 인간론에 그 중점이 놓여 있다고 할 수 있다. 수운은 '네 몸에 모셨으니' 멀리서 구하지 말고 가까이에서 찾으라고(「교훈가」) 하였다. 이는 매우 독창적인 인간관이다. 의암은 이를 '몸이 아닌 본성을 자신으로 삼는' 이신환성以身換

---

5) 『東經大全』, 「修德文」, "元亨利貞, 天道之常, 唯一執中, 人事之察."

性의 개념으로 보다 쉽게 풀이하였다.

수운의 인간론에 대한 주요 연구들을 보면, 먼저 이돈화는 『신인철학』 등의 저서를 통하여 수운 철학의 핵심이 한울님을 모신 '신인간'이라는 점을 제시한다. 그는 사람이 사람다워지는 것이 곧 천도교의 길이라고 주장하였다. 김지하는 수운 사상에서 '인간의 사회적 성화'를 찾아내어 생명파멸의 현대문명을 극복하는 대안사상으로 제시한다. 오문환은 시천주 주문의 '시정지侍定知' 개념을 분석하여 사람이 신과 합일되는 과정 및 구조를 밝히고자 했다. 문명숙은 수운의 독창적인 인간관을 서양 철학자와의 논의를 통해서 앞으로 추구해야 할 인간상을 드러내 주고 있다. 위의 글들을 통하여 수운이 그려내는 인간상은 바로 21세기 문명이 지향해야 할, 이성을 넘어서서 신을 모시고 자연과 화해하는 인간상임을 알 수 있다.

수운이 제시한 독창적인 인간관에 대한 연구로는 다음과 같은 글들이 있다. 김용준, 「천도교사상의 현대적 의미」(『동방사상논수』, 도원유승국박사화갑기념논문집간행위원회, 1983); 김용준, 「동학의 인간관」(『제2차 조선학국제학술토론대회 논문집』, 북경민족출판사, 1989. 12); 김지하, 『동학이야기』(솔, 1994); 김철, 「인시천 인즉천 인내천」(『신인간』 433, 1985); 문명숙, 「동학, 생명, 인간 — 동학사상과 현대사상과의 관계」(『동학학보』 창간호, 동학학회, 2000); 신일철, 「동학사상의 전개 — 시천주, 사인여천을 거쳐 인내천 사상에로」(『한국사상』 17, 1980); 오문환, 「동학의 네오휴머니즘 정치철학」(『한국정치학회보』 제29집 2호, 1995); 오문환, 「수운 최제우의 인간관 — '시정지'를 통해 본 '신인간'」(『동학연구』 4, 한국동학학회, 1999); 윤석산, 「동학의 인본사상」(『겨레문학』 4, 도서출판 지평, 1990. 6); 이돈화, 「의식상으로 본 사생문제」(『신인간』 41, 1929. 11); 최동희, 「최제우의 인간관」(『철학적 인간학』, 한국정신문화연구원, 1985. 2).

2) 윤리학적 연구

수운의 윤리철학은 당위적·강제적 윤리가 아니라 인간의 본래적 존재 원리이자 하늘의 명에 따르는 자발적 윤리라 할 수 있다. 수운은 「수덕문」에서 "중심을 잡는 것이 사람이 할 바"(唯一執中, 人事之察)라고 명확하게 선언하고, 19세기 말의 정치·경제·사회·문화·사상의 혼란의 근본 원인은 '천명을 돌아보지 않고 천리를 따르지 않기'(不顧天命, 不順天理) 때문이라고 한다. 무엇을 하고 무엇을 하지 말아야 하는지에 대한 윤리적 혼란이 당대의 위기를 불러일으켰다는 말이다. 「도수사」에서 수운은 "성경이자 지켜내어 차차차차 닦아내면 무극대도 아닐런가. 시호시호 그때오면 도성입덕 아닐런가"라고 하여 무극대도를 깨닫고 도덕을 이루는 길이 '성경誠敬' 두 글자에 다 있다고 말한다. 이처럼 수운은 사람이 해야 할 바와 하지 말아야 할 바를 명확하게 제시하면서 자신의 도를 간략하게 말하면 성경신誠敬信 3자에 있다고 하여 윤리적 실천을 중시하였다. 이러한 수운의 도덕윤리는 학계의 주된 분석 대상이 되었다.

수운의 도덕윤리에 대해서는 다음의 글이 눈에 띤다. 최민홍, 「동학윤리사상과 실존주의」(『문경』17, 1965. 8); 최동희, 「동학의 윤리의식」(『현대사회와 전통윤리』, 고대 민족문화연구소, 1986). 다음은 수운의 도덕윤리철학과 관련된 석사학위논문들이다. 김경일, 「동학윤리 사상과 실존주의」(중앙대학교, 1974); 남욱현, 「동학사상의 윤리관에 관한 연구」(국민대학교, 1995); 박정연, 「동학사상에 나타난 사회윤리에 관한 연구」(강원대학교, 1991). 신부철, 「동학의 윤리관」(고려대학교, 1982); 유문상, 「동학의 유교윤리사상 연구」(충북대학교, 1994); 장화영, 「동학의 윤리사상 연구」(전북대학교, 1985); 홍성칠, 「동학 윤리사상에 나타난 근대성 고찰」(인하대학교, 1993). 이들 논문은 모두 수운의 윤리철학을 다루고 있다. 한편 팽필원은 수운의 윤리철학을 체계화한 박사학위논문을, 전기채는 사회윤리철학을 다룬 박사학위논문을 발표한 바 있다. 전기채, 『동학 사회윤리사상 연구』(성신여자대학교, 1996); 팽필원, 「동학윤리사상의 연구」(동국대학교, 1996).

수운은 「용담유사」라는 걸출한 가사를 남긴 문학가이기도 하다. 이러한 측면에서 그는 국문학자들에게 있어서도 주요한 연구대상이었다. 국문학 자들의 연구는 주로 「용담유사」에 집중되고 있으나 그 내용은 「용담유사」 를 매개로 하여 수운의 사상 전반에 이르고 있다.

다음 글들은 국문학자들에 의해 진행된 수운 관련 연구들이다. 유경환, 「동학가사에 나타난 궁을에 대한 소고」(『국어국문학』 101, 국어국문학회, 1989); 유경환, 「동학가사에 나타난 순환적 사고(1) — 신관을 중심으로」(『새 국어교육』 56, 한국국어교육학회, 1998); 윤석산, 「용담유사에 나타난 수운상」 (『한국학논집』 10, 한양대학교 한국학연구소, 1986. 8); 정재호, 「용담유사의 국 문학적 고찰」(『한국사상』 12, 1974); 정재호, 「용담유사의 근대적 성격」(『근대 문학의 형성과정』, 문학과지성사, 1984); 조동일, 「최제우와 구전설화」(『인간과 경험』 2, 한양대학교 민족학연구소, 1990).

5. 역사 · 정치 · 사회사상적 연구

1) 역사학

수운의 동학이 조선 사회에 미친 영향을 실로 컸기 때문에 역사학에서 는 일찍부터 수운에 대해 연구해 왔으나 그 초점은 주로 동학농민혁명사에 맞추어져 있다. 역사학자들의 주된 관심사는 수운의 사상이 어떻게 농민들 의 혁명운동과 관계를 맺었는가 하는 점이었으므로, 역사학계의 연구는 사 상이 현실화되는 과정에 대한 객관적인 연구들이 주류를 형성한다. 역사적 사실을 중시하는 역사학자들의 시각에서 본다면 자연스러운 접근이다.

동학농민혁명 과정에 직접 참여했으며 한학자이기도 했던 오지영은 동 학농민혁명의 과정을 비교적 자세하게 기록한 『동학사』를 남겨 후학들의 연구에 도움을 주고 있다. 그의 『동학사』는 이돈화의 『천도교창건사』와는 또 다른 시각에서 동학농민혁명을 기록하고 있다. 시종일관 동학도들을 '동비東匪'로 불렀던 황현의 『매천야록』도 무너져 가는 유교의 시각에 매달려 동학농민혁명사를 일기 식으로 기록하고 있다.

근대적인 연구로서는 김상기의 『동학과 동학난』(한국일보사, 1975)이 역사학적 접근의 효시라고 할 수 있는데, 여기에는 동학 내의 종교적 성향을 가진 세력과 현실변혁적 세력 간의 갈등이 잘 분석되어 있다. 이 책은 1947년에 이미 대성출판사에서 출간된 바 있다. 한우근은 동학농민혁명에 대한 많은 연구성과를 낸 역사학자이다. 그의 대표적인 연구로는 『동학란 기인에 관한 연구』(서울대학교 출판부, 1971), 『동학농민봉기』(세종대왕기념사업회, 1975), 『동학과 농민봉기』(일조각, 1983) 등이 있다. 그의 연구는 동학농민혁명에 대한 본격적 연구라고 할 수 있는데, 그 속에서 수운 철학은 동학농민혁명의 사상적 배경 혹은 이념적 지주로서 다루어지고 있을 뿐이다. 그럼에도 불구하고 역사학에서도 수운의 철학은 중요한 연구 주제였다.

수운 철학에 대한 대표적인 역사학적 이해들을 보면 다음과 같다. 이이화, 「동학농민혁명에 나타난 남북접의 갈등」(『민족통일해방의 논리』, 형성사, 1984); 이현희, 「동학사상의 배경과 그 의식의 성장」(『한국사상』 18, 1981); 이현희, 「최제우의 동학사상」(『숭산박길진박사고희기념 한국근대종교사상사』, 원광대학교 출판국, 1984. 10); 정창렬, 「백성의식, 평민의식, 민중의식」(『현상과 인식』 19, 1981); 정창렬, 「동학사상의 사회의식」(『한국학논집』 9, 한양대 한국학연구소, 1986. 2). 특히 정창렬은 「수운의 사회의식」에서 조선 민중의 의식변혁에 수운 사상이 어떤 작용을 하였는가를 잘 보여 주고 있다.

수운은 '우리 도는 세상과 더불어 같이 돌아간다'(如世同歸)고 하였다. 이는 동학의 철저한 역사의식과 사회의식을 잘 보여 주는 말이다. 수운의 역사의식에 대해서는 다음의 연구들이 있다. 김경재, 「최수운의 시천주와 역사이해」(『한국사상』 15, 1977. 9); 김의환, 「초기 동학사상에 관한 연구」(『우리나라 근대사논고』, 삼협출판사, 1964); 박맹수, 「동학의 '칼노래'와 '칼춤'에 나타난 반침략적 성격」(『윤병석교수화갑기념 한국근대사논총』, 지식산업사, 1990); 신일철, 「최수운의 역사의식」(『한국사상』 12, 1974. 12).

2) 사회철학: 평등사상과 생명

수운은 당시의 사회상황을 '괴질운수', '인물상해', '괴이한 풍속' 등으로 묘사했다. 이처럼 해체의 길을 걷고 있는 당시의 아노미적 사회상황을 수운은 "임금은 임금답지 못하고, 신하는 신하답지 못하고, 아비는 아비답지 못하고, 자식은 자식답지 못하다"(君不君 臣不臣 父不父 子不子 : 「몽중노소문답가」)라고 표현했다. 정치도덕도 가정윤리도 무너져 버렸다는 것이다. 그리하여 수운은 동학을 이와 같은 총체적 괴질을 극복하는 대안으로 제시한다. 수운은 「논학문」과 「교훈가」에서 "가면 아니 돌아오는 것은 없다"(無往不復)는 역사의 순환론을 제시하면서 밝은 미래를 전망하였다.

당시의 사회상황과 새로운 사회에 대한 수운의 이와 같은 비전은 많은 연구가들의 관심 주제였다. 신용하의 『한국근대사회사상사연구』(일지사, 1989)는 동학의 사회사상적 성격을 체계적으로 분석한 저서이다. 이러한 동학의 사회사상적 지향성들은 대체로 동학농민혁명과의 관계 속에서 논의되고 있다. 사회적 맥락 속에서의 동학을 다룬 연구들로는 다음과 같은 글들이 있다. 김의환, 「동학사상의 사회적 기반과 사상적 배경 상하」(『한국사상』 6 · 7, 삼협출판사, 1963~1964); 신용하, 「동학과 사회사상」(『한국근대사회사상사연구』, 일지사, 1987. 8); 신용하, 「동학과 갑오농민전쟁의 결합」(『한국학보』 67, 1992. 6).

평등주의는 수운 사회사상에서 매우 중요한 위치를 차지하고 있다. '개벽'이라는 다소 추상적이고 우주론적인 개념은 평등 개념으로 구체화되어 나타난다. 그리하여 수운의 사회철학은 남녀, 연령, 신분, 계급을 넘어서는 평등주의의 생활철학과 생활양식으로 제시되어 사회변혁의 이념으로 기능한다. 수운은 스스로 하녀들 가운데 한 명을 며느리로, 또 한 명을 딸로 삼아 평등주의를 실천하였다. 이러한 수운의 평등주의에 대한 연구로는 다음이 있다. 김경애, 「동학, 천도교의 남녀평등사상에 관한 연구 ― 경전, 역사서」(『여성학논집』 창간호, 이화여대, 1984); 노무지, 「전통적 민족사상과 동학의 평등사상과의 관계에 대한 고찰」(『중앙사론』 6, 중앙대 사학회, 1989. 12); 박용옥, 「동학의 남녀평등사상」(『역사학보』 91, 1981. 9).

수운의 평등사상은 사람들 사이의 평등에서 더 나아가 "물건마다 하늘이요 일마다 하늘이라"(物物天事事天) 하는, 물건까지도 한울님과 똑같이 공경하라는 해월의 경물敬物사상으로 발전해 가는데, 이런 발전 과정에 대한 연구도 이제 이루어지기 시작하고 있다.

동학의 이러한 평등주의는 생명파괴의 서구문명에 대한 비판과 맞물리면서 생명 살림의 철학으로 주목받게 된다. 김지하의 『밥』(분도출판사, 1984)은 동학의 생명철학을 시인다운 직관으로 투시하여 사회철학으로 다시 풀어낸 저서이다. 그는 동학을 인간과 자연에 대한 착취와 파괴로 점철된 현대문명을 극복할 수 있는 생태철학으로 해석하면서 그것이 역사 속에 갇힌 사상이 아닌 현대사회에 살아 있는 생명운동으로 거듭날 것을 주장한다. 생명을 화두로 삼은 연구들에는 다음과 같은 것이 있다. 김지하, 「개벽과 생명운동」(『신인간』 487, 1990); 김춘성, 「해월 사상의 현대적 의의」(『해월 최시형과 동학사상』, 예문서원, 1999); 오문환, 「동양사상이 보는 생명가치 ― 원효, 율곡, 동학의 생명관」(『생명가치와 환경윤리 학제간 연구』, 한국환경정책평가연구원, 1997. 9); 오문환, 「동학의 생명사상」(『외국문학』 47, 1995); 정경일, 「동학 생명사상에 대한 신학적 접근」(한신대학교 석사학위논문, 1996).

3) 정치철학: 민족주의와 도덕정치

수운은 「몽중노소문답가」에서 당시의 정치·사회적 상황을 요순의 도치 道治나 공자와 맹자의 덕치로도 어찌할 수 없는 절체절명의 위기로 인식하였다. 그러나 그는 그것을 절망의 위기가 아니라 '다시개벽'으로 일컬어지는 도덕적 사회의 탄생을 위한 기회로 이야기한다. '다시개벽'은 전통적인 유교나 불교가 아니었으며, '서도'로 불리는 가톨릭이나 기독교는 더더욱 아니었다. 수운은 자신이 전통적인 동양사상도 아니면서 외래의 서양사상도 아닌, '옛적에도 없었고 지금도 없는' 새로운 길을 한울님으로부터 받았다고 한다. 그가 새로운 철학과 사상에 의하여 새로운 정치적 삶을 구상하였음을 알 수 있다.

수운은 「안심가」에서 "개벽시 국초일을 만지장서 나리시고 십이제국 괴질운수 아국운수 먼저하네"라고 하여 개벽할 때 나라의 정치를 어떻게 할 것인지에 대한 자세한 내용을 받았다고 하였는데, 문서로 전해지는 것은 없다. 또한 그는 주체적인 역사의식과 함께 사회지향성(廣濟蒼生)과 정치지향성(輔國安民)을 나타내고 있으나 새로운 사회와 정치에 대한 자세한 설계도나 전망은 없다. 그럼에도 불구하고 수운의 정치철학은 동학농민혁명에 지대한 영향을 미쳤으며, 반봉건·반외세의 개혁적 자주성은 정치학자들의 높은 관심을 불러일으켰다.

인구의 대다수가 농민이었던 조선 말기의 상황에서 지배세력에 대한 변혁운동의 중심이 농민이 되는 것은 매우 자연스러운 일이다. 그런데 북한의 사회과학자들은 마르크시즘의 시각에서 이 점을 중시하여 일찍이 동학을 농민들에 의한 반외세 자주사상으로 높이 평가하였다. 북한의 오길보는 「갑오농민전쟁과 동학」(『력사과학』, 1959. 3) 등의 논문을 통하여 농민계급의 이데올로기적 외피로서의 동학사상을 살피고 있다. 이는 북한사회과학원의 입장과도 크게 다르지 않는 것으로, 오길보는 동학의 근대성, 혁명성,

자주성에 대해서 매우 긍정적인 시각을 보이고 있다. 남한에서도 1980년대 민주화운동과 함께 수운 사상을 진보주의적인 시각으로 접근하는 연구 성과들이 발표되어 우편향의 시각을 교정하고 균형감각을 가져다주었다. 한국역사연구회가 펴낸 『1894년 농민전쟁연구』 1~3(역사비평사, 1991, 1992, 1993)은 대표적인 연구 성과이다.

남한의 연구는 주로 동학사상의 근대성에 초점을 맞추어 서구 근대성에서 두드러지게 나타나는 민족국가 개념과 근대적인 시민의식을 동학에서 찾고자 하였다. 정치학자들은 동학은 민족주의적 지향성을 가지며 농민들을 정치 주체로 등장시키는 근대성을 부각시키나 구체적인 정치 체계에 대한 비전은 없었다고 지적한다.

신복룡은 『동학사상과 민족주의』(평민사, 1983)를 통해서 동학의 민족주의적 성격을 밝혀 그 자주적 근대성을 높이 평가한다. 반면 유영익은 『동학 농민봉기와 갑오경장』(일조각, 1998)에서 유교적 충군·애민 사상에 의거한 보수적인 의거로 평가한다. 정치학자들에 의한 동학의 민족주의적 성격과 자주성에 대한 연구로서 다음의 글들을 들 수 있다. 김영작, 『한말 내셔널리즘 연구』(청계연구소, 1989); 노태구, 「동학의 민족주의 이념의 토대에 관한 연구」(『논문집』 9, 경기대학교, 1981); 박충석, 「한국민족주의의 형성과정」(한국정신문화연구원학술대회, 1982. 12. 10~11); 신용하, 「동학과 갑오농민전쟁의 민족주의」(『한국학보』 47, 1987); 임형진, 「동학과 천도교 청우당의 민족주의 연구」(경희대 박사학위논문, 1998); 정진오, 「동학사상과 주체적 근대화 정신」(『철학사상의 제문제』, 한국정신문화연구원, 1985. 3); 한흥수, 「근대 한국민족주의의 생성과 발전」(『자유아카데미연구논총』 2, 1977).

수운이 지향하는 정치적 삶은 민족국가적 지평을 떠나서 보다 폭넓게 조망할 필요가 있다. 이러한 작업은 수운이 사용했던 정치·사회적 개념들을 새로운 각도에서 살펴봄으로써 찾아야 할 것이다. 수운은 '다시개벽'이라 부르는 새로운 시대의 도래를 염원했다. 수운의 '후천개벽'이 서구적 패러다임이나 전통적인 유·불·선의 어느 쪽에도 갇히지 않는 새로운 도덕적 공동체 삶을 지향하고 있음을 모색하는 연구들도 있다. 정운채(1988)는 자주사상으로서의 동학이 사회지도이념이 되어야 하는 점을 강조하고, 노태구(2000)는 수운에서 한반도 통일이념을 이끌어낸다. 새로운 정신문명 패러다임으로서의 동학은 아직까지 미답의 연구 분야로 남아 있다. 다음은 동학의 서구적 패러다임보다는 동학 논리에 의거하여 그러한 점을 밝히고자 한 연구들이다. 김홍철, 「후천개벽사상의 연구 ― 수운, 증산 개벽사상과 원불교 개벽사상의 비교를 중심으로」(『원불교사상』 4, 원불교사상연구원, 1980); 노태구, 「동학과 통일국가모델 ― 민족주의의 입장에서」(『동학학보』 창간호, 동학학회, 2000). 오문환, 「동학의 개벽사상」(한국정치학회 편, 『한국정치의 재성찰 ― 전근대성 근대성 탈근대성』, 한울, 1996); 조민, 「동학: 국가 없는 사회의 이상」(『동학연구』 3, 1998); 윤이흠, 「동학운동의 개벽사상 ― 신념유형과 사회변화의 동인을 중심으로」(『한국문화』 8, 서울대학교, 1987); 이현희, 「수운의 개벽사상연구」(『정재각박사고희기념동양학논총』, 1984); 정운채, 『자주주의 사상 개벽』(천도교중앙총부 출판부, 1988).

위의 연구들은 수운의 정치·사회적 지향성을 서구 사회과학적 패러다임에 의해서 보지 않고 동학의 독창성에 주목하고 있는 글들이다. 그러나 이들 연구들은 수운이 지향하는 구체적 사회 모습을 아직까지 선명하게 그려내지는 못하고 있다. 조민(1998. 9)은 수운이 제시하는 억압적인 국가가 없는 '군자공동체'는 당시 변혁지향적 민에 친화적이었으나 현실성은 떨어진다고 진단하였다.

한편 수운 철학과 민주주의나 자유주의와의 비교연구들은 미답지로서 앞으로의 연구 과제로 남아 있다.

2. 수운 연구의 연대기별 실태

수운에 대한 해방 이전 시기의 연구는 주로 천도교인들에 의해 수행되었다. 당시 이돈화는 수운 사상 연구의 독보적인 연구가였다.

1950년대에 들어서면서 고려대의 최동희, 신일철 교수 등이 중심이 되어 학계에 연구논문을 발표하기 시작하였으며, 1960년대에는 한국사상연구회가 출판하는 『한국사상』에 비교적 많은 논문들이 발표되기 시작하였다. 일반학술지와 대중지에도 연구 성과들이 발표되고 대학에서 학위논문들도 나오기 시작하였다. 수운에 대한 최초의 석사학위논문(오세만, 1962)도 이때 발표되었다.

1970년대의 수운 연구는 『한국사상』 제12집의 최수운 연구로 특징지을 수 있다. 박종홍은 발간사에서 동학의 "기본정신은 우리의 전통적인 모든 사상의 진수가 하나로 엉기어 이루어진 결정체"라고 평가하면서 "한국사상은 동학을 떠나서 찾기 힘들 것"이라고 말했다. 이 논문집은 20명에 가까운 학자들이 참여한, 650쪽의 방대한 분량이었다. 연구자의 전공도 예전의 역사학과 철학 중심에서 심리학, 종교학, 국문학으로 확장되었다.

1980년대에는 수운에 관한 연구가 양적으로 급격히 팽창하였다. 또한 학계의 관심 증대가 보인다. 『신인간』에 머물던 수운 사상 논의가 일반학술지로 중심이 옮겨 오게 된다. 수운을 연구하는 석사학위논문의 급증도 눈에 띄는 현상이며, 동학의 교육사상으로 장대희(1983)가 수운과 관련된 박사학위를 처음으로 취득했다. 그러나 연구의 양적 팽창에도 불구하고 수운에 대한 철학적 논쟁점은 쉽게 부각되지 않고 있다.

1990년대 수운 연구는 80년대의 민주화운동 이후 전개된 풍부한 사회·정치철학적 논의를 바탕으로 윤리철학, 교육철학, 사회철학, 정치철학의 분야에서 주목할 만한 연구 결과들을 내놓았다. 동학의 민족주의, 교육사상,

윤리철학, 정치철학, 평등사상 등에 대한 8편의 박사학위논문이 이 시기에 제출되었다. 1990년대의 동학 연구에 있어서 획기적인 움직임은 동학학회의 창립과 그 학술지인 『동학학보』와 『동학연구』의 창간이다. 이로써 동학을 연구하는 두터운 연구층이 형성되고 연구자들 간의 토론의 장이 비로소 마련된 셈이다.

1. 해방 이전: 이돈화와 『신인간』

해방 이전의 수운에 대한 연구는 주로 천도교인을 중심으로 전개되었으며 『개벽』지와 『신인간』이 토론의 중심적 매체였다. 이 시기의 대표적인 수운 연구가는 역시 이돈화라 할 수 있다. 이돈화는 수운 사상을 서구 근대의 철학 개념으로 접근해 들어가는 『신인철학』(1924)과 『수운심법강의』(1926) 등을 출판하여 독보적인 교리가로서 주목받았으며, 『개벽』지와 『신인간』지에서도 중심적 역할을 담당하며 당대의 논객으로 활동하였다. 이돈화는 '한울님을 모시는 인간'을 신인간으로 보고 인간을 떠나서 따로 절대신을 가정하지 않는다는 점을 수운 사상의 핵심으로 짚어낸다. 그가 활동했던 『신인간』지는 일제 치하에서 꺼져 가는 한민족의 얼과 혼을 지켜내는 중대한 역할을 수행했다고 하겠다. 잡지 내용의 저변에는 한울님을 찾아서 새로운 인간으로 거듭날 것을 촉구하는 민족정신의 면면한 흐름이 감지된다. 『신인간』에는 여러 차례에 걸쳐서 신인간의 중요성을 강조하는 글들이 보이며, 『동경대전』과 『용담유사』에 대한 근대적 논의도 엿보인다.

2. 1950년대: 『한국사상』과 근대화

고려대학교의 민족적 주체성이 강한 젊은 학자들이 중심이 되어 『한국사상』을 창간한 것은 이 시기의 주목할 만한 특징이다. 1955년 최동희, 신일철 등의 교수들은 '한국사상강좌 편찬위원회'(뒷날 '한국사상연구회'로 개칭)를 발족시켜 「동학사상연구」라는 프린트물을 4호까지 낸 후 『한국사상』 1·2호 합본(1957년)을 출간했다. 이것은 우리나라의 학술지 역사에서도 손꼽을 만한 일이었고 학계의 큰 관심을 불러일으켰다. 여기서 박종홍은 "인내천 사상에서보다 더 어디에서 인간의 존엄성을 고조하는 사상을 찾을 수 있겠는가" 자문하면서 동학은 한국사상의 본령이자 최고의 민주주의라고 평가하였고, 조지훈은 "인간성은 우주의 본성의 구체적 표현이라는 것과 둘째 내 마음은 네 마음"이란 말에서 '인간평등주의'를 수운 철학의 핵심으로 보았다.

또한 천도교인인 백세명과 오익제의 연구물이 이 시기에 자주 보이고, 전쟁의 혼란 이후 모든 것을 새롭게 건설해야 한다는 시대적 과제의 해결을 위한 사상적 실마리를 동학에서 찾으려는 노력도 엿보인다.

3. 1960년대: 연구의 양적 팽창

이 시기에는 천도교인에 국한되었던 연구자들이 학자들로 확산되고, 발표지도 『신인간』 중심에서 다양한 학술지로 옮겨간다. 이는 곧 연구의 양적 팽창을 의미하는 것으로, 그에 따라 연구의 주제도 다양화된다.

역사학계에서는 주로 동학농민전쟁과 관련하여 수운을 연구한 김상기, 이선근, 김용덕, 김의환, 한우근 등의 연구가 돋보인다. 역사학자들에게 있어서 중요한 것은 현실사회에 표출된 집단행동이었으며, 행위로 표출되기 이전의 철학과 사상의 문제는 부차적이었다. 그렇다고 역사학자들의 수운 이해가 평면적이라는 지적은 아니다. 김용덕은 수운이 체험한 한울님은 "내재적이며 초월적인 존재"(1964)라는 점을 명석하게 분석해 내었으며, 한우근의 「동학사상의 본질」(1969)은 수운 사상의 요점을 일목요연하게 정리하였다. 또한 전통 한국철학의 맥에서 수운에 대한 접근을 시도하는 조용일의 연구도 발표되기 시작한다.

월산 김승복은 41회에 걸쳐 『신인간』에 동학의 핵심 개념들을 명료하게 풀이하여 신앙인으로서 수운 철학의 정수를 잘 드러내었는데, 학술적 연구는 아니지만 수도자로서 수운에 대한 직관적 통찰력을 읽을 수 있다. 월산은 수운의 핵심 사상인 사람과 한울님의 관계에 대하여 "사람은 '본래 나' 인 무형한 한울님이 유형화된 것으로, 다만 무형과 유형으로 성령의 근본은 오직 유일무이한 것이오 동일한 이치와 기운"(1962)이라고 하였다.

그리고 연세대학교와 고려대학교에서 동학의 정치사상을 다룬 석사학위논문이 각 1편씩 배출되고, 백세명의 저작들이 활자판으로 출간된다.

4. 1970년대: 한국사상의 꽃으로서 수운사상과 그 정치적 지향성

조국 근대화의 구호와 함께 민족의 주체성이 강조되면서 동학 연구도 활기를 띠게 된다. 수운탄생 150주년을 기념하여 『한국사상』 12집은 『최수운연구』 특집호로 출간된다. 이 책에서는 수운의 역사의식(신일철), 신관(김경재), 종교체험(김광일), 근암과의 관계(조용일), 『용담유사』(정재호), 기본 사상(최동희) 등에 관해 발표되고, 그 이후 역사를 다루는 특집으로 구성되었다. 박종홍은 발간사에서 동학의 "기본정신은 우리의 전통적인 모든 사상의 진수가 하나로 엉기어 이루어진 결정체"이며 "한국사상은 동학을 떠나서 찾기 힘들 것"이라고 평가했다. 김경재는 수운의 신관은 서구신학적 개념이라고 할 수 있는 '무신론', '유신론' '휴머니즘'을 넘어서는 것으로 본다. 수운에게 있어서는 "하늘은 스스로가 갖고 있는 그 생명의 무궁함, 그 덕의 광할함, 인간보다 더 그 진리와 성실의 깊음에서 스스로 저절로 쥬(주님)가 되신다"고 본다.

극심한 정치적 변동기이도 한 시기인 만큼 1970년대에는 만큼 수운의 정치적 지향성에 대한 정치학계의 관심이 돋보인다. 수운의 정치사상에 대한 석사학위논문이 여러 편 나타나고 동학의 정치사상에 대한 본격적인 연구서인 신복룡의 『동학사상과 한국민족주의』(평민사, 1978)가 출판된다. 그리고 이를 계기로 하여 수운의 평등주의, 자주적 민족주의, 근대성 등의 주제가 활발하게 논의되기 시작한다.

사학계에서는 중요한 사료 중의 하나인 이현종의 『수운재문집』에 대한 해설이 돋보이고, 천도교계에서는 수운에 대한 일반 개론서들이 여러 권 출간되며, 국문학계에서의 연구도 여러 편 나오게 된다. 재미한인철학자인 김용준의 동학 연구도 국내 학술지에 두 편 발표되었다. 연구 논문들이 게재되는 학술지가 매우 다양화되었으며 수운 사상이 학계의 중요한 연구 주제로 인식되고 있음을 알 수 있다.

5. 1980년대: 연구의 양적 성장과 민주화

동학사상에 대한 석사학위논문의 숫자가 급증한 것은 1980년대의 학 특징이다. 대학에서의 민주화와 민중에 대한 열정이 동학 연구라는 형태로 반영되었음을 알 수 있다. 남녀평등과 같은 휴머니즘이 주요한 연구의 주제중의 하나로 등장하고 있으며 『용담유사』에 대한 국문학계에서의 연구도 주목된다. 국문학계의 『용담유사』에 대한 연구는 1970년대 정재호의 연구로 시발로 하여 김인환, 윤석산, 유경환 등으로 이어지고 있다. 이 외에도 수운 가사에 대한 지속적인 관심이 엿보이는데, 수운 가사에 대한 단행본이 출간되는 등 진지한 관심이 드러난다.

동학사상에 대한 지속적인 연구를 해 온 최동희의 연구 결과물이 『동학의 사상과 운동』(성균관대학교 출판부, 1980)이라는 단행본으로 출간된다. 조용일도 이 시기에 '조화' 개념을 중심으로 다루어 박사학위를 받고 『동학조화사상연구』(동성사, 1988)라는 단행본으로 펴낸다. 최무석의 박사학위논문인 「동학의 도덕교육사상에 관한 연구」(1988)는 수운의 교육사상에 대한 지금까지의 단편적 논의를 체계화하는 데 기여하였다. 장대희는 수운 당시 정치적 객체에 불과했던 대다수 농민들에게 수운 사상이 어떤 계몽적 역할을 했는가를 「동학의 민중교육사상연구」(중앙대학교 박사학위논문, 1983)에서 밝혀 주고 있다. 신용하는 『한국 근대사회사상사 연구』(1987)에서 동학 사상의 근대한국사상사적 위상을 명확하게 자리매김하였다. 역사학에서는 이현희 교수가 동학사상과 관련된 여러 편의 글과 저서를 발표하여 동학 연구를 크게 진작시켰으며, 박맹수는 동학의 원전사료에 대하여 고증적으로 분석해 내었다.

1980년대를 거치면서 새로운 연구진이 동학사상의 논단에 등장하게 된다. 윤석산, 조용일, 최무석, 장대희 등이 그들이다. 그러나 흥미로운 것은 이와 같은 양적 급신장에도 불구하고 수운 사상에 대한 논쟁점들이 크게 부각되지는 못했다는 점이다. 이는 아직까지 수운 사상에 대한 깊이 있는 논의들이 진행되지 못하고 있다는 사실을 뜻한다. 양적 성장에도 불구하고 질적으로는 학문적 논쟁을 불러 일으킬만한 저작이나 주장이 제기되지 않았다고 할 수 있다.

논쟁적인 문제제기는 학계보다는 오히려 사회운동의 경험을 가진 분야에서 나왔다. 수운 사상을 학문적 관심사에서만 바라보는 것이 아니라 사회운동의 새로운 이념모색 차원에서 바라보는 김지하는 동학정신을 오늘에 되살리려고 하였다. 시인의 통찰력으로 수운을 새롭게 해석하여 사회운동에 적용시켜 보려 한 노력이 돋보인다. 김지하는 「수운사상 묵상」[6]이라는 글에서 동학사상이 "인간에 의한 생명파괴와 맞서 있다"고 풀이하면서 생명의 질서에 반하는 온갖 반생명적인 것들, 죽임의 세력에 대하여 수운의 생명철학으로 대응하여 극복할 수 있다고 주장하였다. 또한 그는 시천

---

6) 이 글은 1985년에 「인간의 사회적 성화 — 수운사상 묵상」(『남녘땅 뱃노래』, 두레)으로 발표되었다가 1994년에 재출간되었다.

주 주문에 나오는 '불이不移'의 개념을 시적 상상력을 동원하여 매우 풍부하게 풀이하고 있다.

6. 1990년대: 전문 연구서의 간행과 동학학회 출범

1980년대와 같은 폭발적인 연구의 양적 성장은 보이지 않으나 이 시기에는 그간의 연구가 정리되어 단행본들이 많이 출간된다. 지금까지의 연구논문들을 모은 단행본들이 출간되고, 또 본격적인 연구서들이 단행본으로 정리되어 나왔다.

동학농민혁명 100주년이 되는 1994년을 전후하여 동학농민혁명의 사상적 토대로서 수운 철학을 접근하는 연구서들이 많이 출간되었다. 신일철 등이 엮은 『동학사상과 동학혁명』(1991), 신복룡의 『동학사상과 갑오농민혁명』(1991), 신용하의 『동학과 갑오농민전쟁연구』(1993) 등이 여기에 속한다. 사회운동의 철학적 토대를 동학에서 찾고자 하는 김지하의 『동학 이야기』(1993), 『옹치격』(1993)도 이 시기에 출판된다. 이 시기의 연구가 동학농민혁명에만 집중된 것은 아니다. 수운 사상의 전통철학적 맥락을 탐구하는 조용일의 『네 몸에 모셨으니』(1990)가 출간되었고, 김인환은 「용담유사」를 중심으로 연구해 온 그간의 성과물을 『동학의 이해』(1994)라는 매우 짜임새 있는 책으로 발표하였다. 신일철은 1950년대 이후 변함없이 천착해 온 동학사상 연구 논문들을 묶어 『동학사상의 이해』(1995)라는 단행본으로 출판하였다. 오문환은 '불연기연'이라는 동학의 논리에 입각하여 수운과 해월의 동학사상을 분석한 『사람이 하늘이다』(1996)라는 연구서를 출간하였다. 『해월 최시형과 동학사상』(1999)은 해월로 연결된 동학사상에 관한 각 분야의 전공자들의 새로운 논문들을 엮은 책이다.

동학 연구의 성숙도를 보여주는 또 다른 지표는 박사학위논문의 증가와 주제의 명확성과 전문성이다. 이 시기에는 동학사상을 중심 주제로 다룬 박사학위논문이 9편이나 배출되는데, 동학농민혁명을 포함시키면 숫자는 더 많아진다. 황선희(1990)는 수운 사상은 '이미 구조적으로 도덕적·신앙적 종교성 이외에 현실부정의 사회사상적 성격을 내포'하고 있기 때문에 민족운동의 형태로 발전해 나가게 되었다고 보면서 그 과정을 역사적으로 추적하였다. 이명남(1992)은 수운의 동귀일체사상이 가지는 사회평등적 의의를 살핀 후 그것이 농민계층의 사회의식과 결합하는 과정을 그려내고 있다. 유경환(1993)은 수운의 『용담유사』는 역리순환易理循環의 사고체계에 의해 구성되었음을 밝혀내었고, 송준석(1994)은 동학의 평등주의가 당시의 민중들에게 어떻게 교육사상으로 작용하는가를 밝혔다. 오문환(1995)은 시천주 주문 분석을 근거로 동학의 정치사상은 정치가 도덕적 삶과 일치하는 도덕적 생활정치사상이라는 점을 밝힌다. 전기채(1996)는 수운이 "성리학의 틀을 담으면서 민족자주의식에 바탕을 둔 한국 고유의 종교와 전통적 권위주의 및 형식주의를 부정하는 사회윤리사상을 종교적 측면을 통해 정립"하려 했다고 분석한다. 팽필원(1996)은 수운의 "도덕성은 인간의 본심인 천심을 회복하여 천의天意에 맞게 살 때 회복된다"고 하여 강제적 윤리가 아닌 '저절로 사는 도덕적 삶'을 중시한다고 본다. 박혜리(1997)는 동학의 아동관은 성리학의 한계를 극복하고 "아동을 성인과 대등한 존재가치와 능력과 가능성을 지닌 존재로 인식하여 존중"했다고 하여 그 근대성을 높이 평가한다. 임형진(1998)은 수운의 민족주의가 사회운동으로 발전하면서 청우당의 열린 민족주의이념으로 확립되는 과정을 분석하였다.

동학사상을 다루는 단행본의 활발한 출간과 동학을 주제로 하는 학위논문의 증가로 인해 학회의 필요성이 자연스럽게 형성되면서, 1990년대 말에 이르러 두 개의 동학학회가 창립된다. 먼저 수운이 태어난 경주의 동국대학교 역사학과 최효식 교수가 중심이 된 한국동학학회가 창립되어 1997년 12월에 창간호인 『동학연구』를 출간하고 수운 연구 특집을 냈다. 그리고 상명여대 국사학과 이현희 교수를 회장으로 하는 동학학회가 또한 창립되어 2000년 1월에 그간의 학술세미나에서 발표되었던 논문들을 묶어『동학학보』 창간호를 선보였다. 이들 학회와 학회지를 통해 연구자들 간의 자유로운 토론이 이루어져 논쟁점들이 형성될 것으로 보인다.

7. 2000년대를 맞으면서

1990년대를 계기로 하여 수운의 동학사상을 연구할 수 있는 기본적 환경이 형성되었다고 평가할 수 있다. 이 시기를 지나면서 비교적 충분한 연구서가 출간되었으며 전문 연구자들이 대거 배출되고 학문적 교류의 장이라고 할 수 있는 학회도 성립되었다. 앞으로는 준비된 하드에어의 내용을 채우고 슬기롭게 운용하는 일이 남아 있다고 하겠다. 그러기 위해서는 무엇보다도 수운이 말하고자 하는 철학적 메시지가 무엇이며 그러한 사유가 현대사회에서 어떤 의미를 갖는가 하는 점에 대한 학제 간의 폭넓고 진지한 연구와 토론이 요구된다. 새로운 세기를 맞이하면서 펴낸『동학학보』 창간호(2000)에 연구자들 간의 학문적 토론을 통한 논쟁점의 형성이 엿보이는 글들이 실리기 시작하고 있는 것으로 보아 수운 연구의 전망은 밝다고 할 수 있을 것이다.

3. 수운 사상의 연구 과제

1. 일반적 연구 과제

사대적이고 의존적인 문화와 단절적이고 피동적인 역사에 찌들고 물질주의와 초월주의의 이원론의 틈바구니를 벗어나지 못하고 있는 우리는 아직까지 우리의 토양에서 꽃핀 하늘의 도(天道)인 동학에 큰 관심을 기울이지 않았다. 원효와 율곡이 각기 불교와 유교의 보편성을 한국에 꽃피운 점을 부정할 수는 없지만, 대체로 학자들은 아직까지 보편적이고 원만한 철학체계가 한국에서 꽃피고 한국에서 펼쳐졌다는 사실을 인식하지 못하며 시큰둥해 있다. 이와 같은 열악한 연구 환경 가운데서도 수운에 대한 연구는 결코 적은 편이 아니다.

해방 이후 지금까지 수운 연구의 주류는 동학농민혁명의 사상, 이데올로기, 종교적 외피 등으로 접근되고 연구된 것이 사실이다. 이는 수운을 연구하기 시작한 실증주의적 역사 연구의 방법론과 무관하지 않다. 역사주의적 접근법은 수운 사상의 내용, 전개 과정, 사회화, 정치화 과정들을 엄밀한 고증에 의거하여 상당 부분 밝혀 주었다. 최근에는 해외 자료를 제외한 국내 자료들이 정부의 도움이 없이 순수 민간의 힘으로 수집·출간되는 기념비적 업적도 있었다. 수운을 역사적으로 정확하게 자리매기고 그 의미를 찾아내는 일은 지속적으로 이루어져야 하는 연구 과제이다.

사회과학적 연구들은 근대사에서 새로운 역사적 흐름을 만들어낸 동학농민혁명의 조직적 특성과 세력 양상, 당시의 국제관계 등에 대하여 깊은 관심을 보였다. 사회과학적 연구방법론은 역사학자의 실증주의와 크게 다르지 않다. 그러나 역사학자의 접근이 주로 시간계열적 분석이라면 사회과학적 접근들은 주로 권력관계, 사회관계, 국제관계 등에 대한 횡단면적 분석이 주류를 이룬다. 사회과학적 연구들은 동학의 반외세 자주주의, 주체적 민족주의, 도덕적 평등주의, 자생적 근대주의, 도덕적 공동체주의 등을 밝히는 데 많은 기여를 하였다. 수운이 추구하고자 한 사회적 구조와 정치적 권력체가 어떠한 것이었는지에 대해서는 새로이 도래하는 문명 전망과 연결하여 향후 깊은 연구가 이루어져야 할 것이다.

역사학계와 사회과학계의 관심에 비할 때 철학계의 관심은 매우 미미한

편이다. 이는 아직까지 독자적 사유체계를 정립하여 생활화·사회화·정치화해 보지 못한 한민족의 역사적 전통과 무관하지 않다. 밖으로부터 들어온 사유체계를 수입·가공·포장·판매하는 문화적 변방으로 지내온 역사가 우리의 의식 속에 깊이 뿌리박혀 있어 하루아침에 바꾸기가 어렵기 때문일 것이다. 비단 철학계나 사상계만 그런 것이 아니라, 사회과학계의 경우에는 그 정도가 더욱 심하다고 할 수 있다. 물론 물질 중심의 거대한 세계사적 흐름으로 인하여 정신문화 혹은 영성 문화를 질식시켰기 때문이라고 볼 수도 있을 것이다. 이러한 척박함에도 불구하고 한국의 사상계는 수운에 대한 깊이 있는 연구들을 내놓았다. 수운의 도덕실천철학, 윤리학, 교육사상, 인간학, 한국사상적 맥락, 전통 동양철학과의 비교연구 등의 분야에서 주목할 만한 연구 성과가 제출되었다. 그리하여 1980년대 이후 수운의 내면세계를 논리적으로 들여다볼 수 있는 문들이 철학도에 의하여 열리기 시작하였는데, 다만 아직도 그 정도는 미미한 편이다.

종교학적 연구는 주로 천도교인들에 의하여 진행되어 왔는데, 천도교인으로 수운의 한울님 체험이나 영성에 대해 깊이 있게 연구한 이는 아직 드물다. 영성에 대한 논리와 직관적 체득을 종합하는 연구가 요망된다고 하겠다. 종교학을 전공하는 학자의 연구는 그다지 많은 편은 아니나 의미 있는 연구들이 없는 것은 아니다. 수운은 한울님 체험을 매우 구체적이고도 사실적으로 그려냈으며 다른 선각자들과는 다르게 스스로 저작물을 남겼다. 이 점을 충분히 활용하여 연구한다면 수운의 새로운 면모를 밝혀 줄 수 있을 것이라고 생각된다.

2. 구체적 연구 과제: 보편진리와 구체적 현실

수운은 자신의 깨달음에 대하여 "도로서 말하면 천도이나 학으로 말하면 동학"(「논학문」)이라고 하였다. 이는 보편진리와 구체현실 간의 관계를 표현한 것으로 보아도 좋을 것이며, 또한 한울님과 사람 간의 관계를 표현한 것으로 보아도 좋을 것이다. 수운에 의하면 진리는 같은 진리이나 논리가 다를 뿐(道則同也, 理則非也 : 「논학문」)이라고 한다. 이로써 본다면 수운이 깨달은 것은 하나의 진리로서, 만 가지 법이 하나로 돌아간다는(萬法歸一) 것도 하나의 진리가 밝혀진다는 의미로 볼 수 있을 것이다. 그 하나를 수운은 한울님이라 표현하였으니, 하나로 돌아간다는 것은 모든 사람들이 한울님으로 돌아가게 된다는 의미라 할 수 있겠다. 이처럼 수운은 하나의 보편진리가 드러날 것으로 보았으며 자신의 천명은 곧 이 보편진리를 드러내는 것(布德)이라고 인식하고 실행했다.

'동학'은 지역적 구체성, 민족적 주체성, 생동하는 현실성을 뜻한다고 할 수 있다. 수운의 관심사는 보편적 · 형이상적 · 유일적 존재와 특수적 · 형이하적 · 다수적 존재자들 간의 관계에 있었다. 달리 말하자면, 수운의 관심사는 존재와 활동의 이원적 일원론을 체득하고 논리적으로 밝히는 데 있었던 것이다. 존재와 활동의 관계는 시천주 주문의 '모심－자리잡음－앎'(侍定知)의 형태로 압축되어 설명되고 있으며, 초월적 · 존재적 '불연不然'과 내재적 · 활동적 '기연其然'의 관계에서 잘 밝혀지고 있다. 이로써 본다면 수운의 핵심적 주제는 이 두 방향에서 접근하여 하나로 통합되는 원리와 절차를 밝히는 데 있다고 할 수 있을 것이다. 이것은 곧 형이상과 형이하의 통합일치의 문제이며, 존재와 활동의 이원적 일원성에 관한 문제이다. 또한 이는 보편성과 구체성의 합일이며 한울님과 사람의 통일이다. 의식의 지적 체계에서만 그러한 것이 아니라 몸의 체득 체계에서도 그러하다는 것이 수운의 한울님 체험에서 잘 나타난다.

천도와 동학의 관계 문제는 보편성과 구체성, 형이상과 형이하, 영성과 몸, 진리와 방법, 존재와 활동 등과 같은 철학의 궁극적 문제와 밀접한 관련을 갖는다. 이 점을 현대철학적 개념으로 어떻게 남들과 교통할 수 있는 언어로 풀어내는가 하는 것이 수운 연구의 중심 과제가 된다. 기타의 과제들은 이 핵심 과제를 풀어내는 과정에서 나오는 부수적인 과제라 할 수 있을 것이다. 이와 같은 핵심적 과제에 접근하기 위해서 우리는 몇 가지 구체적인 연구 과제를 생각해 볼 수 있다.

첫째, 수운을 정확히 알기 위해서는 가장 먼저 수운을 정확하게 이해했다고 주장하는 제자들을 통하여 접근해 볼 수 있을 것이다. 이 경우 수운의 제자였던 해월과 의암의 철학체계를 수운과 비교·분석하는 일이 일차적으로 요구된다. 수운에서 해월을 거쳐서 의암의 천도교로 이어져 온 것은 무엇이고 또 변화해 온 것은 무엇인가? 즉, 수운에서 의암까지 변함없이 전해 오는 철학적 내용은 무엇이며 시대와 사회의 변화에 따라서 변화하는 것은 무엇인가? 수운, 해월, 의암은 그 사용하는 언어체계나 사유체계가 다름에도 불구하고 이들 사이에는 불변적 도통이 주장되고 있다. 그럼에도 불구하고 종교학적 시각이나 철학적 맥락에서 세 사상가를 관통하고자 한 본격적인 연구는 찾아보기 힘들며, 아직까지 깊은 연구가 이루어지지 않고 있는 실정이다.

둘째, 수운-해월-의암에 대한 통합적 연구를 하기 위해서는 수운의 철학에 영향을 받았던 19세기 말의 철학가들과 종교가들을 비교·분석하는 연구가 요청된다. 수운은 19세기 말에 일어난 이른바 주체적인 민족종교의 태두라고 할 수 있을 만큼 당시 절대적인 영향력을 행사하였다. 그가 19세기 말의 지성사에 어떤 영향을 주었으며, 이른바 민족종교들은 수운의 어떤 면을 수용하고 어떤 면을 비판했는가 하는 점도 객관적인 연구를 통하여 밝혀 볼 필요가 있다. 그렇게 함으로써 수운 철학의 위상도 객관적으로 평가될 수 있을 것이다.

셋째, 수운은 자신의 도는 공자의 도와 '대동이소이大同而小異'하다고 했으며, 해월은 동학을 '유·불·선의 본원 혹은 근원'이라 하였다. 의암 또한 천도는 몸통이고 유·불·선은 천도의 '한 줄기에 난 세 꽃'이라 하였다. 여기에서 알 수 있는 것은 동학 또는 천도교가 유·불·선의 종합에 의하여 탄생한 것이 아니라, 그것은 유·불·선이 바탕하고 있는 근본자리에 대한 주체적 자각에서부터 시작하였다는 사실이 강조되고 있다는 점이다. 이것은 모든 철학적·사상적 근원뿌리, 근본자리에서부터 연원한 것이 천도요 동학이라는 주장이다. 어찌되었던 한국철학의 토양을 형성하고 있으며 수운의 철학적 배경을 형성하고 있는 유·불·선에 대한 보다 체계적인 비교연구는 그러한 주장을 보다 합리적으로 검토해 볼 수 있게 해 줄 것이다. 특히 독창적인 한국철학을 이루었다고 평가받는 불교의 원효, 유교의 율곡, 선의 고운 등과의 심도 있는 비교연구가 요청된다.

넷째, 수운은 「포덕문」에서 한울님과의 대화 중에 '서도로써 가르치리오까?'라는 질문을 하나 한울님의 대답은 '아니다'였다. 그러나 수운은 '진리는 같다'(道卽同也)라고 하여 자신의 궁극적 관심사는 어디까지나 진리에 있음을 밝힌다. 비록 방법은 다를지라도 진리를 찾고 진리를 밝히고 진리를 실천하는 점에서는 동서양이 다르지 않다는 것이다. 동서양의 차이란 결국 진리를 탐구하는 방법과 절차에 있는 것이지 궁극적 진리 자체가 다른 것은 아니다. 따라서 수운의 문제의식을 서양철학자들과의 토론을 통하여 보다 분명히 할 수도 있을 것이다. 그렇게 함으로써 서양철학자들이 미처 생각하지 못하고 다가가지 못했던 문제의식을 찾아낼 수 있고 또 수운철학의 방법론적 특성도 찾아낼 수 있을 것이며, 더 나아가서는 한국인으로서의 철학적 사유를 심화시키고 한국철학의 보편성을 드높일 수도 있을 것이다. 대만의 모종산이 중국철학의 특질을 칸트철학과의 대화를 통하여 분명히 밝히는 대작을 남긴 것은 좋은 선례가 된다.

다섯째, 위와 연구 과제들은 궁극적으로 수운이 천도와 동학으로써 말하고자 한 핵심이 무엇인가 하는 점을 밝히기 위한 것들이라 할 수 있다. 궁극적으로 본다면, 수운이 보는 진리란 무엇이고, 진리를 어떻게 알며, 진리를 어떻게 실행하며, 진리를 어떻게 사회화시키는가 하는 문제를 보다 명확히 알기 위함이라고 할 수 있다. 수운이 구사한 언어는 분명 유·불·선의 그것이었지만, 궁극적으로 밝혀야 할 점은 그러한 언어를 통해 그가 지시하고자 한 실체는 과연 무엇인가 하는 점일 것이다. 이렇게 수운이 구사한 다양한 개념들을 면밀하게 분석하여 그 사상의 핵심을 밝혀내기 위해서는, 기존의 종교와 철학에서 사용된 개념들이 수운에 이르러서는 어떻게 이해되었고 그것과 기존 개념과의 차이점은 무엇이며 현대적 맥락에서는 어떻게 이해될 수 있는지 하는 점에 대한 보다 깊은 연구가 이루어져야 할 것이다. 그러나 아직은 수운 사상의 핵심이라 할 수 있는 '한울님 모심'(侍天主)이라는 개념에 대한 연구도 몇 편 찾기 힘든 실정이다.

수운은 도와 덕에 대한 논리적 체계를 학문적으로 제시하는 데 그친 것이 아니라 일상생활에서 도덕을 구현하는 실천철학으로 제시하여 시천주 주문을 남겼다. 이것은 대단히 흥미로운 점이다. 형이상학적 존재나 궁극적 이상에 대한 이론적 탐구에 그치는 것이 아니라, 수도를 통하여 초월적 존재의 내재성을 체득하고 이상을 현실화하는 방법을 가르쳤다는 점은 수운의 철학자로서의 면모보다는 도인으로서의 면모를 드러내는 점이라 할 수 있을 것이다. 그는 "글로 어찌 기록하며 말로 어찌 성언할까"(「용담가」)라고 하여 글과 말을 넘어선 의식의 도덕적 경지를 분명히 하였다. 이러한 경지는 철학이라는 사유만으로는 결코 갈 수 없는 곳이라 하겠다. 수운의 표현으로 하자면 그러한 경지는 오직 정성(誠)과 공경(敬)을 다한 한마음만이 갈 수 있는 곳이다. 여기에서 심학心學이라는 새로운 연구 주제가 등장하게 된다. 그러나 심학은 사유하고 느끼고 움직이는 주체를 다시 생각하는 것이기 때문에 글과 말로서는 할 수 없고, 오직 마음으로서 할 수밖에 없는 것이라고 하겠다.

4. 이 책의 짜임

수운에 대한 연구는 적지 않지만 주로 사회화되고 역사화된 수운 사상에 대한 연구가 주류를 이루었다. 즉, 수운 사상은 언제나 동학혁명의 연장선상에서 이해되고 논의되곤 하였다. 수운 연구의 또 다른 흐름은 동학을 이은 천도교라는 종교학적 맥락에서의 접근들이다. 이와 같은 시각에서 수운을 접근한 연구서들은 이미 적지 않게 출간되었기에, 이 책에서는 수운이 제시한 새로운 도와 덕의 원형을 천착하고자 하는 연구 논문들을 위주로 선정하고자 한다.

본문의 편제는 크게 보아 세 부분으로 구성된다. 수운의 도덕실천철학의 내용에 관한 연구와, 수운 사상에 관한 비교철학적 해석, 수운의 사회 · 정치철학에 관한 연구가 각각 그것이다.

우선 제1부는 불완전한 존재가 어떻게 완전한 존재가 될 수 있는가 하는 수운의 도와 덕의 문제를 다룬 글들과, 보다 구체적으로 인간은 어떻게 도덕을 구현하여(道成德立) 자아를 완성하고 이를 바탕으로 우주에 봉사할 수 있는가 하는 문제를 다룬 글들을 실었다. 특히 도덕실천철학에서의 중심 주제는 '시천주侍天主'라는 개념에서 나타나듯이 수운의 신관 및 천관과 심학心學의 문제이다. 수운 사상의 핵심은 '한울님을 모신 인간'을 찾아냈다는 데 있으므로 이 점을 다룬 논문들로 구성하였다.

수운이 제시하는 도와 덕에 대한 분명한 이해는 동학의 근본적 문제의식을 이해하는 데 매우 유용하다. 수운 자신이 이미 구도자였으며 그의 사상은 오랜 수행 끝에 얻은 한울님 체험이라는 결정적 자각으로부터 시작되고 있으므로, 이 점을 중시하여 수운의 도와 덕의 실천적 성격을 밝히려고 한 김승복의 글을 선택하였다. 김승복은 천도교 도정으로서 수운이 사용한 개념들을 직관적 통찰에 의거하여 그 근본 뜻을 드러내었는데, 그가 『신인

간』지에 발표한 글들 가운데 「수심정기」, 「기화지신」, 「인내천 사람」의 글
을 하나로 묶어 소개한다. 김경재는 신학자로서 수운의 신관이 '시천주'의
체험을 바탕으로 하여 형성되었다는 점을 종교철학적 맥락에서 독창적으
로 해석해 내었다. 김용휘의 논문은 수운의 시천주 사상의 독특성을 '시侍'
나 '지기至氣' 같은 동학의 핵심 개념을 중심으로 상세히 분석하고 있다.
오문환은 시천주 주문의 '시정지侍定知' 개념을 분석함으로써 '모심'의 실
천적 인간학을 드러낸다. 윤석산은 「검결」이 혁명의식을 고취시키기 위한
목적으로 불러진 것이라는 일반적인 해석법을 탈피하여 그것은 낡고 편협
한 관념을 떨쳐버리고 호연지기를 길러 우주기운과 합일되도록 하기 위한
수도법이라는 점을 밝힌다.

제2부는 수운의 사상에 대해 비교철학적으로 접근한 연구들을 다루고
있다. 신일철의 「동학과 전통사상」은 사회철학의 기반 아래 유·불·선이
라는 한국사상사적 맥락에서 동학사상을 일반민이 천명을 받을 수 있다는
민의 도덕이자 민의 정치사회운동이라고 평가한다. 박경환은 「동학과 유학
사상」에서 동학을 유학의 도덕중심주의의 연장선상에서 고찰하여, 존재론
적 위계질서를 특징으로 하는 유학과 달리 동학은 평등론에 기초하여 새
지평을 열었다고 평가하고 있다. 김용해는 그리스도교와 동학의 신관을 인
식론·존재론·우주론적 비교를 통해 분석한다. 여기서 그는, 양자는 인격
신·유일신·최고신·범재신이란 점에서는 공통적이지만 전자가 삼위일체
적 신이라면 후자는 천지인일체적 신이며, 전자가 신과의 합일을 지복으로
본다면 후자는 무위이화로 본다는 차이점도 드러내고 있다. 최민자는 수운
의 불연기연의 논리를 원효의 화쟁사상과 비교하면서 양자의 특징을 회통
과 합일에 이르는 존재론적 통일사상으로 규정한다. 박소정은 「동학과 도
가사상」에서 모순대립을 감싸 안는 불연기연의 논리를 동아시아적 전통,
그 가운데서도 도가적 전통과의 연속선상에서 분석하고 있다.

제3부는 사회 · 정치의 장에서 새로운 도덕에 바탕한 사회적 실천의 문제를 다룬다. 수운의 투철한 역사의식, 정치의식, 사회의식은 수운 자신이 제시한 '보국안민輔國安民', '광제창생廣濟蒼生', '포덕천하布德天下'라는 동학의 구호만 보아도 명약관화하다. 수운의 저작 전편에는 강한 역사의식과 사회의식이 충만해 있다. 임형진은 수운이 당시의 시대상황을 배경으로 하여 침략적인 제국주의와 종속적인 사대주의에 모두 반대하는 평등한 민족주의를 제창하였음을 잘 밝혀 주고 있다. 노태구는 현대적 맥락에서 수운의 신문명관을 부활시켜 논의할 것을 제창하는데, 특히 한반도 통일문제에 수운의 사상을 접목시켜 논의를 진행시키고 있다. 김지하는 문명론적 시각에서 동북아공동체의 정신적 토대를 동학에서 찾고 있는데, 그의 글에서 동학의 미래적 비전을 발견할 수 있다. 문명숙은 수운이 제시하는 인간상을 손병희와 이돈화의 해석을 매개로 서양철학자들의 사상과 비교 · 분석함으로써 21세기를 열어갈 주체적인 인간의 모습을 그려내었다.

위의 논문들 이외에 다른 권위 있고 통찰력 있는 논문들을 많이 빠뜨려 버린 것이 못내 아쉽다. 단행본으로 이미 출판되어 누구나 쉽게 찾아볼 수 있는 논문들은 일단 제외하였으며, 동학 연구에 큰 기여를 한 논문이라 하더라도 수운의 철학 및 사상과 직접적으로 관계가 적은 것들 또한 제외하였다. 여기서는 보다 심도 있는 연구가 이루어지길 바라는 마음에서 다만 수운 사상의 기본에 충실한 기존의 연구들을 정리하였다.

5. 맺음말

사회화 · 역사화 · 종교화된 수운에 대한 연구에 비하여 사상가로서의 수운에 대한 학술적 연구는 상대적으로 적은 편이다. 정치 · 사회적 접근, 역사적 접근, 종교학적 접근은 수운 연구에서 매우 중요한 위치를 차지하므로 앞으로도 지속적으로 이루어져야 하겠지만, 여기에 더하여 수운 사상의 내적 논리구조와 현대적 의의 또한 집중적으로 탐구되어야 한다. 그러할 때 동학은 한국사상계의 발전에 한층 더 기여할 수 있을 것이다. 수운 사상에 대한 보다 전문적인 천착이 요구된다. 사유의 뿌리에 대한 깊은 천착 없이는 자주적 사유나 문화적 힘을 키워나갈 수 없다. 다가오고 있는 이른바 문화의 시대, 지식의 시대에는 자생적 뿌리를 가진 사유 양식과 문화의 힘을 배양하지 못할 경우, 개인은 말할 것도 없고 민족과 국가까지도 결국은 폭풍우 몰아치는 칠흑 같은 밤길을 방황할 수밖에 없게 될 것이다. 여기에 동학 연구의 중요성이 있다고 하겠다.

과학기술에 기반한 물질문명은 인류에게 주체할 수 없을 정도의 힘을 안겨 주었다. 생태계파괴와 핵무기가 그 대표적인 상징이다. 따라서 인류의 내일을 걱정하는 사람들은 물질적 능력에 알맞은 마음의 능력이 필요하다는 사실에 모두 동의하고 있지만, 마음의 힘을 어떻게 올바른 방향으로 배양해 갈 것인가에 대해서 과학기술은 아무런 답을 주지 못한다. 그런데 동양은 마음이 가야 할 '길'(道)과 마음의 힘을 올바로 활용하는 '실천'(德)에 대해서 오랫동안 생각하였으며 구체적인 공부 방법을 발전시켜 왔다. 이제 우리는 동양사상을 바탕으로 하여 인류사회가 처한 여러 가지 문제점을 직시하고 새로운 해결책을 모색하여야 할 것이다. 동학 연구자는 이와 같은 시대적 과제를 외면해서는 안 된다.

마지막으로, 글과 말이라는 그물은 너무 크거나 너무 작은 것은 쓸모가 없다. 그물보다 더 크거나 그물코보다 더 작은 것들을 그물로 잡을 수 있는 길은 없다. 달리 말하자면 표현할 수 없는 것에 대해서 우리는 말없는 말로 느낄 수밖에 없다는 것이다. 고대로부터 동양에서 도는 글과 말을 통해서가 아니라 마음에서 마음으로 전해진다고 하였다. 수운은 누구보다도 분명하게 이 점을 분명히 하고 있다. 그는 "글로 어찌 기록하며 말로 어찌 성언할까"(「용담가」)라고 하였다. 글과 말의 한계를 정확히 인식하고 있던 그였기에 자신의 도를 일체의 상대성을 떠난 '무극대도'라고 하였던 것이다. 그러므로 수운의 심법을 이 책에 온전히 담는 일이란 처음부터 불가능한 것이었는지도 모른다.

제1부

수운 최제우의 천관과 인간관

수운의 도와 덕 : 수심정기, 기화지신, 인내천

김 승 복

1. 머리말

수운 최제우는 "아는 바 천지라도 경외지심 없었으니 아는 것이 무엇이며"(「도덕가」)라고 하여 행함 없는 앎은 아무런 의미가 없다고 비판하면서 한울님의 이치는 사람의 수족동정, 말하고 웃는 것, 선악간의 마음용사와 떨어질 수 없다고 하였다. 수운의 철학은 일용행사간의 구체적 실천과 떨어질 수 없다는 점에서 실천철학이며 한울님의 도와 덕에 정확하게 일치하는 실천이라는 점에서 도덕실천철학임을 '수심정기修心正氣', '기화지신氣化之神', '인내천人乃天'의 세 개념을 중심으로 살펴본다. 수심정기, 기화지신은 각각 「수덕문修德文」과 「논학문論學文」에 나오는 개념이고, 인내천은 해월 최시형의 말과 의암 손병희의 글에 나오는 개념이다.[1] 이 세 가지 개념을 도덕실천철학이라는 시각에서 살펴봄으로써 도덕실천의 철학가로서의 수운에 접근해 보기로 하겠다.

---

1) 필자는 『신인간』에 각각 「修心正氣」(『신인간』 227), 「氣化之神」(『신인간』 256), 「人乃天 사람」(『신인간』 228)이라는 제목으로 세 편의 글을 발표한 바 있는데, 이 글은 도덕실 천철학이라는 주제 아래 그 세 글을 한데 묶은 것이다.

2. 수심정기

'수심정기守心正氣'란 마음을 지키고 기운을 바르게 한다는 뜻이다. 진리를 온전히 체득하려고 도를 닦는 사람에게 있어서 가장 중요한 것은 수심정기의 방법이다. 수운 선생이 「수덕문」에서 "인의예지는 먼저 성인의 가르친 바요 수심정기는 오직 내가 다시 정한 것이니라"고 하였다. 인의예지를 하려고 하면 먼저 수심정기를 해야 하니, 수심정기는 체가 되고 인의예지는 용이 되어야 한다는 것이다. 수심정기를 하지 못하면 스승님께서 가르친 모든 계명을 지킬 수 없으며 천도교의 실천 기본이 되는 사인여천事人如天과 부화부순夫和婦順도 할 수 없으므로 결코 수도자의 최고 목적인 도성덕립道成德立을 이룰 수 없는 것이다.

도성덕립의 목적을 세우고 성품과 마음을 닦는 사람이 마음을 지키고 기운을 바르게 하지 못하면 한울 성품을 거느리지 못하고 한울님의 가르침을 받지 못하므로 견성각심見性覺心의 목적을 달성할 수 없는 것이다. 그러므로 해월은 "수심정기의 네 글자는 천지의 운절된 기운을 다시 돕게 한 것"이라고 하였다.

수심정기를 하지 못하는 사람은 산 사람이면서 송장과 같은 사람이다. 왜냐하면 수심정기를 못하므로 '내유신령內有神靈'과 '외유기화外有氣化'로 생기는 '기화지신'이 없는 까닭이다. 살아 있으면서도 송장과 같은 모든 사람들을 수심정기의 대법으로 기화지신의 생혼을 일으키어 '인내천人乃天'의 새사람이 되게 함은 천도교의 의무이며 책임인 것이다. 그러므로 '수심정기'의 방법을 다시 한 번 살펴 어김이 없게 하기 위하여 '마음과 기운이 어떻게 구분이 되는 것이며, 마음을 어떻게 지키며, 기운을 어떻게 바르게 할 것인가' 하는 것을 살펴보고자 한다.

1. 마음과 기운의 구분

마음과 기운이 어떻게 다르며 구분되는 것인가? 이 문제에 대하여 해월은 "기운이 마음을 부리는가, 마음이 기운을 부리는가? 기운이 마음에서 나는가, 마음이 기운에서 나는가? 화化해 나는 것은 기운이오 일을 쓰는 것은 마음이니, 마음이 화하지 못하면 기운이 법을 잃나니라. 그 근본을 상고하면 '귀신'과 '심성'과 '조화'가 도무지 이 한 기운이 시키는 바니라. 움직이는 것은 기운이오, 움직이고자 하는 것은 마음이라"고 하였다. 마음과 기운을 나무에다 비유한다면 뿌리는 기운이요 가지는 마음이니, 마음과 기운은 하나이면서 둘이요 둘이면서 하나인 것으로서 마음이 본래 기운에서 난 것이다. 의암은 「각세진경覺世眞經」에서 "마음이란 무엇인가? 들은 것 같으나 보기는 어려운 '혼원'한 '허령'이니라. 영이란 무엇인가? 허한 영이 창창하여 물건에 내재하지 아니함이 없으며, 때로 비치지 아니함이 없으며, 고요하여 움직이지 아니하며, 일어나면 밝고 어둡우면 변화하니, 자기의 덕을 자기가 다스리는 천지의 세력이요 자연의 이치이니라" 하였고, 「무체법경無體法經」에서는 "마음은 즉 신神이오 신은 즉 기운이 시키는 바니라", "마음은 기운이니 '심기'는 '원원충충'하고 '활활발발'하여, 움직이고 고요하고 변하고 화하는 것이 때에 맞지 아니함이 없나니라" 하였다.

수운이 삼칠자三七字 주문을 해석하는 가운데 "기란 허령이 가득하여 일에 간섭치 아니함이 없고 일에 명치 아니함이 없으니, 그러나 형용할 것 같으나 형상하기 어렵고 들은 것 같으나 보기는 어려우니 이 또한 혼원한 기운이니라" 하였다. 마음과 기운은 근본은 하나이나 구분을 하면, 기운은 솟아오르는 샘물과도 같고 타오르는 불과도 같은 것이며 마음은 물과 불을 어떻게 쓰는 것인가를 말하고 있는 것이다. '심기'라고 하면 동일한 것이 되고, 마음과 기운을 구분하면 기운은 '체'가 되고 마음은 '용'이 된다.

2. 마음을 지키는 법

　마음을 지키는(守心) 방법에 대하여 의암은 "잠깐도 마음을 정맥精脈에서 떠나지 않을 것이며, 떠나지 않는 바는 일용행사간에 삼단三端을 어기지 말 것이라"고 하였다. 정맥과 삼단을 설명하기를 "사람이 음양리기陰陽理氣의 조화로 화생하는데, 성품은 바탕이요 마음은 기운이요 정은 뇌골폐부 곳곳에 있는 것이라"(「위생보호장」)고 하고, 사람의 움직이는 이치를 설명하되 "마음을 먼저 발동시키어 정을 통하고 맥을 통하고 피를 통하여 손과 발이 움직이는 것이므로, 만일 무심한 가운데 갑자기 움직이면 기운과 피가 크게 손상하므로 크게 해로운 것이니 삼가고 삼가라"(「위생보호장」)고 하였다. 이와 같은 이치는 누구나 다 체험하면서도 모르고 있는 것이다. 방안에 가만히 앉아 있다가 급작스럽게 일어나면 현기증이 생겨서 가슴이 울렁거리고 아주 심하면 곤두박질을 치는 수도 있는데, 이것은 혈맥정신이 통하기 전에 움직이므로 서로 상충이 되어 일어나는 발작이다. 그러므로 일용행사에 있어서 한번 움직이고 한번 고요함(一動一靜)에 꼭 심고心告를 하여 혈맥정신에 어김이 없도록 하며 마음을 잠시라도 정, 맥, 혈에서 떠나지 않게 하는 것이 마음을 지키는 방법이다.

　마음은 나의 마음이니, 나의 마음대로 움직일 수 있으며 지킬 수 있다. 습관과 환경으로 말미암아 마음을 지키는 것이 대단히 어렵지마는, 모든 진념塵念이 한없이 일어나는 가운데서 마음을 힘써 지키어 잃지 않고 굳게 하여 방일하지 않게 하면 자연히 일만 진념이 꿈과 같이 되어 해탈이 될 수 있는 것이다. 그러므로 마음으로써 마음을 다스리고 마음으로써 마음을 밝게 해야 하는 것이다.

　옛날 어느 곳에 도를 닦는 사람이 하루는 도통을 하신 선생을 찾아가서 하는 말이, "선생님, 저는 아무리 해도 해탈을 할 수가 없으니 선생님께서 도력으로 해탈을 시켜 주시옵소서" 하고 부탁하였다. 한참 있다가 그 선생이 말하기를 "그래, 너의 소원대로 해탈을 시켜 줄 테니 너의 마음을 가져 오너라" 하였다. 그 사람은 말문이 막혀 혼자서 곰곰이 생각을 해 보았는 데, 마음이 어디 있는지도 알 수 없으며 마음이 사각으로 생겼는지 둥글게 생겼는지 길쭉한 것인지 뾰족한 것인지도 알 수 없었다. 그래서 선생에게 말하시기를 "선생님, 마음을 가져올 수는 없습니다"라고 하였다. "그렇다, 마음이 본래 있는 것이 아니다. 너도 그것을 알았으니 지금 해탈이 된 것이 니라" 하는 선생의 말을 듣고, 그 수도자는 하직하고 돌아와서 깊이 생각을 한 끝에 해탈을 하였다고 한다.

마음을 지킨다는 것은 선천의 마음(先天心)을 지킨다는 것이 아니요, 육 신이 있은 후에 받은 후천의 마음(後天心)을 지키는 것이다. 마음을 잘 지키 면 벌거숭이 마음으로 돌아가 본연한 한울님 마음과 융합일치가 된다. 본 래의 마음인 성심본체는 머무는 곳이 없으므로 지킬 것도 없고 닦을 것도 없다. 머무는 곳이 없으므로 일어나는 것이 없고, 일어나는 것이 없으므로 생함도 없으며, 생하는 것이 없으므로 멸함도 없다. 의암은 「우음偶吟」에서 "거울 속에서 티끌이 나는 것이 아니요, 일만 티끌이 일어 거울에 부딪치는 것이니라. 만일 본래의 거울을 없이하면 일만 티끌이 어느 곳에 붙으랴" 하 였다. 마음을 지키고 닦아 한울님 마음이 되어서 비고 빈 본연한 진성眞性 을 통하면 없음도 없고 있음도 없는 것이다.

그러므로 성심본체를 터득하기 위하여 자기의 마음을 자기가 지키어 굳 게 하며 바르고 밝고 착하고 의롭게 하며 눈, 코, 귀, 입, 몸, 뜻에서 일어나 는 모든 욕심을 없이하고 애착을 단절할 것이며 무아의 심경이 되어 '물정 심物情心'에서 초월하여 자기의 마음이 '마탈심魔奪心'이 되지 않도록 힘 써 지킬 것이다. 사람은 본래 무형한 한울님이 유형화한 것이므로, 본연한 한울님 마음을 잘 지키고 천명에 순종하여 천리를 보존하고 천법에 의하여 백천만사를 행하면 되는 것이다.

3. 기운을 바르게 하는 법

기운을 바르게 하는 방법에 대하여 의암은 "기쁨, 화냄, 슬픔, 즐거움을 너무 지나치게 하지 말 것이니, 만일 지나치게 하면 몸에 있는 경맥, 정맥, 산맥이 불통하여 반드시 큰 해로움이 있다"고 하였다. 사람의 질병도 희노애락을 조절하지 못하고 너무 지나치게 되어 발생하는 것이니, 기운을 바르게 하여 육신관념에서 벗어나도록 하여야 할 것이다. 사람의 마음과 기운과 피는 불가분의 관계이므로, 마음과 기운이 바르게 되면 피가 맑아지고 반면에 마음과 기운이 바르지 못하면 피가 흐리어 질병이 된다. 비록 잘못하여 질병으로 고생을 한다 해도 수심정기로 일용행사를 잘해 나가면 어떠한 불치의 병이라도 쉽게 고칠 수 있는 것이다.

기운을 바르게 한다는 것은 자기의 건강에 직접 관계되는 양기법養氣法으로서 무병으로 육신장생한다는 말이니, 바로 수심정기 묘법의 효과를 가리킨다. 기운은 본래 솟는 샘물과도 같고 일어나는 불길과도 같은 것으로, 쓰기 전에는 선도 없고 악도 없으며 바른 것도 없고 사특한 것도 없다가 한번 움직임에 따라 선악이 되고 정사正邪가 된다. 기운을 바르게 한다는 것은 바른 생각을 하고 바른 행동을 하면 되는 것이다. 기운은 본래 혼원한 오직 하나인 한울님 기운이나, 사람의 기운이 되면 육신관념과 감정에 사로잡혀 악도 되고 사도 된다. 그러므로 수운은 "탁한 기운을 쓸어버리고 맑은 기운을 어린아이 기르듯 하라"(「탄도유심급」)고 하였다.

불교에서 단전법으로 참선을 할 때 '화두를 세워 생각한다', '아무런 생각도 없이 그냥 한다' 하여 두 주장으로 서로 시비가 분분하나, 이것은 이치를 분별치 못한 사람들의 논쟁에 지나지 않는다. 단전법을 사용하여 수심정기가 되고 화두를 세워 '만법의 인과'와 '만상의 인과'와 '화복의 인과'의 지혜를 닦으면 '허광심虛光心'이 밝아져서 모르는 것이 없고 밝지 않은 것이 없으므로, 자연히 의심하는 것이 없어져서 '여여심如如心'에 오르고 더 나가서 '인내천'의 진경에 도달하여 '자유심'이 되는 것이다. 그러므로 수도자의 정도에 따라 '유념'과 '무념'을 자유자재로 할 것이다. 의심을 가진 사람은 우선 화두를 세워 이치를 터득하여 믿음으로 나아갈 것이며, 의심이 없는 사람 또는 무식하여 의심을 하려야 할 수 없는 사람은 지극한 믿음과 공경과 정성으로 이치를 통하는 데 이르러야 하는 것이다.

수심정기는 마음을 혈맥정신에서 떠나지 않게 하여 '성·심·신'의 삼단에 어기지 않도록 하고 희노애락을 적당하게 조절하며, 일동일정과 일용행사가 한울님의 소사所使임을 믿고 공경하여 정성으로 한울님 생각을 염념불망하는 것이다. 수심정기를 하면 자연히 하느님의 덕과 스승님의 은혜(天德師恩)을 잊지 않게 되므로 지극한 기운(至氣)이 지극히 화하여 성인에 이르게 되는 것이다.

마음은 영靈이요 곧 기운이므로, 기운을 바르게 하면 마음을 지킬 수 있고 마음을 지키면 기운을 바르게 할 수 있으며, 기운이 바르지 못하면 마음도 바르지 못하고 마음이 바르지 못하면 기운도 바르지 못하다. 나의 마음이 굳게 되어야 마음과 기운이 서로 화하고, 서로 화합함으로써 한울님과 합일하여 만사를 통하는 것이다. 수심정기가 된 사람은 천일합일이 되므로 의심이 없고 근심걱정이 없으며 두려움이 없게 된다. 의심이 없고 근심이 없고 두려움이 없으므로 자기의 마음을 자기가 믿을 수 있고 자기의 마음을 자기가 공경할 수 있는 성인이 되는 것이다.

수운은 "그 마음을 지키고 그 기운을 바르게 하면 그 성품을 거느리게 되고 그 가르침을 받게 된다"(「논학문」)고 하였다. 수심정기를 하여 한울님의 가르침을 받아 천리천심에 어기지 않고 스승님 심법에 어김이 없도록 해야 할 것이다. 수심정기를 못하게 되는 이유는 사람의 육신에서 생기는 탐욕과, 입으로 인하여 생기는 시비, 모략, 중상, 잡담과, 뜻으로부터 오는 자존심, 의구심, 미망심이 일어나 장애가 되는 것이다.

수심정기로 모든 육신관념을 헌신짝같이 버리고 성령으로 개벽하여 지극한 믿음과 공경과 정성을 다해서 근근불식勤勤不息, 진진불퇴進進不退의 정신으로 부지런히 힘쓰면, 믿음에서 신통력이 생기고 공경에서 한울님과 사람이 언어가 상통하여 뜻이 같아지고 정성에서 천명을 받아 '체천행도體天行道'하게 되는 것이다. 그러므로 수도자는 일만 가지 어려운 가운데 제일 어려운 '수심정기'를 해서 한울님 성품을 거느리고 한울님의 가르침을 받아 한울나라 한울사람이 될 것이다.

3. 기화지신

『동경대전』「논학문」의 "서양 사람은 말에 차례가 없고 다만 자기의 몸을 위하는 꾀를 비는지라 몸에 '기화지신氣化之神'이 없고 학에는 한울님의 가르침이 없으니, 형상이 있으나 자취가 없고 생각하는 듯하나 주문이 없는지라 도는 허무에 가깝고 학은 한울님을 위하는 것이 아니니, 어찌 가히 다름이 없다 이르겠는가"(「논학문」)라는 말씀 가운데 '기화지신'이란 말이 나온다. 수운 선생은 기독교인들이 몸에 '기화지신'이 없다고 하였다. '몸에 기화지신이 없다'는 뜻은 무엇인가? '강령지법'으로 외유기화와 내유신령을 깨달아 한울님을 자신의 몸에 모시지를 못했다는 뜻이다.

기독교인들은 한울님을 저 멀리 계신다고 믿고 공경할 뿐이니, 자기의 몸에 한울님을 모시지 못한 것이다. 비단 기독교인들만 그런 것이 아니라 불교, 유교, 선교, 회교인 모든 기성종교인들이 자기의 마음에 한울님을 모시지 못하였다. 그러므로 몸에 '기화지신'이 없다고 하였다. 그렇다고 유독 천도교인들이 모두 몸에 '기화지신'이 있는 것은 아니다. 천도교인도 입도한 그날부터 지극한 정성으로 삼강三綱인 이신환성, 규모일치, 지인공애와 사과四科인 성·경·신·법과 오관五款인 주문·청수·시일·성미·기도로 수도의 방법을 삼고 강령지법인 주문으로 한울님을 지극히 위하여, 크게 강령이 되어 외유접령지기外有接靈之氣와 내유강화지교內有降話之敎로 한울님 모심을 참으로 느끼고 깨달아 스스로 경외지심이 발동되어야 비로소 자기의 몸에 기화지신이 있는 것이다.

해월 선생은 시천주의 '시侍'자를 해석하면서 "경에 말씀하시기를 '모신다는 것은 안에 신령이 있고 밖에 기화가 있어 온 세상 사람이 각각 알아서 옮기지 않는 것이라' 하였으니, 안에 신령이 있다는 것은 처음 세상에 태어날 때의 갓난아기의 마음이요 밖에 기화가 있다는 것은 포태할 때 이치와 기운이 바탕에 응하여 체를 이룬 것이니라. 그러므로 '밖으로 접령하는 기운이 있고 안으로 강화의 가르침이 있다'는 것과 '지기금지至氣今至, 원위대강願爲大降'이라 한 것이 이것이니라"(「영부주문」)라고 하였다. 억천만물이 모두 외유기화와 내유신령으로 한울님을 모시고 있으며 한울님의 영기로 살고 있지만, '지기금지, 원위대강'으로 '외유접령지기'가 되고 '내유강화지교'가 되어야 참으로 시천주가 되는 것이다. '접령강화'로 한울님을 모시게 되는 것을 '기화지신'이라고 하는 것이다.

의암도 "대선생께서 경신 사월 초오일에 강령지법을 지어 사람으로 하여금 한울님 모심을 알게 함이요, 한울님 모심을 알면 가이 써 한울님 말씀함을 알지라. 어찌 의심할 바 있으리요 사람이 이것을 다 지키면 수심정기할 것이요, 만일 지키지 못하면 배천역리함이라"(「권도문」)고 하였다. 천도교인들의 높은 수심정기 공부도 접령이 되고 강화가 되어서 몸에 기화지신을 얻은 후에야 되는 것이다. 한울님을 모시어야 한울님 마음을 지키고 한울님 기운을 바르게 할 수 있다. 한울님을 모시지 못한 사람은 수심정기를 할 수 없다. 아무리 수심정기를 하려 해도 되지를 않는다.

수운은 '외유접령지기하고 내유강화지교'하되 '시지불견視之不見'이오

'청지불문聽而不聞'이라고 하였다(「논학문」). 그러므로 현묘한 체험을 하지 못한 사람은 자기의 몸에 '기화지신'이 없는 것이다. 비유한다면 맛있는 수박을 쪼개어 먹지 못하고 겉만 핥는 격으로, 향기롭고 달콤한 꿀을 먹어보지 못한 채 먹어 본 사람의 말만 듣는 것과도 같다. 금강산을 직접 여행한 사람의 말만 듣고 그 웅장하고 형언할 수 없는 많은 절경을 보았다고 할 수 있으며 안다고 할 수 있을까? 접령과 강화가 없이 한울님 모심을 알수 없는 것이다.

한울님은 억천만물의 부모요 스승이요 임금이므로, 몸에 기화지신이 없는 사람은 부모가 계시는 줄은 알되 찾지 못하는 고아와도 같고 스승을 만나지 못해 공부도 하지 못하고 뿌리를 내리지 못하는 부평초와도 같으며 임금에게 충성을 해야 할 신하가 임금님을 못 만나는 것과도 같다. 그러므로 천도교를 하는 사람은 자기 몸에 기화지신을 얻어 한울님을 부모와 스승과 임금님과 같이 모시고 공경하고 정성을 다해야 하겠다.

한울님을 생각할 때 목마른 사람이 물을 생각하듯이 할 것이요, 젖 먹는 어린아이가 어머니를 생각하듯이 할 것이다. 주린 사람이 밥을 생각하듯이 생각하면서, 한울님을 지극히 위하는 주문을 많이 외워서 한울님의 감응을 받아 몸에 기화지신을 얻어야 하겠다. 생각마다 주문을 생각하고 스승님의 가르침을 생각하면 기화지신이 항상 몸에 머무르고, 잠시라도 한울님 생각을 떠나면 없어진다. 의암은 "우리 동양 사람은 과거, 현재, 미래를 따져 팔자타령이나 하고 아득한 꿈속에서 깨어날 줄 모르고 참다운 공부를 하지 못하니 몸에 '기화지신'이 없어 영을 가진 동물이라 말할 수 없고 사람이라 하는 형상만 갖추었으니 살아 있는 송장이라, 그래서 세계 각국 사람이 송장 허수아비로 대하지 않느냐"(「명리전」)고 크게 경고하였다.

근래에 와서 차츰 우리 민족이 각성을 해야 한다 하여 '민족주체성'이란 말이 높아지고 있는 것이 사실이다. 그러나 말이나 글로 '민족주체성', '민족의 각성'을 아무리 외쳐도 하루아침에 이 민족이 각성할 수는 없으며 이 민족의 주체성이 서지도 못할 것이다. 오랫동안 유전되어 온 '사대주의적' 사상에 물들어 마치 '몽유병' 환자와도 같고 한치 앞도 못 보는 '장님'과도 같다. 바깥세상을 전혀 모르는 우물 안의 개구리와도 같은 생각을 하고 있는 것이 사실이다. 육신의 관념에 사로잡혀 모두가 자기의 정신을 잃어버린 미친 사람들이 되어 버렸다. 권력에 미친 사람, 명예에 미친 사람, 돈에 미친 사람, 먹는 데 미친 사람, 이성에 미친 사람. 갖가지로 미쳐서 자기의 정신이 없어 오늘은 오늘의 마음으로, 내일은 또 내일의 마음으로 허송세월하고 있지 않는가? 마음과 피는 불가분의 관계로 마음의 변화에 따라 피가 변화한다. 이와 같은 현상은 자기의 몸에 기화지신이 없는 까닭이다. 몸에 기화지신이 없이 각성이니 주체성이니 하는 이야기는 그야말로 우이독경이니, 소돼지를 보고 사람이 되라고 기적을 바라는 것과도 같다. 천도교의 강령지법으로 자기의 몸에 기화지신을 모시어야 정신병도 고칠 수 있고 짐승과 같은 마음을 고칠 수도 있으며 사람마다 각성을 할 수 있고 민족 주체성이 저 깊은 산골짜기의 샘물 솟듯이 솟아오를 것이다.

수운은 "한울님께 받은 재주 만병회춘 되지마는 이내몸 발천되면 한울님이 주실런가, 주시기만 줄작시면 편작이 다시와도 이내 선약 당할소냐 만세명인 나뿐이다"(「안심가」)라고 하였다. 만병회춘 되는 선약은 바로 자기의 몸에 기화자신을 얻는 것이다. 해월은 "세상 사람들은 다만 약으로 병을 고치는 줄은 알되 마음으로 병을 고치는 줄을 모르니 애석하다"(「영부주문」) 하였다. 의암은 "수도를 하는 사람은 항상 몸에 기화지신이 있는 까닭에, 첫째 건강하고, 둘째 의지가 강해지고, 셋째 목적이 확실하고, 넷째 바르고 밝고 착하고 의로운 마음이 된다"고 하였다. 이와 같이 네 가지가 완성되면 자연히 각성도 될 것이요 주체성도 확립될 것이다. 그러므로 수운은 "금을 준들 바꿀소냐 은을 준들 바꿀소냐, 좋을시고 좋을시고 이내신명 좋을시고"(「안심가」) 하며 법열에 넘쳐 춤을 추었다. 이와 같은 귀중한 보배는 권력이나 돈이나 지식으로 얻어지는 것이 아니다. 오직 강령지법으로 '외유접령지기'가 되고 '내유강화지교'로 기화지신을 얻어 자기의 마음에 한울님을 모심으로써 되는 것이다.

천도교인들이 모두 '사인여천'의 윤리를 행동화하라고 하지만 몸에 기화지신이 없으면 '경외지심'이 없어 사람을 한울님으로 모실 수 없다. 속담에 작심하여 사흘을 못 간다고 하였다. 일부러 마음을 지으면 사인여천을 할 수 없다. 몸에 기화지신을 얻어 한울님을 모시게 되면 '경외지심'이 발동되어 스스로 '사인여천'도 할 수 있고 참으로 남을 위해 희생봉사를 할 수 있는 마음이 되어 본래 나와 남은 둘이 아니요 하나라는 것을 터득하게 되니, 의암 선생의 표현대로 위위심爲爲心에서 자리심自利心이 생기고 '이타심利他心'에서 공화심共和心이 생하고 공화심에서 자유심自由心이 생겨서 높은 인내천의 격을 갖추게 되는 것이다.

한울님은 유일무이한 존재이므로 우리가 모두 한울님을 모시게 되면 동귀일체同歸一體를 할 수 있다. 하나요 둘이 아니므로 만화귀일萬和歸一이 되고 동귀일리同歸一理가 되는 것이다. 세상 사람들은 이 깊은 이치를 모른다. 오랜 습관과 물정심物情心과 미망심迷忘心이 가득 차서 본래의 자기를 잊어버렸기 때문이다. 오로지 강령지법으로 접령강화가 되어 자기의 몸에 기화지신을 얻어 육신관념을 성령으로 개벽하여야 자존심도 의구심도 미망심도 다 없어질 것이다. 그리하여 참으로 한울님을 모신 한울사람이 되어 동귀일체할 수 있고 사인여천할 수 있다. 한울님을 모심으로써 지인용智仁勇 3단을 겸비한 인내천 사람이 되어 보국안민·포덕천하·광제창생을 할 수 있고 지상천국의 대목적도 달성할 수가 있는 것이다. 아무쪼록 우리들은 모두 지극한 믿음과 공경과 정성으로 자기의 몸에 기화지신을 얻어 한울님을 모신 사람들이 되어야 하겠다.

4. 인내천

"사람이 사람이면 다 사람인가, 사람 노릇을 해야 사람이다"는 말은 일제치하 당시 유행하던 말이다. 의암은 "정심수도로 인내천人乃天의 참사람이 되어, 후천개벽의 때를 당하면 신인간창조 운동의 종자사람이 되어야 한다"는 법설로써 삼천리 방방곡곡에 늙은이, 젊은이, 어린이 모두에게 외쳤으니, 발 없는 말이 천리를 간다는 격으로 의암의 말씀은 전 민족의 거룩한 교훈이 되었던 것이다. 사람이 사람 노릇을 하려면 먼저 인내천 사람이 되어야 하고, 인내천 사람이 되려면 천도교의 교리를 바르게 알아서 바른 믿음을 갖고 정심수도로 바르게 터득해야 할 것이다.

한울님은 불택선악不擇善惡하니 사람은 스스로 원하고 구하고 바라는 대로 될 뿐이다. 재삼 깊이 생각해야 할 것이다. 사람은 '본래 나'인 무형한 한울님이 유형화된 것으로, 성령의 근본은 오직 유일무이唯一無二한 것이요 동일한 이치와 기운인 것이다. 사람이 마시고 먹고 입고 사는 일용행사에서 한번 움직이고 한번 고요함(一動一靜)이 모두 한울님의 이치와 기운으로 인과법칙에서 되는 것이므로, 사람이 스스로 잘하면 잘되고 잘못하면 잘못되는 것이다. 다만 자기의 정성과 노력에 따라서 어리석은 사람이 총명예지한 사람이 될 수도 있고 건강치 못한 사람이 건강한 사람이 될 수도 있으며 가난한 사람이 부자도 될 수 있고 천한 사람이 귀한 사람이 될 수 있으니, 인간은 얼마든지 스스로의 노력으로 자신의 운명을 개척하고 창조하여 참되고 좋은 방향으로 변화시킬 수 있다. 이처럼 사람의 운명은 결코 결정된 것이거나 예정된 것이 아니다. 모든 인간은 바른 수도를 통해서 '인내천' 사람이 될 수 있으며 인내천 사람이 많아지면 자연히 지상천국을 이룰 수 있는 것이다.

어떤 종교를 막론하고 신앙을 하는 사람으로서는 반드시 목적이 있다.

불교를 믿는 사람의 최고 목적은 생불이 되려는 데 있고 예수교를 믿는 사람은 천당으로 가는 것이 목적이요, 우리 천도교인은 '인내천' 사람이 되어 지상천국을 이루려는 것이 목적이다. 천도교를 믿어 인내천 사람이 되고자 진심갈력으로 수도하는 사람 중에 간혹 그 신앙 방법이 확실하게 서지 못하여 '견성각심見性覺心'의 앞길이 아득해져서 참으로 '시천주'가 되지 못하고 과불급過不及이 되어 고생하는 분이 없지 않은 것 같다.

의암은 "한울을 마음 밖에 두고 다만 지극한 정성을 다하여 감화를 받아 도를 얻는다"('무체법경」) 하고 또 "한울이 내게 있으니 우러러 하기는 어느 곳에 하며 믿기는 어느 곳에 하리요, 다만 내가 나를 우러르고 내가 나를 믿고 내가 나를 깨닫는다 하여 닦은 이로 하여금 마음 머리 두 방향에 의심 구름이 가득하도다"('무체법경」) 하여 두 방법이 모두 바른 길이 아님을 지적하고, "무릇 천지만물이 주체와 객체의 형세가 없지 않으니 한울을 주체로 보면 내가 객체가 되고 나를 주체로 보면 한울이 객체가 되나니, 이것을 분간하지 못하면 이치도 아니요 도道도 아니니라. 그러므로 주체와 객체의 위치를 두 방향에 지정하노라. 사람의 권능이 한울을 이기면 한울이 사람의 명령 아래 있고 한울의 권능이 사람을 이기면 사람이 한울의 명령 아래 있나니, 이 두 가지는 다만 권능의 균형에 있나니라"('무체법경」)라고 하였다. 한울님은 만리만사의 원리원소로서 천지만물의 부모가 되고 또한 만리만사를 운용하는 천지만물의 임금과 스승이 되니, 사람은 한울님의 사람일 뿐이다. 한울님은 창조주요 사람은 한울님의 발전 과정에서 최고로 진화된 것이며 한울님은 전체요 사람은 객체이므로, 주와 객을 확실히 정하여 한울님을 부모와 같이 모시고 스승과 같이 지극히 공경하며 임금에게 충성을 하듯이 지극한 정성으로 섬기면 한울님의 가르침을 받게 되고, '내 마음이 네 마음이다'(吾心卽汝心)의 경지를 터득하면 한울님과 사람이 합일이 되어 주와 객이 일체가 되고 인내천 사람이 되는 것이다. 인내천 사람이 되려면 육신관념에서 성령으로 개벽하여 본연한 '본래 나'를 찾는 것이니, 이 '본래 나'가 곧 한울님이요 내 마음의 근본인 것이다.

의암은 "내 한 물건이 있으니 물건이란 것은 '본래의 나'니라. 이 물건은 보고자 하여도 능히 보지 못하며 듣고자 하여도 능히 듣지 못하며 묻고자 하여도 능히 물을 곳이 없고 잡고자 하여도 잡을 곳이 없고, 항상 머무는 곳이 없어 능히 법을 짓지 아니하나 일만법이 자연히 체에 갖추었으며 정으로써 능히 기르지 아니하나 만물이 자연히 나타나느니라. 변함이 없으나 스스로 되며 움직임이 없으나 스스로 나타나며 한울과 땅을 이루어 놓고 도로 한울님과 땅의 본체에 살며 만물을 내어 이루고 편안히 만물의 제 몸에 사나니, 다만 한울의 '체'와 '인과'로 하여 선함도 없고 악함도 없으며 나지도 아니하고 꺼지지도 아니하나니, 이것이 이른 바 본래의 나니라"(「무체법경」)라고 하였다. 이와 같은 '본래 나'가 곧 한울님이니 이 본연한 본래 나를 각득하여야 인내천 사람이 되는 것이다.

본래 나의 성심본체는 내 마음의 근본이므로 습관된 마음을 텅 비우면 빈 마음에서 빛이 나서 한울님을 향하게 되고 나를 없이 하며 유일무이한 성심본체를 찾게 되는 것이니 육신관념을 정신관념으로 개벽해야 하므로, 경전을 자세히 살펴 '미망심'을 없애고 일동일정一動一靜하는 것이 한울님의 시키신 바임을 믿고 공경하여 그 덕에 합해서 의구심을 없이 하고 마음이 곧 한울님인 것을 깨달아 자존심을 없이 하면 사특하고 망령된 마음을 초월한 본래 나를 찾을 수 있다. 어느 수도하는 사람이 천신만고 끝에 진심갈력으로 한울님을 찾았더니 바로 자기의 마음인 것을 깨닫고 혼자 무릎을 치며 울었다고 하는데, 비유하면 어떤 사람이 봄을 찾아서 이리저리 헤매다가 못 찾고 집으로 돌아와서는 자기 집 뜰에 있는 복숭아꽃을 보고 봄을 찾았다는 이야기와도 비슷하다. '망건 쓰고 망건 찾는다'는 속담과 같이 건망증으로 자기 자신을 잊은 바보등신이 된 것이다. 마치 금은보배를 많이 가지고 굶어죽는 어리석은 사람과도 같다.

사람은 본래 한울사람이니, 마음도 한울이요 몸도 한울인 신선사람, 인내천 사람으로 세상에 화해 나온 것이다. 그러므로 경전에서 "내가 나된 것이요 다른 것이 아니니라"(「후팔절」), "멀리 구하지 말고 나를 닦으라"(「전팔절」), "가까운 데 있고 먼 데 있는 것이 아니니라"(「탄도유심급」), "나는 도시 믿지 말고 한울님만 믿어서라"(「교훈가」), "네 몸에 모셨으니 사근취원 하단 말가"(「교훈가」)라고 하였고, 의암은 "너는 반드시 한울이 한울된 자니 어찌 영성이 없겠느냐. 영은 반드시 영이 영된 자니, 한울은 어느 곳에 있으며 너는 어느 곳에 있는고 구하면 이것이요 생각하면 이것이니, 항상 있어 둘이 아니니라"(「법문」) 하여 한울님과 사람이 둘이 아님을 밝혔다. 무형한 한울님이 사람을 창조하고 그 속에서 살고 있는 것이므로, 자기에게 모신 한울님을 자기의 마음에서 찾아 번복飜覆, 물욕物慾, 혹세惑世, 기천欺天하는 마음을 버리고 사특하고 망령된 마음에서 해탈하여 본래 나를 찾으면 바로 인내천 사람이요, 인내천 사람이 되면 그 마음이 곧 한울님으로 자기의 마음을 자기가 믿고 공경할 수 있으니 성인이 된 것이다.

성인은 특별히 다른 사람이 아니라 육신관념을 버리고 정신관념을 갖는 성령의 사람이요 인내천 사람으로, 그 마음을 바르고 밝고 착하고 의롭게 하고 그 몸을 항상 수고롭고 괴롭고 부지런하고 힘쓰는 사람이다. 인내천 사람이 되면 말과 앎과 행동이 일치하게 되는 것이다.

우리 인생의 목적은 안으로는 자기 인격완성으로 한울사람이 되고 밖으로는 지상천국을 이루는 데 있으니, 정심·정신으로 한울님께 죄를 범하지 않아야 한다. 정심은 번복, 물욕, 혹세, 기천의 4대계명을(「도덕가」) 마음으로 지키는 것이요 정신은 「수덕문」에 있는 일번치제一番致祭, 만혹파거萬惑罷去, 의관정제衣冠正齊, 노식수후路食手後, 도가불식지악육道家不食之惡肉, 한천지급좌寒泉之急座, 유부녀지방색有夫女之防塞, 와고성지송주臥

高聲之誦呪의 8대계명을(「수덕문」) 몸으로 바르게 지키는 것이다. 4대계명으로 마음을 바르게 하고 8대계명으로 몸으로 바르게 하여 한울님과 합일한 인내천 사람이 되어서 한울님의 적실한 가르침을 받고 바르게 덕화를 펴야 할 터인데, 급급한 사람들은 자기의 인격완성을 기하지도 않은 채 지상천국의 목적만 생각하며 미망심과 의구심에서 벗어나지도 못했으면서 스스로 아는 체 스스로 높은 체 하여 위정자가 되며 자기도 모르면서 남을 가르치는 스승이 되니 한심하고 통탄한 일이 아닐 수 없다.

미망심과 의구심에서 벗어나지 못한 채 자존심만 높은 사람이 얄팍한 재주로 위정자가 되어 남을 지도한다면 장님이 장님을 끌고 가듯 할 것은 명약관화한 사실이다. 서양의 철인 소크라테스는 "무지는 죄다. 무지하면서 무지함을 모르는 것은 더 큰 죄악이다"라고 하였다. 그런데 자신의 미망심과 의구심에서도 벗어나지 못한 사람이 아는 체하면서 자신도 분별하지 못할 허무맹랑한 주장으로 세상을 현혹시키고 하늘을 속이는 것은 참으로 용서받지 못할 천하의 죄인이 되는 것이다.

속담에 윗물이 맑아야 아랫물도 맑다고 하였다. 남의 스승이 되는 사람은 곧 앎과 말과 행동(知言行事)을 나와 같이 하라고 가르치는 인생의 안내자요 위정자는 모든 사람들에게 경제적으로 균등하게 만드는 사람이니, 자기 자신이 인내천 사람이 되지 못했다면 어떻게 앎과 말과 행동이 일치한 인생의 안내자가 될 수 있으며 물욕에서 벗어나 참으로 남을 위하여 희생봉사하는 정치인이 될 수 있겠는가?

사람의 가장 아름답고 참된 것은 참을 터득하여 고생을 희락으로 생각하면서 희열을 가지고 남에게 희생봉사하는 것이니, 이는 자기의 인격을 완성함으로써 가능하며, 인격의 완성은 인내천 사람이 되는 데 있다. 인내천 사람이 되지 못하면 남을 지도하는 스승이나 정치를 하는 사람들이 제각기 주의주장을 달리하여 각자위심各自爲心으로 궤변을 토하며 서로 갈등하고 모략중상, 시기질투, 음해하여 생지옥을 만들어 놓게 된다. 한 학교의 같은 선생에게서 배운, 같은 공부를 한 사람들이 각기 자기의 주의주장과 이념이 있어서 철학, 심리학, 경제학, 법률학을 전공한 사람들이 모두의견이 각각이니, 마치 장님들이 코끼리를 만져 보고 감상하고 평하는 것과 흡사하다. 근본진리를 모르고 다만 습성화된 물정심과 경험지식으로 주관적인 판단과 추리를 하여 각양각색의 주장을 함으로써 열 사람이면 열사람 모두가 각자위심으로 궤변을 토설하니, 사람과 사람 사이가 멀어지고민족이 분열되고 나라가 망하고 세상이 망하게 되는 것이다.

지극한 수도로 '인내천' 사람이 되면 열 사람, 백 사람, 천 사람, 만 사람, 모두가 생각이 유일하게 된다. 한울님의 근본은 동일한 성령이요 유일무이한 이치와 기운이니, 백천만 가지 이치가 하나의 이치로 돌아오고 각자위심의 많은 사람도 동귀일체가 될 수 있는 것이다. 수운 선생은 "같고 같은배움의 맛은 생각마다 똑같다"(同同學味念念同; 「화결시」)라고 하고, 또 "앞으로 오는 모든 일은 한 이치에 돌아가리라"(來頭百事는 同歸一理; 「탄도유심급」)라고 하였다. 인내천 사람이 많아지면 저절로 참되고 아름다운 사회가 이루어지니, 요순시대에 백성이 모두 요순이 되었다고 하지만 어찌 백성이 다 요순의 덕을 가졌겠는가? 그 덕화가 세상과 함께 돌아가게(與世同歸) 된 것이다. 그러므로 '인내천' 사람이 되고서야 능히 남의 스승이 되어인생의 안내자가 될 수 있으며 참된 위정자도 될 수 있는 것이다.

천도교의 종지는 인내천 사람이 되어 정신개벽, 민족개벽, 사회개벽의삼대개벽으로 이 땅 위에 한울나라를 이루고 지상신선의 생활을 하려는 것이니, 그 기본이 되는 인내천 사람 되는 방법을 수운·해월·의암 선생이가르쳐 주셨다. 그러므로 인내천 사람이 되려면 경전을 구구자자句句字字살펴내고 스승님의 심법을 바르게 알아서 바른 마음과 바른 행동으로 지극한 믿음과 공경과 정성을 다하여 한울님의 덕과 스승님의 은혜를 생각하면서 염념불망念念不忘 잊지 않고 힘써 지켜, 일용행사에 있어서 바르고 밝고 착하고 의로움으로 자기의 책임과 의무를 다해야 할 것이다. 모든 일에 이치로써 수행하며 '물물천사사천物物天事事天'을 생각하여 기쁨과 희열로써 힘쓰면 반드시 한울님께서 감응하시는 것이다.

불교의 혜능대사가 공양주 노릇 십년에 도통하였다고 하니, 공양주로 있으면서 경문인들 제대로 읽을 수 있었겠으며 참선공부인들 제대로 할 시간이 있었겠는가? 오직 지극한 믿음과 공경과 정성으로 자기의 책임과 의무를 다하였기 때문에 한울님의 감화로 도통하게 된 것이다. 그러므로 이 혜능대사와 같이 수고롭고 부지런하며 괴로움을 참고 힘써 자기의 책임과 의무를 다하면서 한울의 적실한 가르침을 깨달아 은혜를 생각하며 일용행사를 어김이 없이 지극한 믿음과 공경과 정성으로 수행하면 누구든지 한울님의 감응을 받게 되는 것이다.

수심정기로 한울님의 감화를 받게 되면 '내유신령'과 '외유기화'가 융합 일치하여 '기화지신'이 생기니, 기화지신이 생기는 증거로서 처음에 강령을 모시고 영부를 받을 수 있으며 강서도 받고 강시도 받게 되며 점차로 한울님과 언어가 상통하여 의사가 유일하게 됨으로써 자천자각을 하게 되어 '인내천' 사람이 되는 것이다. 그러므로 기화지신이 생기는 것은 곧 한울님을 모신 증거요 '인내천' 사람이 되는 과정이다. 자기의 몸에 기화지신이 없으면 참으로 '시천주'가 된 것이 아니다.

기화지신이 없으면 살고서도 죽은 송장과 같은 사람이요 허수아비와도 같은 사람이니, 다시 한 번 거듭 나서 반드시 몸에 기화지신을 모시어 인내천 사람이 되어야 하겠다. 몸에 기화지신이 없고 인내천 사람이 되지 못하였기 때문에 외국 사람들이 우리 민족을 송장이나 허수아비와 같이 취급하고 괄시하고 농락하는 것이니, 실로 통탄할 일이 아닐 수 없다. 하루 속히 꿈에서 깨어 기화지신을 몸에 키우고 참다운 길을 걸어 '인내천'의 자주민

이 되어야만 보국안민의 방책이 나오고 우리의 목적이 점차로 이루어질 것
이다. 인내천 사람이 많아져서 그 덕화가 세상과 더불어 같이 돌아가게 되
어야 정신개벽으로 인간혁명이 되며 민족개벽으로 민족정기가 바로서고
국민도의가 아름답게 빛나게 되며 사회개벽으로 우리가 원하는 지상천국
을 이룰 수 있는 것이다.

5. 맺음말

사람의 덕성과 재주와 지혜는 무형에서 나오는 것이므로 모두 정심수도
를 해서 '인내천' 사람이 되어야 하겠다. 의암은 "세상에는 나보다 재주도
능하고 글도 능한 사람이 많이 있지만 마음을 정한 인내천 사람은 나 한
사람뿐이야"라고 하였다. '인내천' 사람이 되어 정신문명으로 물질문명을
능가하는 후천개벽의 종자사람이 되어야 사람으로서 사람노릇을 하는 참
사람이 될 수 있는 것이다.

수운은 스스로 인내천 사람이 되어 모든 사람들이 인내천 사람이 되는
과정과 방법을 제시한 도덕실천철학가라 할 수 있다. 그는 생각이나 말이
나 글로써 철학을 한 것이 아니라 몸으로써 검증된 도덕실천을 행했던 것
이다. 수운은 인내천 사람이 되는 절차와 방법은 오직 '삼칠자 주문'뿐이라
고 하여(次第道法, 猶爲二十一字而已; 「논학문」) 수도를 통한 도덕의 실천을
분명히 하였다.

수운의 시천주 체험과 동학의 신관

김 경 재

1. 들어가는 말

이 글은 수운의 시천주 체험을 종교현상학적으로 분석함으로서 동학의 신관을 현대신학의 관점에서 서술해 보려는 것이다. 이 글에서는 동학과 천도교를 특별하게 구별하지 않을 것이다. 현대신학의 관점에서 서술해 보려고 한다는 말은 동학의 신관을 기독교 신관의 관점에서 왜곡하려는 의도가 아니라 연구자의 해석학적 한계를 미리 말하는 것이다. 다시 말해서 이글은, 한국인의 한 사람이자 기독교인이기도 한 입장에서 볼 때 동학의 시천주 체험에 기초한 하나님 체험이 기독교의 하나님 체험과 매우 친화성이 있음을 발견하고 그 점을 말해 보려는 것이다. 그렇게 함으로써 천도교를 이해하는 자기정체성 확인과정에서 지나친 민족종교라는 닫힌 사고를 극복하고 모든 참된 종교체험이 지닌 우주적 보편성을 직시하여 신관에 있어서 열린 사고에로의 전환을 촉구하려고 한다. 예수는 유대인이었으나 그의 하나님 체험과 하나님 의식은 우주적 보편종교를 형성했고, 마호메트는 아라비아부족의 종교지도자였으나 그의 신체험과 계시체험이 우주적 보편종교로서 민족주의 한계를 극복했다는 것과 같은 맥락이다.

동학의 발생은 근원적으로 최수운의 '시천주 체험'에 기초하고 있으며, 동학을 동학되게 하고 천도교를 천도교답게 하는 그 본질도 바로 '시천주 체험'인 것이다. '시천주'는 동학의 여러 교리들 중의 하나가 아니라, 동학의 주춧돌이며 동학을 살아 움직이게 하는 심장 역할을 하는 가르침이며 동학을 당시 민중과 현대인들을 끌어당기는 본질적 힘이었다.

3대 교주 의암 손병희가 이끄는 천도교시대에 이르러 '시천주'는 '인내천'이라는 보다 종교철학적 개념으로 일반화되면서 일반인들 특히 지식인들의 접근과 이해를 가능하게 만들었다. 그러나 『동경대전』 안에는 '인내천'이라는 말이 나타나지 않는다. 물론 '인내천'이란 '시천주'의 다른 표현이라고, 다시 말해서 '시천주'의 본질적 종교체험의 내용을 변화시키지 않고 당시 시대적 상황 속에 적응시키려는 천도교의 신학적 해석학의 결과물, 곧 천도교신학의 산물이라고 강변할 수 있을는지도 모른다. 그러나 필자의 논지는, '시천주'가 동학의 종교적 체험이요 신앙적 고백이라면 '인내천'은 그 원초적 체험과 근본적 신앙고백에 대한 종교철학적, 또는 관념적 작업의 결과물이라는 것이다.

캐나다 종교학자 윌프레드 캔트웰 스미스(Wilfred Cantwell Smith)가 그의 명저 『종교의 의미와 그 목적』[1]에서 잘 갈파했듯이, 엄밀하게 말하면 '신앙'(faith)과 '종교'(religion)는 구별된다. '신앙'은 본질적으로 신앙인의 깊은 생명 속에서 생생하게 체험되고 그 체험에 의해 신앙인 자신이 새롭게 변화되고 생동적 삶을 살도록 하는 상태, 곧 '궁극적 실재의 힘에 붙잡힌 상태'(틸리히)라고 말할 수 있다. 수운에게 있어서 '시천주' 체험은 바로 그런 신앙체험의 상태를 말한다. 그에 비하여 '종교'란 그 생동하던 신앙체험을

---

1) Wilfred Cantwell Smith, *The Meanin and End of Religion* (London : SPCK, 1978, first print 1962) ; 길희성 역, 『宗敎의 意味와 目的』(분도출판사, 1991).

반성적으로 사유하고 논리와 제의로써 표현한 끝에 성립되어 전승되어 온 '축적된 전통'이다. 이해하기 쉽고 접근하기 쉬운 통로를 마련하려는 실질적 요구에 의해 종교적 상징, 이론적 체계, 제의적 절차, 기구·제도적 장치를 수립해 가는 동안 생동하는 '신앙'은 어느덧 정태적인 '종교'로 변질하게 되는 것이다.

천도교 시대에 있어서 '인내천' 교리는 수운의 원초적 신체험에 기초하여 발생한 동학적 초기 신앙이 종교 단계로 변화해 가는 과도기적 현상을 나타내는 결과물이라고 필자는 본다. '시천주'라는 중심 화두가 '인내천'이라는 말로 더 많이 회자됨으로써 말미암아 천도교(동학)는 동양적 사상의 거대한 존재론적 원리 곧 '존재론적 동일성 원리'에로 귀속해 버리게 될 위험성을 안고 있는 것이다.

이 글에서는 먼저 『동경대전』에 나타나는 최수운 자신의 '시천주' 해설에 기초하여 '시천주 체험'을 종교현상학적으로 분석하면서 그 의미를 추적해 갈 것이다. 이어서 그와 같은 '시천주 체험'에 기초한 동학의 신관 특징을 현대신학의 담론과 대비하여 고찰함으로써 동학(천도교) 신관의 보편성과 특수성, 세계성과 민족성, 개방성과 폐쇄성의 양면을 보다 명료하게 인지하는 노력을 기울일 것이다. 그리고 마지막 결론에서는 동학의 '시천주 체험'이 지니는 의미와 가치를 현대문명전환적 시대상황 속에서 점검해 볼 것이다.

물론 그와 같은 모든 시도와 노력들은, 이미 한국의 그리스도인을 자기 정체성으로 삼고 있는 한 기독교 신학자의 글이기 때문에 해석학적 이해의 한계와 해석학적 굴절을 피할 수 없을 것이다. 그러나 그것은 필자만의 한계가 아니라 모든 인간의 이해 과정에서 감내해야 할 '해석학적 제한이며 운명'임을 잊어서도 아니 될 것이다.

2. '시천주' 체험의 종교현상학적 이해

필자는 천도교 종교계 안에서 그 도의 진리를 설파하는 많은 인사들 중에서 야뢰夜雷 이돈화의 해설에 힘입은 바 크다. 필자는 기독교인이지만 야뢰의 동학 해설이 금방 이해되고 납득된다. 특히 그의 말년 작품인『동학지인생관東學之人生觀』2)은 학계에서 그의 동학 이해의 결정판이라고 일컬어지는 것으로, 초창기 그의 다양한 종교철학적 작품들을 밑바탕에 깔고서도 "수운 선생의 본뜻 그대로 종교적 신앙 방향으로 정리하였다는 의미"에서 필자는 시천주 체험의 종교현상학적 해설에 있어서 야뢰의 조언에 많이 귀 기울일 것이다.

수운의 신체험에 있어서 그 이전의 유교적 전통이나 불교적 종교관과 구별시켜 주는 결정적 특징은 하눌님을 모든 사람이 그의 생명체 몸에 '모신다'(侍)는 체험적 신앙이다. 그는『동경대전』에서 '모신다'(侍)는 종교현상적 체험 상태를 풀어 놓았는데, "시자侍者, 내유신령內有神靈, 외유기화外有氣化, 일세지인一世之人, 각지불이자야各知不移者也"3)가 그것이다. 수운의 '시천주 체험'의 종교현상학적 분석은 바로 이 구절의 의미를 바르게 이해하는 해석학적 과정이 될 것이다.

---

2)『東學之人生觀』은 夜雷 李敦化 선생이 1945년(포덕 86년) 2월 1일부터 다음해 4월까지 천도교 소강당에서 천도교 전국 교역자 양성 및 지도자 재교육을 위해 사용했던 프린트물로 된 강의자료들을 모아 천도교 중앙본부에서 1966년(포덕 107년)에 간행한 책이다. 이 자료의 중요성은 두 가지이다. 첫째, 이 강의 이전에 발표된「人乃天 要義」,「水雲心法講義」,「新人哲學」등과 같은 야뢰의 작품들이 천도교사상의 철학적 해설서라면, 이 책은 종교적·신앙적 시각에서 수운의 본뜻을 이해하려는 그의 원숙기 작품이라는 점이다. 둘째는 이 강의는 천도교를 이끌고 갈 교역자 양성 및 지도자 재교육 과정에서 사용한 '講道敎材'이기 때문에, 야뢰의 수운사상 해석에 대한 찬반 여부를 떠나 한국천도교사에 있어서 역사적 의미가 있는 것이다. 말하자면, 기독교사에 있어서 성 어거스틴의 삼위일체론 해석이 그 후 모든 기독교신학사상의 발전사에서 귀감이 되고 영향을 미치는 이치와 같다.
3)『東經大全』,「論學文」, "侍者 內有神靈 外有氣化 一世之人 各知不移者也."

1. '내유신령'의 체험으로서의 모심

수운은 하눌님을 내 생명으로 모시는 것이 종교인의 구경적 목적이요 바른 자세라고 보았는데, 그 '모심'의 종교현상학적 특징은 사람의 생명체, 몸 안에 신령한 기운이 현존하는 체험이라는 것이다. 여기에서 우리는 '내유신령內有神靈'을 해석학적으로 분석하기 전에 수운의 신체험에 있어서 '몸'의 중요성에 먼저 주목해야만 하겠다. 동학의 신체험은 본질적으로 '몸으로써, 몸 안에서, 몸과 더불어 하는' 체험이라는 데 그 특징이 있다. 한마디로 동학의 신학은 '몸의 신학'이요 동학의 영성도 '몸의 영성'인 것이다.

수운의 원초적 신체험에 기초하고 있는 동학적 '몸의 신학'에서는 몸 안에서, 몸으로써, 몸과 더불어 신체험을 한다고 했을 때, 우선 '몸'은 신체험을 관념적 정신현상이나 단순한 심리적 감정체험으로부터 구별해 주는 개념이다. 그렇다고 해서 '몸 안에 하눌님을 모신다'는 천도교적 '몸의 신학'에서의 몸이라는 개념이 단순히 물리화학적 법칙의 지배를 받는 생리적 총체물로서의 신체만을 의미하는 것도 아니다. 동학의 '몸'은 서구 데카르트적인 '물질과 정신의 이원론'에 기초한 존재론을 초극한 것이기에 그것을 단순히 신체험이 일어나는 '장소적 신체 공간'으로 이해해서는 안 된다. 엄밀하게 말하면 '몸의 존재성' 그 자체가 '내유신령'의 창발적 현상으로, 사람의 몸이 먼저 존재론적으로 존재하고 나서 후험적으로 '내유신령' 체험을 하는 것이 아니다. 사람의 무궁생명, 특히 영성적 존재로서의 사람다움을 보장하는 생명체로서의 몸의 존재가능성과 '내유신령'은 같은 현상의 양면성인 것이다.

'내유신령內有神靈'을 문자적으로 해석하면 '안에 신령이 계심'이라고 할 수 있는데, 여기에서는 '몸 안에, 생명체 안에'라는 표현의 의미와 '신령神靈'이 누구이며 어떤 존재인가 하는 문제, '있다, 계시다'는 현존체험을 할 때 그 신령의 현존체험 상태에서 인간의 주체성과 그분의 현존을 체험토록 하는 더 큰 무궁생명 주체성과의 상호관계 또는 주객구조관계는 어떤 상태인가 하는 것 등이 종교현상학적으로 문제가 된다.

우선 '안에 계시다'(內有)라는 표현은 인간의 생명체, 구체적으로 '몸' 안에 계시다는 말이다. 물론 '안과 밖'이라는 공간적 표현은, 신령한 존재자가 어떤 구체적 존재물처럼 시공간적 제약을 받아서 한 장소엔 현존할 경우 다른 장소에는 현존할 수 없다는 그런 의미가 아니다. 소위 신의 보편적 현재성을 일컬어 신적 존재의 편재성이라 하거니와, 신령존재는 공간적 제약을 받는 유한존재가 아니다. 그러므로 '안에, 밖에'라는 공간적 표현은 차라리 구체적 몸이라는 형태를 띠고 존재하는 인간의 존재방식에 대한 표현으로서 '인간의 생명체 안에, 몸 안에'라는 뜻이다. 이것은 인간의 실존적, 신령적 체험양식을 공간상징을 통해 표현한 것이다. 동학의 신체험은 몸이라는 구체적이고도 전일적인 생명체로서 체험되고 그 심령의 중심부에서 체험된다는 것을 의미한다. 몸의 기능적 일부가 아니라 몸의 총체적 종합기능을 통해서이다. 지적 인식능력, 감성적 심미능력, 도덕적 가치판별과 결단의 능력이 총체적으로 통전된 생명체로서의 몸 안에서 신령한 궁극적 실재가 현존한다는 체험이다.

둘째, 누가 또는 무엇이 현존하는 체험인가? 그것은 '신령神靈'이 현존하고 작동하고 역사한다는 체험이다. 동학에 있어서 '신령'이란 무엇인가? 그것은 '궁극적 실재'로서의 '지기至氣'의 동태적 현상에 대한 별칭이다. 동학의 '궁극적 실재'는 다름 아닌 '지기'인데, 지기는 우주를 구성하는 단순한 '우주적 질료'(universal stuff)가 아니라 신령성, 초월성, 편재성, 정언적 명령성을 다 내포한 궁극적 실재이다.(虛靈蒼蒼, 無事不涉, 無事不命.) '지기至氣'는 단순한 신유학적 리기론에서 말하는 '기氣' 일반이 아니며, 우주물리학적 에너지라고만 말할 수도 없다. 물론 일반적인 '기'와 양자물리학적 극미적 에너지가 아무런 관계성이 없는 것도 아니지만, 요점은 그 '지기'는 단순한 물질성이나 정신성이라는 일원적一元的 극성極性에로 환원시킬 수 없는 궁극적 실재라는 것이다. 더욱이 이 '지기'는 그것이 본구적으로 지닌 초월성, 신령성, 초인격성에 의하여 인간 심령의 지극한 종교적 지성과 성원誠願에 감응하며 응답하는 실재이다.

이 궁극적 실재는 신령한 존재자로서 영글어져 우주 속에 출현한 인간 생명 안에서 체험된다. 그러므로 '내유신령內有神靈'이라고 말했을 때, 그것은 다름 아닌 동학이 파지하는 우주의 궁극적 실재인 '지기'가 인간 심령 안에서, 인간 몸 안에서 생동적으로 현존하는 체험인 것이다. 결국 '지기'와 '신령'은 서로 다른 두 가지 실재가 아니라 '이위일체二位一體'적인 관계에 있는 하나의 실재이다. '천주天主'를 종교철학적 용어로 표현하면 '지기至氣'이며, '신령神靈'을 또한 종교현상학적으로 표현하면 '기화지신氣化之神'이다.

따라서 '신령'의 내주체험內住體驗은 양면성을 지니게 되는데, 몸을 지닌 인간존재와 구별되는 '무사불명無事不命'하는 어떤 신령적 존재이자 초월자의 내주적 체험이면서, 동시에 인간생명을 영험하게 하고 투명하게 하며 황홀하게 만들면서 일상적인 인식론적 주객구조를 돌파하게 하는 역동적인 '무사불섭無事不涉'하는 존재로서의 '신령사건'에 대한 체험이다. 다시 말하자면, '신령'은 어떤 객관적 실체로서 단순히 몸 안에 들어와 거주하는 객체로서가 아니라 몸으로 하여금 심령존재가 되게 하는 신령존재로서, 인간의 몸과 신령이 상호침투·상호순환·상호의존하는 관계 속에 들어가게 하는 그런 존재이다. 지기인 신령이 인간생명 안에 현존하시도록 마음을 깨끗하게 하여 지기이신 하눌님을 모실 수 있도록 겸허하게 자기를 비워야 한다. 신령의 임재를 지성껏 청원하는, 곧 '원위대강願爲大降'하는 인간의 청원에 응답하여 신령이 인간의 생명 안에 임재현존하는 체험, 그것이 '모심'(侍)의 첫째 현상으로서의 '내유신령'이다.

종교학적으로 보면 '내유신령'의 체험은 루돌프 오토가 말하는 '거룩체험'[4]인데, 셈족 계통의 거룩체험에서의 특징은 '두려운 경외감과 지복의 황홀감'의 동시적 체험이다. 불교, 유교, 도교 등 동양종교에서의 '거룩한 신령체험'은 셈족계 종교에서처럼 '경외감과 황홀감'이라는 상반되는 역설적 체험의 강도가 약하지만, 동학에서는 그 흔적이 조금 더 뚜렷하게 나타난다.[5] 단순히 신령한 존재와 접촉하여 영험성을 얻고 투시력, 예언력, 초능력을 얻게 된다는 외형적 결과보다는, 종교체험의 본질인 '통과제의通過祭儀'를 경험함으로써 새로운 존재로 거듭남을 경험한다. 소아적 자아, 자기중심적인 이기적 자아, 집착적인 자아를 벗어버리고 대아적 자아, 이타적 자아로 재탄생한다. 그것은 또 후천개벽, 광제창생이라는 대의적 사회 실천윤리에로 전환하고, 인간의 모든 평등성과 존엄성을 선언하면서 불의한 인간관계나 사회구조에 저항하는 비판적 에너지를 공급받게 된다.

2. '외유기화'의 체험으로서의 모심

수운의 '시侍'자 해설의 두 번째 어휘는 '외유기화外有氣化'이다. 문자적 의미로는 단순히 '밖으로는 기화가 있다'는 뜻이지만, 이 어휘가 지니는 종교현상학적 의미는 자못 새로운 것으로서 동학으로 하여금 동학다운 독특한 종교체험을 지니게 하는 동학적 신체험의 핵심적 구성요소이다. '외유기화'는 '내유기화'와 쌍을 이루면서 동학적 신체험의 유기체적 전일적 생명관을 이루는 토대가 된다. 이것을 이해하기 위하여 우리는 앞서 말한 지기, 신령, 무사불섭, 무사불명 등의 상호관계성을 야뇌의 말을 통해 다시 한 번 확인하기로 하자. 야뇌 이돈화는 이렇게 말한다.

---

4) Rudolf Otto, *The Idea of Holy* (London: Oxford Univ. Press, 1950) : 길희성 역, 『성스러움의 의미』(분도출판, 1987).
5) 『東經大全』「布德文」에 나타나 있는 수운의 강신체험 참조

무사불섭無事不涉이라면 지기至氣를 리理로 볼 수 있으나, 무사불명無事不命이라 하는 점에서 지기는 다만 이성理性의 리가 아니요 어떤 영식靈識을 가진 귀신적鬼神的 신령神靈이다. 그러니까 '여형이난상如形而難狀, 여문이난견如聞而難見'은 신령적 조화를 의미한다.…… 그러므로 지기는 기화지신氣化之神으로 천지만유를 창조하는 능력을 가졌을 뿐 아니라 인간의 성원誠願에 감응하는 기적도 가졌다.…… 천주天主의 영력靈力이 현상계를 창조할 이념으로 움직일 때에 영력은 곧 지기로 화化하는 것이다. 일단 지기로 화한 천주의 이념理念은 그 자체가 자율적 조화능력으로 현상계의 형상이 되어지고 개성이 되어지며 인간의 심리가 되어지는 것이다.6)

위 글에서 보는 대로, 동학의 신관에서 천주天主, 지기至氣, 기화지신氣化之神은 상호환치할 수 있는 동일한 '궁극적 실재'의 어떤 계기적 현상에 대한 칭호이다. 굳이 구별하여 그 특성을 말한다면, 천주 칭호는 어버이 존경하듯 섬기며 예배한다는 뜻의, 경배적·경외적 대상으로서의 총칭적 별호이며, 지기는 본체론적 차원 또는 존재론적 차원에서의 용어이며, 기화지신은 지기의 역동성과 그 기능적 특성을 나타내는 용어이다.

본시 한문의 용례에서 '화化'라는 어휘는 다양한 의미를 내포하는 글자인지라, '조화造化'라는 말에서 보는 대로 창조성과 생성능력, 즉 "스스로 자연스럽게 그러하다"는 '무위이화無爲而化'라는 말의 뜻을 동시에 함유하고 있다. '외유기화外有氣化'라고 할 때의 '기화'란 신령존재로서의 지기가 단순히 인간의 몸(생명체) 안에 폐쇄적으로 상주하고 있는 것이 아니라, 인간의 몸(생명체)을 신령한 존재로 변화시키면서 동시에 인감 몸을 둘러싼 전 우주자연의 외계생명계와 유기적 관계성을 가지도록 연계시키고 통전시킨다는 의미이다.

이처럼 '기화'의 구체적 모습은 인간생명과 대자연과의 유기체적 공속

6) 李敦化, 『東學之人生觀』, 68~70쪽.

성, 상호의존성, 상호순환침투적 창발성, 과정적 진화성을 모두 포함하는 다의적 의미를 지니며, 창조적이면서도 자연히 그렇게 되어 가는 법칙성도 지닌다. 기화의 '기'는 물론 일반물질적 기가 아니라 지기이자 신령이며 하눌님으로, 인간생명과 만물을 창발적 생성운동 속에 있게 하며 불가분리의 상호공속적 관계 속에 있게 한다. '외유기화'란 곧 절대초월적 하눌님이 시공 속에서 자신을 스스로 나타내고 만물을 지어가고 만유 속에 내재하면서 만유를 자기와 하나되게 하는 창발적 운동태를 말한다. 인간이 하눌님을 잘 모시는 방식이란 바로 그러한 '하눌님'(신령한 지기)의 창발적 활동에 순응하고 참여하고 응답하면서 살아가는 존재방식을 말한다.

'내유신령'이 하눌님 곧 '지기'의 인간생명체 안에서의 내재적—신령적 존재양식이라면 '외유기화'는 몸을 포함하고 몸을 둘러싼 전체 우주 속에서의 시공간적—물질적 존재방식이다. 다시 말해서 '내유신령'은 인간의 생명체 몸을 보다 '체화體化된 영靈'으로 만들고, '외유기화'는 보다 '영화靈化된 육체肉體'로 만든다. 더 쉽게 단순화시켜 말하면, '내유신령'은 인간의 생명체를 영적 신령존재로 만들며 '외유기화'는 인간의 생명체를 신묘한 유기체 곧 물질—정신—영의 통일체적 '몸'이 되게 한다. '내유신령'은 인간생명체를 그 가장 깊은 속에서 '영적 존재'로서 자의식하게 만들며, '외유기화'는 인간생명체를 그 가장 넓고 높은 속에서 '우주적 존재'가 되게 하여 만물동체감萬物同體感을 갖게 한다.

3. '각지불이'의 체험으로서의 모심

최수운의 '시侍'자 해설의 세 번째 구문은 '일세지인각지불이자야一世之人各知不移者也'이다. 문자적 의미로서는 "세상사람 모두가 각자 (그것을) 옮기지 못함을 인지하는 것"이다. 그러나 '모심'에 대한 수운 자신의 해설 마지막 구절인 이 세 번째 구문은 그 해석이 단순하지 않고, 동학사상가들

안에서도 다양한 해석을 보이거나 애매한 해석 입장을 드러내고 있다. 해석의 문제는 '옮기지 못함'(不移者)에 있다.

무엇을, 또는 어떤 내용을, 또는 어떤 현상적 체험을 옮기지 못한다는 것일까? '옮기지 못함'이란 타인이 이해할 수 있도록 자기의 경험 내용을 설명으로 표현 전달할 수 없다는 말인가, 아니면 신령한 지기至氣의 양면적 존재방식인 '내유신령' 상태와 '외유기화' 상태 그 두 가지를 별개의 상태로 이분화하거나 분리시킬 수 없다는 말인가? 아니면, 하눌님의 '무사불섭無事不涉'·'무사불명無事不命'하는 보편적 편재와 도덕적 지고자로서의 우주적 통찰력에서 도피할 수 없다는 말인가?

야뇌 이돈화의 해석은 좀 독특하다. 그는 수운의 '시侍'자 해설의 세 가지 어휘, 곧 '내유신령', '외유기화', '각지불이'를 변증법적인 논리에 입각하여 파악하고 있다.[7] 야뇌는 수운이 말하는 '하눌님을 모신다'는 현상이란 결국 인간이 신령한 몸으로서, 영적 존재로서, 육체적 존재로서, 정신적 존재로서 현재화하고 창발적으로 생기生起하는 과정에 다름 아니라는 견해를 피력한다. 이것은 매우 과정철학적 사고이다. 야뇌가 당시에 화이트헤드의 과정철학을 습득하였으리라고는 생각되지 않지만, 불교의 인연생기설 등에 깊은 이해를 가진 야뇌로서는 놀라운 일도 아니다. 다시 말하면, 인간이라는 존재가 먼저 존재하고 나서 그 인간이 하눌님을 모시는 그런 시간적 선후관계가 아니라, 인간이라는 존재의 발생 자체와 '하눌님 모심이라는 사건 그 자체'는 동일한 것이라는 말이다.

인간 야뇌는 위에서 언급한 창발적 인간학을 지니었기에, '하눌님을 모심'이란 결국 신령한 존재가 몸의 형체를 지닌 인간의 영, 육체, 정신의 세 가지 양태로 나타나는 것이며 각각에 해당하는 생명창발현상이 바로 '내유신령', '외유기화', '각지불이'라고 보았다. '내유신령'으로써 인간의 영성을

---

7) 李敦化, 『東學之人生觀』, 120~125쪽.

창출하고 '외유기화'로써 육체를 창발시키며 '각지불이'로써 앞의 두 가지
가 통전되고 불가분리적으로 접촉 관계하는 가운데서 이념적 '정신'현상이
창발된다고 본 것이다. 야뇌는 다음과 같이 수운의 '시侍'자 해설의 세 어
휘 관계를 이해하였다.

> 선생(수운)은 '시侍'자를 상징적 화제話題로 걸고, '시'라는 것은 자아화생自我化
> 生의 근본이라 하고 '시'자의 화제적 의의를 발표하되 "시자侍字, 내유신령內有
> 神靈, 외유기화外有氣化, 일세지인一世之人, 각지불이자야各知不移者也"라 하였
> 다. '내유신령'은 자아의 본질이고, '외유기화'는 본질이 인간화한 이념으로 생
> 리적 질료를 취하여 생명의 작용을 부여한 육체이고, '념念'은 본질이 영파靈波
> 와 생리의 생명이 합일하여 화생된 정신이다.8)

이 야뇌의 해석은 분명히 '각지불이'를 '내유신령'과 '외유기화' 이 두 가
지 창발적 생명체 구성요소 간의 불가분리성, 통전성, 불가환원성으로 설
명하고 있는 것이다. 결국 인간은 영성을 지닌 영적 존재이면서도 생리
적·육체적 존재라고 봄으로써 인간의 마음, 정신현상과 그 기능, 정신의
이념활동 등을 '영'과 '육체'의 불가분리적인 통전이나 신묘한 통합에서 창
발하는 현상이라고 해석하고 있다. 야뇌는 인간의 정신현상이 저 유물론
철학자들이 말하는 바와 같은 단순한 '물질의 질화법칙에 의한 결과물'도
아니고 또 관념론자들이 말하는 것과 같은 단순한 '세계정신의 자기외화'
도 아니라고 보았던 것이다.

그러나 필자는, '각지불이자各知不移者' 어구에 대한 야뇌의 해석을 부
정하고 싶지는 않지만, 그의 해석이 지나치게 변증법적 사유에 의존하고
있으며 '내유신령', '외유기화', '각지불이자'의 세 어구를 지나치게 인간
개체의 구성론적 원리를 해명하는 데 한정시키고 있지 않은가 비판하고자

---

8) 李敦化『東學之人生觀』, 123~124쪽.

한다. 다시 말해서 '시侍'자 해설을 지나치게 인간학적 시각에서 파악함으로써 '시천주侍天主' 해설이라는 수운 본래의 의도에서 좀 벗어나 버린 것이 아닌가 하는 의구심을 지울 수 없는 것이다. 현대해석학이 말하듯이 무릇 모든 문헌자료는 '해석학적 순환원리'에서 바르게 이해되어야 한다. '해석학적 순환원리'가 지닌 여러 가지 의미 중 그 첫 번째는 "부분은 전체의 빛과 구조 안에서, 전체는 부분들의 조명과 관계적 구조 안에서 이해가 성립한다"는 법칙이다. 그렇다면 '시侍'자는 마땅히 '시천주侍天主'라는 보다 큰 개념 안에서 파악 되어야 하고, '시천주'는 '강령주문'이라는 더 큰 지평 안에서 이해되어야 한다.

그렇기 때문에 필자는 '각지불이자各知不移者'의 의미를 야뇌와는 다르게 다음과 같이 이해해 보려고 한다. 지기至氣 곧 신령한 궁극실재로서의 하눌님은 인간생명체로 하여금 살고 기동하게 하며 영물로서 창발시키는 과정에서 '내유기화'와 '외유기화'를 통해 사람 몸을 통해 현존하시지만, 그 하눌님은 또한 모든 생명체와 존재자들의 창발적 과정과 조화적 생기현상 과정 속에서도 결코 부재하거나 제외되거나 분리될 수 없는 '존재론적 지반'으로서의 주主하눌님이라는 의미이다.

만물 자체가 곧바로 하눌님인 것은 아니다. 그러나 만물의 현존 자체가 하눌님을 떠나서, 하나님으로부터 분리하여 존재하는 것도 아니다. 몸으로서의 인간존재가 곧바로 하눌님은 아니다. 수운이 말하고자 한 것은 다만 하눌님을 몸으로서 모심에 관한 것이었다. 수운의 의도는 인간을 신격화하려거나 인간과 하눌님을 존재론적으로 동일시하려는 것이 아니었다. 동학은 인간의 본성과 하눌님의 신성을 즉자적으로 동일시하는 브라마니즘이나 불교와는 다르다. 또한 양자를 철저하게 이분화시키는 정통 기독교의 실재관과도 다르다. 동학의 존재론과 신관은 불이론不二論(advaita)을 말하려는 것이지 이원론, 범신론, 관념론을 말하려는 것이 아니다.

3. 동학의 신관

이상에서 고찰한 '시侍'자 해석에 기초하여 이제 필자는 동학의 신관을 총체적으로 파악해 보려고 한다. 우선 동학의 신관에 나타나는 특성을 제시한 다음, 그것을 기독교의 성경적 신관의 본래적 모습과 비교해 가면서 양자 간에 서로 통하는 점과 다른 점이 무엇인지 언급해 보겠다.

첫째, 무엇보다도 동학의 신관은 인류의 종교나 철학적 세계관이 오랫동안 빠져들어 있던 다원론(Pluralism), 이원론(Dualism), 일원론(Monism)을 극복하고 신묘한 통전적 신관을 가진다는 점이다. 구체적으로는, 초월신론이나 내재신론이 아닌 '내재적 초월신론'의 형태를 지니며, 궁극적 실재의 초월성을 강조하는 유신론(Theism)과 그 내재성만을 강조하는 범신론(Pantheism)의 양극화를 극복하여 범재신론汎在神論(일명 萬有在神論, Pan-en-theism)의 입장을 취한다. 범재신론 또는 만유재신론의 특징은, 우주의 궁극자이신 하눌님의 신령성, 초인격성, 감응성, 창조성을 수용하면서도 그 궁극적 실재는 만유를 떠나 별천지에 존재하는 '초월적 타자'가 아니라 만유 속에 내재하면서 만유를 창발시키는 창조적 힘으로 작용하면서 동시에 주主하눌님으로서의 신격(神格)을 잃지 않는다는 점이다. 현대철학계에서 이러한 범재신관을 가장 분명하게 진술한 사람은 알프레드 화이트헤드이다.9)

기독교의 신관은 전통적으로 '절대적 초월신관' 또는 '초월적 유신론'이라고 이해되어 왔고 전통적 기독교 신관이 그렇게 치우쳐 왔던 것도 부인할 수 없다. '절대적 초월신관' 또는 '절대적 유일신관'의 특징은 창조주 하나님과 세계현실성 상호간의 질적 구별을 철저히 하면서 창조주 하나님의 초월성과 절대적 권위를 강조하는 입장이다. 그러나 기독교 신앙의 근본자

---

9) Alfred North Whitehead, *Process and Reality, Corrected edition* (New York : The Free Press, 1978) ; 오영환 역, 『과정과 실재: 유기체적 세계관의 구상』(대우학술총서 번역 45, 민음사,1991). 김경재 · 김상일 편저, 『과정철학과 과정신학』(전망사, 1988) 참조

료인 성경을 보면 서구 기독교의 '절대적 초월신관'은 일방적 강조이며 성경적 신관의 곡해라는 것을 알 수 있다. 동학의 신관과 상응되는 성구로서 필자는 다음과 같은 세 가지 성경 구절을 인용하려고 한다.

주님, 주께서 나를 샅샅이 살펴보셨으니, 나를 환히 알고 계십니다. 내가 앉아 있거나 서 있거나 주께서는 다 아십니다. 멀리서도 내 생각을 다 알고 계십니다.…… 주께서 앞뒤를 둘러싸 막아주시고, 내게 주의 손을 얹어 주셨습니다. 이 깨달음이 내게는 너무 놀랍고 너무 높아서, 내가 감히 측량할 수조차 없습니다.(구약, 시편 139:1-6)

우주와 그 안에 모든 것을 만드신 하나님은 하늘과 땅의 주님이시므로, 사람의 손으로 지은 신전에 거하지 않으십니다. 또 하나님은, 무슨 부족한 것이라도 있어서 사람의 손으로 섬김을 받으시는 것이 아닙니다. 그분은 모든 사람에게 생명과 호흡과 모든 것을 주시는 분이십니다.…… 우리는 하나님 안에서 살고 움직이고 존재하고 있습니다.(신약, 사도행전 17:24-28)

하나님도 한 분이십니다. 그분은 만유의 아버지이시며, 만유 위에 계시고, 만유를 통하여 일하시고, 만유 안에 계십니다.(신약, 에베소서 4:6)

이상의 성경 구절에 나타난 신관은 수운이 당시 전래된 서학으로서의 천주교 신자들이 기도하는 모습에 대하여 비판했던 바와 같은, 하늘세계 옥경대에 좌정하여 있는 군주적 이미지가 아니다. 성경 자체가 수천 년에 걸쳐 형성되어 온 종교적 경전이므로, 성경 안에는 다양한 신체험이 있으며 신관의 강조점이 역사의 발전에 따라 다양한 것도 사실이다. 필자는 동학의 신관과 기독교의 그것이 동일하다는 말을 하려는 것이 아니라, 동학의 신관이 강조하는 범재신론적 신관이 성경 안에도 있으므로 천도교와 기독교의 관계는 이질성보다는 친화성이 더 많다는 것이다. 현실사회의 불의와 인간생명의 비참함을 보았을 때 종교 활동은 그것을 적극적으로 개혁하고 경신하려는 사회윤리적 행동으로 나타나게 되는데, 개화기에 있어서 동학의 후천개벽사상과 기독교의 하나님나라운동이 맥을 같이하고 있는 것도 이제는 동학 연구가들이 주목해 볼 만한 점이다.

둘째, 동학의 신관은 '시천주' 신앙에서 보는 바처럼, 천주 하늘님에 대한 인격적 신앙과 신의 신령성과 인간의 성원誠願에 감응하는 존재로서 믿으며, 특히 몸으로 모신다는 점을 강조한다. 동학이나 천도교가 종교로서 서고 넘어지는 것은 바로 이 점에 있다 할 것이다. 또 조선조 시대를 풍미한 리기론적 형이상학과 유불선 삼교의 심원한 형이상학적 요소들을 비판적으로 수용하면서도 동학이 동학될 수 있었던 것은, 수운의 생생한 인격적 신령한 하늘님체험에 기초하고 있으며 시천주 신앙의 정립에 기초하고 있는 것이다. 단순한 천리天理, 천명天命, 도道, 법성法性(Dharma)이 아니라 인격적 당신으로서의 하늘님 신앙이 동학이 동학되는 갈림길이다.

특히 동학의 신체험이나 신관에서 높이 평가해야 할 점은 '몸으로서의 하늘님을 섬김'이라는 사상이다. 이러한 몸의 강조성은 후일 해월海月의 지도력이 주도하던 시대에 이르러 양천주養天主, 이천식천以天食天, 향아설위向我設位 등의 사상에로까지 발전해 가는데, 그 기본은 역시 몸의 중요성에 대한 깨달음에 있다. 인간의 몸은 단순한 육체덩어리가 아니며, 더욱이 19세기 서구문명사회의 식자들이 지녔던 물리생화학적 차원의 단순 생물이 아니다. 몸은 정신/물질의 이원론을 통전하는 현실태요 형이상학과 형이하학의 차원이 통전된 존재로서, 그 양자의 불가분리적인 영물이다. 어느 것 하나가 다른 것 하나에로 환원될 수 없다. 인간은 진실로 '우주신인론적 실재'(Cosmotheandric reality)의 범례적 존재인 것이다.

신관이나 신체험에 있어서 '몸으로 모신다'는 몸의 중요성 강조는 오랜 세월 동안 종교 일반이 지녔던 인간의 육체성에 대한 억압적 태도를 근본적으로 시정한다. 육체성에 대한 억압은 물질성과 자연에 대한 억압이나 착취로 전개되어 왔다. 그렇다고 해서 동학의 '몸의 철학'이 결코 단순한 육체성 강조나 물질성 강조는 아니라는 점을 명심할 필요가 있다. 거듭 말하거니와, 몸(Body, SOMA)은 단순한 육(Flesh, SARK)이 아니라 물질적(육체적) 차원과 정신적 차원, 더 나아가 신령한 영적 차원이 불가분리적으로 통일된 실재이다. 그러므로 하눌님을 체험하고 하눌님을 모심에 있어서는 몸의 기능들인 지적 인식행위, 감성적 체험행위, 도덕적 실천행위 중의 어느 한 기능만으로는 바른 신앙적 응답이 불가능하다. 오로지 몸 전체로의 응답으로만 신앙행위는 바른 태도를 얻을 수 있다.

동학의 신체험과 신관에 있어서 '몸'의 중요성 강조는 종교행위가 주지주의, 열광적 감정주의, 바리세적 도덕주의에로 전락하지 않고 균형과 통전성을 지탱할 수 있게 하는 귀중한 가르침이 된다. 몸의 중요성을 신앙문제와 연결시켜 파악하는 것은 기독교의 경전 특히 바울의 서신 속에서도 중요한 테마가 된다. 두 곳만을 인용하면 아래와 같다.

여러분의 몸은 성령의 전殿입니다. 여러분은 하나님으로부터 성령을 받아서 그것을 여러분 안에 모시고 있습니다.(신약, 고린도전서 6:19)

그뿐만 아니라, 첫 열매로서 성령을 받은 우리도 자녀로 삼아 주실 것을, 곧 우리 몸을 속량하여 주실 것을 고대하면서, 속으로 신음하고 있습니다.(신약, 로마서 8:23)

기도교의 신앙이나 사상은 히브리적 사유와 헬라적 사유의 종합으로 이루어져 왔지만, 그 본래적인 그루터기는 히브리적 사유이다. 그런데 히브리적 세계관에서는 몸, 육체성, 물질, 자연을 정신적 실재에 비해 가치론적으로 저급하다고 보는 사고는 찾아볼 수 없고, 또 육체/정신의 이원론적 인간이해도 찾아볼 수 없다. 그러한 가치론적 분별이나 이원론적 이해들은 헬라적 사유의 오염이라 할 수 있을 것이다.

셋째, 동학 신관의 특징은 하눌님이 '기화지신氣化之神'으로 이해되면서 매우 역동적으로 파악되어, 신과 현실세계와의 상호관계가 역설적인 '반대일치'의 논리구조 속에서 '불연기연不然其然'의 논리로 파악된다는 점이다. 지기론至氣論적 기화지신으로 파악되는 동학의 하눌님 이해는 동학적 실재관을 매우 역동적으로 만들었고, 이로 인해 천도교의 신관이나 인간관은 해월 및 의암의 시대에 이르러서는 서구 생물학적 자연과학 이론과 조화를 추구하면서 매우 진화론적인 입장을 지니게 된다. 그리하여 동학적 실재관, 생명관은 원형반복적인 순환론의 구조와 전통 서구의 직선적 발전론의 구조를 모두 깨뜨리면서 순환하는 동시에 전진승화해 가는 나선형 발전론으로 전개되어 나간다.

동학의 신론에 있어서 『동경대전』의 「불연기연不然其然」은 「포덕문」이나 「논학문」 못지않게 중요한 요소이다.10) '기연其然'이란 '그렇다'고 긍정되고 이해되는 것, 즉 논리적인 것, 납득되는 것, 이성적인 것 등을 의미한다. 한마디로 '긍정의 논리'이다. 반면 '불연不然'은 '그렇지 않다'는 의미로서, 납득되지 않는 것, 불가사의한 것, 초논리적인 것 등을 의미한다. 한마디로 '부정의논리'이다. 수운은 「불연기연」에서 태초의 만물의 출현, 인간의 탄생, 동식물 안에 잠재되어 있는 정의情意的 능력의 기원, 진화발전의 가능성, 역사와 시간의 시원과 종국 등 종교적 문제의 궁극적 주제들을 검토하면서 그 난해성과 역설적 성격을 논의하고 있다.

동학의 '불연기연론不然其然論'을 서구신학적 언어로서 표현한다면 '기연론'은 '우주론적 신존재 담론'(Cosmological argument)에, '불연론'은 '존재론적 신존재 담론'(Ontological argument)에 각각 해당한다.

---

10) 김철 편저, 『東學精義 : 동경대전 해설』(東宣社, 1989), 4장 '不然其然'(275~303쪽) 참조.

'우주론적 신존재증명'이란 우주 안에 존재하는 질서, 인과율, 목적성을 구극에까지 추적하여 '제일원인'(The first Cuase)으로서의 신의 존재를 증명하는, 스콜라신학의 자연신학적 방법이다. 그러나 이러한 존재증명은 어디까지나 개연성에 그칠 뿐 확실한 증명 방법이 되지 못한다. 그리하여 중세기 스콜라신학자 안셀무스(St. Anselmus)는 '우주론적 신존재증명'과 더불어 '존재론적 신존재증명'을 주장하면서 그것을 더욱 중시하였다.

존재론적 신존재증명이란 어떤 증거를 가지고 신의 존재성을 증명하는 것이 아니라 신을 '존재 자체', '존재의 지반', '순수존재'로 이해하는 것으로, 신은 신에 관한 모든 물음, 심지어 무신론자들의 신존재부정의 이론에 대해서도 '존재론적 토대'가 된다는 입장이다. 말하자면 신은 논리적으로 증명되는 인가율의 한 고리가 아니라, 모든 인식행위와 '긍·부정'의 행위의 존재론적 가능성이다. 인간과 모든 존재자들은 스스로가 인지하든지 그렇지 못하든지 간에, 마치 모든 인간이 지구중력과 대기압력 속에서 살고 있듯이, 신의 존재론적 능력과 지반 안에서 그 능력을 통해 존재하고 있다는 깨달음이 '존재론적 신존재 담론'의 본질이다.

수운의 '불연기연론'은 불연이 곧 기연이라는 동일성의 강조에 초점이 있는 것이 아니다. 수운의 근본 의도는 안셀무스처럼 '기연론'과 '불연론' 곧 '우주론적 신존재 담론'과 '존재론적 신존재 담론'이 동시에 필요함을 강조하는 것이었다. 이러한 본래 의도를 분명히 하고서 '불연기연론'의 종교적·신앙적 의미를 좀더 심화시키면 '반대일치의 논리'에까지 나아갈 수 있다. 반대일치의 논리란 유한/무한, 긍정/부정, 창조/무위이화, 창조론/진화론, 초월/내재, 주/객, 성/속, 신성/인간성, 말씀/밥, 노동/예배, 정치/종교 등 서로 대립되거나 모순되는 것으로 보이는 것들이 사실은 진정한 신앙적 체험 안에서 '역설적 일치'로 파악된다는 것을 의미한다. 그러므로 '불연기연론'은 동학 신관의 한 특징을 이룬다고 할 수 있다.

4. '시천주 체험'과 동학 신관의 현대적 의미

현대를 문명전환기라고 한다. 문명의 진정한 전환은 문명이기文明利器의 진보발전으로만 이루어지는 것이 아니다. 그것은 세계관과 실재관의 변혁을 동반해야 하고, 그러한 실재관의 패러다임전환은 본질적으로 종교관의 변화를 동반해야 한다. 종교란 다름 아니라 모든 것의 '근본 뿌리'에 대한 총괄적이고도 근원적인 이해이며 참여이기 때문이다. 신학자 폴 틸리히(Paul Tillich)의 명언대로 '문화의 본질은 종교이며, 종교의 형태는 문화'이기 때문이다.[11] 이미 본론에서 언급하였지만, 현대라는 이 문명전환기에 지니는 동학의 시천주 체험의 의미와 동학 신관의 가치를 집약적으로 두 가지만 살펴보기로 하자.

첫째, 동학의 신관은 지기일원론至氣一元論적 유기체 철학에 기초한 범재신관이므로, 존재세계를 요소론적, 인과율적, 환원론적으로 파악하는 기계론적 세계관이 아니라 유기체적, 통전적, 비환원론적으로 파악하는 전일적 세계관이 된다. 그렇기 때문에 동학은 그 특유의 삼경三敬사상으로 지구생태계가 파괴되어 가는 오늘날에 새로운 자연이해의 이론을 제공할 수 있는 것이다. 이것은 인간생명을 둘러싸고 있는 자연생태계를 보호하자는 단순한 인간중심적 환경보호론이 아니다. '외유기화'의 이론 터전 위에서 자연과 인간생명은 유기체적 관계구조로서 새롭게 파악된다.

동학적 신체험의 백미는 수운이 말한 '시천주' 속에서 파악되고 '몸의 중요성' 강조로 나타난다. 그리고 이러한 몸의 중요성에 대한 자각은 구체적 생명체 하나하나의 고난과 아픔에 민감한 반응을 요청하면서, 구체적 '몸의 구원'을 실천하지 않는 모든 종교들과 철학들이 빠질 수 있는 관념성과

---

11) Paul Tillich, *Theology of Culture* (New York: Oxford University press,1959) ; 김경재, 『문화신학
   담론』(기독교서회, 1997), 9~11쪽 참조

허구성과 이념의 노예화를 고발한다.

둘째, 동학의 신관은 크게 셈족계 종교가 강조하는 신의 초월성과 중국계 및 인도계 종교가 강조하는 궁극적 실재의 내재성을 통전하여, '내재적 초월' 또는 '초월적 내재'를 강조하고 있다. 그리하여 지구촌시대에 동학은 인간의 존엄성, 사회윤리의 정의로움에 대한 열망과 중요성, 우주적 존재 신비 등을 동시에 강조할 수 있는 '범재신관적 종교적 영성'을 제시한다.

'범재신관적 종교적 영성'에서 새롭게 이해된 실재는 신중심주의, 인간 중심주의, 자연중심주의의 그 어느 것 하나도 결코 배타적으로 주장될 수 없다. 역사중심주의 세계관에서는 인간의 의미와 인간적 가치가 지나치게 강조됨으로써 자연은 역사를 실현해 가는 생명 없는 무대 정도로만 파악되어 그 실재성이 배재되고 만다. 다른 한편, 역사의식이 약화되거나 배재되는 자연주의 세계관에서는 태고의 원형반복, 전진 없는 원형적 회귀, 미분화된 집단주의만이 활개를 친다. 동학의 신관과 신체험은 그러한 양자를 통전·화해시키는 입장을 지니고 있는 것이다. 신, 인간, 우주자연은 공역하고 동참하면서, 분리되지 않으면서도 동시에 각자 구별되는 각각의 공능을 지니게 된다. '범재신관적 종교적 영성'에서는 '역사'와 '자연'이라는 두 가지 범주를 배타적으로 이해하거나 양자 중 어느 한 가지를 선택해야 하는 강박관념에서 벗어날 수 있다.

이상과 같이 동학의 시천주 체험과 천도교의 신관은 세계적 보편성과 우주적 가치를 지니고 있다. 그럼에도 불구하고 일부 동학, 천도교 인사들은 닫힌 사고를 자초하면서 동학을 민족종교로, 동학의 하눌님을 '한민족의 하눌님'으로 한정시키려 하고 있다. 이것은 자신이 지닌 보화의 가치를 바르게 인지하지 못한 결과이다.

참된 진리체험은 물론 구체성과 고유성을 지닌다. 동학은 한민족의 수난기에 터득된 진리체험인 만큼 당연히 한국적 민족주의 향기를 다른 외래종교보다 더 많이 내포할 수밖에 없을 것이다. 그러나 종교적 진리는 구체성, 특수성, 고유성과 더불어 보편성, 우주성, 세계성도 반드시 함께 지녀야 한다. 무릇 모든 참 종교는 민족, 국가, 인종, 집단 안에 갇혀 있는 것이 아니다. 비록 좁은 지역에서 작게 발생하고 형성되었을지라도 그 종교적 진리가 지닌 높이와 넓이와 깊이로 인해 세계적 종교로서 보편성과 우주성을 지니게 되는 것이다. 그렇게 되려면, 천도교는 본래적인 수운, 해월의 깊은 신앙과 실재관에 기초하여 더욱 진일보한 실천적·이론적 탐구를 전개해가야 할 것이 요청된다. 로마제국의 식민통치 아래 있었던 유대국 작은 시골마을 갈릴리에서 일어난 창조적 소수자의 종교 기독교가 오늘날 세계적 보편종교가 된 것이 그 좋은 예이다. 동학사상의 세계화를 위하여 좁은 민족주의나 국가주의를 넘어 열린 마음을 지녀야 할 것이다.

수운 최제우의 시천주 사상
― 천관을 중심으로 ―

김 용 휘

1. 머리말

수운水雲 최제우崔濟愚(1824~1864)는 19세기 중엽의 대내외적인 위기상
황에서 1860년(庚申年) 4월 5일 하늘님(天主)[1]의 가르침을 받는 신비체험이

---

1) 본고에서의 동학의 神에 대한 용어는 '하늘님'으로 통일하여 사용한다. 다만 인용문에
서는 본문의 용어를 그대로 살리고, 필요에 따라서는 한자 표현인 天主나 上帝를 쓰기
도 할 것이다. 지금 天道教에서는 '한울님'이라는 용어로 쓰고 있지만 이는 동학 초기
의 용어가 아니다. 水雲의 『용담유사』에는 '흐늘님'으로 되어 있고, 海月의 「내칙·내
수도문」 판본에는 '하날님'으로 쓰고 있다. 義菴의 시대에는 '흐날님', '하날님', '하늘
님', '한우님', '하눌님', '한울님' 등이 두루 쓰이다가 1920년 이후에는 거의 '한울님'이
많이 사용되고 있다. 이것은 아마도 이돈화가 무궁의 관념으로 '한울'을 이끌어 내어
동학의 우주론을 정립한 이후 점차 교단에서 널리 사용된 것이리라 생각된다. 그러나
이후에도 여전히 '하늘님' 등의 용어들도 함께 사용되었다. 그후 1978년 天道教 교단에
서 '한울님'으로 통일하여 지금에 °이르고 있다. '한울님'이란 표현은 동학의 신관이 서
양의 초월적 인격신관과는 다르다고 했을 때, 그것과 구분되는 것으로 분명 타당한 이
유를 가질 수 있다. 그렇지만 본래 동학 초기에 표현한 '흐늘님'의 용어는 '흐놀'에다가
존칭어인 님 '主'를 붙여서 만든 용어일 뿐이다. 수운의 신비체험에 따라 흐놀을 인격
적 존재로 생각하였기 때문에 '님'을 붙여 존칭한 것에 불과하다. 그러므로 한자표기
'天主'는 서학의 그것과는 달리, 흐늘님의 한자자기일 뿐이다. 그러므로 본 논문에서는
水雲의 이런 의도을 살려서 '흐늘님'의 현대표기로서 '하늘님'을 채택하여 통일적으로
사용하기로 한다. 우리말 표준어인 '하느님'으로 하지 않은 이유는 통상적 의미의 '하
느님'이 함의하는 신관과는 다르다는 것을 나타내기 위한 의도 때문이다.

계기가 되어 동학을 창도하였다. 그러나 엄밀하게 말하면 동학의 창도는 이 신비체험이 보다 내면화되면서 자각하게 된 '시천주侍天主'가 나오면서 라고 할 수 있다. 시천주는 모든 사람들이 하늘님을 몸 안에 모시고 있다는 사상이다. 수운은 이 시천주를 깨달음으로써 천天이 단순히 리理나 기氣일 뿐만 아니라 님으로서 받들어 모셔야 하는 존재라는 것을 자각한다. 물론, 수운이 이 천주天主를 저 하늘에 계신 유일신 절대자로 생각한 것은 아니다. 수운에게 천天은 모든 인간의 몸 안에 모셔져 있는 신령한 영기靈氣로서, 때로는 인간에게 가르침도 내리는 존재임과 동시에 우주에 가득 차 있는 기氣(至氣)라고 이해된다. 이런 시천주의 인식에 따라 수운은 인간을 하늘님을 모신 신령하고 거룩한 존재로 이해하는 한편, 수양에 있어서도 전통사상이나 서학과는 다른 방식의, '주문呪文과 영부靈符'의 수련법과 '수심정기守心正氣'의 새로운 공부법을 내놓게 되었다.

따라서 수운의 시천주는 동학의 성격과 이후의 전개를 이해하는 데 가장 핵심이 되는 내용이라고 생각된다. 특히 시천주에 나타나 있는 천에 대한 새로운 이해는 한국사상사에서 볼 때도 매우 큰 의의를 지닌다. 때문에 이 글에서는 시천주에 나타난 천관을 중심으로 이 '시천주'가 의미하는 것이 무엇인지를 밝히고 그것의 의의와 한계도 함께 밝혀 보고자 한다. 이것은 동시에 수운이 당시의 전통사상과 서학에 만족하지 못하고 동학을 내놓은 이유가 될 것이다.

2. '시천주'의 정립

수운은 그의 『동경대전東經大全』에서 주문 21자를 직접 풀이하였는데, 유독 '천天'자에 대해서는 해설을 하지 않았다. 그 이유는 잘 알 수 없지만 아마도 '천'은 우리의 언어로 풀이되거나 이성으로 파악될 수 없는 것이라고 생각했기 때문이 아닌가 한다. 또는 '천'이 가진 다의적인 성격 때문에 일면적인 규정을 할 수 없었는지도 모른다. 사실 '천'은 중국 고대에서부터 매우 다양한 함의를 가지고 쓰여 왔다. 처음에는 주로 '자연천', '상제천'으로 쓰이던 '천'은 주周나라에 와서 천명미상天命靡常의 정치적 함의와 함께 수양을 강조하는 도덕적 함의를 지니게 되었다.[2] 한대漢代에 와서 동중서董仲舒는 음양오행설과 유학을 결합시켜 '인간이 하늘에 순응한다'는 기본 관념 아래 '천인감응설天人感應說'을 제기함으로써 절대군주권의 정당성을 확립하는 한편, 군주의 실덕失德은 반드시 하늘의 견책譴責를 부른다고 하여 왕권을 견제하고 군왕의 도덕적 반성을 촉구하는 이론적 근거를 마련하였다. 그러므로 이때의 천은 다분히 인격적 의지를 지닌 존재로 비치기도 한다. 그러나 송대宋代 이후는 궁극적 의미의 '천天' 개념이 '태극太極'이라는 '리理' 개념으로 대용되면서, 천관天觀은 이제 이법천관理法天觀으로 변하게 되었다.[3]

조선성리학에서의 천 개념은 대체로 정주성리학의 이해를 계승하지만, 중국 학자들에 비해 인격적 의미가 조금 더 강한 것으로 파악된다.[4] 이는 제사의 근거를 마련하기 위한 것으로도 이해할 수 있고, 우리 민족의 경천敬天사상과 관련해서도 이해할 수 있다. 그러나 전반적으로 볼 때 유학자들은 여전히 이법천理法天의 틀 안에 있다고 보아야 할 것이다. 조선 후기로 오면서 성리학적 리기론의 틀에서 벗어나고자 했던 일부의 학자들은 서양의 영향을 받아 천을 물리적 자연으로 이해하고자 하기도 했다. 그런가 하면, 사회적 혼란에 따라 리理가 형식화되고 무력화됨에 따라 이법천관의

---

2) 김충열, 『중국철학사1 ─ 중국철학의 원류』,30~39쪽. (예문서원, 1994.)
3) 윤사순, 「유학의 자연철학」, 『조선 유학의 자연철학, 37쪽, (예문서원, 1997.)
4) 유초하, 「조선 유학의 하늘 개념에 담긴 관념성과 인격성」, 『조선 유학의 자연철학』,(예문서원 1998.)

관념으로는 도덕적 원리를 세우기가 어렵다고 판단한 정약용丁若鏞은 원초유학의 상제천上帝天을 부활시켜 무력화된 리에 대신하고자 하였다.[5] 이런 천관의 다양한 변천은 때로는 정치적인 이유에 의한, 때로는 수양론적 필요에 의한 시대적 변용의 결과라고 볼 수 있다.

1. 하늘님 체험

수운에 있어서도 '을묘천서乙卯天書'(1855)[6]의 체험 이전까지 '천'의 이해는 성리학의 '천' 개념에서 크게 벗어나지 않은 것으로 보인다. 그때까지만 해도 '천'은 '이법천'의 개념이었지 섬겨야 할(事天) 대상은 아니었다. 그런데 '을묘천서'의 체험 이후 '천'에 대한 인식은 기도의 대상으로 전환된다. 수운은 이 체험을 통해 공부의 방법을 이전의 독서를 통한 사색과 궁리의 방법에서 기도의 방법으로 바꾸게 되었다. 따라서 이 체험은 유교적 교육을 받은 수운에 있어서 공부 방법이 달라지는 결정적인 계기가 되었다는 점에서 그의 경신년(1860) 체험 못지않게 중요한 의미가 있다.

수운은 이듬해 천성산 내원사 적멸굴에 들어가 본격적으로 49일기도를 시작한다. 이렇게 수차례 49일기도를 하면서 여러 신비체험을 하게 되지만, 여전히 세상을 건질 대도大道를 통하지는 못하였다. 몇 가지 영적인 체험만 가지고는 세상을 구원할 방도를 찾았다고 자신할 수 없었던 것이다.

---

5) 유권종, 「茶山의 천관」 참조, 『정약용』(고려대 출판사, 1990)
6) 수운은 10년간의 주유천하를 마치고 31세 때 처가가 있는 울산 여시바윗골에 돌아와 초가집을 짓고 새로운 도법을 찾기 위한 공부에 들어간다. 그러던 이듬해(32세) 따뜻한 봄날에 비몽사몽간에 금강산에서 왔다고 하는 한 스님으로부터 신비스런 책 한 권을 받는 체험을 하게 된다. 이것을 '乙卯天書'라고 한다. 이 사건의 진위여부를 떠나서 수운에게 있어서 이 『을묘천서』의 체험은 큰 의미가 있다. 이 체험 이후 비로소 하늘에 기도를 하는 종교적 수행으로 전환하게 되기 때문이다. 이는 기존의 학문 안에서 해법을 찾던 방식의 근본적 변화를 의미한다. 이 책은 지금은 전해지지 않으며, 『道源記書』에는 祈禱의 가르침이 담긴 책이라고만 나와 있고, 『教會史草稿』와 『天道教書』에서는 '하늘에 49일 기도하라'는 글귀가 있었다고 한다.

이후 결정적인 종교체험은 다시 경주 용담에 돌아온 후 반 년이 지난 즈음인 1860년 경신년 4월 5일(陰)에 하게 된다. 이때 문득 몸과 마음이 함께 떨리고 이상한 기운에 휩싸이면서 돌연 하늘님의 음성을 듣는 신비체험이 일어난다. 이때의 상황을 수운은 다음과 같이 기록하고 있다.

뜻밖에도 4월에 마음이 선뜩해지고 몸이 떨려서 무슨 병인지 집중할 수도 없고 말로 형상하기도 어려울 즈음에 어떤 신선의 말씀이 있어 문득 귀에 들리므로 놀라 캐어물은즉 대답하시기를, "두려워하지 말고 두려워하지 말라. 세상 사람이 나를 상제라 이르거늘 너는 상제를 알지 못하느냐."
그 까닭을 물으니 대답하시기를, "내 또한 공이 없으므로 너를 세상에 내어 사람에게 이 법을 가르치게 하니 의심하지 말고 의심하지 말라."
묻기를, "그러면 서도로써 사람을 가르치리이까." 대답하시기를, "그렇지 아니하다. 나에게 영부 있으니 그 이름은 선약이요 그 형상은 태극이요 또 형상은 궁궁이니, 나의 영부를 받아 사람을 질병에서 건지고 나의 주문을 받아 사람을 가르쳐서 나를 위하게 하면 너도 또한 장생하여 덕을 천하에 펴리라."[7]

드디어 수운은 하늘님을 만나 직접 문답을 하는 결정적인 체험을 하게 된다. 그 결과로 받은 것이 '주문呪文과 영부靈符'이다.[8]

여기서의 하늘님은 인간의 마음에 감응하고 때로는 가르침을 내리기도 하는 인격적인 존재로서의 하늘님이다. 이때까지만 해도 수운은 자신의 직

---

7) 『東經大全』,「布德文」, "不意四月, 心寒身戰, 疾不得執症, 言不得難狀之際, 有何仙語, 忽入耳中, 驚起探問, 則曰, 勿懼勿恐, 世人謂我上帝, 汝不知上帝耶? 問其所然? 曰, 余亦無功, 故生汝世間, 教人此法, 勿疑勿疑. 曰, 然則西道以教人乎? 曰, 不然, 吾有靈符, 其名仙藥, 其形太極, 又形弓弓, 受我此符, 濟人疾病, 受我呪文, 教人爲我. 則汝亦長生, 布德天下矣."
8) 기존의 연구에서 이 '주문과 영부'를 주술적인 것으로 보거나 민간신앙의 영향을 받은 것으로 해석하는 경향이 많았다. 그러나 위의 인용문에서 "나의 주문을 받아 사람을 가르쳐서 나를 위하게 하면"이라는 구절을 잘 살펴보면 그 자체의 주술적 효력보다는 하늘님을 위하는 방법으로 주문이 제시되고 있음을 알 수 있다. 다시 말해 수운은 敬天의 구체적인 방법으로, 즉 수양의 도구로서 '주문과 영부'를 제시했다고 보인다.

접적인 체험을 통해 다분히 인격적인 의지를 가지고 실재하는 초월자로서
의 하늘님을 그리고 있다.

2. '시천주'의 자각

수운의 하늘님 체험은 일회적으로 끝나지 않고 몇 달 동안 계속되었다
고 한다.[9] 이 기간에 그의 하늘님 관념은 일대 변화를 일으키게 된다. 수운
은 하늘님이 저 옥경대에 계시는 초월적 존재가 아니라는 것을 인식하게
된다.[10] 그는 하늘님이 우리의 의식을 통해 체험할 수 있는 존재이긴 하지
만, 어떤 장소에 어떤 형상을 가지고 존재하는 '절대자'는 아니라는 것을
자각한다. 이 계기는 아마도 '오심즉여심吾心卽汝心'의 체험을 통해서가 아
닌가 한다. 이돈화에 따르면 4월 5일 체험 이후 거의 매일 문답이 이어졌고,
결정적으로 9월 21일에 아래의 강화降話를 들었다고 적고 있다.[11]

> 내 마음이 곧 네 마음이니라. 사람이 어찌 이를 알리요 천지는 알아도 귀신은
> 모르니 귀신이라는 것도 나니라. 너는 무궁무궁한 도에 이르렀으니 닦고 단련
> 하여 그 글을 지어 사람을 가르치고 그 법을 바르게 하여 덕을 펴면 너로 하여
> 금 장생하여 천하에 빛나게 하리라.[12]

이돈화의 주장이 맞다면 수운의 궁극적 자각은 바로 이 체험을 계기로
이루어진 것으로 봐야 할 것이다. 이 문답을 통해 수운은 하늘님이 저 공중
에 있는 것이 아니라 내 마음에 모셔져 있다는 것을 확실히 자각하게 된다.
이후 수운은 곳곳에서 이 모셔져 있음을 강조하는 표현을 쓴다.

---

9) 이돈화, 『천도교 창건사』,15~16쪽.
10) 『龍潭遺詞』, 「道德歌」, "천상에 상제님이 옥경대에 계시다고 보는듯이 말을 하니, 음양
　　이치 고사하고 허무지설 아닐런가."
11) 이돈화, 같은 글.
12) 『東經大全』, 「論學文」, "曰吾心卽汝心也 人何知之 知天地而無知鬼神 鬼神者吾也 及汝
　　無窮無窮之道 修而煉之 制其文教人 正其法布德則 令汝長生 昭然于天下矣"

도시 믿지 말고 ᄒᄂᆞ님만 믿었어라, 네 안에 모셨으니 사근취원捨近取遠 하단 말가.(「교훈가」)

천상에 상제上帝님이 옥경대 계시다고 보는 듯이 말을 하니 음양이치 고사하고 허무지설 아닐런가.(「도덕가」)

처음에 바깥에서 인격적 존재로 가르침을 내린다고 생각하던 천이 이제 내면화·내재화되면서 '시천주'의 개념으로 확립되었음을 알 수 있다. 성리학의 이법적인 천이 인격적 존재로서의 천주, 하늘님으로 인식되다가, 마침내는 그 하늘님도 원초유학의 상제나 서학의 천주와는 달리 인간의 내면에 모셔져 있는 존재로 이해되고 있다. 이로써 수운은 하늘님이 저 천상에서 사람들을 주재하는 존재가 아니라 우리 안에 모셔져 있고, 따라서 우리의 '몸 안에서' 절실하게 공경하여 모셔져야 하는 존재로 인식하게 되었다. 하늘님이 밖에 있는 것이 아니라 내 안에 있다는 천의 내재화는 다시 나의 몸이 천을 모신 거룩한 성소라는 인식으로 거듭나게 된다. 따라서 인간은 상하귀천에 관계없이 모두가 하늘님을 모신 평등하고 거룩한 존재라고 인식된다. 이렇게 시천주의 천관이 정립됨으로써 동학이 전통사상 또는 서학과 다르게 되었다고 볼 수 있다.

그렇다면 이렇게 성립된 '시천주'에서 '시侍', '모심'이라고 하는 것의 구체적 함의는 무엇인가?

3. '모심'(侍)의 의미

'시侍'자는 크게 두 가지 해석의 여지를 가지고 있다. 우선은 내 몸 안에 하늘님의 영을 '모시고 있다', '모셔져 있다'는 실재론적 해석이 가능하고, 두 번째로 하늘님을 잘 모셔라 라고 하는 '모심', '섬김'의 의미로도 해석할 수 있다. 이 중에 어느 것이 수운의 의미에 더 부합하는 것일까?

수운은 주문 21자를 직접 해설하면서 '시侍'자를 "내유신령內有神靈, 외유기화外有氣化, 일세지인一世之人, 각지불이자야各知不移者也"[13]라고 하였다. 이것을 번역하면 "모신다는 것은, 안으로 신령이 있고 밖으로 기화작용이 있다는 것을 세상 사람들이 각각 알아서 옮기지(어기지) 않는 것" 정도로 풀이된다. 즉 하늘님을 모시고 있다는 것은, 그 하늘님이 우리의 몸 안에서는 신령神靈으로 존재하고 몸 밖에서는 기氣로 존재하면서 우리 몸과의 끊임없는 기화氣化 작용을 통해 생명을 유지케 하고 있다는 것이다. 그래서 나의 몸 안팎으로 존재하는 하늘님의 실상을 알아서 옮기지 않아야 한다(不移)는 것이다. 여기서 옮기지 않는다는 것은 하늘님이 나의 존재와 생명의 근원이라는 것을 알아서 잘 섬기라는 뜻으로 해석된다. '내유신령內有神靈'과 '외유기화外有氣化'가 천주天主(하늘님)가 인간에게 관계하는 모습, 즉 인간에게 '시侍'해 있는 존재론적 실상을 의미한다면, '각지불이各知不移'는 인간의 안팎에서 신령과 기화로 작용하는 하늘님의 실상을 잘 알아서 모든 인간들이 올바른 '모심'과 '섬김'을 해야 한다는 실천적 의미라고 생각해 볼 수 있다. 이렇게 본다면 수운의 '시侍'자는 위의 두 가지 의미를 모두 담고 있다고 보아야 할 것 같다.

그렇다면, 하늘님이 내 안에 실재한다는 것을 또 어떻게 이해해야 할 것인가? 정말 내 몸 안에 영으로 모셔져 있다는 것인지, 아니면 다만 나의 의식의 어떤 순간에 체험 가능하다는 것인지?

물론 좀더 합리적인 관점에서 본다면 내 몸 안에 실재한다고 해석하기보다는 나의 의식 안에서 체험된다고 해석하는 것이 더 합당할지 모른다. 하늘님이 인간 안에 있는지 인간 밖에 초월적으로 실재하는지, 어떤 모습으로 존재하는지를 증명하는 것은 불가능하다. 모든 실재론적 해석은 난점에 부딪힐 수밖에 없다. 그래서 어디에 있는지 어떻게 실재하는지는 모르

---

13) 『東經大全』, 「論學文」

지만, 어떤 궁극적인 존재가 있고 그 존재가 인간의 정신 안에서 경험된다라고 해석하는 것이 합리적이라는 것이다. 그러나 이것이 수운의 의도에 부합하는 것 같지는 않다. 수운은 '안에 있음'에 대해 의미를 두고 있는 것으로 보인다. 수운은 당시 서학하는 사람들을 비판하면서 "천상에 상제님이 옥경대 계시다고 보는 듯이 말을 하니 음양이치 고사하고 허무지설 아닐런가"라고 하였고, "네 몸에 모셨으니 사근취원捨近取遠 하단 말가"라고 하였다. 또한 「논학문」에서는 서학을 비판하면서 "몸에는 기화지신氣化之神이 없"다고 하였다.[14] 이를 보면 수운은 하늘님이 저 하늘에 계시지 않고 인간 몸에 영기靈氣로서 실재하며, 그 존재를 온 몸으로 체험함으로써(降靈體驗) 근원적인 인격의 변화가 일어나야 한다는 것을 강조하고 있다. 또한 수운은 시천주를 실재론적으로 해석하고 있기 때문에 모든 인간이 거룩하고 신령하다는 새로운 인간 이해를 열어놓을 수 있었다. 나중에 해월의 물물천物物天·사사천事事天도 이 시천주의 실재론적 해석을 만물에까지 확대함으로써 나오게 된 것이다.

그러므로 수운의 '시侍'자는 실제로 내 몸 안에 내재하고 있는, 그리고 나의 성원誠願에 감응하기도 하는 '내유신령'으로서의 하늘님을 자각적으로 체험하며, 동시에 나의 바깥에서도 끊임없는 생명활동을 주고받으면서 나를 키우고 있는 '지기至氣의 생명'을 느끼고 그 생명활동에 온전히 동참하는 것을 의미한다. 즉 내가 하늘의 영기靈氣에 의해 화생되어 그 지기의 기운 안에서 살고 있다는 것을 강령체험을 통해서 확실하게 체험함으로써 하늘님을 내 몸 안에 현존하고 있는 '님'으로 받들어 모시라는 것으로 해석할 수 있다. 이는 단순히 궁극적 실재로서의 지기를 몸으로 체험하는 것을 의미하는 데 그치는 것도 아니며, 처음부터 인간과 신의 구분 없이 '내가

---

14) 『東經大全』, 「論學文」, "西人, 言無次第, 書無皂白, 而頓無爲天主之端, 只祝自爲身之謀. 身無氣化之神, 學無天主之敎, 有形無迹, 如思無呪, 道近虛無, 學非天主, 豈可謂無異者乎."

바로 내유신령內有神靈'이라는 의미도 아니다. 수운의 '시侍'는 내가 하늘님의 영기로 태어나 그 안에서 살지만, 동시에 그 하늘님 역시 내 안에서 살면서 나의 지성至誠과 성원誠願에 감응하고 응답하는 실재임을 온전히 깨달아, 그 '모신 하늘님'을 지극히 공경하고 받들어 모시라는 것이다. 그러므로 처음부터 하나라고 해서는 안 된다. 궁극적으로는 하나일지 모르지만, 완전한 합일로 나아가기 전에는 내 몸 안에 엄연히 현존하고 있는 '신령'의 실재가 있고 그 '신령'의 존재를 체험하고 받들어 모심이다.[15] 그래서 내 몸에 모신 하늘님을 마치 집에서 부모님을 모시듯이 공경하라(與父母同事)[16]는 것이 수운이 생각한 진정한 '경천敬天'이며, 이것이 '시천주'의 의미라고 할 수 있다.

3. 지기와 천주

수운의 천 관념을 이해하는 데 있어 중요한 것이 바로 '지기至氣'이다. 이는 수운의 우주론을 이해하는 데 있어서도 중요하다. 수운은 '천주' 대신 '지기'라는 용어로 우주의 궁극적 실재를 표현하기도 한다. 동학의 주문 21자는 "지기금지至氣今至 원위대강願爲大降 시천주侍天主 조화정造化定 영세불망永世不忘 만사지萬事知"로 되어 있다.[17] 여기서 수운은 '천주(하늘님)

---

15) 그러므로 수운에게서 신앙의 일차적 대상은 바로 이 '內有神靈', 즉 내 안에 모시고 있는 신령으로서의 하늘님이라고 할 수 있다.

16) 『東經大全』, 「論學文」, "主者, 稱其尊而與父母同事者也."

17) 『東經大全』, 「布德文」에는 呪文을 하늘님께 받았다고 되어 있고, 논학문에는 지었다고 되어 있다. 이 이유가 무엇일까? 필자는 받은 呪文과 지은 呪文이 서로 다른 呪文이 아닌가 생각된다. 포덕문은 맨 처음 4月5日의 체험 상황을 적은 것이고, 논학문은 이후의 보다 발전된 체험을 기술한 것으로 생각되므로, 呪文도 몇 번의 과정을 통해 최종적으로 본주문 21자가 만들어진 것으로 보아야 할 것 같다. 그래서 『東經大全』, 「呪文」 편에 보면 呪文이 세 가지로 나와 있는데, 아마도 선생주문(至氣今至四月來 侍天主令我長生無窮無窮萬事知)이라고 한 것이 맨 처음 받은 呪文이고, 이후 지금의 21자 呪文

의 대강大降'이 아닌, '지기의 대강大降'을 기원하고 있다. 이렇게 '천주'가
들어가야 할 자리에 대신 '지기'라는 표현을 쓴 까닭은 무엇일까? 천주와
지기의 관계는 어떻게 되는 것일까?

수운은 그의 글에서 우주론을 본격적으로 전개하지는 않았지만, 그의 글
을 종합적으로 검토해 보면 '지기'가 궁극적 실재로서 사용되고 있다는 것
을 알 수 있다. 수운은 '지기'의 뜻을 다음과 같이 풀이한다.

> 지至라는 것은 지극한 것이요, 기氣라는 것은 허령虛靈이 창창蒼蒼하여 일에
> 임하여 간섭하지 않음이 없고 명령하지 않음이 없는 것이다. 모양이 있는 것
> 같으나 형상하기 어렵고 들리는 것 같으나 보기는 어려우니, 이것은 또한 혼원
> 한 한 기운이다.[18]

허령虛靈이라는 표현은 초월성과 신령성을 의미하며, 창창蒼蒼하다는
것은 편재성을 의미하며, 간섭하지 않음이 없다는 것은 주재성을 의미하며,
명령하지 않음이 없다는 것은 정언적 명령성을 의미한다고 볼 수 있다. 그
러므로 "지기는 단순한 우주를 구성하는 '우주적 질료'(Universal stuff)가 아
니라 신령성, 초월성, 편재성, 정언적 명령성을 다 내포한 궁극적 실재이
다."[19] 이는 수운이 '지기'를 이해할 때, 우주 속에 편재해 있으면서 우주와
인간의 모든 일에 간섭, 명령하는 정신적 · 영적인 실재로 파악하였다는 것
을 알 수 있다. 그에게 지기는 단지 우주의 궁극적 실재일 뿐만 아니라 우
주적 원기元氣이며, 생명력, 생성력으로도 이해된다.[20] 따라서 수운은 지기
로부터 우주가 생성 · 운행되고, 인간과 만물이 화생되어 나온다고 보았다.

은 최종적으로 만들어진 것이 아닌가 한다.
18) 『東經大全』, 「論學文」, "至者 極焉之爲至 氣者虛靈蒼蒼 無事不涉 無事不命 然而如形
而難狀 如聞而難見 是亦渾元之一氣也"
19) 김경재, 「수운의 시천주 체험과 동학의 신관」, 『동학연구』 제4집, 28쪽.
20) 李敦化, 『新人哲學』, p.17, 31. 참조. (天道敎中央總部, 1968.)

이런 우주론은 담일청허淡一淸虛한 본원의 기에서 만물이 생성되어 나왔다고 보는 성리학의 기론자氣論者들의 입장과 매우 흡사하다. 그렇지만 수운의 지기는 "일종의 근원적 에너지로서만 그치지 아니하고 신령적 존재로서 인간의 성원誠願에 감응한다고 보는 점이 동학이 종교로서 성립되는 갈림길"21)이며, 여기에 기론과의 차이가 있다고 할 수 있다.

이렇게 지기를 궁극적 실재로 생각한 배경에는 아마도 수운 자신의 신비체험에서 먼저 기운(氣)을 느끼고 몸과 마음의 변화가 일어난 것이 계기가 되었을 것이다.22) 수운은 이 체험에서 우주의 혼원한 기가 바로 영적인 존재이며, 자신에게 가르침을 줄 수도 있다고 생각하였다. 그리고 이 존재가 역시 우주의 근원적 실재로서 우주의 운행과 만물의 화생을 주관하는 존재라고 생각하였다. 그래서 그는 "지기금지至氣今至, 원위대강願爲大降"의 기화 체험을 하게 하는 주문을 '강령주문降靈呪文'이라고 한 것이다.23) 그에게는 기가 곧 영靈이었다는 것을 알 수 있다. 이 때문에 그는 기를 체험함으로써 하늘님의 실재를 확인할 수 있으며 강화降話의 가르침도 받을 수 있다고 생각하였다.

이처럼 지기를 생성의 근원과 능력으로 국한시키지 않고 인간의 성원誠願에 감응하는 인격적·신적 실재로 보기 때문에 수운에게 있어서 지기는 곧 천주天主와 다른 존재가 아니다. 물론 천주는 어떤 고정된 체를 갖춘 초월적 절대자·창조주는 아니다. 고정된 체를 갖추지 않고 지기 속에 함께 있으면서 인간과 만물을 화생해 놓고, 그 안에서 '신령'으로 내유內有하고 있는 존재이다.24) 그러므로 천주와 지기는 둘이면서 하나이고 하나이면서

---

21) 김경재, 「東學의 神觀」, 『東學思想論叢』 제1집, 218쪽. (天道教中央總部, 1982.)
22) 신일철, 「동학사상의 도교적 성격 문제」, 『동학사상의 이해』 148, 155쪽. (서울·사회비평사, 1995)
23) 『東經大全』, 「降靈呪文」
24) 굳이 구분하자면 至氣가 가진 영적·정신적 속성, 즉 주재하고 명령하는 어떤 정신적 존재로서 인간에게 경험될 때를 '天主'라고 이름한다고 할 수 있다. 天主는 정신적·신

둘인 '이위일체二位一體'의 존재라고 할 수 있다.

  그렇다면 성리학의 리기론과 비교했을 때 리의 위치나 역할은 어떻게
된 것일까? 수운은 이 리에 대해 따로 논하고 있지는 않다. 아마도 리가 지
기 안에서 하나로 통합된 듯하다. 리기理氣가 하나로 통합된 지기로 명명
되고 있는 것이다. 따로 리를 강조하지 않는다는 데서 자신의 가학의 연원
이기도 한 영남학파의 주리主理적 경향과는 분명히 다른 경향이다. 그렇다
면 이렇게 그가 가학과는 다른, 오히려 기론에 가까운 지기일원至氣一元의
우주론을 내놓게 된 이유는 무엇이었을까?

  이는 그가 기론자들로부터 어떤 사상적 영향을 받아서는 아닐 것이며,
아마도 그 자신이 하늘님을 직접 체험하면서 리가 담당했던 역할의 상당
부분을 천주·하늘님이 대신 담당할 수 있는 체계가 되었기 때문이라고 생
각된다. 리의 개념이 하늘님으로 대체되었기 때문에 리의 역할은 대폭 축
소되어 거의 없어지면서 지기 안에 포함된 그것의 작동 원리 정도로 되는
것이 아닌가 한다.[25] 이는 한편에서 보면 성리학에서 리가 담당했던 의미

  적 실재이긴 하지만 그렇다고 어떤 형상을 가진 초월적인 절대자는 아니다. 오히려 至
  氣의 실재가 이 우주와 인간 안에서 參與·同役하고 있는 영적 속성을 의인화하여
  존칭한 것으로 이해된다. 그러므로 '흐늘'에다가 존칭의 뜻으로 '님'을 붙인 것이 수운
  의 '흐늘님'이다. 즉 天의 의인화한 것이 天主, 하늘님이다. 至氣의 인격적 의인화가 天
  主이고, 天主의 존재 양식이 至氣라고 할 수 있다. 그러므로 동학의 하늘님·천주는
  어떤 인격적 실체가 아니다. 하지만 영적·정신적 실재이긴 하다. 그 실재는 至氣로서
  이 우주에 편만해 있으며, 때로 인간의 정신에도 체험될 수 있다고 보는 것이다.
25) 이 지기의 작동원리, 생성의 원리를 수운은 '無爲而化'라고 한다. 다시 말하자면 누군
  가가 있어서 至氣를 작용시키는 것이 아니라, 至氣가 스스로를 작동시키는 법칙이 '無
  爲而化'이다. 天主가 至氣의 바깥에서 명령하는 존재가 아니라 至氣 안에 있기 때문에
  —아니 至氣 그 자체이기 때문에—至氣 스스로의 자율적 운동을 '無爲而化'라고 한다.
  수운은 주문 해석에서 '造化定'의 '造化'를 無爲而化'로 해석하고 있다. 이를 天主를
  중심으로 본 것인데, 천주의 조화, 즉 만물을 화생하고 간섭하는 원리가 무위이화라는
  것이다. 이는 天主가 우주 밖에서 임의로 모든 우주의 운행과 만물 화생을 주재하는
  것이 아니라, 그 안에서 자체의 생성 법칙을 통해 參與·同役하고 있다는 것이다. 그래
  서 「용담가」에서 "나도 또한 개벽이후 노이무공(勞而無功) 하다가서 너를 만나 성공(成
  功)하니"라고 하였다. 하늘님 자신이 '勞而無功'이라고 표현하고 있다. 이런 하늘님·천
  주의 관념은 기존의 전지전능한 神 관념과는 매우 판이하다. 서양의 초월적 신관념에

를 『동경대전』에서는 '도道'나 '천도天道'라는 용어로 대체하고 있기 때문이기도 할 것이다. 이는 성리학의 리 개념이 '도'의 개념을 대체하면서 나온 것과는 오히려 반대이다.

한편, 수운의 우주론은 성리학의 기론과 그 체계에서는 유사성을 갖지만 그 기를 보다 '영적靈的인 실재'로 보는 점에서 차이가 있으며,[26] 하늘님 · 천주를 그 체계 안에 적극적으로 위치지우고 있다는 점에서, 그리고 그 하늘님을 우리의 인식으로 체험 가능한 존재로 보면서 적극적으로 공경해야 한다고 하는 점에서 그 차별성이 있다. 수운의 우주론은 전통적인 리기론의 연장선상에 있지만, 그는 하늘님 체험을 통하여 경험한 천(천주)을 이 리기론의 체계 속에 포함시킴으로써 서양과 동양, 초월과 내재, 인격성과 비인격성이 만날 수 있는 가능성을 열어놓았다고 하겠다.

4. 수운 천주관의 특징

1. '귀신자오야鬼神者吾也'

귀신鬼神에 대한 논의는 성리학에서도 매우 중요한 주제 중의 하나였다. 귀신 개념은 리기론의 체계에서는 물론 인간사의 불가해한 일들을 설명할 때나 조상에 대한 제사의 문제에 있어서도 매우 중요한 논의의 대상이었다. 수운 역시 '귀신'에 대해서 논하고 있는데, 이것 또한 그의 궁극적 자각

서는 신이 세계를 만들어 놓고 초월해 있지만, 수운의 하늘님은 생성 · 변화해 가는 과정에 있는 존재이다. 그러니까 天主, 즉 하늘님은 그 생성 속에 있으며, 시간 속에 있는 하늘님이다. 그런 의미에서 '造化의 하늘님'이라고 할 수 있다.
26) 성리학에서도 일반적으로 氣를 虛靈함으로 형용하고 있지만, 여기서의 靈의, 의미는 동학의 그것처럼 영적인 존재를 의미하는 것은 아니다. 단지 氣의 屈伸의 靈妙함으로 쓰이거나, 그것이 사람에게 나타날 때 知覺이라는 밝은 앎이 있다는 의미에서 '靈'字를 쓰고 있다.

이라고 할 수 있는 '오심즉여심吾心卽汝心'을 언급하는 과정에서 나온다. 그 내용은 다음과 같다.

하늘님이 말씀하시길, "내 마음이 곧 네 마음이니라. 사람이 어찌 이를 알리요 천지는 알아도 귀신은 모르니 귀신이라는 것도 나니라.[27]

여기서 '귀신자오야鬼神者吾也'의 의미는 무엇인가? 여기서 '오吾'는 하늘님을 가리키므로 이 말은 "귀신도 다름 아닌 하늘님"이라는 이야기인데, 이것이 의미하는 바가 무엇일까? 이 귀신 개념은 이전의 성리학에서의 귀신 개념과 어떻게 달라졌는가?

귀신 개념은 공자의 시대에 제사의 대상이 되는 영격靈格을 의미하는 것으로 유학사상에 편입된 이후 한대에 들어서는 기론적인 생멸관과 결합하여 유산遊散하는 혼백魂魄의 뜻을 갖게 되었다. 그러던 것이 송대에 이르러서는 자연철학적 개념으로 그 의미를 확장하게 되었다.[28] 성리학의 귀신 개념은 주로 '조화지적造化之迹'이나 '이기지양능二氣之良能'으로 설명되는데,[29] 주희朱熹는 이전의 귀신 개념을 총괄하여 세 가지로 구분하였다.

천지에 있어서의 귀신은 음양의 조화를 말하고, 사람에 있어서의 귀신은 죽어서 귀신이 되는 것을 말하고, 제사를 지내는 경우의 귀신은 천신天神·지기地示(地祇)·조고祖考를 말한다. 세 가지는 비록 다르지만, 그것이 귀신이 되는 까닭은 같다. 이와 같은 점을 알고 다시 다른 점을 안다면 귀신의 도에 대해 말할 수 있다.[30]

---

27) 『東經大全』, 「論學文」, 曰吾心卽汝心也. 人何知之, 知天地而無知鬼神, 鬼神者吾也.
28) 김현, 「귀신, 자연철학에서 추구한 종교성」, 『조선유학의 개념들』, 100쪽 (서울:예문서원, 2002)
29) 陳淳, 『北溪字義』, 「鬼神」, "程子曰, 鬼神者造化之迹也, 張子曰 鬼神者 二氣之良能也."
30) 朱熹, 『朱子語類』, 「鬼神」, "其別有三: 在天地鬼神, 陰陽造化是也; 在人之鬼神, 人死爲鬼是也; 祭祀之鬼神, 神示·祖考是也. 三者雖異, 其所以爲鬼神者則同. 知其異, 又知其

주희는 귀신을 음양의 조화로 보면서도 인귀人鬼나 기괴한 현상 자체를 부정하지는 않았지만 그것은 '정리正理가 아니다'라고 하면서, 공자도 말씀하시지 않았기 때문에 학자들이 꼭 자세히 알아야 하는 것은 아니라고 하였다. 그것은 이차적인 문제이고, 먼저 일상생활의 절실한 문제를 잘 살펴야 함을 그는 강조하였다.[31]

조선 유학의 귀신 개념의 특징은 자연철학적 원리를 탐구하기보다는 종교적 의례의 근거를 마련하는 데 그 의의를 두었다는 점이다. 그러기 위해서는 먼저 귀신이라고 하는 초현실적 존재를 실체로서 인정하는 사고를 갖지 않으면 안 되었다. 따라서 조선의 유학자들은 귀신을 단순히 관념적인 존재 또는 이론적인 개념으로만 다룬 것이 아니라 그것이 영험한 힘을 지닌 초현실적인 존재임을 인정하면서 경건히 의례를 올리는 자세를 함께 견지해 왔다.[32]

수운의 귀신 개념은 이런 성리학의 귀신 개념과 크게 다르지 않다. 특히 귀신을 자연철학적 개념으로 하여, '이기二氣의 양능良能'이니 '조화造化의 자취'니 하는 점은 거의 같은 것 같다.[33] 그렇다면 이들과 구별되는 '귀신이라는 것도 하늘님'이라고 하는 동학의 귀신관의 특징은 무엇인가? 물론 '귀신'을 '상제'라고 하는 것 자체가 다른 점이다.[34] 이것이 의미하는 것은

同, 斯可以語鬼神之道矣."

31) 『朱子語類』 卷3 「鬼神」, 因說鬼神, 曰: 鬼神事自是第二著. 那箇無形影, 是難理會底, 未消去理會, 且就日用緊切處做工夫. 子曰: 『未能事人, 焉能事鬼! 未知生, 焉知死!』 此說盡了. 此便是合理會底理會得, 將間鬼神自有見處. 若合理會底不理會, 只管去理會沒緊要底, 將間都沒理會了. 淳. 義剛問日別出.

32) 김현, 같은 글, pp.102~104.

33) 『용담유사』, 「도덕가」, "천지 역시 귀신이오 귀신 역시 음양인 줄 이같이 몰랐으니 경전 살펴 무엇하며 도와 덕을 몰랐으니 현인군자 어찌 알리."

34) 물론 성리학자 중에도 그렇게 말한 사람이 없는 것은 아니다. 수운의 형이상학 체계는 任聖周(鹿門:1711-1788)와 매우 유사하다. 임성주는 理氣를 一物로 一元化시킨 다음 그 것의 妙用을 鬼神으로 해석하고, 때로는 더 보편적인 용어로서 神을 쓰고 있기 때문이다. 임성주는 鬼神 개념에 특별히 주의를 기울였는데, 그는 鬼神을 理와 氣 어느 쪽에서 이해해야 하는지에 대해 의문점을 가지고 鬼神 개념을 연구하다가, 스승인 陶庵 李

인간의 생명활동을 포함한, 뭔가 보이지 않는 신묘한 작용을 일으키는 설명하기 어려운 일들, 그래서 귀신의 작용이라고 생각했던 일들이 사실은 모두 하나의 지기至氣의 공능이며, 하늘님의 조화작용이라는 것이다.

사람의 수족동정 이는 역시 귀신이오,
선악간 마음용사 이는 역시 기운이오,
말하고 웃는 것은 이는 역시 조화로세.[35]

알 수 없는 어떤 신묘한 작용, 만물의 화생, 인간의 굴신동정屈伸動靜 같은 것은 모두가 지기의 측면에서 보면 지기의 공능이며 하늘님의 측면에서 보면 하늘님의 조화인데, 그것을 귀신이라고 한다는 것이다. 그러므로 귀

縡(1680-1746)의 영향을 받아 鬼神을 理氣의 어느 쪽에 分屬시키지 않고 '理氣混融無間 之妙'로 설명하여 理氣의 두 세계의 구분을 넘어선 통일적인 하나의 실체로 이해하고 자 하였다. 또 귀신의 묘용을 보다 보편적인 입장에서 지칭한 '神'이라고 하는 것이 自 然의 모든 생명현상을 주관하는 주재적 존재라고 생각하였다. 그는 천지의 운화, 만물 의 생장을 주재하는 근원적인 주재력을 '神'이라 이름하여, 그것이 개별 사물에 나타날 때는 특수한 모습으로 나타난다고 생각하였다. 그래서 그는 "神이 아님이 없다. 하늘에 있는 것을 神이라 하고, 땅에 있는 것을 示라 하고, 사람에 있는 것을 鬼라 하고, 사람 과 사물에 있는 것을 心이라 한다"고 하였다. (여기에 대해서는, 김현, 『任聖周의 生意 哲學』, p.113. 참조) 물론 여기서 神은 東學의 '天主·하늘님'과는 많이 다르며, 문제의 식도 다르기 때문에 곧바로 연결시키기는 곤란하다. 하지만 형이상학적 체계에서는 앞 으로 더 깊은 연관을 따져 볼 필요가 있다. 한편, 천주교를 적극적으로 받아들였든, 아 니면 비판적으로 받아들였든 간에 천주교를 통해 유학을 새롭게 정립해보고자 한 남인 계열 역시 외형적 체계에서 비교해 볼만하다. 특히 정약용과는 비록 직접 교유는 없다 하더라도 문제의식에서는 상당히 상통하는 점이 있다고 보여진다. 丁若鏞의 경우에도 『중용』에 언급된 鬼神이 바로 상제를 직접 언급하는 말이라고 하였다.(김현, 「조선 유 학에서의 귀신 개념」, 『조선 유학의 자연철학』, (서울:예문서원, 1998), p.407.) 물론 그 의도는 이전의 성리학이 귀신을 형이상학적으로 해석함으로써 실제로 인간이 두려움을 느끼는 존재로서 의미를 상실했다고 보기 때문에, 인간의 도덕성이 항구적으로 지켜지 기 위해서는 우리 눈에 보이지는 않지만 항상 인간의 곁에 지켜 서서 그가 도덕을 행 하는지 여부를 감시하는 존재가 있어야 한다고 생각했고, 그 같은 감시자의 의미로서 鬼神을 실체로서 상정하고 천지의 귀신 중에 至尊至大한 자로서 上帝를 내세우고 있 는 것이다. 따라서 東學의 하늘님 개념과 丁若鏞의 上帝 개념은 상당히 다르며 그 鬼 神의 의미도 다른 측면에서 강조된 것이라고 보아야 할 것 같다.
35) 『용담유사』, 「도덕가」

신과 기운과 조화가 모두 하나이다. 그렇다면 귀신, 기운, 천주의 조화가 모두 같다는 것은 무엇을 의미하는가? 이것이 성리학의 그것과 무엇이 다르다는 것인가?

첫째, 사람의 수족의 동정이나 말하고 웃는 것이 나의 의지로 그렇게 되는 것이 아니라 지기·하늘님의 작용에 의해 그렇게 된다는 것이다. 나를 화생시킨 것도 지기의 귀신 작용이요, 지금 나를 살게 하는 것도 하늘님의 조화 작용이라는 것이다. 나는 지기로부터 태어나 지기 안에서 살며 지기와 더불어 사는 것이다. 다른 식으로 말하면 하늘님의 간섭과 주재에 의해 살고 있다는 것이다. 하늘이 내 안에서 나의 심장을 뛰게 해 주지 않으면 한 호흡도 할 수 없다. 인간은 혼자 살아가게 된 것이 아니라 지기와의 유기적 관계 속에 놓여 있으며, 그 관계를 떠나서 살 수 없다는 것을 의미한다. 이것을 온전히 알게 될 때, 하늘 속에 내가 있으며 내 안에 하늘이 있다는 것을 명확히 알아서 진정으로 경천敬天·순천順天하는 마음이 생길 수 있다. 수운이 강조하고자 하는 것은 바로 이 천도天道의 이치를 알아서 참된 경천은 물론, '찬천지화육贊天地化育'하는 인도人道의 창조적 참여에로 나아가라는 것이다.[36]

둘째는 죽은 후의 인귀人鬼로서의 귀신의 존재를 인정하지 않는 것이다. 유학에서는 귀신을 음양의 기운 작용으로 보면서도 역사 속에서 일어난 기이한 현상들을 인귀의 작용이 있는 것으로 보기도 하였다. 그리고 천신天神

---

36) 수운이 海月에게 道統을 전수할 때의 일화는 여러 敎史에 공통적으로 나온다. 그 중에서 『天道敎創建史』의 부분을 옮기면 다음과 같다. "大神師…… 다시 갈으되 '그대 手足을 임의로 屈伸하여 보라' 함에 말이 마치는 瞬間에 崔慶翔이 문득 精神이 恍惚하야지며 입으로 말을 發할 수 없고 手足을 또한 屈伸치 不能한지라. 大神師 다시 갈으되 '그대 어찌함이뇨' 한데 崔慶翔이 그제야 비로소 몸을 動하고 精神이 如舊한지라. 崔慶翔이 그 理由를 물은대 大神師 갈으되 '나의 마음이 곧 너의 마음이며 나의 氣運이 곧 너의 氣運인지라. 나의 마음 먹는 바 그대에게 미침이니 이는 곧 天地萬物이 唯一의 至氣로써 化生한 證據니라. 내 이 證據를 이제 그대에게 體驗케 하였나니 그대이에 順應하라.'"

이나 지기地示(地祇), 조고祖考를 따로 나누어서 생각하였다. 그런데 수운은 이 모두를 하나의 지기至氣 작용으로 보는 것이다. 그는 인귀가 따로 있지 않고 하나의 지기에서 나와서 다시 돌아갈 뿐이라고 생각한다. 개체 영혼이란 따로 없다. 수운은 당시 사람들이 그릇된 미신에 빠져 온갖 귀신을 섬기는 것을 보고 비판하면서 다음과 같이 읊고 있다.

아동방 현인달사 도덕군자 이름 하나
무지한 세상사람 아는 바 천지라도
경외지심 없었으니 아는 것이 무엇이며
천상에 상제님이 옥경대에 계시다고
보는 듯이 말을 하니 음양 이치 고사하고
허무지설 아닐런가 한나라 무고사가
아동방 전해 와서 집집이 위한 것이
명색마다 귀신일세. 이런 지각 구경하소
천지 역시 귀신이오 귀신 역시 음양인줄
이 같이 몰랐으니 경전 살펴 무엇하며
도와 덕을 몰랐으니 현인군자 어찌 알리.[37]

이는 당시 사람들이 무풍巫風에 빠져 인륜이나 마음수양에는 힘쓰지 않고 그릇된 신앙에 빠져 발복發福만 바라고 있는 풍토를 비판하는 내용이다. 수운은 하나의 지기의 작용에 의해 '나'라는 존재가 되었고 죽음이라는 과정을 거쳐 본래의 지기로 돌아간다는 것을 자각하였기 때문에 개체 영혼을 인정할 수 없었다. 따라서 주변에서 흔히 일어나는 귀신 현상도 기운 작용에 의한 것일 뿐, 어떤 실체가 있어서 그런 것이 아니라고 생각하였다. 다시 말하면 신神적 현상의 모든 원인은 지기의 하늘님에 의해서이지 다른

---

37) 『용담유사』, 「도덕가」

무엇에 의해 일어나는 것이 아니라는 것이 '귀신자오야鬼神者吾也'가 함축하고 있는 의미라고 생각된다. 이는 다른 한편에서 보면, 하늘님은 천상에 계신 지엄한 존재가 아니라 천지天地이며, 이 천지는 그냥 생명이 없는 자연이 아니라 영적·정신적 존재로서의 귀신이자 생명의 활동성으로서의 음양이라는 것이다.

셋째, 귀신에 대한 생각이 달라짐에 따라 경천敬天의 방법과 제사의 방법이 달라졌다는 점이다. 영혼의 존재를 인정하지 않게 됨에 따라, 동학의 제사법은 기존의 그것과는 다르게 된다. 비록 수운의 시절에는 시행되지 못했지만, 이후 최시형崔時亨(海月, 1827~1898)에 가서 '향아설위법向我設位法'이 나타나게 된 것은 결코 우연이 아니다. 벽을 향해 제사상을 차리지 않고 나(후손)를 향해 제사상을 차린다는 것은, 조상의 귀신은 저 벽을 타고 밖으로부터 오는 것이 아니라 자손의 심령과 혈기 속에 살아있다는 인식에 따른 것이다. 하늘님과 조상이 '나'의 심령과 혈기 속에 살아있다는 것은 하늘님 또는 귀신과의 관계가 전통적인 수직적 관계에서 수평적 관계로 변화되었음을 보여 준다. 따라서 수운은 '오심즉여심吾心卽汝心'과 함께 이 '귀신자오야鬼神者吾也'를 깨달음으로써 유학의 귀신관에서 명확하게 밝히지 못했던 무형의 세계에 대한 원리와 인간존재의 본질을 밝혀 비로소 완전한 진리인 '무극대도無極大道'를 투득透得했다고 자부한 것이다.

2. 불택선악

수운의 하늘님 관념 가운데 또 한 가지 특이한 점이라면 하늘님을 '불택선악不擇善惡'의 존재라고 표현하고 있다는 점이다. 수운은 다음과 같이 말하고 있다.

사람의 수족동정手足動靜 이는 역시 귀신이오

선악간善惡間 마음 용사用事 이는 역시 기운이오
말하고 웃는 것은 이는 역시 조화로세.
그러나 흔늘님은 지공무사至公無私 하신 마음,
불택선악不擇善惡 하시나니…….38)

호천금궐 상제님도 불택선악 하신다네.39)

묻기를, "도를 배반하고 돌아가는 자는 어째서입니까." 대답하기를, "이런 사람
은 족히 거론하지 않느니라." 묻기를, "어찌하여 거론하지 않습니까." 대답하기
를 "공경하되 멀리할 것이니라." 묻기를, "입도할 때 마음은 무슨 마음이었으
며, 도를 배반할 때의 마음은 무슨 마음입니까." 대답하기를, "바람 앞의 풀과
같은 것이니라." 묻기를, "그렇다면 어찌 강령이 됩니까." 대답하기를, "하늘님
은 선악을 가리지 않기 때문이니라."40)

이처럼 수운이 하늘님을 '불택선악不擇善惡'하다고 표현하는 구절은 여
러 번 나온다. 그러므로 이 표현은 그냥 우연히 나온 것이 아니라 의도적으
로 매우 중요한 의미를 부여하고 있는 것이라고 보아야 할 것이다. 물론
이 구절의 일차적 의미는 하늘님의 지공무사至公無私함에 대한 표현이라
고 할 수 있다. 지공무사하기 때문에 그 사람의 선악에 관계없이 하늘님이
간섭하고 있고 정성으로 수련을 하면 강령降靈도 내릴 수 있다는 것이다.
하늘님을 선악에 관계없이 모셔져 있고 간섭하는 존재라고 보는 것은 기존
의 신관神觀(天觀)과는 매우 다른 의미를 갖는다. 이전의 일반적인 신(天)
관념은 선한 자에게는 복을 주고 악한 자에게는 화를 내리는 존재였다. 동

---

38) 『용담유사』, 「도덕가」
39) 『용담유사』, 「안심가」
40) 이 외에도 '불택선악'이라는 표현은, 『동경대전』, 「논학문」 "曰:反道而歸者何也?曰:斯人者
不足擧論也. 曰:胡不擧論也? 曰:敬而遠之. 曰:前何心而後何心也? 曰:草上之風也. 曰:然
則何以降靈也? 曰:不擇善惡也."

중서董仲舒의 '천견설天譴說'은 이런 사유를 대표한다고 할 수 있다. 이후 상제천 관념이 약해지긴 하지만, 그래도 유학자들에게 이 '천견설'은 때때로 왕의 선정을 촉구하기 위해 설해지기도 하였다.[41] 특히나 정약용에 이르러서는 상제를 '선악의 감시자'라고까지 상정하고 있는 마당에, '불택선악'이란 관념은 예사로운 것이 아니다.[42]

물론 이 말의 의미가 인간이 선악을 구분하지 않아도 된다는 말은 아니다. 수운은 당시의 세태를 "이 근래에 오면서 온 세상 사람이 각자위심各自爲心하여 천리를 순종치 아니하고 천명을 돌아보지 아니하므로 마음이 항상 두려워 어찌할 바를 알지 못하였더라"[43]라고 한탄하였다. 또 제자의 선악에 대한 물음에 다음과 같이 답하고 있다.

묻기를, "하늘님 마음이 곧 사람의 마음이라면 어찌하여 선악이 있습니까?" 대답하기를, "그 사람의 귀천의 다름을 명하고 그 사람의 고락의 이치를 정했으나, 그러나 군자의 덕은 기운이 바르고 마음이 정해져 있으므로 천지와 더불어 그 덕에 합하고 소인의 덕은 기운이 바르지 못하고 마음이 옮기므로 천지와 더불어 그 명에 어기나니, 이것이 성쇠의 이치가 아니겠는가?"[44]

위 구절을 보면 선은 '여천지합기덕與天地合其德'하는 것 즉 '경천명순천리敬天命順天理'하는 것이다. '경천명순천리'하는 방법은 '기운을 바르게 하고 마음을 정정定定하는 것' 즉 '수심정기守心正氣'에 있다. 악은 '경천명순천리'하지 못하는 것, 그래서 '천지의 명을 어기는 것'(與天地違其命), 다시 말

---

41) 윤사순,「유학의 자연철학」,『조선유학의 자연철학』, 서울:예문서원, 1998, 35~36쪽.
42) 丁若鏞,『中庸自箴』, 권1, 5쪽a, "君子處暗室之中, 戰戰慄慄, 不敢爲惡, 知其有上帝臨女也."
43) 『東經大全』,「布德文」, "又此挽近以來, 一世之人, 各自爲心, 不順天理, 不顧天命, 心常悚然, 莫知所向矣."
44) 『東經大全』,「論學文」, "曰: 天心卽人心, 則何有善惡也? 曰: 命其人貴賤之殊, 定其人苦樂之理, 然而君子之德, 氣有正而心有定, 故與天地合其德. 小人之德, 氣不正而心有移, 故與天地違其命, 此非盛衰之理耶."

해 하늘님을 공경하지 않고, 자기만을 위하는 이기심 즉 각자위심各自爲心에 빠져 있는 것이다. 이런 사람들은 항상 기운이 바르지 못하고 마음이 쉽게 옮기므로 몸과 마음이 순일하지 못하고 뜻이 한결같지 않기 때문에 하늘님이 벌을 내리지 않아도 잘될 수가 없다. 반대로 수심정기해서 경천·순천할 때는 자연한 이치에 따라, 비록 부귀는 얻지 못한다 하더라도 '여천지합기덕'하는 성인군자가 될 수 있다는 것이다. 즉 하늘님이 인위적으로 선악에 대해서 상벌을 주는 것은 아니지만, 자연한 천도의 이치에 부합하고 부합하지 않음에 따라 성쇠는 있다는 것이다. 그리고 그 관건은 '수심정기' 여부에 있다.

이는 수운이 이해하고 있는 하늘님을, 적극적으로 선을 명령하고 그 결과에 따라 상벌을 내리는 존재라기보다는 인간의 마음과 기운에 따라서만 감응하는 존재로 이해하는 것이다. 이렇게 될 경우 선과 악, 성하고 쇠하는 것 모두가 전적으로 인간이 천도의 무위이화無爲而化의 이치를 알고 순응하느냐 그렇지 못하느냐에 달린 것이 된다. 이처럼 수운이 이해한 하늘님은 자의적으로 인간사에 간섭하는 존재가 아니라, 모든 것을 무위이화의 원리와 인간의 의지(마음)에 내맡기는 '불택선악의 하늘님'이다. 여기서 인간의 귀천과 고락은 비록 어찌할 수 없다 하더라도, 마음과 기운을 조절하는 수심정기의 공부를 통해 하늘과 덕을 합하고 하늘 조화에 참여할 수 있는 창조적 사람 즉 성인군자는 될 수 있다는 것이다.[45]

---

45) 여기서 하나 짚고 넘어가야 할 것이 惡의 문제이다. 신의 존재와 관련해서 제일 골칫거리가 바로 이 惡의 문제이기 때문이다. 악의 존재가 신의 전지전능함에 배치되기 때문이다. 동학의 체계에서는 현실적 악의 존재는 인정하지만, 악의 존재가 신 존재와 모순되지 않는다. 지금까지 살펴온 것처럼 수운의 천주·하늘님은 전지전능의 초월적 창조주가 아니라, '勞而無功'의 과정과 생성 중에 있는 존재이며, 不擇善惡의 존재이기 때문이다. 따라서 도덕적 실천과 역사의 창조는 신의 심판이나 의지에 의해서가 아니라, 인간 스스로의 의지와 노력에 의해 만들어 가야 한다는 것이 동학이 가진 인본주의적 특성을 잘 드러내 주는 것이라고 할 수 있다.

5. 현대적 의의와 한계

지금까지의 논의를 바탕으로 수운의 시천주 사상의 의의를 정리하자면 다음과 같은 몇 가지로 나누어 볼 수 있다.

첫째, 천天을 새롭게 해석함으로써 경천敬天의 의미를 되살렸다는 점을 들 수 있을 것이다. 이를 통해 수운은 형식화된 윤리에 실제성을 부여했다. 천을 바깥에 있는 초월적 권위체가 아니라 내 몸에 모시고 있는 존재라고 함으로써 천과의 관계를 수직적인 관계에서 수평적인 관계로 변화시켰다. 수운의 자각의 핵심은 모든 사람들이 내 안에 하늘님을 모시고 있다는 것을 깨달아 성경신誠敬信으로 잘 섬기라는 것이다. 이것은 인간의 세속적 욕망에서 벗어나 우주와 도덕의 본원인 천을 나의 중심에 놓아야 한다는 것이다. 그러나 그 천은 나의 밖에, 나와 이원적 관계로 존재하는 것이 아니다. 결국 천을 중심에 놓는 삶은 본래의 나를 찾는 과정이며 적극적으로 자아를 실현하는 삶이다. 나의 중심에 내유신령을 발견하게 되면 나는 그것으로 신령한 존재가 되며, 강령체험으로 천지의 기운과 기화상통이 되면 나의 자아는 고립되고 소외된 주체로부터 우주의 모든 존재와 상통하는 우주적 주체로 나아가게 된다. 여기서 인간은 단순히 존엄하고 평등하기만 한 근대적 인간주체와는 또 다른 영성적 주체로서 자각된다. 다시 그것을 만물로 확대할 때 '물물천物物天·사사천事事天'과 '경물敬物'의 사상이 나오게 되는데, 이런 새로운 윤리는 인간의 존엄성과 평등성을 확보하면서 나아가 오늘날 요구되는 생태적 윤리도 담지하고 있다.

둘째, 몸에 대한 중시를 들 수 있다. 동학의 시천주侍天主 체험은 본질적으로 '몸으로서, 몸 안에서, 몸과 더불어' 체험한다는 데 특징이 있다.[46] 이 몸은 그냥 신체가 아니라 '신체와 정신'의 이원성을 넘어서 신체와 정신과

---

46) 김경재, 「수운의 시천주 체험과 동학의 신관」, 『동학연구』 제4집, 27쪽.

기운이 하나로 어우러져 있는 전일적 몸이다. 몸과 마음이 하나의 기운으로 이해된다. 여기서 외유기화의 기화체험은 나의 몸과 마음의 상태를 바꾸어 평온하고 화락하게 할 뿐만 아니라 천지와 소통할 수 있는 감수성을 갖게 해 준다. 이것은 수양론적 측면에서 매우 중요한 의미를 가진다. 수양을 단순히 마음의 차원에서만 접근하는 데 그치지 않고, 신체의 훈련과 기운의 변화를 통해서도 접근한다는 것이다. 여기서 도덕적 실천은 단순한 마음(의지)의 문제로부터 마음과 기운의 소통의 문제로 전환된다. 수운은 '선악간 마음 용사 이는 역시 기운이요'라고 하였다. 마음으로 몸의 욕망을 통제하는 문제가 아니라, 몸 자체가 신령스럽게 기화됨으로써 욕망이 해소될 수 있다는 것을 의미한다. 아니, 단순한 해소가 아니라 적극적으로 주변의 기운을 화하게 만드는 적극적 참여가 일어난다. 몸이 안으로의 신령과 우주적 기화를 체험함으로써 차별적이고 수직적인 모든 인간관계를 넘어서는 윤리적 주체로, 나아가 천지만물과 소통하고 천지의 화육에 동참하는 새로운 영성적·우주적 주체로 거듭날 수 있다는 것이다.

셋째, 시천주 사상이 가진 인간존엄성의 중시와 만민평등의식은 기본적으로 서민대중을 근간으로 하는 사상이다. 유교는 무엇보다도 신분에 맞는 예의 실천을 사회질서를 유지시키는 중요한 인륜으로 생각하고 있으므로 태생적으로 수직적인 윤리를 넘어서지 못하는 한계를 노정하고 있다. 그러므로 그들의 수양과 도덕은 그 자체로는 아름다운 이상일지도 모르지만, 결국 그것이 누구를 위한 수양이며 도덕이었는가가 문제될 수 있다. 때로는 그것이 서민대중의 이해에 반하여 사대부 계층의 이익만을 대변하는 이데올로기로 작용한 측면도 있었다. 수운은 이런 수직적 윤리를 넘어서서 모든 서민들이 수양의 주체가 되고 정치의 주체가 될 수 있는 가능성을 열어 놓았는데, 이것은 이후 동학농민혁명이라는 힘으로 표출되었다. 이는 유교의 이상인 민본성民本性이 동학에서 비로소 현실적 실현가능성을 얻었다는 측면에서 사상사적 의의가 있다고 할 수 있다.

물론 위와 같은 의의들에도 불구하고, 동학은 기본적으로 종교이기 때문에 어쩔 수 없는 한계를 지니고 있다. 현실사회의 문제에 있어서 가장 중요한 것이 인간의 변화라고 하더라도, 그것만으로 모든 것이 해결될 수 있는 것은 아니다. 시천주적 삶을 통해 인격이 변화되고 삶이 양식이 바뀔 수는 있지만, 현실사회의 변혁은 또 다른 제도적 합리성을 확보하는 데서 이루어진다. 그러므로 동학의 시천주 사상은 물질적 근대화를 맹목적으로 추구하면서 잃어버린 정신적 가치와 생태적 삶을 대안적으로 제시하는 보완적 의미를 가질 뿐이다.

'시천주' 주문을 통해서 본 수운의 인간관

오 문 환

1. 머리말

동학은 경신년 4월 5일 수운 최제우의 하느님체험에서부터 시작되었다. 수운은 이때 하느님(天主)으로부터 사람들을 가르치라는 말을 들으면서 두 가지를 받았다고 하는데, 하나는 사람들을 질병으로부터 건지는 영부靈符요 다른 하나는 사람들을 가르치는 주문呪文이다.[1] 주문은 이처럼 사람들에게 도덕을 가르치는 최고의 방편이다. "시천주侍天主 조화정造化定 영세불망永世不忘 만사지萬事知"의 13자 주문에는 '모심-자리잡음-앎'(侍定知)의 세 동사가 있다. 수운은 "십삼자 지극하면 만권시서 무엇하며"라고 하였으며, 해월 최시형은 동학의 "시정지侍定知에 의거하여 수도하라"고 하였다. 그러므로 시정지는 동학사상의 진수라 할 수 있다.

'시정지'에 대해서는 비교적 연구가 진행된 편이나, 그 내재적 관계와 의

---

1) 『東經大全』, 「布德文」. 水雲의 저서는 1883년(癸未) 5月(仲夏) 慶州에서 간행되고 崔時亨의 跋文이 붙은 癸未版을 저본으로 하고 韓國學文獻硏究所에서 영인 編集한 『東學思想資料集』 1~3을 참고로 한다. 또한 해월과 의암의 법설은 天道教中央總部에서 발간한 『天道教經典』(포덕 133, 1993)을 참조한다.

미 분석에 의거하여 동학의 인간관을 끌어낸 연구는 찾아볼 수 없다. '시정지' 가운데 주문의 중심 개념인 '시侍'(모심)자에 대해서는 비교적 논의가 있은 편이나 '정定'과 '지知'에 대해서는 심도 있는 논의가 이루어지지 않고 있는 형편이다. 이 연구는 시·정·지 세 개의 동사를 분석함으로써 수운이 동양적 전통과 서양적 모더니티에 대한 대안으로 제시한 새로운 사람의 모습이 어떠한 것인가를 밝혀 보고자 한다.

수운이 동학을 창도하는 직접적 계기인 하느님 체험에서 알 수 있듯이 동학의 종지는 사람과 하느님의 관계에 대한 새로운 자각에서부터 출발한다. 수운은 하느님 체험을 13자 주문으로 집약하였기 때문에 주문 분석에서부터 수운의 인간관을 찾는 것이다. 또한 주문 13자 중 시·정·지 세 개의 동사가 핵심이기 때문에 시정지 분석을 통하여 수운의 인간관을 찾아보려는 것이다. '사람이 하늘이다'라고 하는 동학의 종지에 의거할 때 인간관은 신관과 뗄 수 없는 관계가 있음을 먼저 전제할 필요가 있다. 그러므로 동학의 인간관 연구는 곧 동학의 신관 연구이기도 하다.

동학의 인간관이 명확해진다면 동학의 현대적 의미도 보다 분명해질 것으로 생각된다. 동학의 "사람이 하늘이다"라는 명제는 얼핏 볼 때 근대적 인간관과는 거리가 있다. 그러나 모심-자리잡음-앎이라고 하는 세 개의 동사를 통하여 동학이 이야기하는 사람과 하느님의 관계를 분석해 본다면 근대적 인간관의 문제와 한계를 넘어서는 새로운 시사점도 찾아 볼 수 있을 것으로 생각한다. 동학은 분명 신으로부터 해방되고 자연으로부터 독립한 근대적 인간과는 또 다른 사람의 모습을 보여 줄 것으로 기대된다. 먼저 사람은 왜 하느님과 떼어놓을 수 없는 관계인지를 살펴본 다음 둘 사이의 관계양식이라 할 수 있는 세 동사 모심-자리잡음-앎을 상세하게 분석해 보도록 하자.

2. 사람-하느님의 관계 : 시정지

13자 주문은 크게 둘로 나누어 볼 수 있다. '하느님을 모시면 조화가 자리잡는다'(侍天主造化定)는 앞부분과 '하느님을 한평생 잊지 않으면 모든 일을 다 안다'(永世不忘萬事知)는 뒷부분이다. 해월은 "'시천주 조화정'은 만물화생의 근본이요, '영세불망 만사지'는 사람이 먹고 사는 녹의 원천이니라"[2]라고 하였다. 우주만물이 태어나 변화하는 중심에는 하느님이 존재한다는 사실을 밝힌 것이 '시'와 '정'의 의미라면, 이 사실을 한시도 잊지 않게 되면 지혜가 밝아져 삶을 도모해 나갈 수 있다는 것이 '지'의 뜻이라 하겠다. 의암은 '시천주 조화정'은 근본이며 '영세불망 만사지'는 단련이라고 풀이하였다.[3] 의암은 우주의 삼라만상이 모두 하느님을 안에 모시고 하느님의 간섭을 받아야 비로소 태어나 살아가는 것이라는 근본진리를 전반부의 뜻으로 보고, 이러한 사실을 망각하지 않고 기억하여 이치 중의 이치를 확연히 아는 것을 단련으로 본다.

모심-자리잡음-앎은 사람과 하느님의 사이의 세 가지 관계양식이라 할 수 있다. 그 관계는 사람의 존재구조이기도 하며 동시에 사람이 해야만 하는 도덕적 행위규범이기도 하다. 모심은 내가 천주를 모심이며, 자리잡음은 조화가 내 안에 자리잡음이며, 앎은 영원토록 잊지 않고 천주와 우주전체의 조화를 앎이다. 모심은 '나'라고 하는 주체의 적극적 활동이며, 자리잡음은 모심의 대상인 하느님의 조화가 내 안에 자리잡음이며, 앎은 그 결과로서 주객을 넘어서는 것이라고 볼 수 있다. 다시 말하자면 '시'는 내가 천주 쪽으로 가는 것이고, '정'은 천주가 내 쪽으로 오는 것이며, '지'는 양자의 만남을 통한 초월이라 할 수 있다.

모신다고 할 때 사람은 천주를 모심의 대상으로 하는 주체이다. 달리 말

---

2) 『海月神師法說』, 「靈符呪文」.
3) 『義菴聖師法說』, 「講論經義」.

하자면 모심의 주체는 사람이고 모심의 대상은 우주 전체이자 우주의 중심인 천주이다. 이때 우주의 주인으로 등장하는 사람은, 데카르트의 생각하는 자아와 다를 바 없는 유일한 주체이다. 천주를 모심의 대상으로 간주하는 주체적 존재로서의 인간관이 명확하게 제시된다. 그렇기 때문에 주체적 자아에 대한 자각은 수운에 이르러 이루어진 것으로 볼 수 있다. 그러나 시천주는 주체의 철학에 머물지 않는다. 시천주의 주체는 조화정으로 이어지는 연속선상에서 이해되어야 하기 때문에 홀로 존재하는 주체가 아니라 하느님을 모신 주체이다.

조화정에서 주체는 조화이며 대상은 '나'가 된다. 주체-객체의 전환이 일어난다. 조화가 내 안에 확실하게 자리잡는 것이 정定이다. 언뜻 보면 여기서 주체적 존재인 사람이 조화의 대상으로 전환되는 듯한, 즉 근대의 지동설에서 중세적 천동설로 돌아가는 듯한 현상을 볼 수 있다. 그러나 이 전환은, 근대에서 중세로의 회귀가 아니라 근대의 극복이라고 보아야 할 것이다. 그 이유는 근대적 자아가 조화정에 이르러 우주적 존재로 다시 태어나기 때문이다. 조화는 하느님의 조화로서, 수운은 무위이화無爲而化라 하였다. 하느님의 조화는 일체의 작위성이 없이 지공무사至公無私한 무위이기 때문에 무위이화이다. 그 무위이화가 내 안에 자리잡는 것이다. 근대적 자아는 고대의 자연을 정복대상화하고 중세의 신을 관념대상화함으로써 자신의 존엄성을 드높일 수 있었다. 그러나 동학은 시천주를 통하여 발견한 사람 주체 안에 신성과 우주성을 다시 불어넣어 줌으로써 근대적 주체의 공허함을 극복하게 되는 것이다.

주객으로 보자면 모실 때에는 내가 주체이나 자리잡을 때에는 천주가 주체가 되고, 모실 때에는 천주가 대상이었으나 자리잡을 때에는 내가 대상이 된다. 조화가 주체로 등장하고 사람이 객체로 바뀌는 이러한 주객전도의 현상을 소외의 개념으로 볼 수도 있으나 동학에서는 정반대로 진보적 초월로 볼 수 있다. 조화정은 소외가 아닌 소외의 극복이다. 왜냐하면 수운의 시각에서 본다면 신과 자연으로부터 고립된 근대적 주체는 본래적 본성인 하느님을 잃고 자연과의 본래적 관계를 떠난 공허한 주체에 불과하기 때문이다. 공허한 주체에 내용을 부여해 주는 과정이 조화정이므로 곧 소외의 극복이라 할 수 있다. 조화정을 통하여 근대적 주체는 하느님의 조화를 자신의 품안에 안게 된다. 즉 사람 주체의 뜻과 의지대로 하는 것이 아니라 하느님의 무위이화로 행하게 된다. 이처럼 동학에서 사람과 하느님의 사이에는 거리가 없다. 거리가 없어지기 때문에 사람은 하느님과 똑같이 무위이화할 수 있는 것이다.

사람이 하느님을 모심의 대상으로 삼아 정성과 공경을 다하면 하느님은 하늘의 덕과 마음을 가지고 '나' 안으로 들어온다. 오고가는 이와 같은 이중관계가 그 극치에 이를 때 사람은 새로운 존재로 탄생한다. 이때 둘 사이에 존재하는 차이는 사라지고 완전한 합일에 이르게 된다. 이러한 완전한 통일을 수운은 '지'라는 개념으로 표현하였다. 이때 아는 것은 '내가 곧 하늘'이라는 사실을 아는 것이다. '지'는 양자간의 어떤 차이도 없는 완전통일이자 새로운 단계로의 비약이다. '지'라는 주체와 객체의 완전한 통일을 통하여 사람은 초월—내재적 존재가 된다. 우주 안에 존재하면서 우주 밖에도 존재하는 역설적 존재가 되는 것이다. 수운은 시천주를 통하여 하느님을 모시는 주체적 '나'를 발견하였으며, 조화정을 통하여 '나' 안에 자리잡아 내재화되는 하느님을 발견하였다. 그리하여 내 안에 하느님이 존재하고 하느님 안에 또한 내가 존재한다는, 주객의 종합적 초월인 '지'를 통하여 '신인간'의 탄생을 보여 주었다. 수운이 "포태지수 정해내어"[4]라고 한 것은 바로 이 새로운 인간의 탄생을 염두에 둔 것이었다. 이러한 경지에 이른 인격을 가리켜 수운은 '지상신선'이라 불렀다.

---

4) 『용담유사』, 「교훈가」.

'시정지'의 세 동사가 명확할 때 사람은 하느님으로 다시 태어나게 된다. 수운은 신인간으로 태어나기 위한 구체적 수행방법으로서 '시천주' 주문을 제시하였다. 지극한 정성을 다하여 주문을 외우게 되면 신인간으로 태어날 수 있다는 것이다. 결국 시천주 주문은 새로운 인간으로 거듭나는 구체적 수단이다. 수운은 자식들과 제자들에게 "나는 도시 믿지 말고 하느님을 믿었어라 네 몸에 모셨으니 사근취원 하단 말가"5)라고 하였다. 여기에서 수운은 최제우라는 겉모습을 믿을 것이 아니라 자신 안에 내재하는 하느님을 믿고 찾으라고 당부한다. 하느님은 아득한 창공에 있는 것이 아니라 모든 사람들 안에 모셔져 있으므로 멀리서 찾지 말고 안에서 찾으라고 하는 것이다. 눈에 보이는 지상의 것을 믿을 것이 아니라 눈에 보이지 않는 영적 존재인 신선을 믿으라는 가르침이다.

사람이 어떻게 신선이 될 수 있는가에 대하여 수운은 「수덕문」에서 "원형이정은 천도지상이요 유일집중은 인사지찰이라"6)라고 하여 방법을 알려준다. 원형이정을 계절의 순환처럼 우주론적으로 해석하든 인의예지처럼 인성론으로 이해하든, 하늘은 모든 것들 중에서 으뜸이고 만사에 형통하여 통하지 않는 곳과 통하지 않는 시간이 없으며 모든 존재들에게 오직 이로울 뿐이며 쌀알처럼 해맑고 깨끗한 특성을 갖는다. 사람은 어떤 상황에 처하든 어떤 일을 하든 오직 한결같이 가장 깊은 중심에 있는 하늘을 닮고 하늘을 잊지 않고자 노력해야 한다. 하늘은 본래 완전하지만 사람은 노력에 의하여 완전해질 수 있다. 이렇게 다른 두 존재가 시천주 주문에 의하여 동일해진다는 것이 바로 수운 사상의 핵심이라 할 수 있다.

자기의 중심에 있는 하느님을 잡아 완전해지기 위한 수행으로 제시된 것이 바로 주문이므로, 수운은 하늘의 도를 밝힌 공을 공자에게 돌리고 자

---

5) 『용담유사』, 「교훈가」.
6) 『東經大全』, 「修德文」, "元亨利貞은 天道之常이요 唯一執中은 人事之察이라."

신은 다만 그 도의 실현을 위한 구체적 수행법 즉 수심정기를 다시 정했다고 말한다.[7] 수심은 본래의 마음을 닦는 것이며 정기는 본래의 기운을 바르게 하는 것이다. 하늘마음(本心)과 하늘기운(混元一氣)이 자신 안에 내재하지 않는다면 사람이 아무리 마음을 닦고 기운을 바로잡으려 한다고 해도 영원히 성공할 수 없다. 자신 안에 본심과 하늘기운이 내재하기 때문에 온전한 하늘마음을 회복하고 온전한 하늘기운을 되찾을 수 있는 것이다. 수심정기가 인간학적 표현이라면 시천주 주문은 사람-하느님 관계의 보다 외적인 표현이라 할 수 있다. 수심정기를 통해 사람과 하늘의 차이가 사라질 때 신인간이 탄생한다. 이때 신인간은 원형이정이라는 하늘의 도를 내재화하고 인의예지라는 본래적 도덕행위를 자율적으로 행한다.

수운은 "자신의 도는 공자의 가르침과 대동소이하다"[8]라고 하였지만, 실상 그는 공자를 넘어 한 걸음 더 나아갔다. 왜냐하면 공자는 비록 인간 안에 하늘의 본성이 내재함을 말하였으나 그 본성을 회복하는 노정에 대해서는 수운처럼 분명히 말하지 않았기 때문이다. 해월에 의하면 공자는 단지 신체발부라는 육신의 부모에 대한 효를 이야기했을 뿐이며, 몸과 마음을 포함한 우주 전체를 낳아주고 길러주시는 참부모에 대한 효는 오직 수운에 이르러 밝혀졌다고 한다.[9] 다시 말하자면, 육신의 부모에게 은혜를 갚는 것으로 효를 다하는 것이 아니라 하느님과 우주만물에게 은혜를 갚아야 비로소 효를 다했다고 할 수 있다는 이치를 인류사 오만 년 이후 수운이 처음으로 밝혀 주었다는 것이 해월의 주장이다.

시정지는 사람이 하느님처럼 완전한 도덕적 존재로 되는 인간행위의 규범으로, 유가적 표현으로는 천지부모에 대한 효라고 할 수 있다. 그러나 시정지는 단순히 윤리적 당위에 불과한 것이 아니라 인간의 존재구조 자체이

---

7) 『東經大全』, 「修德文」, "仁義禮智는 先聖之所敎요. 修心正氣는 惟我之更定이라."
8) 『東經大全』, 「修德文」.
9) 『海月神師法說』, 「天地父母」.

기도 하다. 다시 말하자면 모든 존재는 의식하지는 못하지만 하늘을 모시고 살아가며 하느님의 조화에 힘입어 살아간다고 한다. 수운이 시정지로 밝히고자 한 것은 사람-하느님의 떨어질 수 없는 관계성임을 알 수 있다. 관계성의 내면을 보다 자세하게 들여다보자.

3. 참주체의 발견: '시侍'

모심(侍)은 적극적 주체의 발견이다. 사람의 주체성의 발견이다. 이때 우주에서 사람의 위치는 하늘을 모신 주체이다. 그러나 수운은 하늘을 모시고 있는 사람 주체를 찾는 데서 그치지 않고 한 걸음 더 들어가서, 그때 만나게 되는 참주체를 신령이라 불렀으며 그 참주체의 활동을 기화라고 하였다. 모심이란 이 참주체를 모심이다. 수운에 의하면 참주체인 신령은 모든 존재와 모든 사유를 지탱하는 기본바탕이다. 모든 존재자들의 바탕에는 이처럼 신령이 존재한다. 참주체란 다름 아닌 하느님이다. 수운이 모심(侍)을 어떻게 풀이했는가를 살펴보면 이 점이 보다 명확해진다.

수운은 모심(侍)을 "내유신령內有神靈 외유기화外有氣化 일세지인각지불이一世之人各知不移"로 풀이하였다. 이 구조는 시정지의 구조와 동일하다. 즉, 먼저 안과 밖이 묘사된 다음 그 종합적 결과가 제시된다. 시정지의 큰 삼각구도 안에 다시 '시'의 삼각구도가 구성되는데, 시의 삼각구도는 시정지의 그것과 일치한다. 내유신령은 시천주에 해당하고, 외유기화는 조화정에 대칭되고, 일세지인각지불이는 영세불망만사지에 대칭된다. 이러한 겹구조 혹은 이중구조를 한번 더 풀어보면, 신령은 주체의 주체이고 기화는 주체의 객체이며 각지불이는 주체 안에서 일어나는 주객의 종합지양이다. 주체 안에서 다시 주체-객체의 변증법이 작용하고 있는 것이다.

수운은 '생각하는 자아'의 안으로 깊숙이 들어가서 그 자아가 신령과 기화로 이루어졌음을 밝혀낸다. 그리하여 '생각하는 자아'의 주체는 신령이며 신령의 활동적 객체는 기화라고 각각 개념화한다. 신령은 주체의 주체로서 참된 주체인 하느님이다. 사람의 진정한 주체가 하느님 즉 신령으로 제시되는 것이다. 참주체인 신령을 찾는 것이 동학의 길이고, 이때 신령은 고립적 존재가 아니라 그 활동인 기화를 수반한다. 신령은 기화라고 하는 활동을 떠나 홀로 존재할 수는 없다. 신령의 활동이 기화이다. 활동 없는 존재는 없다. 양자는 하나의 안과 밖일 뿐이다. 이는 사람이 하느님을 모실 때 안팎에서 일어나는 사실이기도 하다. '나' 안에서 '참나'가 나타나게 되고 그때 그 '참나'의 기운이 또한 따라서 나타나게 된다. 즉, 신령이 마음의 중심으로 자리잡게 되면서 이에 수반되는 신령의 기운도 동시에 수반되어 나타나는 것이다. 그 '참나'가 나타나고 그 활동이 드러나는 상태 또는 그 경지를 떠나지 않는 것이 바로 각지불이이다. '참나'가 깨어나 하느님 마음과 하느님 기운으로부터 떠나지 않는 상태인 것이다. 월산 김승복은 "각지불이는 무극대도에 입도한 후의 강령"[10]이라 해석한다.

해월은 "내유신령이란 하느님을 의미하고 외유기화는 이천식천을 뜻한다"[11]고 설명한다. 모실 때 자기 안에 참주체인 하느님이 내재함을 아는

---

10) 월산은 각지불이를 무극대도에 입도하여 받는 세 번째 강령이라고 풀이한다. "수도하는 과정에서 각지불이는 하느님의 기운이 내리는 세 번째 降靈을 의미한다. 첫 번째 강령은 외유기화로서 하늘의 理氣가 물질에 응하여 체를 이루는 포태의 순간에 이루어지고, 두 번째 강령은 내유신령으로서 갓난아기가 태어날 때 들어오는 하느님의 마음(赤子之心)이다."(월산 김승복의 「법설」, 2000. 11. 2, 천도교화악산수도원) 월산의 이해는 의암의 「무체법경」에 나오는 身天, 心天, 性天의 철학구조에서 이해될 수 있다. 성천이란 내 몸과 내 마음은 하느님에 의하여 탄생되었음을 자각할 수 있는 새로운 영적 자아를 의미하고, 이 영적 자아는 강령에 의해 체험할 수 있다. 신천이란 하느님의 기운으로 내 몸이 화해난 것을 뜻하므로 외유기화라 할 수 있겠고, 심천이란 하느님의 본심으로 내 마음이 태어났으므로 내유신령에 해당한다고 하겠다. 월산에 의하면 강령이 되게 되면 이 점이 뚜렷해진다고 한다.
11) 『海月神師法說』, 「以天食天」.

것이며 또한 밖으로 모든 존재들이 하느님의 한 기운으로 꿰뚫어져 있음을 아는 것이다. 모든 존재들을 관통하는 하나의 기운에 이르고 보면 모든 존재들의 관계는 하느님과 하느님의 관계인 것이다. 그러므로 "하느님이 하느님을 먹는다"(以天食天)는 표현이 가능하다. 「영부주문」에서 해월은 "내유신령이란 처음 태어날 때의 갓난아기 마음(赤子之心)"이라 하고 "외유기화란 포태할 때에 이치와 기운이 바탕에 응하여 체를 이룬 것"이라 하였다. 하느님을 모신다는 것은 자신의 가장 깊숙한 곳에 있으며 그 어떤 것에도 물들지 않은 갓난아기의 마음 즉 하느님의 마음을 되찾는 것으로 설명되고 있고, 외유기화란 하늘의 리기理氣가 물질과 합하여 새로운 체를 이루는 것으로 설명되고 있다. 이러한 설명은 사람의 탄생과정에 적용하여 '시侍' 자를 풀이한 것이다. 모실 때 우리는 한편으로는 그 어떤 것에도 물들지 않는 하느님의 마음을 회복하게 되고, 다른 한편으로는 하느님의 리기가 우리 몸에 응하여 몸이 거듭나게 됨을 알 수 있다. 하느님을 모신다는 것은 마음과 몸이 새로워져서 '나' 안에 또 다른 '참나'가 탄생하는 것을 의미한다. 수운은 이 '참나'의 마음을 신령이라 하고 '참나'의 활동을 기화라 하였으며, 해월은 이 마음을 '갓난아기의 마음'이라 하고 그 활동을 '하늘이 하늘을 먹는다'고 하였다. 모심으로써 사람은 하느님 마음을 회복하게 되고, 하느님 기운으로 다시 태어나게 된다.

의암에게 있어 내유신령은 성性이고 외유기화는 심心이라 할 수 있다. 의암은 성을 열렸을 때와 닫혔을 때의 두 가지로 나누어서 풀이한다. 열렸을 때란 본성에서 마음을 볼 때이고, 닫혔을 때란 마음에서 본성을 볼 때이다. 본성에서 마음을 볼 때에는 어떤 왜곡도 일어나지 않고 있는 그대로를 비추지만, 마음에서 본성을 볼 때에는 보는 마음에 따라서 실상이 달라진다. 물론 본심 혹은 하느님 마음을 회복한 사람은 있는 그대로를 아무런 왜곡 없이 그대로 보지만, 그렇다 하더라도 마음에서 본성을 보면 실상은 마음의 기운에 사로잡히게 된다. 본성은 마음에 의하여 묶이고 속박된다. 기운에 의하여 묶인 본성을 의암은 근본바탕(元素)라 하였다. 의암에 의하면, 본성은 열렸을 때에는 우주만물을 남김없이 비추는 거울이 되고 닫혔을 때에는 우주만물의 가장 근원적인 바탕이 된다.[12] 본성은 모든 원리의 원리인 동시에 모든 소재의 소재이다. 원리원소를 움직이는 것이 기운으로서의 마음이다. 닫혔을 때 본성은 '나'를 이룬 바탕소재에 머무르나, 하느님을 모실 때 본성은 '거울'로서 우주만물을 모두 비춘다. 거울에 비춘 우주만물을 남김없이 보는 것은 기운으로서의 마음이다. 마음은 모든 이치와 존재들을 비추는 거울과 근본바탕을 자유자재로 활용한다. 의암은 이러한 마음을 위위심爲爲心이라 하였다.[13] 위위심이야말로 참주체로서 공공적적空空寂寂과 진진몽몽塵塵蒙蒙을 동시에 안고 우주간에 자유롭다.

의암은 '몸-마음-얼'(身心性)의 개념으로 모심을 통하여 새로이 탄생한 참주체가 어떤지를 설명한다. 사람의 행위는 몸의 요구에 따르는 본능적 행위와, 마음의 움직임에 따르는 사유적 행위, 그리고 본성에 따르는 도덕적 행위로 나눌 수 있다. 도덕적 행위란 안으로는 본성의 도를 따르고 밖으로는 베풀어도 베풀었다는 생각이 없는 봉사 행위를 의미하는 것이라고 한다. 즉, 인간이 만든 인위적 도덕률이 아니라 하늘의 명령(天命)을 따른다는 의미이다. 공자는 『논어』「위정」편에서 "마음이 원하는 바를 따라도 어긋남이 없다"(從心所慾不踰矩)라고 하였다. 이 경지가 바로 천명에 합치된 인간행위로서, 도덕적 행위를 의미한다. 본성을 따르는 행위인 것이다. 사람

---

12) 『義菴聖師法說』, 「無體法經」.
13) 『義菴聖師法說』, 「無體法經」, '聖凡說', "人生厥初 實無一毫持來只將寶鏡一片 反照虛空 左邊一岸 如如寂寂 右邊一岸 塵塵 居其兩間 始生爲爲心 爲爲心始生 天地生焉 世界生焉 道亦必生."(사람이 태어난 그 처음에는 실로 한 티끌도 가지고 온 것이 없고 다만 보배로운 거울 한 조각을 가진 것 뿐이라, 허공에 도로 비치우니 왼쪽 가에 한 편 은 여여적적하고 바른쪽 가에 한 편은 티끌이 자욱하고 자욱하니라. 그 두 사이에 살면서 비로소 위위심이 생기었고, 위위심이 비로소 생기니 천지가 생기고, 세계가 생기 고, 도가 또한 반드시 생기었느니라.)

의 행동을 외부 세계의 자극에 따른 반사적 행동, 자아의 판단에 따른 사유적 행위, 우주의 명령(天命) 또는 신령에 따라서 움직이는 행위로 나눌 경우, 동학은 세 번째 행위를 사람이 가야할 길이자 사람이 따라야 할 법으로 보았다. 수운은 「도덕가」에서 『중용』의 "천명을 일러 본성이라 하고 그 본성을 거느리는 것을 도라 한다"(天命之謂性 率性之謂道)라는 구절을 인용하여, 사람 안의 본성이 곧 천명임을 분명히 하고 이를 거느리는 것을 도라 하였다. 그러므로 우주의 법칙을 따른다는 것은 곧 본성을 따르는 길과 다르지 않음을 알 수 있다. 여기에 이르러서야 사람은 비로소 자유롭게 된다. 하늘에도 매이지 않고 사람에게도 매이지 않고 땅에도 구속되지 않기 때문이다. 의암이 "성인도 또한 큰 장애요 세상도 반드시 작은 장애"[14]라고 한 이유도 여기에 있다.

본성을 따르는 자유로운 행위를 誠이라 한다. 본성을 따를 때 사람은 물질의 노예도 아니고 자아의 포로도 아니며 오직 영성을 따를 뿐이다. 그러나 영성을 따른다는 것은 이원성을 넘어선다는 의미이지, 결코 하늘이 따로 있고 사람이 따로 있는 것이 아니다. 하늘이 순수하고 한결같고 쉬지 않듯이(純一無息) 영성을 따르는 사람도 그와 같다. 오직 하늘과 하나가 될 뿐 둘일 수 없는, 무궁토록 그렇게 하나인 경지이다. 그러한 경지에 이르러야 성실한 사람이라 할 수 있으며 하느님을 모신 사람이라 할 수 있다. 기화란 성실한 사람의 쉼 없는 활동을 의미한다. 즉, 천명과 본성을 따르는 성실한 사람의 쉼 없는 활동이 기화이다. 그러므로 기화란 해월의 표현으로는 하늘이 하늘을 먹는 삶을 살아가는 것이며 의암의 표현으로는 천지간에 걸림이 없는 자유로운 삶을 살아가는 것을 의미한다.

영적 존재로서의 사람 발견은 주체의 해체를 의미하는 동시에 주체의 합리에 기초하여 세워진 근대사회의 붕괴를 의미한다. 그러나 영성 또는

---

14) 『義菴聖師法說』, 「無體法經」.

본성은 합리성의 종말이 아니라 초극이며 합리적 사회의 거부가 아니라 승화이기 때문에, 프랑스의 해체주의자들이 주장하는 것과 같은 합리주의의 해체는 아니다. 오히려 영성은 모더니티의 합리성을 포함하는 새로운 합리성의 탄생으로 보아야 한다. 따라서 그것은 모더니티의 합리주의와 구분하기 위하여 '영적 합리주의' 혹은 '도덕적 합리주의'라고 개념화할 수 있을 것이다.15) 수운이 발견한 새로운 사람은 먼저 하느님을 모시는 적극적 주체로 이해되나, 그 주체 안을 자세히 들여다볼 때 보이는 것은 개별 주체가 아니라 보편 하느님이다. 다시 말하자면 영적 존재이자 본성적 존재로서의 사람이다. 신인간 안에는 우주적·보편적 하느님이 내재한다는 의미에서 신인간주의는 개인주의라기보다는 모든 존재를 하느님으로 보는 우주적 공동체주의라 부를 수 있을 것이다. 천지우주를 자신 안에 모신 사람은 걸리는 곳 없는 원만한 자유인이 된다. 이러한 참주체를 수운은 신선, 도인, 군자, 성인이라 불렀다. 공자가 어짐(仁)으로 하나로 꿰뚫었다면 수운은 모심(侍)으로 하늘-땅-사람을 하나로 꿰뚫었다고 하겠다.

수운은 모심을 통하여 영성이 '참나'임을 밝혔으며 문명과 문화의 중심에도 신령이 자리잡고 있음을 밝혔다. 해월은 영성 혹은 본성을 천지부모라 하였으며 천지부모를 중심으로 살아가는 삶(孝道)이 개벽 후 오만 년이 지난 뒤 수운에 의해 처음으로 밝혀졌다고 하였다. 수운은 문화와 문명의 거대한 흐름이 모심의 이치 하나로 돌아온다고 확신하고 있었다.16) 그는 사람이 몸→마음→영성으로 진화하듯이 문명도 물질문명→정신문명→영성문명으로 진화할 것으로 보았다.

---

15) 오문환, 『해월의 뜻과 사상: 사람이 하늘이다』(솔, 1996), 62~68쪽.
16) 『東經大全』, 「歎道儒心急」, "山河大運 盡歸此道 其源極深 其理甚遠." 산하의 대운이란 문명적 흐름을 뜻한다. 공자는 '仁者樂山 知者樂水'라 하였으니, 구도자는 산으로 들어가고 계산이 빠른 사람은 사람들이 붐비는 강가의 도시로 모인다는 의미로 볼 수 있다. 동양에서 산은 도를 중심한 정신문명을, 강은 시장을 중심한 물질문명을 각각 뜻한다고 할 수 있으므로, 산하대운이란 문화와 문명의 거대한 변동을 뜻한다.

4. 하느님의 내재화: '정定'

시천주를 통하여 사람은 '참나'인 신령과 기화를 찾게 되며, 조화정에 이르러서는 창조의 신인 신령과 변화의 기운인 기화가 '나'의 중심에 확고하게 자리잡게 된다. 하느님이 '나' 안에 자리잡는 것이다. '모심'(侍)과 '자리잡음'(定)은 시간적 순서로 볼 수도 있고 동시적 현상으로 볼 수도 있다. 다시 말하자면, 일정 단계까지는 내가 모셨으나 모시는 대상이던 신령과 기화가 모시는 주체인 '나'보다 더 커지게 되면서 '참주체'로 자리잡게 되는 것이기도 하고, 또 하느님은 내가 모시는 정도만큼 감응하기 때문에 모시는 정도만큼 내 안에 자리잡는 것이기도 하다. 이 과정은 주고받는 동시적 과정으로 볼 수 있는데, 어떻게 보든지 자리잡는다는 것은 하느님이 내 안에 내재화한다는 의미라고 할 수 있다.

자리잡음의 주체는 내가 아니라 조화이다. 조화는 창조와 변화의 총칭이다. 자리잡는 것은 하느님의 일이다. 하느님의 일이기 때문에 수운은 '조화란 무위이화'[17]라고 하였다. 하늘이 우주를 창조하고 변화시키는 것은 억지로 하거나 부자연스럽게 하거나 작위적으로 하는 것이 아니라, 무위이화이기 때문이다. 무위이화의 하느님과 그 힘이 내 중심에 자리잡는 것이 조화정이다. 달리 말하자면 우주를 창조하고 변화시키는 그 존재와 그 기운이 '나'와 합일한다는 의미이다. '나'의 의지에 따라서 하는 것이 아니라 참주체인 하느님이 스스로 나에게 내려오는 것이다. 그러므로 수운은 강령이라는 표현을 사용했다. 모심의 의미를 살펴보는 곳에서 보았듯이, 수운은 먼저 모시는 주체로서의 사람을 발견하였으며 더 나아가 진정한 주체 또는 '참나'가 신령과 기운이라는 사실도 발견하였다. 그러므로 신인간의 탄생은 하느님을 모시는 나의 노력에 하느님이 감응하여 내려올 때 가능한 일

---

17) 『東經大全』, 「論學文」.

이다. 하늘이 내 안에 자리잡을 때 가능한 것이다.

수운은 자리잡음을 '합기덕정기심合其德定其心'으로 풀었다. 합기덕은 하느님의 덕에 합하는 것이고 정기심은 하느님 마음이 자리잡는 것이다. 하느님의 덕이라는 것은 우주론적 설명이고 하느님의 마음이라는 것은 인간학적 설명이다. 차원만 다를 뿐이다. 하느님의 덕은 그 베풂이 끝이 없고 평등하여 미치지 아니하는 곳이 없다. 그러한 하느님의 덕이 내 안에 자리 잡는다는 뜻이다. 하느님의 마음도 또한 너르고 평등하여 우주의 모든 존재를 한결같이 감싸 안는다. 여기에서 덕은 도에 대칭되고 심은 영성에 대칭된다는 사실에도 주의를 기울일 필요가 있다. 도와 영성이 주체원리라면 덕과 심은 객체원리이고, 도와 영성이 내적 원리라면 덕과 심은 외적 원리이며, 도와 영성이 수직원리라면 덕과 심은 수평원리이다. 시천주가 전자의 원리를 밝힌 것이라면 조화정은 후자의 원리를 밝힌 것이다. 우주의 창조와 변화라고 하는 시간과 공간이 내 안에 자리잡는 것이 곧 '하느님 덕에 합하고 하느님 마음이 정해지는'(合其德定其心) 것이다. 이는 천주의 끝없이 무궁무진한 덕과 합치하는 것이며 또한 천주의 광대무변한 마음이 나에게 자리잡는 것이다. 곧 범아일여요 천인합일이다.

천주의 덕은 베풀면서 베푸는지 모르고 천주의 마음은 너르면서 너른 줄 모른다. 모든 존재에게 고르고 고른 덕을 베풀면서 또한 모든 존재들을 마음 안에 끌어안으나 오히려 텅 빈 무한공간이 남아 있다. 덕과 마음은 천주의 쓰임(用)이며 기운(氣)이다. 천주를 정성으로 모실 때 찾아오는 것이 바로 천주의 능력과 기운이다. 하느님은 공공적적空空寂寂하고 불생불멸不生不滅하며 무루무증無漏無增하므로 오지도 아니하고 가지도 아니한다. 오고가는 것은 기운일 뿐이다. 그러므로 조화가 '나'에게 와서 자리잡기 위해서는 하느님을 먼저 모셔야 한다. 내가 천주를 모시지 않는데 천주가 나에게 올 수는 없다. 주체의 노력 여하에 따라서 천주가 감응하는 것이다. '시'

는 온몸과 온마음을 다하여 오직 천주를 모시려는 극진한 정성이다. 이는 우주전체 또는 천주를 자신 안에 모시려는 사람의 주체적 활동이다.

그러나 사람의 주체적 노력만으로 끝나는 것은 아니다. 주체의 정성에 대한 객체의 반응이 있어야 한다. 자리잡음(定)은 모심의 대상이자 객체였던 하느님이 나에게 내려와 '참주체'로 자리잡는 것이다. 천주가 감응 또는 강림할 때 천주의 모든 능력과 특성이 함께 온다. 그리하여 천덕이 '나' 안에 자리잡고 우주심이 '나'에게 들어온다. 그리하여 내 마음은 우주심이 되고 나의 베풂은 하늘의 베풂이 된다. 우주의 주인으로서의 조화가 사람 안에 자리잡음으로써 사람은 우주의 덕과 우주의 마음으로 다시 태어날 수 있다. 천주의 덕과 천주의 마음이 나에게 자리잡게 되면서 새로운 주체가 탄생한다. 이 주체는 자기 안에 천주의 덕과 마음을 갖춘 신인간이라고 하겠다. 그러므로 조화가 자리잡는다(造化定)는 것은 하느님의 덕과 마음이 온전하게 나타나게 된다는 의미이다. 그리고 '하늘을 모시지 아니한 존재가 없다'는 말은 우주 어느 곳에도 하늘의 덕과 마음이 모두 미친다는 의미이다. 이렇게 본다면 조화정이란 모든 존재들의 가장 깊은 내면을 하나로 꿰뚫게 된다는 뜻이라고 이해할 수 있다.

조화정에 이르러 주체의 내면이 우주 끝까지 확대되고 마음의 심연까지 깊어지면서 예전의 주체는 환골탈태된다. 새로이 태어난 '참주체'는 두 가지 방향에서 변화하게 된다. 하나는 창조(造)의 자리에 이르는 것이고, 다른 하나는 변화(化)의 자리에 이르는 것이다. 다시 말하면, 하나는 주체가 본성 혹은 영성靈性에 이르는 것이고 다른 하나는 우주화하는 것이다. 수운은 이러한 변화를 "하늘의 덕에 합하고 하늘의 마음에 자리잡는다"(合其德定其心)라고 표현하였다.

근대의 이성적 개인에 비할 때 동학의 신인간은 영적 깨달음에 이른 인간관을 제시한다. 영적 깨달음에 이르렀다는 의미는 창조의 자리에 앉게 되었다는 의미이다. 동학이 발견한 사람은 피조물로서의 대상이 아닌 창조의 자리에서 창조주와의 합일에 이른 사람이다. 이는 전통 동양사상이 추구하는 범아일여나 천인합일과 같다. 수운을 이은 해월 최시형이 "물건마다 하늘이요 일마다 하늘이다"(物物天事事天)라는 말은 할 수 있었던 것도 이러한 이유에서이다. 사람이 이성적 존재에 그치는 것이 아니라 하늘적 존재로, 즉 영적 존재로 다시 태어나는 것이다. 영성은 이성이 끝나는 시점에서부터 시작되며, 이때 사람은 도인으로, 신선으로, 군자로, 부처로 태어난다. 이성적 사람이 창조의 자리에 이르러 영적 사람으로 태어나기 때문에 심화라 할 수 있고 영성에 이르렀다고 할 수 있다. 의암은 이러한 존재를 일컬어 몸을 본성으로 바꾼(以身換性) 사람이라 하였다.

조화가 내 안에 자리잡음으로써 나타나는 두 번째 효과는 개체의 우주화이다. 개인주의에 대한 비판으로 사람의 사회성에 합리성을 부여하려는 공동체론은 존재의 관계망에 주목한다. 그러나 근대의 공동체론자들이 인간존재의 망을 사회 또는 역사로만 제한하려는 시도는 좁은 견해이다. 사회주의와 역사주의는 사람을 역사와 사회 안에 가두려고 하지만, 동학은 인간존재를 우주적 관계망으로까지 확장한다. 그리하여 인간존재는 우주와 밀접한 상관관계에서 벗어날 수 없는 존재로 제시된다. 조화정은 우주적 관계망이 사람 안에 들어와 자리잡음을 의미한다. 인간존재의 우주성을 말하는 것으로 볼 수 있다. 해월이 "물건마다 하늘이요 일마다 하늘"(物物天事事天)이라고 하면서 "사람을 하늘로 모시라"(事人如天)고 하는 이유도 여기에 있다. 전근대가 하늘중심으로 하늘-사람-자연을 위계질서화하였다면 근대는 사람을 중심으로 사람-자연-하늘로 위계질서를 재편하였다. 그러나 동학은 사람을 중심으로 이 셋을 평등화하였다고 할 수 있다. 이와 관련해서는 해월이 '경천-경인-경물'을 똑같이 중시한 사실을 주목할 필요가 있다. 동학이 우주를 하나의 기운(混元一氣)으로 보거나 하나의 보편적 형제자매로 보는(物吾同胞 人吾同胞) 이유도 여기에 있다. 신인간에게 있어 우주는 한 기운의 다양한 모습이며, 우주만물은 한 부모의 형제자매들일 뿐이다. 그러므로 해월은 우주만물을 낳아 준 천지부모에 대한 효도와 곡식을 내어 우주만물을 키워주는 하느님에 대한 감사(食告)가 동학의 핵심이라고 말한다.[18] 다시 말하자면 사람을 포함한 모든 존재들을 낳고 길러주시는 것이 하느님임을 깨달아 행동하는 것이 동학이라고 말한다. 모든 존재들이 천지부모의 자손이라는 도덕적 평등주의의 구현이야말로 다름 아닌 모든 생명을 살리는 길이다.[19]

자리잡음은 사람 안에 영성과 우주 전체가 자리잡는 것이다. 영성과 우주는 동전의 양면과도 같다. 왜냐하면 영성은 우주전체를 하나로 관통하는 원리이자 원소이기 때문이다. 영성은 우주 전체를 지배하는 원리이며 우주 전체의 바탕이다. 안으로는 적정과 평화의 영성이 있고 밖으로는 무궁히 활동하는 우주 기운이 있다. 바꿔 말하자면 안으로 보면 어떤 움직임도 없는 하나이며, 밖으로 보면 끊임없이 낳고 낳는 무량수가 있다. 수를 헤아릴 수 없는 다양한 우주를 관통하고 있는 것이 또한 하나이므로, 이 하나인 하느님을 통하고 보면 만사에 통하지 않는 곳이 없게 되는 것이다. 그러므로 만사지萬事知가 되는 것이다.

시천주와 조화정은 어김없는 하늘의 법칙이므로 이를 잊지 않고 따르는 '영세불망만사지'는 사람이 가야 할 길이다. 조화정에 이르러 주객(나-하늘)의 종합통일 또는 원융회통이 일어나면서 만사지로 넘어가게 된다. 여기에서 '지'는 이중구조이다. 하나는 내가 천주를 앎이며(侍天主) 다른 하나는 천주가 나를 앎이다(造化定). 하나는 내가 천주를 향하여 가는 길이고 다른

---

18) 『海月神師法說』, 「天地父母」.
19) 『海月神師法說』, 「吾道之運」. 해월은 "서양의 무기는 세상 사람이 견주어 대적할 자 없다고 하나, 무기는 사람 죽이는 기계를 말하는 것이요 도덕은 사람 살리는 기틀을 말하는 것"이라 하여 동학의 도는 보편적 생명을 살리는 길임을 분명히 한다.

하나는 천주가 나를 향하여 오는 길이다. 가고 오는 길이 훤히 뚫려(會通) 아무 막힘이 없는 상태를 '지'라고 한다. 두 길이 '지'에 이르면 하나의 끝 없는 큰길(無極大道)이 된다. 그리하여 나와 천주 사이에는 어떤 막힘도 없 으며 알지 못하는 것이 없게 된다. 둘이 완전히 하나가 되면서 우주의 주인 인 천주를 알고 천주의 작용이자 기운인 우주의 모든 것을 아는 것은 동시 에 자기 자신을 알고 자신을 둘러싼 우주를 아는 것이 된다. 나와 천주가 이렇게 뚫리면 둘 사이에는 거리가 없어진다. 거리가 없어지기 때문에 시 간이 사라지게 된다. 시간이 사라지면서 영원의 문으로 들어서서 영생하게 된다. 앎을 통하여 시공간의 유한존재는 무한존재로 바뀌는 것이다. 불완 전이 완전성이 되는 것이다.

5. '신인간'의 탄생: '지知'

창조의 주체인 영성과 변화의 객체인 우주가 내 안에 자리잡게 되는 그 때 '나'는 모르는 것이 없게 된다. 시천주를 통하여 발견한 신령과 기화의 하느님이 조화정을 통하여 내 안에 자리해 있기 때문이다. 우주의 모든 것 이 바로 '내' 안에서 이루어지기 때문에 바라보는 '나'는 이 모든 것을 알게 되는 것이다. '나' 외에 존재하는 것은 아무것도 없기에 '나'는 모든 것을 알게 된다. 이처럼 앎(知)은 '시정지'의 마지막 동사로서 모심과 자리잡음의 종합적 승화이다. 그러므로 지는 시와 정과는 다른 세계에로의 종합적 초 월이라고도 할 수 있다.

수운은 '지知'자를 풀이하여 "지자지기도이수기지야知者知其道而受其知 也 고명명기덕故明明其德 염념불망즉지화지기念念不忘則至化至氣 지어지 성至於至聖"이라고 하였다. 수운의 분석을 현대적 용어로 재분석해 보면 그 의미가 보다 명확해질 것으로 보인다.

앎이란 사람이 영적 하느님이자 우주적 보편자라는 하느님(天主)의 도 또는 하느님의 진리를 아는 것이다. 수운은 먼저 앎이라 할 때의 그 대상이 무엇인가를 분명하게 밝혀 준다. 앎의 대상은 일반적인 대상이 아니라 천주의 도이다(知者知其道). 사물이 앎의 대상이 아니라 천주의 도가 앎의 대상이다. 하느님 도란 위에서 말한 바와 같이 하나는 '사람이 하늘'이라는 도요 다른 하나는 '사람이 한울(우주)'이라는 도이다. 이를 아는 것이 지라는 것이다. 전자는 신령이며 후자는 기화이다. 전자는 창조의 주체요 후자는 변화의 원동력이다. 이 둘을 아는 것이 앎이다.

이때 앎은 내가 아는 것이 아니요 오히려 하늘이 내게 주신 것이다. 그러므로 수운은 그 앎을 받는다고(受其知也) 말한다. 천주를 모시는 것은 '나'이지만 천주가 내 안에 자리잡을 것인지 아닌지는 천주의 뜻이다. 앎은 천주가 내 안에 자리잡아 내가 그것을 온전히 받을 때 이루어지는 것이다. 상호교감을 통하여 아는 것이다. 원융회통이라는 개념은 적절한 표현이라 하겠다. 나와 천주 사이에 어떤 걸림돌이나 이지러짐이 없기 때문에 원융이며, 나와 천주 사이에 어떤 막힘도 없기 때문에 회통이다. 수운이 굳이 받는다(受其知也)는 표현을 쓴 것도 앎의 원융회통적 특성을 강조하기 위함이었다고 하겠다. 사실 받는다고는 하지만 준 적도 없고 받은 것도 없는 것이 또한 무극대도이다. 왜냐하면 그 도는 받기 이전에도 있었고, 받는 가운데도 있었고, 받은 이후에도 영원히 있을 것이기 때문이다. 언제나 그 자리에 그렇게 있기 때문에 주고받는다는 말이 불필요한 것이다. 그럼에도 수운이 앎을 '받는다'고 표현한 것은 하느님이 주체임을 명확히 하기 위함이라 하겠다. '지'는 주객의 합일에서 나타나는 새로운 경지로서 '나'에게 주어지는 것임을 알 수 있다.

앎이 무엇인가에 대한 분석 이후 수운은 『대학』의 구절을 연상시키는 용어로써 '지'를 풀이한다. 수운의 설명은 『대학』의 첫 구절인 "대학지도大學之道 재명명덕在明明德 재신민在新(親)民 재지어지선在止於至善"을 연상시킨다. 『대학』의 요체가 이 첫 구절에 있으며 학자들에 따라서 수많은 해석이 가해졌다는 사실을 감안하면 수운의 지에 대한 이해도 수많은 해석의 여지를 안고 있다 하겠다. 『대학』 첫 구절에 대한 다양한 해석들 가운데 가장 대표적이고 대립적인 것으로는 주자학적인 해석과 양명학적인 해석을 들 수 있을 것이다. 그런데 수운의 '지'는 왕양명의 '양지良知'와 상통하는 면이 크다고 본다. 왕양명의 "양지는 하나로서, 그 묘한 작용을 일컬어 신이라 하고 그 움직이고 행동하는 것을 일컬어 기라 하고"[20]라는 구절은 창조의 신령과 변화의 기화가 내 안에 자리잡은 결과로 '지'를 말하는 수운의 논법과 큰 차이가 없다. 또한 양지를 본성, 본체, 미발지중으로 보는 것은 만사지를 본성의 회복, 본체의 정립, 주객의 종합초월로 보는 것과 일치한다. 수운의 만사지는 주자의 리학보다는 왕양명의 심학과 상통하는 면이 크다고 본다. 동학과 심학의 상통점이나 차이점에 대한 비교분석 및 평가는 다른 학자나 이후의 연구로 미루고 여기서는 다만 지금까지의 시정 분석에 기반하여 수운의 해석을 전개하는 선에서 그치겠다.

'명명기덕明明其德'은 천주의 밝은 덕을 밝히는 것이다. 천주의 덕은 본래 밝은 것이며 티끌 한 점 없이 맑은 것이다. 사람의 본성 또한 본래 하늘의 본성과 같아서 맑고 또 밝다. 워낙 밝아서 밝다고 할 수 없다. 빛 없는 빛이다. 그 빛은 모든 것을 밝히는 본래적 밝음이다. 그런데 본래 밝은 덕을 왜 다시 밝힌다고 하였는가? 이 점이 흥미롭다. 그것은 시천주 논리와 같다. 천주가 이미 모셔져 있는데 굳이 모시라고 하는 이유가 무엇인가를 안다면 밝은 덕을 밝히라는 의미도 자명해진다. 사람이 본래 하늘인데 누

---

20) 『王陽明全集』 上, 62쪽, "夫良知一也, 以其妙用而謂之神, 以其流行而言謂之氣, 以其凝聚而言謂之精, 安可以形象方所求哉?"

가 누구를 모신다는 말인가? 이미 밝은 덕을 어찌 또 다시 밝히는가? 해월은 그래서 "하늘이 하늘을 먹는다"(以天食天)라고 하였다. 이러한 논리는 하늘의 눈으로 볼 경우의 일이다. 하늘의 눈으로 볼 때 모든 관계는 하늘과 하늘의 절대적 평등관계이기 때문에 어떤 차이도 없다. 모든 것이 하늘이므로 따로 무엇을 찾는다거나 구할 것이 없는 경지라고 할 수 있다. 오직 고요할 뿐이며 평화만이 있을 뿐이다.

그러나 사람의 눈으로 볼 때 사정은 달라진다. 사람은 원래 모셔져 있는 하느님을 잊어버려 자신이 하늘인 줄 모르기 때문에 하느님을 모셔야 하며, 원래 밝으나 밝은 줄 모르기 때문에 밝혀야 하는 것이다. 그러므로 '명명기덕'은 시천주에 상응하는 사람의 존재구조이자 당위로 볼 수 있다. '명명기덕'은 사람이 할 바이다. 달리 말하자면 사람이 가야 할 길이다. 어둠을 밝히는 것이 아니라 본래 밝았으나 물질, 아집, 시간, 공간에 사로잡혀 어두워진 하느님의 덕을 다시 밝히는 것이 '명명기덕'이다. 하늘의 눈으로 볼 때 어둠은 없다. 어둠은 하늘의 특성이 아니라 땅의 특성이다. 태양은 언제나 빛나나 우리는 밤낮이 있다고 말한다. 왜냐하면 우리는 지구상에 살고 있기 때문이다. '명명기덕'은 땅에 의하여 가려진 하늘의 본래적 밝음을 회복하기 위하여 땅의 어둠을 치우라는 것이다. 치우면 본래의 밝음이 자동적으로 빛을 발하게 된다. 구름을 걷으면 푸른 하늘이 원래 그렇게 있듯이 본래의 밝음도 언제나 그 자리에 그렇게 있다. 이 밝음을 지속적으로 유지하여 한순간도 잊지 않게(念念不忘) 될 때 드러나는 경지가 '지화지기 至化至氣, 지어지성至於至聖'이다. '명명기덕'이 시정지의 시천주에 해당한다면 '지화지기 지어지성'은 조화정에 해당한다. 사람의 주체적 노력으로 본래의 밝은 덕을 밝히면 '내'가 지극한 기운으로 변화하는 데 이르러 '나'에게 지극한 성스러움이 찾아온다. 그 성스러움이 내 안에 자리잡게 되면 '나'는 신인간으로, 성인으로 태어나는 것이다.

'지화지기'는 본인이 지극한 기운으로 바뀌는 것이다. 변화(化)는 한 사물이 다른 사물로 그 형태가 바뀐다는 의미가 강조되는 반면, 지음(造)은 동일물이 시간에 따라서 바뀐다는 의미가 강조된다. 즉, 조造는 이전에는 없던 것이 새로이 생기는 것을 의미하고, 화化는 동일한 사물이 공간에 따라서 다른 모습으로 나타나는 것을 의미한다. 지기는 우주의 하나의 기(混元一氣)이다. 이 지극한 기운은 우주 전체를 관통하는 하나의 미묘한 기운을 의미한다. 본래 내재하는 밝음을 밝히는 가운데 우주의 한 기운이 나에게 찾아옴으로써 내가 그 우주 한 기운과 하나가 되는 것을 '지기로 화하는 데 이른다'고 한다. 지기는 하느님의 기운이다. 먼저 천주의 기운에 합하여 하나가 된다. 조화정에서의 정에 대한 수운의 해석을 상기한다면 이때의 지기는 곧 천주의 덕이자 마음(合其德定其心)임을 알 수 있다. 우주 한 기운이 찾아와 나에게 자리잡게 되면 '나'는 더 이상 '나'가 아니라 우주 한 기운으로서 성스러운 천주가 된다. 이것이 지성이다. 지극히 성스러운 이곳에서 사람의 여행은 끝나고 성인이 탄생한다. 성인은 몸을 가진 하느님, 즉 유형의 하느님이다.

　'지' 안에는 '시'와 '정'이 들어 있다. 시와 정만이 있는 것이 아니라 양자의 종합인 '지'도 들어 있다. '지' 안에 다시 '시정지'의 삼각구조가 들어 있는 것이다. 앎은 결과이다. 주객의 합일적 초월이다. 여기에서 지는 두 방향으로 향한다. 하나는 외적 존재에 대한 앎이며, 다른 하나는 내적 존재에 대한 앎이다. 하나는 불생불멸하는 천주를 아는 것이요, 다른 하나는 생생불식生生不息하고 무왕불복無往不復하는 우주 기운을 아는 것이다. 이 두 가지에 대한 앎이 시정지에서의 지의 의미이다. 그러나 지는 두 가지를 아는 데 그치는 것이 아니라 양자의 초월이기도 하다. 따라서 지는 시정지 세 계기를 포함한다. 두 가지를 안다고 할 수 있지만 사실상 그것은 하나의 앎일 뿐이다. 왜냐하면 천주 안에 우주만물이 있으며 우주만물 안에 또한 천주가 있기 때문이다. 그러므로 지는 찰나 안에서 영원을 보는 것이며, 영원 안에서 찰나의 파노라마를 보는 것이다. 우주만물 안에서 불생불멸의 영원함을 보기 때문에, 만사지는 만사가 천주와 다르지 아니함을 아는 것이요 천주 또한 우주 어느 곳이든지 존재하지 않음이 없음을 아는 것이다. 천주는 우주 전체의 주인이며 조화는 우주 전체의 객이다. 이 둘 사이의 놀이를 동시에 아는 것이 동학의 지이다. 지에 이르러 인간은 본성을 회복하고 천명에 합치하며 천지자연의 이치를 바로잡게 된다. 달리 표현하자면 인간-하늘-자연이 합일된다. 수운이 "천지 역시 귀신이오 귀신 역시 음양인 줄"[21] 알았다는 의미는 바로 하늘-인간-자연을 완전히 하나로 통하여 다 알아버렸다는 뜻이다. 그러므로 마음대로 행동해도 하늘의 뜻에 거슬리지 않으며 자연의 법칙에 부합한다. 하늘의 뜻에 부합하는 것을 도라 하고 자연의 법칙에 부합하는 것을 덕이라 한다. 수운의 지가 '하늘-땅-사람'(天地人)의, 완전히 통하여 어떠한 막힘이 없는 깨달음을 의미한다는 것을 알 수 있다.

6. 맺음말

'시정지'는 사람이 성인으로 되는 과정철학이자 실천수행이다. 시정지는 형이상학적 철학이 아니라 일상생활에서의 수행이다. 동학의 하느님은 일상을 초월한 형이상학 존재라기보다는 사람들의 구체적인 생활 속에서 언제나 작용하는 기운이다. 수운은 「도덕가」에서 이 점을 명확히 밝혔다. 그는 "아는 바 천지라도 경외지심 없었으니 아는 것이 무엇이며"라고 하여 실행과 유리된 앎을 비판하고, "천상에 상제님이 옥경대에 계시다고 보는

---

21) 『용담유사』, 「도덕가」.

듯이 말을 하니 음양이치 고사하고 허무지설 아닐런가"라고 하여 일상생활과 유리된 초월적 절대존재에 대한 미신을 비판한다.[22] 시정지는 공허한 절대자를 신봉하는 것이 아니라 구체적 삶 속에서 하느님을 실현하여 사람이 곧 하늘이 되는 과정인 것이다.

수운은 "사람의 수족동정 이는 역시 귀신이오 선악간 마음용사 이는 역시 기운이오 말하고 웃는 것은 이는 역시 조화로세"[23]라고 노래하였다. 귀신이 따로 있는 것이 아니라 손가락 하나 움직이고 발걸음 하나 내딛는 가운데 작용하고 있으며, 하느님의 호호탕탕한 기운이 따로 있는 것이 아니라 일상생활 속에서 여러 가지 일을 만났을 때 그 선택하고 판단하는 마음에서 작용하고 있으며, 하느님의 무궁하고 전능한 조화가 따로 있는 것이 아니라 사람들이 만나 대화하고 울고 웃는 그 가운데 작용하고 있는 것이다. 시천주 주문은 우주 삼라만상이 모두 하느님으로부터 왔으며 하느님의 기운작용으로 말미암아 살아간다는 이치를 압축적으로 제시하고 있으며, 이를 주문수행을 통해 체득할 것을 강조하고 있다. 그래서 해월은 "주문을 말과 글로 그려내지 말라"고 가르쳤다고 한다.

그 이치가 명확하고 수행이 정확하다면 '시정지'를 통하여 사람은 신인간으로 다시 태어날 것이다. 수운은 신인간의 탄생을 통해서만 동양의 전통이 무너지고 서양의 근대성이 침략하는 19세기 말의 위기상황을 극복하고 새로운 문명을 창조할 수 있다고 보았다. 동양과 서양의 종합적 지양을 통하여 인류의 나아갈 방향을 고민하던 수운이 찾은 답은 시정지를 통해 새로이 태어난 신인간이었던 것이다. 이러한 신인간에 의하여 신사회가 창건될 수 있다. 신인간에 의해 세워진 신사회가 바로 동학이 꿈꾸었던 후천개벽이라 하겠다. 실제로 수운은 1860년의 하느님체험 이후, 오만 년에 걸

---

22) 『용담유사』, 「도덕가」.
23) 『용담유사』, 「도덕가」.

쳐 지속될 이 후천의 시대가 도래하리라고 보았다.

수운은 「흥비가」에서 이말 저말 다하자면 끝이 없을 것이라고 하면서 요약하여 "무궁한 이 울 속에 무궁한 내 아닌가"라고 하였다. 다시 말하면 "사람이 하늘이며 또 한울"라는 것이다. 사람이 곧 하느님이며 우주 전체이다. 수운에게 있어 천주는 나의 대상이면서 주체이며, 또한 양자를 넘어선 초월적 존재이다. 내가 천주를 모실 때 천주는 나의 대상이며, 천주가 나에게 자리잡을 때 천주는 나의 주체이며, 양자가 원융회통하면 천주는 주객을 넘어선다. 그곳은 생각을 넘어섰기 때문에 말할 수 없고, 감각을 넘어섰기 때문에 형용할 수 없다. 그러므로 수운은 "글로 어찌 기록하며 말로 어찌 성언할까"[24]라고 하면서 '만고 없는 무극대도'라고 하였다. 특히 수운은 시천주 주문의 13자 중 '하늘 천'(天)자에 대해서는 아무런 풀이도 남겨 놓지 않았다. '하늘'은 어떤 경우에도 대상화될 수 없는 영원한 초월적 주체이기 때문이다.

수운은 '시정지'를 통해서 사람이 그곳으로 되돌아가는 길을 밝혔으며, 몸소 그곳에 이르렀음을 보여 주었다. 소나기가 오는 가운데 수운은 아버지 최옥의 묘소에 다녀왔으나 의관이 전혀 젖지 아니하였다고 한다.

---

24) 『용담유사』, 「용담가」.

수운의 「검결」 연구

윤 석 산

1. 서론

동학가사가 우리 학계에서 본격적으로 연구되기 시작한 것은 그리 오래
되지 않는다. 동학가사는 가사문학을 전공하는 학자들에 의하여 연구되기
시작하여[1] 개화기 혹은 개화의식에 대한 학계의 관심과 함께 본격적인 연
구의 대상이 되었다.[2] 그러다가 동학가사는 동학이 지닌 사상적인 측면인
근대의식의 문제 또는 근대종교사상의 대두라는 점과 함께 동학가사에 나
타나는 '사회사상과 종교사상'이라는 복합적 요인을 고려한, 보다 다각적
인 연구의 대상이 되기도 하였다.[3]

그러나 이러한 일련의 동학가사 연구는 동학의 교조인 수운水雲 최제우
崔濟愚 선생의 작품인 『용담유사龍潭遺詞』 여덟 편에만 편중되고 있음도
또한 사실이었다. 특히 『용담유사』의 별편처럼 전해지고 있는 「검결劍訣」
은 그 작품적 완결도나 동학사상의 개진이라는 면, 작품이 지니고 있는 기

---

1) 정재호, 「東學歌辭의 一考察」, 『아세아연구』 제38호(1970. 6).
2) 조동일, 「開化期 歌辭에 나타난 開化・救國思想」, 『東西文化』 4집(계명대, 1975).
3) 윤석산, 『용담유사 연구』(민족문화사, 1987).

능상의 문제 등, 그 가진 바 중요성이 매우 높음에도 불구하고 연구의 대상에서 제외되거나 혹은 국부적으로만 다루어져 왔기 때문에 이 작품이 지니고 있는 본래의 의미, 곧 문학적·사상적·종교적 측면에서의 의의에 대해서는 많은 부분을 놓쳐 버리고 있다. 바로 이것이 작금의 동학가사「검결」에 관한 연구의 현실이다.

「검결」은 그 제목에서 시사되는 바와 같이 '검무劍舞'라는 춤동작과 직결되는 작품으로, 동학의 의식에서 주로 사용되던 노래이다.[4] 동학의 의식에서는 특히 달이 밝은 밤이면 산정에 올라 하늘에 제(天祭)를 지내는데, 이 의식이 절정에 이르렀을 때 목검木劍을 손에 쥐고 검무를 추면서 의식에 참가한 사람들이 입을 모아 이 노래를 불렀다고 한다. 이러한「검결」이 보여 주고 있는 모습은 곧 동학이라는 종교적 의식, 또는 표현의 하나로서, '칼'이 지니고 있는 상징적인 의미와 함께 동학이 지향하는 후천개벽의 새로운 세상을 위해 보다 구체적이고 직접적으로 나서겠다는, 그러한 일련의 의지를 작품을 통해 드러낸 것[5]이라고 할 수 있다.

본 연구는 동학가사「검결」이 지닌 이와 같은 면을 중시하며 작품을 분석해 가고자 한다. 이러한 연구는 결국 한편의 가사 작품으로서의 문학성을 찾고자 하는 노력이며, 나아가 이와 같은 문학적인 성취도와 함께 작품에 내재하고 있는 동학이라는 종교사상을 구명하는 데에 그 중요한 목적이 있는 것이다. 아울러 이와 같은 연구를 통해 부차적으로는「검결」이라는 가사 작품의 성격 및 기능 등에 대해서 보다 명확히 구명할 수 있으리라고 기대되기도 한다.

---

4) 『日省錄』, 高宗 元年 甲子 2월 29일(庚子)조, "劍歌則曰 龍泉利劍 不用何爲, 以猪麵餅果 入山祭天 出於差病之意也."
5) 김용직, 「開化期의 憂國歌辭」, 『新文學과 시대의식』(새문사, 1981), 198쪽.

2. 작품명 및 창작 시기

「겹결」은 '겹결', '검가', 또는 '칼노래' 등으로, 그 의미는 매우 유사하면서도 각기 다른 여러 가지의 이름으로 혼용되어 불리고 있다. 이와 같은 작품명의 혼용은 일반 학계에서뿐만 아니라 동학의 교단에서도 마찬가지로 보이고 있는 모습으로,[6] 일부 동학 경전 필사본에는 '격흥가', '시검가侍劍歌' 등의 또 다른 이름으로 불리고 있는 것도 확인할 수 있다.[7]

'검결'이나 '검가'는 한문투의 이름이고 '칼노래'는 이들을 번역한 한글 이름이다. 그러므로 순수 우리말로 된 이름인 '칼노래'는 '검결'이나 '검가'의 번역이기 때문에 별다른 문제가 되고 있지 않다고 하겠다. 이에 비해 '격흥가'는 '칼'의 의미가 직접적으로 첨가되어 있지 않고 다만 '칼'을 통하여 마치 전의戰意를 불러일으키는 듯한 의미의 이름이 되고 있으며, '시검가'는 동학의 '시천주侍天主'라는 개념에서 연유된 것으로 추정될 수 있는 이름이다. 따라서 동학 경전 필사본 등에 나타나는 작품명인 '격흥가'나 '시검가'는 어떤 의미에서 본 작품의 공식적인 명칭은 되지를 못하고, 다만 필사자에 의하여 임의로 부쳐진 이름이라고 상정할 수 있을 것이다. 이와 같은 사정을 토대로 볼 때에 결국 문제가 되는 것은 '검결劍訣'이라는 이름과 '검가劍歌'라는 두 이름이 된다.

'검가'는 말뜻 그대로 '칼노래'이다. 즉 칼춤을 추며 부르는 노래라는 뜻이다. 그러나 '검결'의 '결訣'은 비결이라는 의미로, 수운 선생이 한울님으로부터 비결을 받은 노래라는 의미가 담긴 말이 된다. 이와 같은 뜻에서 본다면, '검가'와 '검결'은 기능면이나 효용면에서 서로 다른 명칭이 된다

---

6) 동학의 초기 기록인 『水雲行錄』이나 『道源記書』 등에는 「劍訣」로 되어 있고, 규장각 소재 『官沒文書』나 『천도교창건사』 등에는 「劍歌」로 되어 있다.

7) 辛亥年(1911) 筆寫 『용담유사』에는 「격흥가」로 되어 있고, 『東經大全』 필사본에는 「侍劍歌」로 되어 있다.

고 할 수 있을 것이다.[8]

동학가사인 「검결」은 여타의 '검가'나 '칼노래'와 같이 단순한 칼춤을 추기 위한 노래만은 아니다. 즉 상무적尙武的 정신을 고취시키고 나아가 불의不義한 적을 제거한다는, 전투적 수단이 활용된 여타의 다른 '검가'들[9]과는 그 성격이 많이 다르다. 동학 교단 측의 기록이나 관변기록 등을 기조로 살펴보더라도 동학의 「검결」은 동학의 종교적 의식과 매우 밀접한 관계를 지니고 있는 것으로 나타난다.[10] 한 예로 수운 선생은 관에 체포되어 대구 감영에서 국문을 받을 때 취조관이 「검결」에 관하여 묻자, 이 「검결」은 "한울님으로부터 서양의 침공을 물리치도록 받은" 것이라고 직접 진술을 하기도 하였다.[11]

이와 같은 기록 등으로 보아, 동학의 칼노래는 수운 선생의 중요한 종교적 체험인, 한울님이라는 신神의 계시에 의하여 서양의 침략을 막기 위한 종교적 주술 기능을 가지고 불리어진 노래이며, 아울러 제천의식祭天儀式 등과 같은 동학의 중요한 종교적 의식에서 불리던 노래라는 것을 알 수가 있다. 따라서 동학의 칼노래는 단순히 「검가劍歌」라는 이름으로 불리기보다는 비결秘訣의 의미가 담긴 명칭인 「검결劍訣」로 불리는 것이 더욱 타당하리라고 본다. 실제로 「칼노래」의 명칭이 동학 교단의 초기 기록에는 모두 「검결」로 나타나다가 뒷날 「검가」 등으로 혼용되어 쓰이는 것으로 보아, 그 본래의 명칭 역시 「검결」이었던 것으로 생각된다. 「검결」이 「검가」 등으

---

8) 조재훈, 「東學歌辭의 文學史的 位相」, 『國文學의 史的 照明 1』(계명문화사, 1994), 774~775쪽.

9) 박맹수, 「東學의 '칼노래'와 '칼춤'에 나타난 反侵略的 性格」, 『尹炳奭敎授華甲紀念論叢』(지식산업사, 1994), 132쪽.

10) 『備邊司謄錄』, 「鄭雲龜書啓」의 "若値衆會 講道之席 則崔漢誦文 手執木劍 始跪而起 終乃舞劍 騰一丈 良久乃下" 같은 기록이나 각주 4)에 인용된 『日省錄』의 기록은 「검결」이 동학의 주요 의식에서 불리던 노래임을 알려주는 자료들이다.

11) 『日省錄』, 高宗 元年 甲子 2월 29일(庚子)조, "一日天神降敎曰 近日海舶往來者 皆是洋人 非劍舞以制之 因以劍歌授之 文作賦唱."

158 한국의 사상가 10人 — 수운 최제우

로 혼용되어 불려진 것은, 뒷날 이 작품이 지닌 비결의 의미가 다소 퇴색되어 서양을 제압하고자 하는 '칼춤' 또는 여타의 '칼노래' 등으로 그 본래의 의미가 축소되면서 다른 여러 '칼노래'들과 마찬가지로 다만 상무적尚武的 의미만이 더욱 강하게 기억되었기 때문이 아닌가 생각된다. 특히 이 「검결」이 기재된 관변의 기록은 이렇듯 그 명칭을 변용시키는 데에 많은 작용을 하였을 것으로 생각된다.

또한 이와 같은 「검결」 명칭의 변이나 혼용은 단순한 작품명의 혼용이라는 문제만을 드러내는 것이 아니라, 동학이 갑오년(1894) 동학혁명 이후 더욱 본격적으로 외세와 투쟁해 가는 과정 속에서 종교성보다는 사회성에 한층 더 적극적으로 적응·변화되어 왔다는, 동학 교단의 역사적 과정과도 매우 밀접한 관계를 갖는 것이라고 하겠다.

이 「검결」이 창작된 시기에 관하여서는 두 가지의 서로 다른 기록이 있다. 동학의 대부분의 기록에는 이 「검결」이 수운 선생 동학 창도唱道 초기에 쓰인 것이라고 되어 있다.

거의 한 해 동안 수련을 하고 연성煉性을 하니, 스스로 그렇게 되지 않는 것이 없게 되었다. 이어서 「용담가龍潭歌」를 짓고 또 「처사가處士歌」를 짓고 「교훈가敎訓歌」와 「안심가安心歌」를 한가지로 짓게 되었다. 또한 주문呪文 두 건을 지으니, 한 건의 주문은 선생이 읽는 것이요 다른 하나는 아들과 조카에게 전수하는 것이다. 또 강령 주문을 짓고, 나아가 「검결」을 짓고…….12)

이 기록은, 수운 선생이 경신년(1860) 4월에 한울님으로부터 무극대도를 받는 결정적인 종교체험을 한 이후에 거의 일년 가까이 수련을 하였으며, 이 일년 가까운 기간 동안의 수련 이후에 「용담가」 등의 몇 편의 가사를 짓고 또 주문을 짓고 나아가 「검결」을 짓게 되었음을 말해 주고 있다.

---

12) 『道源記書』, "幾至一歲 修而煉之 無不自然 乃作龍潭歌 又作處士歌 而敎訓歌安心歌 幷出 一以作呪文二件 一件呪 先生讀之 一件呪 傳授於子侄 又作降靈之文 又作劍訣……."

기록에는 어느 시기라고 명시되지 않고 다만 '일년 가까이'(幾至一歲) 라고만 되어 있다. 그래서 연구자들은 무극대도를 받은 경신년 4월 이후로부터 일년이 지난 시기인 신유년(1861) 4월 경을 이들 동학의 문건과 가사들이 지어진 시기라고 상정하고 있다.13) 그러나 기록 중에 나타나고 있는 '기지일세幾至一歲'를 꼭 일년이라고 확정할 것이 아니라, '거의 일 년에 가까운'으로 풀이하는 것이 보다 온당하리라고 본다. 더구나 『수운행록水雲行錄』, 『도원기서道源記書』 등 대부분의 동학 교단의 역사기록은 연대기 순으로 되어 있는 것이 일반이다. 그런데 이 '기지일세幾至一歲'의 바로 뒤에 이어지는 기록은 수운 선생의 장조카 맹륜孟倫이 도道를 받는 경신년(1860) 10월조 기사이고, 얼마의 사건이 지난 뒤에야 비로소 신유년(1861)에 관한 기사들이 나온다. 이로 보아 수운 선생이 「검결」 등을 지은 시기는 신유년이 아니라 경신년 후반이 될 것으로 추정된다.

이와 같은 기록 이외에, 『천도교창건사天道教創建史』에는 이 「검결」을 임술년(1863) 6월 경에 지었다고 되어 있다.

대신사大神師ㅣ 은적암隱寂菴에 유류留하신 지 8개월 간에 도력이 더욱 서시고 도리가 더욱 밝아가매 스스로 희열을 금치 못하며 또한 지기至氣의 강화降化ㅣ 성왕盛旺하매 스스로 검가劍歌를 지으시고……14)

수운 선생은 신유년 11월에 경주慶州 용담龍潭을 떠나 남원南原 교룡산성蛟龍山城 안에 있는 은적암隱蹟菴15)이라는 작은 암자에 들어 겨울을 나게 되는데, 『천도교창건사』에 따르면 수운 선생은 겨울을 난 뒤 6월 경에 「검결」을 지었다고 되어 있다. 그러나 수운 선생이 은적암을 떠나 다시 경

---

13) 표영삼, 「동학경전 해의」, 『신인간』 통권 407호(1983. 4), 11〜12쪽.
14) 『天道教創建史』, 제7장 '隱寂菴'.
15) 이 은적암의 한자 표기가 『천도교창건사』 등에는 '隱寂菴'으로 되어 있으나, '隱蹟菴' 이 옳은 표기임.

주로 돌아온 것은 임술년 3월의 일이라고 기록하고 있으므로, 결국 같은 해 6월에 은적암에서 「검결」은 지었다는 기록은 신빙하기가 어려운 것으로 판단된다. 특히 같은 『천도교창건사』에 임술년 3월에 은적암을 떠나 경주로 돌아왔다고 되어 있어[16] 두 기록이 서로 모순을 보이고 있다.

결론적으로 「검결」이 지어진 시기는 경신년(1860) 후반이 되는 것으로 생각된다. 특히 이 「검결」이 수운 선생이 일 년 가까운 수련을 마친 이후 같은 시기에 동학의 종교적 의식에 매우 중요한 주문呪文이나 지금은 전해지지 않는 고자주告字呪 등과 함께 지어졌다는 사실은, 다름 아니라 동학이 성립된 초기에 이것이 매우 중요한 종교적 의식 가운데 하나로 받아들여졌으리라는 한 증거가 될 수도 있는 것이다.

3. 「검결」의 수난과 정착

「검결」은 그 형식상 수운 선생의 다른 가사 작품과는 다르게 매우 짧은 형식인 단가短歌의 모습을 띠고 있다. 형태적으로는 가사의 기본적 율격인 4·4조의 연속을 유지하고 있지만 불과 10행에 그치는 매우 짧은 형식의 작품인 것이다. 또한 한문투의 표현이 대부분을 이루고 있어, 한문투가 지닌 장점 중의 하나인 매우 간결하며 함축적인 표현의 양상을 잘 살려낸 작품이기도 하다.

수운 선생의 가사 작품인 『용담유사』 소재 여덟 편의 작품들이 모두 수운 선생 자신의 종교적 가르침을 보다 문학적으로 담아낸 작품[17]이라 한다면, 「검결」은 이들 『용담유사』 소재의 가사 작품들과는 다르게 종교적 성취

---

16) 『天道教創建史』, '大神師의 道力과 接主制', "壬戌三月에 大神師ㅣ 隱寂菴으로부터 慶州에 돌아오사……"
17) 이러한 문제에 관해서는 윤석산, 『용담유사 연구』 참조

감의 극대화를 극적으로 노래하고 있는 작품이다. 즉 「검결」은 동학이 지향하는 '시천주侍天主의 정신' 혹은 그 시천주 정신의 고양된 상태, 나아가 동학이 또한 지향하는 '후천개벽'의 새로운 세상을 맞이하고자 하는, 그러한 정신적인 희열을 매우 상징적으로 노래한 작품이다. 따라서 「검결」은 종교적 교의를 담고 있는 수운 선생의 다른 가사 작품과 같이 동학의 교도들에게 가르침을 펴기 위하여 사용되었던 것이 아니라, 제천祭天 등의 종교적 의식의 장에서 주로 사용되었던 작품이었으리라고 생각된다.

그와 같은 종교적인 의식 속에서 동학교도들이 「검결」을 부르는 가운데 목검木劍을 쥐고 검무劍舞를 추는[18] 광경은, 일반인들에게는 새 시대를 향한 혁명정신을 고취하는 의식으로 받아들여질 여지 또한 있었다. 그리고 이러한 면모 때문에 관官에서 수운 선생을 국문하던 당시에 「검결」은 매우 중요한 자료로 채택된다. 즉 「검결」은 '혹세무민하고 반역을 꾀하였다'는 죄목을 씌우기에 가장 적합한 자료가 되었던 것이다. 실제로 당시 수운 선생을 문초하고 처형한 경상감사 서헌순徐憲淳이 올린 장계에는 「검결」과 '칼춤' 관계 내용 위주로 구성되어 있다고 할 정도로 「검결」에 관한 사안이 많은 곳에 언급되어 있다. 그런가 하면, 수운 선생의 여러 저술 가운데 유독 「검결」만을 전문 한역漢譯하여 싣고 있기도 하다.[19]

특히 수운 선생의 문초 시에 취조관들은, 수운 선생의 가르침인 '천도天道와 동학東學'을 논하고 있는 「논학문論學文」 등을 언급하는 자리에서는 오히려 논지를 왜곡시키고 있으면서도 「검결」과 '검무'에 관해서는 집중적으로 추궁을 하고 있다. 이것은 다름 아니라, 수운 선생을 반역의 혐의로 몰아가고자 했던 당시 관의 의도를 엿볼 수 있는 대목이기도 한다. 이와 같은 목적에 따라 수운 선생에 대한 문초는 「검결」과 '검무'를 중심으로 이

---

18) 『日省錄』, 高宗 元年 甲子 2월 29일조, "常以木刀跳舞 唱龍泉利劍之歌."
19) 박맹수, 「東學의 '칼노래'와 '칼춤'에 나타난 反侵略的 性格」, 『尹炳奭敎授華甲紀念論叢』, 132쪽 참조

루어져서, 동학당은 태평한 시대에 반란을 도모하기 위한 취당聚黨이라고 결론이 내려지게 된다.[20]

이러한 관의 판결로 인해 수운 선생이 처형된 이후 「검결」은 동학 교문에서도 기피하는 노래가 되었다. 심지어 후일 동학의 2세 교조 해월海月 최시형崔時亨 등에 의해 동학 경전이 판각될 당시에는[21] 「검결」이 그 목록에서 제외되기까지 한다. 이후 「검결」은 관변기록 등을 바탕으로 해서 다시 복원되어 동학의 경전인 『용담유사』의 별편으로 편입되어 들어오는데, 이때 한역되어 표기된 관변기록을 바탕으로 가사가 복원되었기 때문에 이 작품에 한자투의 표현이 더욱 현저한 것이 아닌가 추측되기도 한다.

이와 같은 역사적 수난을 겪어 왔기 때문에 「검결」은 대체로 혁명적 의식을 고취하는 노래로 대부분의 사람들에게 인식되었고, 또 그러한 방향에서 연구되어 왔다. 그 결과, 수운 선생이 지향하던 후천개벽의 '정신적 개벽'을 통해 새로운 세상을 맞이하겠다는 정신과는 다른, 보다 직접적으로 혁명을 고취시키는 노래라는 측면에서 이 작품은 고찰되어 왔던 것이다. 그리하여 학자들은 「검결」을 1894년 일어나게 되는 갑오동학혁명과 연결시키기도 하고, 나아가 수운 선생 스스로 지지자들을 모아 정치적인 변혁을 꾀하려고 했다고 하면서 그 증거로써 「검결」을 제시하는 견해 또한 나오게 되었다.[22] 그러나 「검결」은 이러한 측면에서보다는, 위에서 거론한 바와 같이 종교적 성취감의 극대화를 보다 극적으로 노래한 작품으로서, 동학이 지향하고 있는 후천개벽의 새로운 세상을 맞이하고자 하는, 그러한 정신적인 희열을 매우 상징적으로 노래한 작품이라고 보는 편이 더욱 타당하리라고 생각된다.

---

20) 『日省錄』, 高宗 元年 甲子 2월 29일조, "劒舞唱 播兇歌 平世思亂 暗地聚黨."
21) 海月은 스승인 水雲先生의 遺訓을 받들어 庚辰年(1880년) 麟蹄 甲遁里에서 『東經大全』을 간행하고, 이어서 다음 해에 丹陽 泉洞에서 『龍潭遺詞』를 판각하여 간행한다.(『天道敎會史』, '天統')
22) 조동일, 『한국문학통사 4』(지식산업사, 1986), 16쪽.

이상과 같은 관점에서 본다면, 「검결」은 외양상 '일전一戰을 불사하는 혁명적 변혁'을 꾀하는 노래의 모습을 지니고 있지만, 내면적으로는 종교적 수행을 통해 도달하게 될 '충일된 정신의 고양 상태'의 표출, 또는 그러한 정신의 고양을 통하여 지향하고자 하는 새로운 세계로의 열망을 표출한 노래라고 할 수 있다. 따라서 「검결」에 대한 논의는 그와 같은 「검결」의 두 모습, 즉 「검결」이 지닌 외적인 모습과 그 내면성 양자에 대해 포괄적으로 접근함으로써 이 작품이 지닌 본질에 한층 더 명확하게 도달할 수 있을 것이라고 생각된다.

4. 「검결」, 그리고 칼과 춤의 의미

앞에서 살핀 바와 같이, 「검결」이 창작된 시기는 수운 선생이 한울님으로부터 무극대도无極大道를 받는 결정적 종교체험을 하였던 경신년(1860) 후반 무렵이 된다. 이때 같이 씌어진 「용담가」 등의 가사는 수운 선생의 다른 한문 저술들23)과 함께 동학의 종교적 교의를 담은 글들이라 할 수 있다. 또 주문 등은 종교적 수행을 위한 글들이다. 이러한 여타의 글들이 지닌 성격을 볼 때 「검결」 역시 단순히 혁명을 위한 노래가 아니라 종교적 수행을 중요한 모티브로 하는, 동학의 종교적인 의식을 위한 노래라는 것을 알 수 있다. 그러면 왜 수운 선생은 이렇듯 '칼'이라는 상징물로 매개로 하여 자신의 종교적 의식을 드러내는 작품을 쓰게 되었는가? 이는 대체로 두 가지 방향에서 그 추론이 가능하다.

첫째, 수운 선생은 '문文'에 대한 관심도 높았지만 '무武'에 대한 관심 또한 그에 못지않았던 것으로 나타나고 있다. 수운 선생의 선친인 근암공近菴

---

23) 이곳에서 말하는 한문기록들이란 「布德文」, 「論學文」, 「修德文」, 「不然其然」 같은 『東經大全』의 편목들을 말한다.

公 최옥崔鋈은 글을 읽은 선비로 영남 일대에 이름이 알려진 사람이었지만, 수운 선생 자신이 늘 선친 근암공 못지않게 자랑스럽게 여겨 왔던 선조는 병자호란에 공을 세운, 자신의 6대조 최진립崔震立 장군이었다. 수운 선생은 「안심가」 등에서 "우리 선조 험천 땅에 공덕비를 높이 세워 만고유전하여 보세"[24]라고 노래하면서 무장으로서 나라에 공을 세운 자신의 선조 최진립 장군을 늘 마음으로 칭송하였으며, 또 자신이 세상에 떳떳이 서 있을 수 있게 된 것이 그와 같은 선조의 음덕 때문이라고 자랑스럽게 말하곤 하였다.[25] 이러한 생각이 수운 선생으로 하여금 그 무장의 표상인 '칼'이라는 무기를 통해 상징적으로 자신의 종교적 의식과 충일을 노래하게 만든 하나의 작은 요인이 되었다고 할 수 있을 것이다.

그런가 하면, 수운 선생 스스로도 무武를 직접 연마한 듯한 기록 또한 동학의 많은 기록들 가운데 나타나고 있음도 확인할 수 있다. 동학의 많은 기록에 의하면, 수운 선생은 한 젊은 지식인으로서 세상을 근심하며 울울한 심사로 세월을 보내다가 한때 무예에 힘을 기울이기도 했다는 사실이 나타나고 있다. 특히 주유팔로周遊八路의 길[26]을 떠나기 전에 활쏘기 등의 무예의 길을 버렸다는 기록이 있어 주목된다.[27] 이상과 같은 기록으로 보아, 수운 선생은 어려서부터 무에 대하여 지대한 관심을 지니고 있었을 뿐만 아니라 직접 무武의 길을 가기도 했음을 알 수 있다. 바로 이러한 영향이 수운 선생으로 하여금 「검결」을 짓게 하고, '칼'이라는 무의 상징을 통하여 자신의 종교적 고양 상태 내지는 종교적인 희열을 노래하게 만들었던 것으로 생각된다.

---

24) 『용담유사』, 「안심가」.
25) 『東經大全』, 「修德文」, "余出自東方 無了度日 僅保家聲 未免寒士 先祖之忠義 節有餘 於龍山."
26) 周遊八路란 수운선생이 젊은 시절 방방곡곡을 떠돌며 세상의 풍속을 익히고 세상을 구할 올바른 道를 구하던 시절을 말한다.
27) 『道源記書』, "一笑打棄 又爲返武 幾至二年 藏弓歸商 周遊八路."

둘째, 검무라는 춤이 지니고 있는 흥과 가락, 그리고 춤사위를 수운 선생은 다분히 종교적인 의식으로 살린 것으로 생각된다. 흥과 가락, 춤사위의 율동적 효과와 칼이 지니고 있는 상징이 한데 어울려 동학이 지향하는 바, 후천개벽이라는 새로운 시대를 향한 '변혁의 의지'를 고취시켜 주는 동시에, 정신의 고양도 극도로 높여 주고 있었던 것이다. 이러한 칼춤과 칼노래를 통한 정신의 고양은 궁극적으로 종교적인 희열과 통하는 것으로, '우주와 내가 하나가 되는', 또는 한울님이라는 '신神과 내가 하나가 되는' 종교적 극치에 이르게 하는 효과를 지니고 있는 것이라고 하겠다.

이러한 춤과 흥과 가락이 지닌 검무의 효과는 이 검무의 가사가 되고 있는 「검결」의 표현 양상에서도 잘 나타나고 있다. 「검결」은 "시호時乎 시호時乎" 등의 구절이나 "좋을시고 좋을시고" 등의 동의어를 반복하고 있는데, 이는 의미의 전달이라는 단순한 차원을 넘어서서 구조적으로 '반복과 상승'의 효과를 높여 주고 있다. 특히 「검결」은 그 시적 구조가 "시호 시호 이내 시호" 하는 반복을 통한 정조의 '상승적 효과'와 "호호망망浩浩茫茫 넓은 천지 일신一身으로 비겨 서서 / 칼노래 한 곡조를 시호시호時乎時乎 불러내니"의 다시 가라앉히는 '평정의 모습', 이어서 "만고명장萬古名將 어데 있나 장부당전丈夫當前 무장사無壯士라 / 좋을시고 좋을시고 이내 신명 좋을시고"와 같이 다시 고취되는 정조의 '상승'이라는, '상승-평정-상승'의 형태적 미를 지닌 작품이다. 이러한 형태는 노래나 춤을 효과적으로 드러내기에 매우 적합한 것으로, 노래나 춤을 통해 의식을 고양시키고 또 절정에 달하게 하는 효과를 지니고 있다. 즉 「검결」은 '칼'이라는 상징물과 함께 가사 표현의 반복적 기능이 지닌 상승의 효과, '상승과 평정'이라는 구조적 변용, 그리고 춤과 가락이라는 복합적인 요소들이 첨가됨으로써, 종교적 의식을 통해 고취시키고자 했던 '시대적 변혁의지'와 '종교적 정신의 희열'을 모두 아우른 격조 높은 작품이 되고 있는 것이다.

5. 「검결」이 지향하는 세계

이러한 「검결」이 그 시적 내용으로 복합적으로 지니고 있는 '시대적 변혁의 의지'와 '종교적 정신의 희열'은 궁극적으로 무엇이며, 어떤 의미를 지니고 있는 것인가? 이에 대한 해명이 곧 동학가사 「검결」이 지닌 본원적인 의미를 해명하는 길이며, 동시에 「검결」을 통해 집약적으로 나타나는 동학이 지향하는 바의 그 세계를 밝혀내는 작업이라고 생각된다.

기록 전승되는 「검결」의 전문을 인용해 보고자 한다.[28]

시호시호時乎時乎 이내 시호 부재래지不再來之 시호로다.
만세일지 장부로서 오만년지 시호로다.
용천검龍泉劍 드는 칼을 아니 쓰고 무엇하리.
무수장삼舞袖長杉 떨쳐입고 이 칼 저 칼 넌즛 들어
호호망망 넓은 천지 일신一身으로 비껴서서
칼노래 한 곡조를 시호시호 불러내니
용천검 날랜 칼은 일월을 희롱하고
게으른 무수장삼 우주를 덮여있네.
만고명장 어디 있나 장부당전丈夫當前 무장사無壯士라
좋을시고 좋을시고 이 내 신명 좋을시고

「검결」은 직접적으로 호소하는 듯한 강한 정서적 반응을 드러내고 있는 노래이다. 즉 "때가 왔구나 때가 왔구나(時乎 時乎), 다시 오지 못할 그때가 왔구나(不再來之 時乎)"라고 시작되는 이 노래는, 그 시작에서부터 '무엇을 도모할 가장 좋은 때'를 만난 데 대한 벅찬 희열과 고조된 감정을 작품 전면에 강하게 드러내고 있는 것이다. 이렇듯 희열에 찬 어조로 반복하며 표

---

28) 「劍訣」의 내용은 전해지는 기록에 따라, 각기 다소의 차이를 지니고 있는데, 본 연구에서는 현행 『천도교경전』에서 확정한 작품을 사용한다.

현한 '그때'는 과연 어느 때를 말하는 것인가? 그것은 다름이 아니라, 오만 년 만에 맞는 후천개벽의 시기, 그러므로 후천개벽을 이루어야 할 기개 높은 장부로서 꼭 맞이해야 할 그때인 것으로 풀이될 수 있다.

동학이 지향하는 세계는 후천개벽에 의한 새로운 세상이다. 수운 선생에 의하면, 수운 선생 스스로 한울님으로부터 무극대도를 받음으로써 선천先天의 낡은 오만 년의 운수는 지나고 이제 후천後天의 새로운 오만 년의 운수가 도래했다고 말하고 있다.29) 그러므로 "오만 년 만에 맞는" 바로 '그때'가 '지금'이라고 반복하며 노래하고 있는 것이다. 따라서 이때는 선천을 벗어나 새로운 후천의 세상을 맞이할 변혁의 그때이며,30) '용천검龍泉劍'으로 상징되는, 그 칼과 같은 일단의 용단과 결단을 내려야 할 때임을 노래 속에서 강조하고 있는 것이다.

이러한 용단과 결단은 다만 '결전決戰을 통한 용단'만을 의미하는 것이 아니다. 수운 선생에 의해 선천의 마지막으로 지칭되었던 당시, 즉 조선조 말엽은 사회적·정치적·경제적으로 어려웠을 뿐만 아니라 조선조의 지배체제인 봉건질서가 결정적으로 붕괴되고 그것을 대체할 새로운 신념체계는 아직 형성되지 않은, 극도의 아노미상태에 빠져 있던 시기였다. 그런가하면, 개인적인 이익만을 추구하는 무고사巫蠱事가 창궐하여 사회적인 혼란을 가중시키고 있는데다가 서양이라는 이질적인 문화의 유입으로 인하여 문화적인 교착상태마저 일어나던 시대이다.31) 그러나 수운 선생은 이러한 시대적 혼란과 위기의 가장 중요한 요인을 사회제도의 모순이나 정치적인 혼란에서 찾지 않고, 아무러한 가치기준 없이 자기 자신만 잘 살겠다는 각자위심各自爲心의 타락한 이기주의적 성향의 팽배에서 찾았다.32) 따라

---

29) 『용담유사』, 「안심가」, "이내 운수 기장하다 구미산수 좋은승지 무극대도 닦아내어 오만년지 운수로다 만세일지 장부로서 좋을시고 좋을시고 이내신명 좋을시고"

30) 윤석산, 「동학가사와 동학혁명」, 『현대시학』, 1994년 2월호.

31) 윤석산, 「동학가사와 동학혁명」, 『현대시학』, 1994년 2월호, 85~100쪽.

32) 『東經大全』, 「布德文」, "又此挽近以來 一世之人 各自爲心 不順天理 不顧天命."

서 수운 선생은 그런 시대적 위기를 극복하기 위해서는 후천의 새로운 운을 맞이할 수 있는 정신의 개벽을 위한 '용단과 결단'을 내려야 한다고 보았다. 바로 이러한 정신의 개벽을 위한 용단과 결단을 내릴 그때가 왔으니 (時乎 時乎), 이 후천개벽을 위한 "용천검을 아니 쓰고 무엇하리" 라고 노래했던 것이다. 이와 같은 의미로 볼 때에, 이때의 용천검은 사람을 베어 죽이는 칼이 아니라, 베어서 오히려 살리는 진리의 칼, 상생相生의 칼,[33] 나아가 후천개벽을 여는 '정신의 칼'이라고 할 수 있다.

따라서 이러한 후천을 열 수 있는, 오만 년의 바로 그때를 맞이하여 「검결」의 화자話者는 지극한 정신의 고양 상태를 맞이하게 된다.

무수장삼舞袖長衫 떨쳐입고 이 칼 저 칼 넌즛 들어
호호망망 넓은 천지 일신으로 비껴서서

덩실덩실 춤을 출 수 있는 소매 긴 옷을 떨쳐입고, 새로운 후천의 세상을 열어갈 이 칼 저 칼을 넌즛 들어, 드넓은 천지를 배경 삼아 웅혼한 자세로 비끼듯이 화자는 서 있는 것이다. 그리하여 오늘 이때를 맞아 "칼노래 한 곡조를" "때가 왔구나 때가 왔구나" 하며 큰 소리로 부르고 있는 것이다.

이러한 화자의 모습은 결국 어느 한 개인이 아니다. 후천의 새로운 세계를 열어갈 사람은 어느 한 개인일 수 없기 때문이다. 수운 선생은 당시 혼란된 시대를 극복하고 새로운 시대를 열어갈 사람은 어느 한 개인, 혹은 어느 한 계층이 아니라고 하였다. 당시의 시대적 혼란이나 어려움은 결국 양반이나 서민, 지배층이나 피지배층을 막론하고 모두가 공동으로 겪고 있는 시대적 위기감, 나아가 민족과 국가의 단위에서 맞고 있는 위기나 어려움이라고 보고 있다.[34] 따라서 이러한 시대적 위기를 극복할 수 있는 주역

---

33) 조현설, 「근대 종교운동의 문학사상 연구」, 『東岳語文論集』 27집(1992. 12.), 364쪽.
34) 윤석산, 「동학가사와 동학혁명」, 『현대시학』 1994년 2월호, 144쪽.

은 당시의 '민중을 포함한 모두'일 수밖에 없었던 것이다.

그러므로 이때의 칼노래를 부르는 목소리는 어느 한 개인의 목소리가 아니라, 세상의 모든 사람이 같은 목소리로 우렁우렁 부르는 바로 그 소리이다. 이렇듯 모두의 목소리로 열어갈 때 비로소 그 후천의 세상이 오는 것이요, 후천의 동귀일체同歸一體하는 세상이 도래한다는 것이다. 또한 이것이 곧 진정한 변혁, 바로「검결」이 내포하고 있는, "칼노래 한 곡조"의 "그때가 바로 왔다는" 그 진정한 변혁의 모습이라고 할 수 있는 것이다. 따라서「검결」중에 등장하는 '장부丈夫'는 어느 한 개인이 아니라 당시의 새로운 시대를 열어갈 민중을 포함한 '모두'의 상징이 되기도 한다.

  용천검 날랜 칼은 일월을 희롱하고
  게으른 무수장삼 우주를 덮여있네

후천 오만 년의 새로운 변혁을 위한 그때를 맞는 장부는 "용천검 날랜 칼로 일월을 희롱할" 수 있는 기개와 기상을 지니고, "넓고 넓은 긴소매로 우주를 가득 덮는" 드넓고 커다란 기상을 지닌다.35) 이것은 단순한 장부의 기상과 기개만을 표현한 것이 아니다. 이것은 다름 아니라 동학에서 이야기하는, 한울님의 덕과 마음을 체득함으로 해서(與天地合其德)36) 우주에 가득차는 정신을 소유한 '무궁한 존재'37)로서의 자신을 깨달은 민중 모두의 모습이며, 동시에 쇠운衰運의 시대를 성운盛運의 시대로 바꾸는, 곧 새로운 변혁의 시대를 주도하고자 하는 높은 정신의 또 다른 표현이라고 할 수 있다. 그러므로 이러한 정신적인 고양에 의하여 그 신명이 극에 달하게 되고, 이내 "좋을시고 좋을시고 이 내 신명 좋을시고"라고 그 희열을 노래하고

---

35) 김인환,『문학과 문학사상』(열화당, 1971), 26~27쪽 참조.
36)『東經大全』,「論學文」, "然而君子之德 氣有正而心有定故 與天地合其德……."
37) 동학의 무궁한 존재에 관해서는 윤석산,「용담유사에 나타난 수운의 인간관」(『한국학논집』5집, 한양대, 1983) 참조.

있는 것이라고 하겠다. 군무群舞가 어우러지듯이 모두의 입으로 「검결」을 부르고 모두가 어울려 칼춤을 추는, 그리하여 새로운 후천개벽을 위해 신명이 극에 달한 모습을 우리는 이 노래에서 떠올릴 수 있는 것이다.

이와 같은 관점에서 본다면, 칼노래인 「검결」에 나타나고 있는 '칼'은 단순한 '무武'나 '변혁의 전의戰意를 다지는 무엇'의 상징만이 아니라, 새로운 변혁의 시대인 후천개벽을 열기 위한 고양된 정신의 높은 상징이다. 또한 「검결」에 나타나는 신명과 희열은 종교적 각성을 통해 도달하는 희열과 신명이며, 동시에 후천개벽의 시대를 열어가고자 하는 모든 민중들의 높은 열망의 또 다른 표현이라고 하겠다.

이렇듯 「검결」이 그 내면에서 노래하고 있는 후천개벽은, 인간이 지향하는 보다 높은 정신적인 각성을 통해 당시 모든 사람들을 지배하고 있던 봉건적 관념을 떨치고 새로운 주체의식을 민중에게 부여하고자 하는 사상의 구체적인 모습이며, 나아가 보다 능동적인 모습으로 새로운 시대를 열어가고자 하는 개벽사상의 또 다른 표현이라고 할 수 있다. 또한 이러한 개벽사상은 동학이 지향하는 바 궁극적인 목표인 보국안민輔國安民, 광제창생廣濟蒼生을 달성하기 위한 것이요, 동시에 근대적 각성에 근거한 동귀일체同歸一體의 세상을 열어가고자 하는 모습이라고 할 수 있다.

6. 결론

동학가사의 하나인 「검결」은 '칼'을 통한 변혁과 다만 변혁을 위하여 일전一戰을 불사하겠다는 표면적 의지만을 나타낸 작품이 아니라, 보다 면밀한 상징과 반복이라는 표현 방법과 한자투가 지닌 함축적이고 간결하며 폭넓은 시적 의미를 적절히 구사함으로써 동학이 지향하는 후천 오만 년을 열어가고자 하는 시대적 열망과 이에 이르고자 하는 정신적 고양, 종교적 희열을 격조 높게 노래한 작품이라고 할 수 있다.

물론 「검결」이 외견상으로 현실적인 투쟁을 고취시키는 목적을 지닌 노래인 양 표현되어 있고 또 수운 선생이 관의 초치招致를 받을 때 취조관에 의해 반역을 꾀하는 노래와 춤으로 관변문서에 기록되었기 때문에 '혁명적인 노래'의 방향으로만 편중되게 인식되었음이 사실이다. 따라서 「검결」이 지닌 본래의 종교의식의 면이나 고양된 종교적 희열의 표현이라는 면은 상대적으로 그 평가의 대상에서 제외되어 왔다. 그러나 작품 「검결」을 상세하게 분석해 보면 그 내면에 보다 내밀히 종교적 희열과 후천의 세상을 열어가고자 하는 시대적 열망이 작품 전반에 걸쳐 폭 넓게 담겨져 있음을 쉽게 확인할 수 있다.

한편 동학가사 「검결」은 한 연구자의 지적과 같이, 상징화의 수법을 통해 서정성을 획득하고 있고 동학의 교리를 해설하기보다는 내면화된 방식으로 처리함으로써 다양한 정서적 반향을 불러일으키는 작품이라고 평가될 수 있으며,[38] 나아가 단형短型이라는 형태적 특성과 반복의 율조 및 '상승과 평정, 그리고 다시 상승'이라는 시적 구조 등은 후천개벽을 지향하는 높은 열망을 드러내는 동시에 읽는 이로 하여금 저절로 신명을 불러일으키게 하는 시적 효과를 지니고 있는 것으로 평가될 수 있다. 따라서 「검결」은 서정시로서의 여러 요소들을 그 내면에 두루 지니고 있는 격조 높은 시가 작품이라고 이야기할 수 있을 것이다.

---

38) 조현설, 「근대 종교운동의 문학사상 연구」, 『東岳語文論集』 27집, 362~363쪽 참조

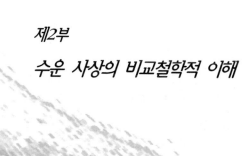

제2부

수운 사상의 비교철학적 이해

동학과 전통사상

신 일 철

1. 유불선 종합의 동학적 해석학

1860년 수운 최제우가 동학을 대각하고 2세 교조 해월 최시형에 의해 동학의 접·포의 교회조직이 확대되었다. 이 '원시동학'[1]의 사상에 연원하고 있는 동학농민혁명과 갑진개화, 3·1독립운동에 이르는 동학운동은 근대적 민족사의 주맥이 되었다. 동학은 우리 민족의 전통사상의 비판적 종합이다. 동학이 어느 종파, 특히 성리학적 학통의 칸막이에 구애받지 않고 기성 전통사상을 자유자재로 종합·재해석할 수 있었던 것은, 최제우가 독서인적 학자가 아니라 종교적 신비체험의 각도 과정의 예언자였기 때문이었다고 생각된다.

사상사에 있어 패러다임의 전환과 같은 발상전환은 일단 전통사상과의 연속에서 떠나서 종교적 개종과 같은 참신한 예언자적 통찰이 주가 된다.

---

1) 동학은 시대와 환경에 따라 재해석되고 변용·발전되어 왔는데, 이 글에서는 최제우의 『동경대전』과 『용담유사』의 사상 및 스승의 직접적 가르침을 받은 최시형의 사상까지를 '원시동학'으로 규정해 보았다. 1905년 천도교선포 후의 '人乃天'이나 양한묵, 이돈화 등의 천도교교리 전개는 이 '원시동학'에 대한 현대적 적용이요 해석이라고 본다.

『동경대전』과 같은 한문체에는 성리학적 개념이 그대로 구사된 감이 없지 않지만, 한글가사 『용담유사』와 같은 우리 일상언어의 시적인 운문체에는 최제우의 사상적 독창성이 더 잘 드러나 있다. 비록 그 개념은 성리학 등 전통적 사상이나 고전과 같으나, 그 경전의 게슈탈트적 전체의 새로운 발상에 기초해서 동학 경전을 다시 독해할 때 비로소 동학적 독자성이 드러날 수 있다. 동학의 경전은 기왕의 전통사상이란 텍스트에 대한 최제우 특유의 해석학이며, 그런 해석학적 의식에서 동학의 독해가 가능해진다. 만일 동학 경전의 독해에서 유교, 불교, 도교 등의 개념을 요소주의적으로 분석하는 데 그친다면 통속적으로 동학은 '유·불·선 삼교의 종합'이 되고 그 세 가지 종교의 모자이크적 짜맞춤과 같이 왜소화되어 동학의 진수를 놓칠 수 있다. 이것이 다름 아닌 '나무는 보면서 숲을 보지 못하는' 과오이다. 예를 들어 동학 경전 속의 '천天'이나 '천주天主'에는 최제우의 동학적 이해가 배어 있고, '경천순천敬天順天'도 성리학적 개념과는 다른 동학적 이해에서 재해석되어야 한다.

동학은 중화문화권의 해체기에 전통문화에 대한 재해석을 통해 우리 민족 나름의 자주적인 민족사상, 근대민족주의의 연원이 되었다. 동학에는 위정척사의 유교원리주의 같은 척양척왜의 언설도 있으나, 오히려 그러한 유교원리주의를 극복한 데서 근대화지향의 동학적 가치가 나타난다. 동아시아 문화권의 '변법變法'적 전환기에 동학은 위정척사파와 개화파의 대립을 지양하여 개화자강의 길로 나갔던 것이다.[2]

사상사의 흐름에서 가장 보편적인 현상은, 선행사상과의 완전한 단절에

---

2) 동아시아의 근대화 과정에 있어서 우선 洋務派는 서양의 과학기술만을 받아들여 부국강병을 추구하였는데, 이들의 서구 수용은 '東道西器論'적인 것이었다. 그러나 청말의 變法自彊派는 양계초의 '開明專制'의 입헌군주제나 강유위의 大同思想과 같이 '變法' 즉 정치체제의 개혁까지도 꾀하였다. 이미 변법파에서는 '東道의 道'가 진화론적 자강주의의 개화사상이 되었던 것이다. 신일철, 「중국, 한국의 변법자강사상」, 『현대사회철학과 한국사상』(문예출판사) 참조.

의한 '창조'는 없다는 것, 모두가 전통을 기반으로 하여 재해석·재적용의 해석학적 수행을 거친다는 것이다. 근대계몽주의와 실증주의의 연구법은 특히 문학·역사·철학 등의 인문학 연구에서 전통사회의 모든 사상·문화를 미개·몽매 또는 비합리적·주술적인 것으로 치부하여 물리치고 과거나 전통과의 완전한 단절을 꾀하는 모습을 보였다. 그러나 이는 사상·문화가 가진 '이해理解'의 역사성을 무시하는 과거허무주의의 오류를 범했다. 마르크스주의적 사회·경제사적 연구도 계급주의적 경제사관에 의해 전통과의 단절을 몽상함으로써 해석학적 이해가 제외되고 말았다. 그 실질적 사례는, 북한의 유물사관적 역사해석에서 동학농민혁명을 '1894년의 농민전쟁'으로 규정하여 동학의 사상적 역할을 배제함으로써 동학혁명의 이해에서 해석학적 빈곤을 초래한 것이다.

가다머(H. C. Gadamer)는 계몽주의적 '방법'에 반대하여, 특히 인문학 분야에서는 언제나 과거와 전통으로부터의 선입견 또는 선행판단이 바탕이 되어 새로운 '이해'가 가능해진다고 하여, '이해'의 역사성을 그 연구방법의 기본으로 삼아야 한다고 했다. 이런 관점에서 근대의 계몽주의에 의해 '선입견'이 거세 또는 배제된 것은 큰 잘못이라는 것이다. 가다머는 '이해'의 구조가 가진 역사성의 해명에 힘썼다.

우리 인간은 다만 자기가 아는 자기지自己知에만 국한될 수 없고 '작용사作用史'에 귀속되며 타자他者와 전승傳承에 열려 있다. 여기서 '작용사'란 것은 과거를 있는 그대로 실증하는 것이 아니라 과거와 현재가 부단히 서로 영향을 주고받는 영향작용사적 의식이 바탕이 되어 '진실'이 이해된다는 것이 그 취지이다. 역사에서는 과거와 현재가 따로 떨어져 있는 것이 아니다. 오히려 과거와 현재가 서로 영향을 주고받아 융합되는 '지평융합'에서 참다운 이해가 얻어진다는 점에서, 이런 '융합'을 수행하는 것을 가다머는 '영향작용사적 의식意識'이라 했다. 이와 같은 '이해'의 존재론적 구조를 통해 인간의 삶 자체의 근원적 성격이 되는 역사성을 재발굴하려는 것이 가다머의 해석학이다. 이러한 인간의 '역사성'을 외면한 채 근대계몽주의들은 과거의 모든 것, 전승傳承, 전통 같은 '선입견'을 비합리적이고 미개·몽매한 것이라고 치부하면서 '탈주술화'하는 것이 곧 합리화라고 주장했다. 이런 '계몽된 이성'의 교만은 마침내 인간의 역사성, 특히 '이해'의 역사성을 외면하는 큰 오류를 범했다.

동학 경전의 독해에서도 최제우는 과거로부터 전승된 모든 전통사상을 비합리적인 것으로 보고 전통과의 단절을 감행한 것이 아니라는 것을 염두에 두어야 한다. 최제우는 과거나 현재에도 비할 바 없고 들은 바 없는 독창적인 대도를 각도했다. 그러나 그의 동학창도 역시 과거와 현재의 '지평융합'을 통해 전통을 계승한 데서 비롯되었다고 해석된다. 『천도교창건사』에는 유·불·선 삼교의 '합일合一'에 대한 서술이 보인다.

송월당松月堂이란 노승이 "선생은 불도佛道를 연구하느냐?" 한 데 대해 최수운은 "나는 불도를 좋아하지요" 했다. 이어 "유도儒道를 좋아하십니까?"라는 물음에 수운은 "나는 유도를 좋아하나, 유생은 아니오"라고 했다. 세 번째로 "그러면 선도仙道를 좋아하십니까?"라는 물음에도 수운은 "선도는 하지 않으나 좋아하지요"라고 했다. 노승은 수운이 승려도 유생도 선도도 아니라면 무엇이란 말인지 종잡을 수 없었다. 이에 수운은 "유도, 불도, 선도 아니고 그 전체의 원리를 사랑한다"고 했다.[3]

이 세 가지 중 비교적 이치가 높고 감개무량한 것이 어느 것이냐의 물음에 대한 수운의 응답은 "사자의 죽음과 개의 죽음이 어느 것이 더 무섭다 할 수 있겠소"였다. 수운의 결론은 "무슨 진리든 그 시대 사람에게 영혼을 넣어 줄 수 없게 되고 그 시대의 정신을 살릴 수 없게 되면 죽은 송장이니,

---

3) 『天道教創建史』, 33~34쪽.

이 시대는 불법이나 유법 그밖의 모든 죽은 것으로는 도저히 새 인생을 거느릴 수 없는 시대지요"라는 것이었고, 반면 동학의 요체는 "죽은 송장 속에서 새로 다시 사는 혼을 불러일으킬 만한 무극지운을 파악하고 신인간을 개벽해야 하지요"라는 것이었다.

위의 서술은 이돈화李敦化의 풀이로 볼 수 있다. 이 풀이 가운데 유·불·선 삼교에 대한 언급은 니체가 '신이 죽었다'고 한 사신론死神論과 유사한 논법을 보여 준다.

『창건사』에 소개된 수운의 말씀에 "내 도는 원래 유도 아니며 불도 아니며 선도 아니니라. 그러나 오도吾道는 유儒·불佛·선仙 합일合一이니라. 천도天道는 유·불·선은 아니로되 유·불·선은 천도의 한 부분이니라. 유儒의 윤리倫理와 불佛의 각성覺性과 선仙의 양기養氣는 사람성의 자연自然한 품부稟賦이며"[4] 라고 했다.

'사람성 자연'이라는 신조어로 미루어 보아 이 부분은 이돈화의 서술이 분명하다. 최제우의 동학에 대한 탁월한 해석자인 이돈화는 동학이 '유·불·선의 합일'인 동시에 새로운 동학적 종합이라고 규정하였다. 특히 '유의 도덕과 불의 각성과 선의 양기'로 간명하게 도식화하고 있는 것이 이돈화의 동학 해석이다.

동학에서는 전통종교와의 차별화를 위한 기본으로 '수심정기守心正氣' 네 글자가 강조된다.

인의예지仁義禮智는 옛 성인의 가르친 바요, 수심정기守心正氣는 내가 다시 정한 것이니라.[5]

---

4) 『天道教創建史』, 47쪽.
5) 『東經大全』, 「修德文」, "仁義禮智, 先聖之所教, 守心正氣, 唯我之更定."

최제우는 '인의예지'의 전통적 덕목을 존중하면서도 형해화한 전통적 덕목을 재해석하여 나의 마음을 지키고 기를 바로잡는 마음가짐의 표본으로 새롭게 제시한 것이다. 이 '수심정기守心正氣'의 마음가짐의 기초로부터 '경천敬天' 신앙을 재발견한 것으로 보인다. 다만 대자연과 인간도덕의 성립을 가능케 하는 보편자 '천天'이, 왕조시대에는 객관적 형이상학적 사변의 대상이었으나 동학에 와서는 만민에 내면화되고 자아주체화된 '한울님' 신앙으로 갱생했다고 하겠다.

2. 동아시아 전통에 대한 '민학'적 발상전환

동학은 유불선 등의 전통사상에 대한 우리 민족의 주체적 종합인 동시에 전통시대의 최고가치원리인 '천天', '천리天理', '천명天命'에 대한 재발견·재해석을 통해 근대적 개인과 민족에 내재하는 정신적 기둥을 고쳐 세우려 한 '천도天道의 학學'이었다.

조선왕조 말기의 가치규범 쇠미 현상에 대해 최제우는 '천리天理를 돌보지 않고 천명天命을 따르지 않는 것'이라 했으니, 동아시아권에서 '천명天命의 망각·불복'은 바로 '혁명'의 도래를 뜻하는 역사예언이 된다.

오제 후부터 성인이 나시어 일월성신日月星辰과 천지도수天地度數를 글로 적어내어 천도의 떳떳함을 정하여 일동일정一動一靜과 일성일패一盛一敗를 천명에 부쳤으니, 이는 천명을 공경하고 천리를 따르는 것이니라.[6]

최제우의 사회비판의 기준은 주자학적 자연법에 순응하는 상태, 즉 "인성군자人成君子하고 학성도덕學成道德하니 도즉천도道則天道요 덕즉천덕

---

6) 『東經大全』, 「布德文」, "自五帝之後, 聖人以生, 日月星辰, 天地度數, 成出文卷而以定天道之常然, 一動一靜, 一盛一敗, 付之於天命, 是敬天命而順天理者也."

德則天德이다"라고 한 천명에 순응하는 상태이다. 인간의 사회규범이 우주적 질서에 기초해 있는 것으로, 인간성 안에 내재한 선천적 규범인 천도를 잘 따르는 것이 '군자'요 그것을 배워 닦으면 '도덕'이고 그 도는 '천도天道'이며 그 덕은 '천덕天德'이라는 것이다.

특히 「포덕문」의 '각자위심各自爲心'은 통치이념이 무너진 난세의 인심을 뜻하고, '막지소향莫知所向'은 어디로 가야 할지를 모르는 가치관 상실의 허무감이다. 천명을 되살리는 길은 이제 왕조나 조정의 권세에 의한 것이 아니라 발상전환을 통해 만민이 각기 '천명天命'을 고루 되받은 평민혁명의 각도覺道로서, 서학의 '천주天主'의 학과의 대결에서 서민들 스스로가 마음 속에 천天의 내재內在를 새롭게 깨우치는 '시천주侍天主'적 한울님의 발견이었다.

"유도 불도 누천년에 운이 역시 다했던가"라는 가사에 주목해 보면 여기에는 선교仙敎나 도교道敎가 제외되어 있다. 동아시아에서는 유교와 불교가 전통시대의 통치이데올로기였고, 도교道敎, 신선사상, 선도仙道 등은 민간신앙 또는 재야독서인들의 반강권적 현실비판·현실도피의 사상이었다. 그런데 동학은 직접적으로는 서학에 대한 대항의식에서 '민족의 학'이었지만 동시에 그것은 '치인治人'의 통치학인 '성학聖學', '제왕학帝王學'에 대한 '민학民學'이었다.[7] 이러한 민학의 발상 기반에는 그 초기 단계에 신비주의나 범신론, 특히 동아시아에서는 '주리설主理說'에 대한 기철학氣哲學적 '지기至氣', 민속신앙적 요소가 배경에 혼재해 있게 된다. 동학에서는 근본적으로 왕권의 통치근원이었던 '천天'의 최고가치규범의 기본이 세속화

---

7) 동아시아 전통사회의 '學'에는 군왕 등의 통치 계층을 위한 통치자 교양으로서의 '君子學'만이 있었다. 이는 士大夫의 입신출세를 위한 官學이었다. 이에 대해 최제우는 '民'의 학으로서의 동학을 창도하여 오랜 경전 공부를 필요로 하지 않고 누구나 쉽게 군자가 될 수 있는 '평민의 도'인 천도의 가르침을 내놓았다. 중국의 강유위가 서양의 그리스도교에 대항키 위해 공자를 교주로 하는 '공자교'를 만들어 국민교화의 종교를 제창한 것도 역시 중국의 '民學'이 아닐까 한다.

되고 만민에 편재하는 '네 몸에 오신 한울님'의 내재천內在天이 되는 데서 '민학'으로서의 기초가 세워진다.

중화문화권에서는 왕권천수설王權天授說에 따라 천으로부터 위탁받은 최상위의 통치자가 설정되고, 다시 성리학적 인성론의 사단칠정설四端七情說에 기초해서 사단의 이성적 군자가 통치층이 되고 아래로 칠정에 흐르는 민民이 피치자가 된다. 이 인성론은 대인大人과 소인小人의 신분차등을 하늘이 정한 규범으로 삼아 유교의 '수기치인修己治人'적인 유위有爲[8]의 상하주종上下主從적 지배를 정당화해 왔다. 여기서 '수기修己'는 통치층의 군자가 되는 수양으로, 사서삼경의 오랜 학습 과정에서 얻어진다. 그 다음 치자와 피치자의 이분법이 전제되어 있는 '치인治人'은 사대부士大夫(독서인 선비관료) 층의 군자 교양이었다. 최제우의 동학은 바로 이런 유교적 통치 교양과 군자의 독점을 해체할 것을 선언한 것이다.

제왕학인 성학聖學의 요체는 덕치를 펼 수 있는 유교적 교양으로, 『대학大學』의 격치格致, 성정誠正과 『중용中庸』의 명선明善, 성신誠身을 들 수 있다. 이퇴계가 선조대왕에게 올린 「무진육조소戊辰六條疏」에서는 중국 동중서董仲舒의 하늘과 인간의 상감相感에 대한 설에 기초해서 임금이 되는 '천명天命'을 '천애天愛'로 해석하고 있다. 이퇴계의 정치사상은 하늘이 인애의 덕치를 세상에서 펴기 위해 천명으로 대천자代天者로서의 군주를 내린다고 하여 주로 왕권천애설王權天愛說로 해석하고, 국가에 재앙과 이변이 생기면 이것을 군왕이 잘못된 정치를 편 데 대해 하늘이 견책하는 것이라 하여 '천견天譴'으로 해석한다.[9]

이러한 유교적 고전의 '군자'적 교양은 동학의 경전에서는 백성 누구나 쉽게 터득하여 도성입덕할 수 있는 '민학民學'으로 전환된다.

---

8) 유교적 '수기치인'의 '有爲'는 노장의 '無爲自然'의 대칭으로 추정한 개념이다.
9) 신일철, 「이퇴계의 天譴・天愛의 정치사상」, 『현대사회철학과 한국사상』(문예출판, 1997), 382~397쪽.

십년을 공부해서 도성입덕道成立德 되게 되면 속성이라 하지마는 무극한 이 내
도는 삼년불성三年不成 되게 되면 그 아니 헛말인가.[10]

열세자 지극하면 만권시서 무엇하며 심학心學이라 하였으니⋯⋯.[11]

이처럼 사대부의 경서지향적 유식에 대해 '무지의 지'를 설파한 것은 서
구사상사에서 보는 독일 신비주의의 스콜라적인 번잡한 유식의 부정을 연
상케 한다. 동학이 '치인治人'의 통치학과 달리 누구나 동학에 입도하여 손
쉽게 군자가 될 수 있는 도성덕립의 '민학民學'의 길을 연 점에서 동학에는
민民의 '자율적 자치自治'의 학의 성격이 있음을 알 수 있다.

왕조질서에서 '보국안민輔國安民'과 '경국제세經國濟世'는 양반층의 독
점적 권한으로 한정되었다. 그러나 동학은 '보국안민'의 경세 과제를 민民
의 과제로 삼음으로써 사대부에만 독점되었던 경국제세의 과제를 모든 민
족성원의 것으로 전환시켰다. 이는 근대국가의 국민주권적인 자유민권의
식의 선구라고 할 수 있을 것이다. 박지원의 『양반전』에는 사·농·공·상
의 사민四民의 신분차등이 천정天定의 규범이었음을 말하고 있다.

무릇 하늘이 백성을 냈을 때 그 갈래를 넷으로 나누었다. 그 네 갈래의 백성
중에서 가장 존귀한 이가 선비이고 그 선비를 불러 양반이라 한다.[12]

이런 신분차등이 '천정天定'의 규범이었던 전통적 통치이데올로기를 동
학에서는 '시천주'의 만민평등의 동학적 인간관으로 개벽한 것이다. 이 『양
반전』에서는 돈을 많이 가진 자를 '호민豪民'이라 했다. 이 호민들도 "우리
들이야 남부럽지 아니한 부자이지만 늘 천하게만 산단 말이야"라고 한탄하
고 있다. '사민'의 신분질서에서 특히 공·상의 장이·장사치는 가장 비천

---

10) 『용담유사』, 「도수사」.
11) 『용담유사』, 「교훈가」.
12) 朴趾源, 『兩班傳』.

한 계층이었던 것이다. 동학은 이러한 전통적 질서 속에서 소외되어 있던 서민, 호민, 서류 등을 구제하고 낡은 신분규범을 깨뜨렸다는 점에서 대등한 시민적 인간평등의 '신분개혁'의 신학이 되었다고 하겠다.

3. 서학의 종말론적 내세관과 구별되는 동학의 역사관

19세기에 나타난 우리의 민족종교 동학은 최제우의 시천주 신앙과, 범천론적 세속화 윤리인 해월 최시형의 '양천주養天主' 사상 및 '사인여천事人如天'의 인간존엄 윤리 등으로 대표된다. 그것은 내세에서 현세로 눈을 돌려 '보국안민', '광제창생'의 자주적 개혁사상을 모두 현세에서 실현하려는 현세주의적 자유민권사상이다.

최제우는 죽음의 문제에 대해, 죽음에 임해서 하늘에 대한 공경인 '경천'의 자각이 생긴다는 것으로만 언급하고 서학에서의 사후의 영혼구제와 같은 내세관은 언급하지 않고 있다. 서학의 '천주'는 초월적 인격신으로 동학의 경천사상의 한울님과 다르다. 최제우의 '시천주侍天主' 신앙은 한울님이 현세의 나에게, 상하귀천의 신분차등 없이 만인에게 내재한다고 하여 인간의 존엄성을 강조하는 인권사상이 된다.

서학이 중국에 최초로 소개된 것은 16세기에 중국에 왔던 이탈리아의 예수회 선교사 마테오 리치(Matteo Ricci)의 『천주실의』에서이다. 이 중국어로 된 천주교 교리서에서 마테오 리치는 중국의 상제上帝와는 다른 그리스도교의 신(라틴어의 deus)을 '천주天主'라고 번역했는데, 『천주실의』에서 마테오 리치는 그리스도교적인 불멸의 '영혼' 개념도 도입하고 있다. 또한 서학에서는 실낙원의 현세에서는 육신이 영혼을 감금한 상태의 원죄적 존재인데 사후에는 영혼이 육신에서 해방된다는 믿음에서 이른바 '유원속사唯願

速死'의 현세부정이 도출된다.[13] 정인재 교수의 영혼론 연구에 따르면, 영혼(anima) 개념은 중국에는 없었고 마테오 리치 등 서학의 선교사들에 의해 도입되었다고 한다.[14] 동학 경전에도 역시 '혼'이나 '혼백', '넋'은 있으나 서학적인 '영혼' 개념은 보이지 않는다.

「논학문」에서 최제우는 "세상사람들이 어찌 천주天主를 공경하지 않느냐"의 물음에 대해 "죽을 때 다다라 한울님을 부르는 것이 사람의 상정"이라 하면서, 한울님이나 천주에 대한 경천의 마음이 미약한 것은 옛 성인들의 말씀에 한울이 만민을 내었다느니 하였지만 그런 것 같기도 하고 그렇지 않은 것 같기도 하다고 하여, '불연기연不然其然'의 회의론적 탐구 과정에서 그 자세한 것을 알지 못하는 까닭이라고 말했다. 최제우는 "무지한 세상사람, 아는 바 천지라도 경외지심이 없었으니 아는 것이 무엇이며"[15]라고 해서, 아무리 지식이 많고 경학에 박식해도 '경천'의 마음이 없으면 아는 것이 없는 것과 같다고 강조했다.

그러나 동학의 경천, 시천주 신앙은 사후 내세에서의 개인구령을 위한 과도기적 준비가 아닌 점에서 서학의 내세관과 구별된다. 최제우가 이어받은 전통사상의 배경에는 내세에 가서 상제에 의해 영혼이 구원되는 서학의 현실부정적인 원죄설이 없기 때문이다. 동학은 내세의 극락, 지옥의 그림도 그린 바 없다. 특히 죽은 혼백에 대한 '불연기연'의 해답은 "천지 역시 귀신이요 귀신 역시 음양인 줄 이같이 몰랐으니"[16]였으니, 이런 점에서 동학에는 탈주술적 계몽사상이 나타난다고 할 수 있다.

후세의 천도교 교리는 주로 '덕업장생德業長生'의 표현에서 볼 때 선교

---

13) 마테오 리치의 『천주실의』는 광해군 때 이수광의 『지봉유설』에 소개된 바 있고, 유봉인의 『어유야담』에서도 천주교 교리와 유교, 불교, 도교의 다른 점이 지적되었다고 한다. 한영우, 『다시 찾는 우리역사』(경세원), 406쪽 참조
14) 정인재, 「영혼(아니마)에 대한 한국철학적 고찰」 참조
15) 『용담유사』, 「도덕가」.
16) 『용담유사』, 「도덕가」.

의 장생불사의 전통 위에 서 있다. 죽음에 대해서는 '환원還元'이라 해서 한울이 냈던 생명이 죽어서 한울로 돌아가는 것이므로 현세의 개인구령은 문제가 되지 않는다. 만일 천도교가 사후관으로서 내세의 영혼구원설을 도입한다면 서학적 개인구령의 내세관과 같아져서 어느덧 동학이 서학화하게 되는 오류를 범할 수 있다. 동학의 영혼관은 어디까지나 음양 이치의 '기화氣化'의 설에 그 토대를 두고 있다.

> 천상에 상제님이 옥경대에 계신다고 보는 듯이 말을 하니 음양이치 고사하고 허무지설 아니런가.[17]

동학은 서학과 같은 초월적 인격신인 '상제'(천주)를 인정하지 않는다. 그런 내세의 영적 세계를 가정하는 것에 대해 최제우는 귀신의 존재를 맹신하는 미신과 같다는 뜻에서 배격했다. 동학은 무속이나 그밖의 모든 귀신신앙을 배척하면서 '귀신'이란 '음양'에 다름 아니라는 탈주술적 지기론至氣論의 합리화도 감행한다. 동학의 이상적 인간관 또한 현세적 도덕군자로서, 신선사상의 도교적 표현으로는 높이 달관하고 득도한 '지상신선地上神仙'의 이상적 인격이다.

> 동학에 입도하여 그날부터 군자되어 무위이화無爲而化될 것이니 지상신선 네 아니냐.[18]

이 역시 전통사상에 바탕한 현세적 인간관이다. 더욱이 사후의 개인구령을 강조하는 서학의 선교에 대해 최제우는 빨리 죽어서 천당 가겠다는 '유원속사唯願速死'의 미신이 아니냐고 비판하고 있다.

---

17) 『용담유사』, 「도덕가」.
18) 『용담유사』, 「교훈가」.

무단히 한울님께 주소간 비는 말이, 삼십삼천 옥경대에 나 죽거든 가게하소, 우습다 저 사람은 저의 부모 죽은 후에, 신도 없다 이름하고 제사조차 안 지내고, 오륜에 벗어나니 유원속사唯願速死 무삼 일고, 부모 없는 혼령혼백魂靈魂魄 저는 어찌 유독 있어, 상천上天하고 무엇하고 어린소리 말았어라.[19]

최제우는 조상에게 제사도 지내지 않고 부모의 혼령도 무시하면서 혼자 죽어서 상천하겠다는 개인구령의 사후관을 용납할 수 없었다. 최제우에게는 사후에 천당 가겠다는 서학의 개인구령이나 사후세계인 옥경대에 가겠다는 도교의 탐욕이 모두 부질없는 믿음으로 여겨졌다. 동학과 서학의 이런 인식 차이는 서로 다른 문명의 전통에 연원하고 있는 역사적 시간관의 차이에서 비롯된다고 할 수 있다.

서학의 유대교적 그리스도교의 역사적 시간관은 현세의 인간 역사는 원죄설에 기초한 죄와 악의 역사였다가 그리스도 탄생 후 비로소 구원의 길이 열렸다는 구제사救濟史적 종말론에 연원을 두고 있다. 따라서 서학의 역사관은 실낙원에서 시작된 원죄의 역사가 내세의 구원에서 끝나는 종말론의 전통 위에 서 있다. 그 점에서 서학의 종말론적 미래는 죽은 후의 천당이라는 복낙원復樂園의 내세관에 기초한다.

이와 대조적으로 동아시아의 유·불·선의 전통에 바탕한 동학의 역사적 시간관은 주역의 원환적 순환의 성쇠지리盛衰之理로서, 서학의 내세에서의 영혼구령과 같은 종말론이 있을 수 없다. 역易의 순환론적 시간관에는 시작도 끝도 없다. 다만 낮과 밤, 음양의 성장쇠잔에 따르는 사계절과 같은 성쇠의 과정이 있을 뿐이다. 불교의 근본교리에서는 "제행무상諸行無常, 제법무아諸法無我"를 말하는데, 이때 속세의 나 혹은 개인(아트만)은 소아小我로서 참다운 나가 아니다. 이런 불교의 역사적 시간관에는 개인구령의 내세관이 있을 수 없다. 물론 불가에도 중생제도의 방편으로 극락의 사

19) 『용담유사』, 「권학가」.

후관을 제시하지만, 이 경우에도 속세의 소아小我인 개인 영혼이 그대로 연장되는 것은 헛된 미몽으로 부정된다.

이런 동아시아 전통에 기초한 동학의 역사적 시간관에서 서학의 종말론적 내세관에 기초한 개인구령의 사후관死後觀이 나올 수 없다. 동학에서도 역시 '지상신선'의 장생불사적인 시천주의 드높은 인격이 현세에 실현되는 것에 중점을 둘 뿐이다. 동학은 현세에서 '경천순천'의 지상낙원 건설을 지향한다는 점에서 당연히 서학에 대해 거부감이 생기게 것이다.

조상숭배의 우리 민족전통에서는 조상의 혼백을 인정하고 있다. 그런데 그 혼백의 한자에 모두 '귀신 귀'(鬼)자가 있다는 점에서 그것은 서학의 영혼관과 다르다. 이 문제를 시천주侍天主의 동학 교리에서 어떻게 조화시킬 것인가, 이런 고민에 대한 해답이 해월 최시형의 대에 제기되었다.

최시형은 조상숭배의 의식을 시천주의 동학 원리에 맞게 개혁하여 과감하게 제사의식에서 '향아설위법向我設位法'을 내놓았다. 최시형의 해석은 조상의 혼령도 시천주의 원리에 따라 그 자손에 이어져 내재하게 되고, 동학교도에게는 스승의 혼령이 제자 속에 내재하게 된다는 점에서 역시 현세주의적 해석이다. 특히 최시형의 '물물천物物天, 사사천事事天'의 범천론汎天論은 내세의 초월자로서의 신과는 다른 '천'의 만유편재설(ubiquitarian)을 택하고 있다. 최시형의 동학에서는 스승의 시천주 신앙이 더욱 세속화, 현세화되어 노동과 생산, 일상사에 천이 편재한다는 천편재설이 더욱 뚜렷이 나타나는 것이다. 이렇게 되면 신분차등뿐만 아니라 양반사회의 노동과 상공업 및 세속적 직업에 대한 천시가 모두 극복되면서 근대적 산업과 시민의 인격에 대해 한울을 모신 범천론적 신성화가 감행된다. 이 점에서 동학은 유교원리주의와 유·불·선의 전통사상의 원리주의를 극복함으로써 우리 민족의 근대화개혁에 사상적 초석을 놓았다고 할 수 있다.

4. 동학의 유토피아: 자유민권사회

사상사적 관점에서 동학을 독해하면 쇠운기의 왕조사회에 대한 비판의식을 읽을 수 있고, 가치관의 위기 속에서 제창된 만민평등의 시천주侍天主 신앙과 경천의 경외지심의 회복을 통해서는 '보국안민', '광제창생'의 새 세상에 대한 역사예언을 읽을 수 있다. 이런 동학의 민족적 역사관은 우리 민족의 근대화에 사상사적 토대를 마련했다.

사상사의 측면에 있어서, 중화문화권의 해체에 대응해서 우리 민족의 근대적 자주의식은 동학사상으로 각성되어 '십이十二제국 괴질운수'라는 중화권의 붕괴를 예감하면서 '아동방我東方', '아국我國'의 운수를 먼저 앞세우며 탈중화脫中華적 '보국안민'의 계책을 높이 강조함으로써 근대적 민족국가 '대한'의 민족의식과 주권국가의 비전을 마련하였다. 근대적 민족주의의 사상적 토대를 정초한 것이다. 이 점에서 동학의 대각원년인 1860년은 근대민족사상과 민족근대화 발상의 원년이라 할 수 있다.

서구 근대의 이성주의, 특히 데카르트 철학에서는 인간존엄성의 철학적 기초로서 각 개인은 나면서부터 선천적으로 진리와 허위를 판별하고 선악을 판별할 수 있는 도덕적 판단 능력을 지녔다고 말한다. 그 철학적 근거로서, 데카르트는 각 개인의 마음에 '자연의 빛'으로의 이성능력이 선천적으로 본구本具되어 있어서 인간존재는 다른 동물에 비해 존엄한 인격이라고 주장했다. 여기서 각 개인의 생득적 이성의 본유는 다름 아닌 신적 예지가 인간에게 분유分有되었다는 뜻이다.

이러한 점에 비추어 볼 때 이미 동학은 근대사상의 기본인 개인적 자아의 각성을 통해 개인의 기본권인 자유인권 이념의 선각이 되어 있었다. 동학에서는 사민이나 상하귀천의 차별 없이 각 개인이 '한울님을 모신 존재'요 '양천주養天主'의 도덕적·자율적 주체이며, 사람들 사이의 관계는 '사인여천事人如天’의 대등한 관계이다. 이렇게 한울님을 모신 인간의 존엄성과 개인권이 인정되고 인간관계에 있어서도 수직적 신분차등이 철폐된, 서로 "사람 섬기기를 한울같이 하라"는 시천자侍天者 간의 새로운 수평적 관계가 강조되는 것은 근대시민적 관계를 기초로 한 자유민권의 시민사회 모형이 싹튼 것이 된다. 동학의 보은집회와 광화문복합상소 같은 집단적 시위를 보고 우리 조정에서는 ‘민회民會’와 같다고 했다. 동학운동 속에서 민회, 시민운동, 시민사회의 자유민권이 싹튼 것이다. 이는 우리 민족사에 있어서 근대적 개인주의와 자유주의가 싹튼 것으로, 이 개인의 기본권을 기초로 할 때 주권재민의 민주공화정이 나온다.

동학 경전에서는 ‘만인이 모두 요순’(民皆堯舜)이라는 선언을 기초로 해서 요순성세의 ‘무위자연無爲自然’적 이상향을 시사하고 있다. 절대권력의 유위有爲적 통치에 대한 안티테제로서의, 요순시대의 이상사회와 같은 무위無爲적 자유민권사상의 비전을 엿볼 수 있다. 동학의 유토피아는 ‘광제창생’을 염원한 ‘안민安民’의 낙원이었다.

한글가사체의 운문으로 된『용담유사』는 자유분방한 문학적 표현을 통해 한문체의『동경대전』에서보다 더욱 강렬하게 동학의 이상향을 드러내고 있다. 최제우의 동학적 이상향은 오늘의 우리에게 어떤 정신적 유산을 남겨 주었을까? 정치가 ‘불고천명不顧天命’, ‘불순천리不順天理’의 무규범에 빠져 버린 왕조 말기의 난세 상황에 대한 비판의식에서, 최제우가 그린 유토피아는 ‘요순성세’의 재발견이었고 그 정치는 백성이 모두 요순이 되는 ‘무위자연無爲自然’의 시민적 자유연합사회였다. 최제우는 자신의 무극대도가 실현된 이상향을「태평곡太平曲」,「격양가擊壤歌」등에 나타나는 동아시아적 유토피아 원형의 회복으로 다시 자각했다.

춘삼월 호시절에 태평가 불러보세.[20]

상원갑上元甲 호시절에 만고 없는 무극대도 이 세상에 날 것이니 너는 또한 연천年淺해서 억조창생 많은 백성 태평곡 격양가를 불구不久에 볼 것이니······.[21]

동아시아 문화권에서 반反강권적인 이상향은 「격양가」에 잘 나타나 있다. 여기서 '격양'이란 땅 파는 농사꾼의 생업이다. 이 「격양가」는 요임금 때 태평세상을 구가한 한 노인의 노래로 전해지지만, 그 노래의 전승에는 깊은 뜻이 깃들어 있다.[22]

해 뜨면 나가 농사짓고 해 지면 돌아와 쉰다.   日出而作, 日入而息.
우물 파서 물마시고 밭갈이해서 먹으니   鑿井而飮, 耕田而食.
제왕의 권력이 내게 무슨 상관 있을쏜가.   帝力何有于我哉.

밭갈이해서 먹으며 자력으로 살아가는 백성에게 제력帝力 즉 제왕의 권력이 그 무슨 상관이 있느냐는 말에서, 이 「격양가」는 권력의 간섭과 압제가 없는 민중의 자유사회를 희구했다고 볼 수 있다. 이 노래에는 유가나 법가 등의 '유위有爲'에 대한 안티테제를 담고 있는, 노자의 무위자연의 민중자치적 자유가 드러나 있다. 백성을 들볶고 통제·억압하는 유위의 강권이 없는 무위의 이상향이 「격양가」의 뜻이며, 중앙권력이 축소된 '작은 정부'에서 자율적 자유를 누릴 수 있는 무無강권적 자유민권의 유토피아가 동학의 이상향이다.

이 '격양가'에 기탁된 동학의 지상천국상의 정신적 의의는, 강권의 횡포

---

20) 『용담유사』, 「안심가」.
21) 『용담유사』, 「몽중노소문답가」.
22) 「격양가」는 중국과 조선에 널리 전해져서 요순성세의 이상향이란 곧 反강권적인 '無爲'의 유토피아임을 말해 준다. 노자의 『도덕경』에서는 가장 훌륭한 임금(太上)은 '무위'의 정치를 펴서 백성들이 다만 그 임금이 있는 줄만 알고 이름도 모른 채 모든 일이 백성들 스스로가 그렇게 한(百姓皆謂我自然) 것인 줄 안다고 했다. 이런 무위자연의 이상과 「격양가」는 일맥상통한다.

가 없는 자유사회와 시민의 자율적 자유권을 보장하기 위해서는 인위적·전체주의적 조작으로 유토피아 건설의 허상을 강행하는 것보다는 시민자율의 자치공간과 경제적인 시장질서 등 시민사회의 자생적 질서가 마련되어야 한다는 시민사회의 가치관을 예감한 데서 찾을 수 있을 것이다. 아울러 오늘날의 과학기술만능의 풍조에 대해, 생태학적 자연환경에 대한 경외지심의 회복으로 동학적 환경윤리가 재발견될 수도 있다. 동학의 '무위이화無爲而化'의 가르침은 자만하여 무엇이든지 제멋대로 강행하려는 이성적 오만을 자제시켜 줄 교훈을 베풀어 줄 수도 있을 것이다. 이러한 동학의 가르침을 오늘에 맞게 재해석하여 되씹어 보아야 하겠다.

동학과 유학사상

박 경 환

1. 들어가는 말

조선을 포함한 동아시아 제국은 19세기 후반에 봉건시대에서 근대로의 전이를 경험한다. 그런데 그것은 준비된 과정이 아니라 서구 혹은 서구를 한 발 앞서 배운 이웃에 의한 제국주의적 침탈로 인해 강요된 것이었던 만큼, 그 전이 양상도 급박하고 다양할 수밖에 없었다. 사상사에서 근대로의 전이는 곧 지배적 가치관과 세계관이었던 유학의 지위 변화를 의미한다. 그리고 그것은 유학적 가치의 강고화, 전면적 부정, 부분적 변용 등의 여러 모습으로 나타난다.

유학의 사상적 독점이 붕괴되면서 조형된 이 시기의 사상 지형을 구체적으로 들여다보면, 정통론에 입각해 유학(주자학)의 사상적 순결성을 고수하고 명분론적 실천을 강화하려던 척사위정斥邪衛正운동의 대두와 유학의 틀을 벗어나 서구 종교에서 새로운 대안을 찾았던 서학 수용을 양극으로 하고, 시무時務에의 실용성을 내세워 유학 이념의 현실적 변용과 서구의 물질적 진보, 나아가 사조까지도 동시에 수용하려 했던 개화사상이 그 어간에 자리하고 있다. 비록 직면한 당대의 현실모순을 타개하는 과정에서 과거(傳統)에 대한 인식과 외부 세계(西洋)에 대한 대응의 태도에 차이가 있기는 하지만, 이들 사상적 모색은 한결같이 지배계층의 유학적 지식인들에 의해 주도되었다는 공통점을 지닌다.

한편 이와 달리 기층민중의 편에 선 지식인들에 의한 모색도 있었으니, 신흥종교사상의 대두가 그것이다. 이들 종교사상은 가장 고통받던 대다수 민중의 염원을 반영함으로써 어느 사상적 모색보다 강렬한 현실 극복과 초월의 의지를 담고 있으며 혁신적이다. 이들은 새로운 시대의 도래(開闢)에 대한 열망과 그것을 가져다줄 자신들 신앙의 절대적(無極) 진리성에 대한 확신 속에서 현실을 넘어서는 방안을 종교적 실천에서 찾았다. 이들 신흥종교사상 중 가장 대표적인 것이 동학이다.

지금까지 동학과 유학 사상의 관계에 대한 접근에서는 흔히 유학에 대한 동학의 극복과 부정이란 측면이 강조되어 왔다. 그러나, 하늘 아래 새로운 것이란 없다. 동학의 탄생 역시 하루아침에 평지돌출된 것이 아니다. 가계를 더듬어 올라 선조를 회상하며 자신의 신세를 한탄하는 데서 그 일단을 엿볼 수 있듯이, 수운 최제우 역시 전통의 흐름 안에서 살았으며 유학적 사유에 깊이 훈습되어 있었다. 그런 만큼 동학창도에서도 사유의 형식과 내용 모두에서 일정 부분 유학에 의지할 수밖에 없었던 것은 당연한 일이었다고 할 수 있을 것이다.

이러한 사실을 감안하고 사상사의 연속성에 유의해서 들여다보면, 동학은 유학과 대척점에 서 있지 않다. 동학은 현실의 모순을 넘어서 새로운 세상을 여는 길을 기존 사상인 유학에 대한 초월이나 부정이 아니라 포섭과 활용에서 찾았기 때문이다. 이는 비단 유학사상뿐 아니라 도교와 불교와의 관계에서도 마찬가지이다. 초기 동학교도들이 밝히고 있듯이, 동학은 유불선儒佛仙 삼교에 대해 각각의 장점은 취하고 단점을 버리는 방식으로 아우른 것이기 때문이다.[1] 따라서 동학에는 당시 유학이 빠진 주자학 말류의 폐단은 물론이고 지배이념으로서 기성 질서와 가치를 유지하는 역할을 하는 과정에서 띨 수밖에 없었던 한계를 수정하고 유학 본연의 완선한 이론적 지향을 반영하고 있었던 것이다. 그런 점에서 동학은 당시의 제 사상, 특히 주자학적 사유를 받아들이되 그것이 지닌 한계를 수정하고 변용한(更正) 결과라고 할 수 있다. 이제, 동학과 유학이 '크게 보아서는 같지만 작은 차이가 있다'(大同小異)[2]는 수운 최제우의 언급을 단서로 해서 양자의 사상적 유사성과 차별성을 검토해 봄으로써 동학에 반영된 유학사상의 영향을 살펴보기로 하자.

2. 동학의 유학 이해

본론에 들어가기 전 우선 유학과 동학의 상호인식, 특히 동학의 유학과 관련된 자기정립의 내용을 검토해 보기로 하자. 동학창도 당시의 상황을 보면 지배이념이었던 유학에 있어 동학은 말할 것도 없이 '이단異端의 사설邪說'이었다. 유학의 정사正邪의 기준에 따른 정통과 이단의 구분은 유래가 오래되었다. 일찍이 맹자가 양주와 묵적 사상의 유행에 따른 유학의 위기에 맞서 위도를 자임하면서 이단의 이름으로 상대 유파를 내치는 전략을 구사한 적이 있다. 그리고 이것은 그대로 북송 성리학의 등장과 함께 불교를 상대로 한 이단배척으로 이어졌으며, 이 과정에서 유학의 정통계보가 정리되어 도통론道統論이 확정되게 된다. 조선 초기 이 땅에서 행해진 배불排佛에서도 주된 이론적 무기가 이단의 낙인이었으며, 동학과 같은 시

---

1) 『東學文書』, 「各道東學儒生議送單子」, 62쪽, "盖吾東學之道, 卽儒佛仙三敎也.……合三爲一者, 取其所長, 棄其所弊."
2) 『東經大全』, 「修德文」.

기의 척사위정斥邪衛正 운동 역시 유학적 정통론에 입각해 서양의 학문과 문물을 이단異端과 '사邪'로 규정한 현실대응이었다.

그런데 유학의 정통과 이단 구분의 논리는 당시 관변문서의 "정학正學이 아니면 곧 이단異端이며, 양주가 아니고 묵적이 아니면 틀림없이 사학邪學의 잔당들이다"[3]라는 말에서 알 수 있듯 제3의 객관적 기준에 의거한 것이 아니다. 간단히 말하면 "유학이 정학正學이므로 유학이 아니면 이단이고 사설邪說이다"고 하는 논점선취의 주장이다. 어쨌거나 유학이 볼 때 동학은 성인의 정학이 아닌 이단으로서 금지되어야 할 대상이었고, 최제우에게 씌워진 죄목도 바로 이단의 사설로 올바른 도리를 어지럽혔다(邪道亂正)는 것이었다.

유학이 이처럼 동학을 이단시하고 배척한 것과 달리, 최제우가 선성先聖의 가르침의 핵심을 '인의예지'로 파악한 데서 알 수 있듯 동학에서는 유학의 가장 핵심적인 사회적 기능과 효용을 '인륜을 밝히고'(明人倫) '교화를 행하는'(行敎化)[4] 것에서 찾고 있다. 또한 초기의 여러 문건에서 볼 수 있듯 동학은 유학의 도덕중시 사유를 계승한 것을 삼교절충을 통한 동학창도에 있어서 유학으로부터 취한 장점의 실질적 내용으로 간주하고 있다.

그러면 최제우의 유학 이해를 좀더 구체적으로 살펴보자. 최제우에 따르면, 유학은 성인이 자연에 대한 관찰을 통해 현상계 일체 변화의 원인과 존재의 근원을 하늘에서 찾음으로써 천명天命에 대한 공경과 천리에 대한 순응을 제시했고, 배움을 통해 천도天道를 밝게 깨닫고 천덕天德을 닦는 것을 도덕적 인격에 이르는 방법으로 제시하고 있다고 한다.[5] 즉, 모든 존재의 근원이자 변화의 궁극적 원인이 되는 것을 천도에서 찾고, 그것이 내

---

3) 『東學文書』, 「題音」, 67쪽.
4) 『東學文書』, 「立議通文」, 57쪽.
5) 『東經大全』, 「布德文」, "自五帝之後, 聖人以生, 日月星辰 天地度數, 成出文卷而以定天道之常然. 一動一靜一盛一敗, 付之於天命, 是敬天命而順天理者也. 故人成君子, 學成道德, 道則天道, 德則天德, 明其道而修其德, 故乃成君子至於至聖, 豈不欽歎哉"

안에 갖추어진 천덕을 체현해 냄으로써 도덕적 인격의 완성을 궁극적 목표로 지향한다는 것이다. 유학의 본질과 근본지향에 대한 최제우의 이러한 이해는 정확하다. 그리고 최제우가 추구한 동학 역시 이러한 사유형식과 지향을 그대로 이어받고 있다.

이처럼 최제우는 본연의 유학에 대해 정확한 이해와 긍정적인 태도를 지녔을 뿐 아니라 자신의 동학을 그것과의 연속선상에서 파악함으로써, 어떤 의미에서는 경천敬天에 있어서 유학의 계승을 자임하고 있기도 하다. 그래서 그는 "역괘 대정大定의 수를 살피고 삼대에 경천敬天하던 이치를 살핌에, 옛 유학자들이 천명에 순종한 것을 알겠으며 후학들이 그것을 잊어버린 것을 탄식할 뿐이로다"[6]라고 하면서 원시유학의 정신을 망각하고 제멋대로 마음을 냄으로써 천리를 따르지 않고 천명을 돌아보지 않는 당시의 현실을 비판하고 있다. 또한 "수신제가修身齊家 아니하고 도성덕립道成德立 무엇이며, 삼강오륜三綱五倫 다 버리고 현인군자賢人君子 무엇이며"[7]라고 하여 유학적 도덕규범의 중요성과 그 실천의 필요성을 강조하며, "임금이 임금답지 못하고 신하가 신하답지 못하며 아비가 아비답지 못하고 자식이 자식답지 못한"[8] 현실을 평생의 근심으로 삼았다고 한다. 이상의 언급들을 통해서 최제우가 유학적 도덕규범을 중시하였다는 사실을 확인할 수 있다.

결국 최제우가 인의예지를 근간으로 하는 앞선 성인의 가르침인 유학과 수심정기守心正氣를 근간으로 하는 자신의 동학을[9] '대동소이大同小異'하다고 한 것은 이러한 이해에 근거한 것이다. 그가 파악한 유학과 동학의 '대체적인 동질성'(大同)은 바로 도덕주체라는 인간 이해와 도덕적 본성의

---

6) 『東經大全』, 「修德文」.
7) 『용담유사』, 「도수사」.
8) 『용담유사』, 「몽중노소문답가」.
9) 『東經大全』, 「修德文」, "仁義禮智, 先聖之所教, 修心正氣, 惟我之更定."

구현을 위한 실천의 중요성을 강조한다는 점이다. 물론 그는 「몽중노소문답가」에서 "이 세상은 요순지치堯舜之治라도 부족시不足施요, 공맹지덕孔孟之德이라도 부족언不足言이라"[10]라고 하여 유학의 현실적 효용성에 대해 부정적인 생각을 말한 적이 있다. 그러나 그것은 유학 윤리규범 자체나 공맹에 대한 부정이 아니라 윤리규범이 외재적 형식으로 굳어 버림으로써 인간 내면에 호소하는 자율적 실천덕목으로서의 기능을 상실하고 현실과 유리되어 가는 현상을 비판한 것이었다.

동학과 유학의 이러한 '대체적인 동질성'은 무엇보다 창도자인 최제우가 유학적 소양을 바탕으로 하고 유학적 관념에 깊이 훈습되어 있었기 때문이며, 당시까지 아직 유학적 이념이 가진 현실구속력이 완전히 상실되지 않았기 때문일 것이다. 특히 교조신원 과정의 각종 동학 측 문건을 보면 '유학과의 작은 차이'조차도 뒤로 감춘 채 "도덕이란 천지의 항상된 법도이고 고금에 보편적인 도리"임을 역설하고 유학과의 친연성을 한층 더 적극적으로 강조하면서 사도邪道의 지목이 부당함을 호소하고 있다. 예를 들면, 1892년 공주집회에서 작성된 교조신원을 위한 「입의통문立議通文」에서는 "유학은 인륜과 교화에서 공이 있다"는 점을 강조하고 있으며, 이어 1893년의 광화문 복합상소문에서는 동학이 불·선의 양 도를 수용한 것은 인륜을 부정하려는 것이 아니라 단지 불교의 자비와 선가의 수련상의 장점을 겸하기 위한 것이라고 하여 동학이 유학의 도덕규범을 계승하였다는 사실을 강조한다.[11] 비록 교조신원과 동학의 공인이라는 절박한 필요에서 기인한 것이기는 하겠지만, 어쨌든 그러한 발언이 나올 수 있었던 것은 동학이 도덕 중심주의 사유를 유학과 공유하고 있다는 엄연한 사실을 떠나서는 설명할 길이 없다.

---

10) 『용담유사』, 「몽중노소문답가」.
11) 『東學文書』, 「立議通文」, 57쪽.

3. 동학의 유학사상 수용

앞서 동학의 유학 이해를 통해 양자의 공통 지향인 도덕중심주의를 확인해 보았다. 이제 그러한 도덕중심주의가 동학에서 어떠한 방식으로 이론과 실천의 구조 속에서 구체화되는지, 그리고 그러한 과정에서 유학의 영향은 무엇인지를 살펴봄으로써 '대동大同'의 지향이 구체적 문제 속에서 드러내는 '소이小異'를 검토하고 그 의미를 새겨 보기로 한다.

1. 기일원론적 존재론

동학의 존재론을 굳이 주자학의 용어를 빌려 표현한다면 기일원론氣一元論으로 정의할 수 있다. 간단히 말해서 그것은 세계가 하나의 기로써 관철되어 있고 모든 존재의 생장과 소멸은 이 기氣의 '소사所使'라고 보는 관점이다. 최제우는 이러한 기일원론의 존재론 위에서 동학 고유의 신관과 인간관 그리고 수양 이론을 제시하고 있고, 나아가 현실변혁을 말하고 있다. 그런데 동학의 이러한 기일원론적 존재론은 당대 유학인 주자학의 존재론인 리기이원론理氣二元論에 대한 수정의 결과이다. 이를 구체적으로 살펴보자.

주자학에서 세계를 읽는 두 가지 틀은 리理와 기氣이다. 리는 만유의 존재원인이자 법칙이며, 기는 세계를 구성하는 물질적 질료이다.[12] 리와 기기의 관계에 있어서, 존재론적 선후를 따질 경우 물질적 질료인 기는 그것에 선재先在하는 리에 의해 생겨났기 때문에 "리가 먼저 있고 기가 있게 된다"(理先氣後)고 할 수 있겠지만, 현상세계 차원에서 보면 리는 어디까지나 그것의 현존을 가능하게 하는 기와 동시에 존재하므로 선후를 말할 수

---

12) 『朱文公文集』, 권58, 「答黃道夫」, "理也者, 形而上之道也, 生物之本也. 氣也者 形而下之器也, 生物之具也."

없다. 주자학에서는 이러한 리와 기의 관계를 '불리不離'와 '부잡不雜'이라는 논리로 설명하고 있다.

'불리不離'란 현상세계를 대상으로 삼아 파악해 낸 리기 관계에 대한 정의이다. 즉 현상의 모든 사물들은 리와 기가 모여서 이루어진 리기의 통일체라는 점에서 리와 기는 서로를 떠나서 있지 않다(理氣不相離)는 의미이다.[13] 한편, 비록 현상세계에서의 리와 기는 상호의존적이어서 분리될 수 없지만, 현상계 사물들의 존재원인을 소급해 가게 되면 문제는 달라진다. 여기서 제시되는 리와 기의 관계에 대한 정의가 바로 '부잡不雜'이다. 그것은 바로 리는 기를 포함한 모든 현상적 존재의 궁극적 원인이자 원리이며, 따라서 기와의 논리적 분리 가능성을 지니고 있음(理氣不相雜)을 말하는 것이다. 즉 기를 포함한 만물이 생겨나기 위해서는 만물은 물론이고 기가 있기 이전에 이미 그것들을 가능하게 하는 선행의 원리나 근원적 존재가 있어야 하는데 그것이 바로 리라는 의미이다.[14]

동학적 존재론은 주자학의 리기이원론理氣二元論적 존재론을 기일원론氣一元論적 존재론으로 전환시키는 데서 출발한다. 그것은 곧 리와 기에 관한 두 규정 중에서 양자의 분리를 가능하게 하는 논리인 '리기불상잡理氣不相雜'을 부정하는 것이다. 동학이 보기에 리와 기는 현상계의 사물의 차원에서 통일되어 있어 별개의 둘이 아닐 뿐 아니라, 그 사물들의 근원을 소급해 올라간 궁극적인 근원에서도 나누어 볼 수 있거나 선후를 말할 수 있는 것이 아닌 일체적인 것이다. 리는 어디까지나 기 자체가 지니고 있는 법칙일 뿐이기 때문이다.

이것은 리에 관한 이해에 있어서 '기에 대한 리'에서 '기의 리'로 그 의미를 전환한 것이고, 리가 지닌 사물의 궁극적인 존재원리로서의 독립적 지

---

13) 『朱子語類』, 권1, 「理氣上・太極天地上」, "天下未有無理之氣, 亦未有無氣之理."
14) 『朱子語類』, 권1, 「理氣上・太極天地上」, "有是理, 然後生是氣"; "未有天地之先 畢竟先有此理 動而生陽 亦只是理 靜而生陰 亦只是理."

위를 부정하는 것이다. 동학은 이러한 기일원론적 존재론에 근거해서 하늘을 설명하고 하늘과 인간의 관계, 그리고 인간의 수양에 관한 문제를 설명하게 된다. 먼저 최제우는 일기一氣의 편재遍在를 다음과 같이 설명하고 있다.

기氣는 허령창창하여 일에 간섭하지 않음이 없고 일에 명령하지 않음이 없으며 모양이 있는 듯하나 모양을 말하기 어렵고 들리는 듯하나 보기 어려우니, 이는 또한 혼원한 일기一氣이다.15)

기는 이처럼 모든 곳에 존재하면서 일체의 현상적 변화를 일으키는 원인일 뿐 아니라 그러한 현상적 변화의 객체인 만물의 존재근원이기도 하다. 사람을 비롯한 온갖 사물들은 바로 그러한 기의 작용에 의해 생겨난 것이기 때문이다. "음양이 서로 고르게 펴짐에 수백 수천 가지 만물이 그 가운데에서 화해 나온다"거나 "하늘은 오행五行의 벼리(綱)이고 땅은 오행의 바탕(質)이며 사람은 오행의 기氣이니, 천지인天地人 삼재三才의 수數를 여기에서 볼 수 있다"16)는 말은 바로 그것을 이야기하는 것이다.

결국 최제우가 보기에 기란 어디에도 없는 곳이 없고 어떤 변화나 사태에도 간여하지 않음이 없다는 점에서 현상계 변화의 원인일 뿐 아니라, 모든 존재의 궁극적인 원인이기도 하다. 이러한 기론적 사유는 해월 최시형에 와서 한층 더 명확하게 제시된다. 최시형은 "우주 사이를 가득 채우고 있는 것이 모두 혼원한 일기一氣"임을 밝히고,17) "기란 것은 천지天地·귀신鬼神·조화造化·현묘玄妙를 포괄한 이름으로 모두 하나의 기"임을 강조한다.18)

---

15) 『東經大全』, 「論學文」.
16) 『東經大全』, 「論學文」.
17) 『天道敎經典』, 「海月神師法說 · 誠敬信」, 305쪽.
18) 『天道敎經典』, 「海月神師法說 · 天地理氣」, 246쪽.

물론 최제우와 최시형의 글에서도 리에 관한 언급은 보이지만, 그것은 주자학에서 말하는 바와 같은 기와 분리될 수 있는 궁극적 원인이나 근거라는 의미를 지니지는 않는다. 예컨대, 최제우에게서 리는 대체로 '천리天理', '지리地理', '삼재지리三才之理', '자연지리自然之理' 등의 용례에서 볼 수 있듯이 독자적인 개념이나 존재론의 독립적인 한 범주가 아니라 어떤 사물이나 현상이 지닌 이치나 도리를 가리키는 비근한 의미의 개념이다. 최제우와 달리 최시형은 리와 기를 자주 '리기理氣' 식의 한 쌍의 범주로 사용하고 있지만, "기氣가 곧 리理이니 어찌 반드시 나누어서 둘이라고 하겠는가?"[19]라는 말에서 알 수 있듯 그 또한 '리기불상잡理氣不相雜'을 인정하지 않고 있다. 특히 "우주는 일기一氣의 소사所使이며 일신一神의 소위所爲이라"[20]라는 최시형의 언급 중 '일기一氣의 소사所使'라는 표현은 기를 '부림'의 주체로 이해하고 있다는 점에서 주목할 만하다.

전통적으로 주자학의 리기론에서는 기에 현상계 만물과 변화 배후의 궁극적인 원인이나 변화 작용의 원인 혹은 주체로서의 자격을 부여하지 않는다. 기에 선행하고 기보다 우월하며 기를 지배하는 원리인 리가 있기 때문이다. 기는 어디까지나 그런 리에 의해 생겨난 것으로, 리가 만물을 구성하고 현상의 변화가 일어나도록 하는 데 쓰이는 물질적 바탕이거나 '부림을 당하는' 도구일 뿐이다. 따라서 주자학에서는 우주는 어디까지나 리의 '소사所使', 즉 리의 주재主宰의 결과물인 것으로 이해된다. 그렇게 본다면 최시형의 위와 같은 표현은 리의 독립성을 부정하는, 즉 리란 기를 떠나서 존재할 수 있는 별도의 원리가 아니라 어디까지나 기가 지닌 원리나 법칙일 뿐이라고 보는 사유체계에서나 가능한 것이다. 그러한 입장이 곧 기일원론적 존재론이다.

---

19) 『天道教經典』, 「海月神師法說 · 天地理氣」, 247쪽.
20) 『天道教經典』, 「海月神師法說 · 其他」, 413쪽.

리기이원론에서 기일원론으로의 존재론적 전환이 지니는 의미는 무엇인가? 이에 관해서는 여러 가지로 말할 수 있겠지만, 가장 중요한 사실은 그것으로 인해 존재론적 위계(Ontological Hierarchy)가 부정되고 모든 존재의 일체적 평등의 이론적 근거가 마련되었다는 것이다. 리기이원론에서 리와 기로 대표되는 형이상·형이하 / 본체·현상 / 정靜·동動 / 절대성·상대성 / 불변성·가변성 등의 표현들은 결코 단순한 사실이나 상태에 대한 기술에 그치는 것이 아니다. '운동과 변화 속에 있는 상대적인 형이하의 현상세계'에 비해 '정적인 불변 속에 있는 절대적인 형이상의 본체세계'가 더욱 근본적이고 선행하며 가치적으로 우월한 세계로 이해되기 때문이다. 이점은 주자학적 존재론에서 리기관계가 '리선기후理先氣後', '기생어리氣生於理', '리주기종理主氣從', '리주기노理主氣奴' 등으로 표현되는 데서 단적으로 확인할 수 있다.

이러한 존재론적 위계가 문제가 되는 것은 그것이 곧바로 사회적 관계의 위계질서를 정당화하는 이론적 근거로 기능하기 때문이다. 즉, 전통사회에서 드러나는 지배계층과 피지배계층, 군주와 신하, 남편과 아내, 어른과 아이 같은 관계들 속의 불평등성과 현실적인 억압은 바로 이러한 리기론적 존재론에 의해 정당한 것으로 지지된다는 것이다. 따라서 기일원론으로의 전환은 리의 권능과 우월성을 무화無化시켜 버림으로써 사회적 불평등과 억압의 구조를 부정하고 나아가 동질적인 기의 공유라는 사실에 의거해 인간은 물론이고 만물간의 평등을 운위할 수 있게 하는 존재론적 근거를 제시해 주었다는 의미를 지닌다.

2. 천인합일의 사유

앞에서 언급했듯 주자학에서는 현상적 존재인 사람을 포함한 만물은 리와 기의 결합으로 이루어진다고 본다. 즉 만물이 지닌 원리인 본성(性)과 기질인 육체(形)는 각각 그러한 리와 기에 의해 부여된 것이다.[21] 여기서 주자학은 '리일분수理一分殊'의 명제에 의해 리가 원리로서 만물에 내재되어 있다는 리의 사물상의 편재遍在를 설명하고, '성즉리性卽理'의 명제에 의해 그 리와 사물의 본성을 동일시함으로써 맹자에게서 구체화되었던 유학의 성선설을 인간의 범위를 뛰어넘어 만물에까지 확대 적용하고 있다.[22] 즉, 리는 세계의 보편적인 원인이자 법칙으로서, 기를 품부받아 생겨난 모든 사물에 빠짐없이 내재되어 각 사물의 본성(性)을 이루고 있다는 것이다.[23] 이것은 바로 유학의 전통적인 '천인합일天人合一'의 천인 관계를 리기理氣를 근본 범주로 하는 존재론에 의하여 다시 해명하는 것이다. 즉 하늘과 사람으로 대표되는 만물은 동일한 리를 공유하고 있다는 점에서 동질적이다.

그런데 주자학에서는 동일한 리를 공유하고 있다는 점에서 하늘과 사람이 동질적이기는 하지만, 그것은 어디까지나 원리적인 동질성일 뿐 현실적으로는 하늘과 사람은 차이가 있다고 본다. 사람은 하늘과 달리 기를 품부받아 구성된 기질氣質(육체)을 지니고 있는 존재이며, 바로 그 기질이 본성으로 내재된 리의 온전한 실현을 제약하거나 방해하고 있기 때문이다. 결국 주자학은 리기론을 토대로 리에 의해 하늘과 사람의 본질적인 동질성을 제시하는 동시에, 기에 의해 현실적으로 하늘과 사람 간의 간극間隙 즉 현실적 비동질성을 제시하고 있는 것이다.[24]

---

21) 『朱子大全』, 권58, 「答黃道夫」, "人物之生 必稟此理 然後有性 必稟此氣 然後有形."
22) 『中庸章句』, 1장, "人物之生 各得其所賦之理 以爲健順五常之德 所謂性也"; 『朱子語類』, 권5, 「性理二·性情心意等名義」, "性則純是善底", 『孟子集註』, 권14, 「告子上」, "性卽天理 未有不善者也."
23) 『朱子語類』, 권4, 「性理一·人物之性氣質之性」, "天下無無性之物. 蓋有此物, 則有此性."
24) 이러한 본질적 동질성과 현실적 비동질성이라는 불일치의 틈새에서 주자학적 수양론의 입지가 생기게 된다. 기질의 제약과 방해를 넘어서는 도덕실천의 노력(수양)을 통해 현실적 비동질성을 극복하고 본연의 동질성을 회복해야 함을 말하면서 그 방법에 대해 논의하는 것이 바로 주자학의 수양론이기 때문이다.

동학 역시 유학적 사유의 근간이 되는 천인합일의 사유를 지니고 있다. 그것이 바로 나중에 시천주侍天主 사상으로 구체화되는, 일기一氣를 매개로 한 하늘과 사람의 일체성에 대한 사유이다. 시천주 사상은 사람은 신 즉 하늘을 안에 모시고 있는 존재라는 점에서 하늘과 하나임을 천명하는 것이다. 비록 최제우는 하늘이 무엇인지를 명시적으로 제시하고 있지는 않지만, 그의 언급을 통해서 유추해 본다면 그가 제시하고자 했던 하늘은 바로 지기至氣의 기화氣化 자체를 가리키는 것으로 볼 수 있다.

최제우는 기화를 다양하게 설명하고 있다.25) 천도天道와 귀신鬼神, 조화造化 등은 모두 기화인 하늘에 관한 다양한 이름들이다. 즉 기화 과정에 있는 기가 지닌 일정한 법칙성을 가리켜 천도天道라고 하고, 그것이 음양교체로 인해 변화무쌍함을 일러 귀신鬼神이라 하고, 기화를 통해 만물을 화생하는 자연스러운 작용(無爲而化)을 가리켜 조화造化라고 부른다. 이것은 최시형의 다음과 같은 말에 잘 정리되어 있다.

귀신은 그 기가 형체를 알기 어렵고 움직임을 헤아리기 어려운 것을 말한 것이고, 기운은 그 기가 강건하고 쉼 없이 작용하는 것을 말한 것이고, 조화는 현묘하여 억지로 함이 없음을 말한 것으로, 그 근본을 궁구하면 다만 일기一氣일 뿐이다.26)

기화 자체인 하늘과 기화의 결과인 사람을 비롯한 현상적 존재들은 일기를 매개로 일체적 관계에 있다. 즉, 현상적 존재들은 기가 응취하여 형체를 이룬 것이고 하늘은 기화의 과정에 있는 혼원한 기로서, 하늘의 형체를

---

25) 예를 들면 "원형이정은 天道의 항상적인 법도이다"(「修德文」), "봄가을이 번갈아 나타나고 사시의 성쇠가 있어서 옮기지도 바뀌지도 않으니 이것이 곧 造化의 자취가 천하에 뚜렷이 드러나는 것이다"(「布德文」), "천지역시 鬼神이오 귀신역시 음양인줄 이같이 몰랐으니"(「도덕가」) 등이 그것이다.
26) 『天道敎經典』, 「海月神師法說」, '天地理氣', 247쪽.

볼 수 없다는 점에서 다를 뿐[27] 본질적으로 동일하다. 따라서 이러한 사유는 유학의 전통적 천인합일 사상의 동학적 표현이라고 할 수 있다.

시천주의 천인합일 사상은 유학의 천인합일 사유의 영향을 받았으되 다음과 같은 점에서 다르다. 우선 유학 즉 주자학에 따르면 사람이 본성으로 품부받은 것은 기가 아니라 리이며, 기는 단지 리가 안착할 수 있는 바탕(安頓處)인 형질을 이루는 질료적 요소일 뿐이다. 반면 동학에서는 "양의사상 품기해서 신체발부 받아내어"[28] 생긴 형체는 물론이고 그 속에 담긴 신령까지도 모두 기의 조화의 결과이다. 또한 주자학에서는 리가 현상 속의 사물에 내재되어 본성을 이루고서도 여전히 현상을 초월한 본체의 세계에서 초월적 원리로 남아 있다고 보는 반면, 동학에서는 기가 기화氣化로서 현상세계 속에서 작용하면서 '백천 가지 만물을 그 속에서 화생化生해' 내고 '사시四時의 성쇠'를 이루며 '우로雨露의 은택'을 베풀고 인간사의 '일동일정一動一靜과 일성일패一盛一敗'를 주재한다고 본다. 또한 주자학의 리는 무조작無造作·무계탁無計度의 비활성적이고 정태적인 원리일 뿐[29]인 데 반해, 동학에서 천인합일의 핵심적 매개체가 되는 기는 그것이 기화 과정에 있건 만물 속에 신령으로 있건 한순간도 그침이 없는 영활靈活한 작용성을 본질로 한다. 시천주의 천인합일 사유에서는 일기一氣의 내재성에 근거해 사람과 하늘의 일체성을 강조하는 동시에, 일기인 하늘이 내 밖에도 여전히 기화로 작용하면서 개체와 접하고 있음을 말하기 때문이다. 최제우가 말한 신령神靈과 기화氣化는 바로 하늘의 내재성과 외재성을 동시에 제시하고 있는 개념들이다.

---

27) 오지영, 『東學史』, 5~6쪽, "문: 사람이 한울이라 함은 무엇이뇨? 답: 有形曰 사람이요 無形曰 한울이니, 有形과 無形은 이름은 비록 다르나 理致는 곧 하나니라."

28) 『용담유사』, 「도덕가」.

29) 『朱子語類』, 권1, 「理氣上·太極天地上」, "理却無情意, 無計度, 無造作." 이러한 理의 성격에 대해 牟宗三은 『心體與性體』에서 "실재하기는 하되 활동하지 않는 것"(存有而 不活動)으로 규정하고 있다.

3. 평등적 인간관

동학이 설정한 평등한 존재로서의 인간의 모습을 이끌어 내는 계기는 두 방향에서 주어진다. 하나는 전통유학(주자학)이고 다른 하나는 서학, 즉 천주교이다. 전자가 이론적 이상으로 주어진 계기라면 후자는 눈앞의 현실로서 드러난 계기였다.

유학의 평등적 인간관이란 맹자가 구체화한 그것으로, 모든 사람들에게 도덕적 본성이 구유되어 있으며 따라서 길 가는 사람들 모두가 요순과 같은 사람이라는 인간 이해이다. 이러한 성선론적 입장은 『중용』 등에서는 하늘로부터 선험적으로 본성을 품부받는 것으로 설명되고, 송대 성리학에 이르러서는 리理·기氣 개념을 근간으로 하는 존재론에 의해 정합적인 설명구조를 가지게 된다.

그러나 유학의 도덕본성의 보편적 구유라는 평등적 인간관은 실제로는 이론적 가능성으로만 머문 채 현실의 계급적 사회구조 속에서 한 걸음도 더 나아가지 못하고 실현되지도 못했다. 천인합일의 사유에 근거한 성선론이라는 유학의 평등적 인간관은 그 혁명적 가능성에도 불구하고, 남자와 여자, 군주와 신하, 지배계층과 피지배계층, 어른과 아이, 남편과 아내 등 모든 사회적 관계에 있어서의 선후, 본말, 우열의 질서를 규정하고 있는 현실의 벽을 넘지 못한 채 하나의 이론적 차원의 이상으로만 머물 수밖에 없었던 것이다. 맹자 이래로 유학에서는 "길 가는 사람이 모두 성인이다"라는 선성善性의 보편성을 인정하면서도 사회적 계급, 즉 양반과 상민, 천민의 구분을 용인하고 성에 따른 남자와 여자의 차등을 묵인하며 장유의 잣대로 어린아이의 지위를 부당하게 비하하는 등의 봉건사회의 불평등을 용인하는 상황이 일관되어 왔다. 이는 곧 유가의 이론적 이상이 현실 속에서 실현되지 못하고 좌절된 양상이라고 할 수 있다.

그러나 동학에서는 성선적 인간 이해의 실제적 실현과 실천을 강조한다.

시천주侍天主에 근거한 인간 이해와 실천은 유학적 성선론의 현실적 한계를 넘어서는 새로운 인간관이다. 구체적으로, 최시형은 조선시대의 대표적 불평등인 반상과 적서의 차별을 집안을 망치고 나라를 망치는 근본원인으로 규정한 후 그러한 사회적 차별을 거부하고 사람들 사이에 공경恭敬에 기초한 평등한 관계를 세울 것을 말하고 있다.30) 이는 일기를 매개로 한 만유평등성의 인정과 실현을 요구하는 것으로, 기일원론적 존재론이 성선론적 평등사상으로 전개되고, 그것이 다시 실제적인 실천으로 이어지는 단적인 사례이다.

주자학과 동학의 평등사상이 지닌 이러한 현실 실천에서의 차이는 다음과 같은 두 가지의 서로 다른 조건을 반영하고 있다.

하나는 사상 주체의 상이함이다. 전자가 부단히 지배자 중심의 이념으로 기능해 온 것이라면, 동학은 유학과의 내용적 유사성에도 불구하고 당시의 위계에서 말단에 서 있던 피지배계급의 염원을 담지하고 있는 사상이다. 따라서 유학이 그 자체에 평등적 인간관의 가능성을 내재하고 있음에도 불구하고 현실에서는 지배관계를 합리화하기 위해 온갖 사회적 차별의 정당성을 제시해 왔던 반면, 동학은 주자학의 현실적 한계에서 벗어나려 하고 또 지배자 중심의 차별을 정당화하는 논리를 극복하려는 분명한 자각을 지니고 있었다.

또 하나의 상이함은 인성론의 배경이 되는 존재론의 차이이다. 주자학은 천인합일과 성선설에 기초한 평등적 인간관의 가능성에도 불구하고, 리기론에 근거한 존재론적 위계를 현실의 사회적 관계에 그대로 적용함으로써 불평등한 인간관계를 정당화하는 데에 이르고 만다. 반면 동학에서는 초기 명제인 최제우의 '시천주侍天主'든 최시형과 손병희로 이어져 한층 적극적으로 천명된 '인내천人乃天'이든, 모두 기일원론적 존재론을 이론적 전제

---

30) 『天道教經典』, 「海月神師法說」, '布德'.

로 삼고 있다. 이는 일기一氣의 동일성을 근거로 나와 하늘이 하나임을 말한 후, 그것이 나에게만 해당되는 것이 아니라 나와 다를 바 없이 일기의 '소사所使'인 다른 모든 사람들에게서도 마찬가지임을 강조한다. 이러한 철저한 기일원론적 존재론에서는 리기이원론에서와 같은 존재론적 위계론의 틈입을 원천적으로 허용하지 않는다.

4. 내면적 수양의 강조

최제우의 동학창도 당시의 상황은 주자학이 형식적 의례와 외적 규제로 전락함으로써 자율적 규범으로서의 기능을 상실하고 현실과 유리되어 가고 있었다. 최제우는 인의예지의 덕목과 오륜五倫의 규범이 운위되고 있음에도 사람들의 마음과 풍속이 흉흉하기 짝이 없는 당시의 사회상을 보고 유학도 누천년에 그 생명을 다한 것은 아닌가 회의하게 되었다.[31] 그것은 아마도 리의 편재성에 근거해 외재적 진리를 대상으로 하는 궁리공부를 중시했던 주자학적 수양방법의 말폐와 자율적 도덕의식의 상실에 따른 현실의 모순상이었을 것이다. 이러한 상황에 대해 최제우가 유학에 대한 경정更正인 동학을 통해 수양론적 맥락에서 내놓은 처방은 두 가지였다. 먼저 이에 관한 최제우의 언급을 살펴보자.

열세 자 지극하면 만권시서萬卷詩書 무엇하며 심학心學이라 하였으니 불망기의不忘其意 하였어라.[32]

십년을 공부해서 도성입덕道成立德 되게 되면 속성速成이라 하지마는 무극無極한 이내 도道는 삼년불성三年不成 되게 되면 그 아니 헛말인가.[33]

---

31) 『용담유사』, 「권학가」, "부자유친 군신유의 부부유별 장유유서 붕우유신 있지마는 인심 풍속 괴이하다"; 『교훈가』, "유도 불도 누천년에 운이 역시 다했던가."

32) 『용담유사』, 「교훈가」.

이 말은, 외재적 규범에 따르는 타율적이고 형식적인 수양방법을 거부하고 개개 주체에게 부여된 선험적 덕성의 존재와 그것을 실현해 낼 수 있는 능력인 심心을 자각하고 지켜내려는 것이며, 동시에 외재적 도덕률에 행위를 피동적으로 일치시키는 데에서 벗어나 도덕인격 실현의 거점을 내면에 설정하려는 것이다. 이것이 옛 성인의 '인의예지仁義禮智'의 가르침과 나란히 내세운 그의 '수심정기守心正氣'의 수양방법이다. 여기서 최제우는 외물을 대상으로 하는 탐구 즉 궁리窮理를 중시하는 주자학과 대비되는 심학心學을 제시하고 있다.[34] 그것은 주자학 지배의 현실 속에서 독서 같은 외재적 진리의 섭렵인 궁리에 치중하거나 오륜 등 도덕규범을 피동적으로 수용함으로써 초래되는 지리함과 타율성의 폐단에서 벗어나 내면의 주체에 대한 성찰과 자각을 회복해야 함을 말한 것이다. 즉, 그것은 곧 외재적 진리나 규범에 기울었던 중심을 사람, 정확히 말하면 심心에로 되돌리는 것이며, 진리든 규범이든 어디까지나 사람의 진리이고 사람의 규범일 뿐임을 확인하려는 것이다.

결국 「수덕문修德文」에서 "인의예지仁義禮智는 옛 성인의 가르친 바요, 수심정기守心正氣는 내가 다시 정한 것이니라"[35]라고 한 최제우의 말은 인의예지의 유학적 도덕규범을 일단 긍정하면서도 그것이 하나의 외재적 강제로 전락시킴으로써 현실적 기능성을 상실한 당시의 현실을 비판하려는 의도를 담은 것이었다.

최제우가 내놓은 또 하나의 처방은 수양공부의 간이화와 대중화이다. 그

---

33) 『용담유사』, 「도수사」.
34) 물론 여기서 최제우가 언급한 心學이라는 것은 흔히 성리학 내부 理學이나 氣學과 대비되며 陸王으로 대표되는 특정한 사상유파를 가리킨 것은 아니다. 그렇기는 하지만, 그는 심학이라는 용어를 통해 만권시서의 섭렵과 같이 마음 밖의 외물을 대상으로 한 道問學의 방법을 지양하고 내면의 마음 위에서의 수양공부의 필요성을 강조하고 있는 것은 분명하다.
35) 『東經大全』, 「修德文」, "仁義禮智, 先聖之所敎, 守心正氣, 唯我之更定."

는 '심학'이라는 표현을 통해 주로 내면의 심心이라는 수양공부의 착수처를 제시하면서 그에 부응하는 다양한 간이화와 대중화의 방법도 제시했다. 전통적으로 유학 특히 주자학에서는 도덕적 완성이라는 목표에 이르는 방법으로 독서, 강학 등 장기간의 학습을 요하는 과정을 설정하고 있다. 이것은 일반 서민을 포함한 기층민중들에게는 그림의 떡과 같은 것이고, 결국 소수의 특권적 독서계층의 독점물이 될 수밖에 없다. 그렇기 때문에 최제우는 3년 이내, 혹은 입교한 그날부터 도성덕립道成德立이 가능한 동학에의 길로 들어서기를 권유한 것이다. 그 방법은 바로 '시천주侍天主'로서의 자신의 존재에 대한 흔들림 없는 굳은 믿음과 천주에 대한 경외심을 지니는 것이었다.

동학의 핵심 사상인 '시천주侍天主' 신앙은 하늘이 내 안에 들어와 있다는 사실에 대한 믿음이다. 「교훈가」의 "입도한 세상사람 그날부터 군자되어 무위이화 될 것이니 지상신선 네 아니냐"라는 말처럼 이미 천주를 모시고 있는 존재인 이상 중요한 것은 그에 대한 깨달음과 믿음이며, 깨달음과 믿음 이후에는 일상 속에서 정성스러움과 공경스러움으로 천주를 모셔 내는 일만이 남아 있을 뿐이다. 최제우가 만권시서의 독파보다 효과적이라고 했던 13자 주문의 염송 역시 이러한 시천주로서의 자신에 대한 자기확신을 심는 한 방법으로 이해할 수 있을 것이다. 결국 시천주로서의 자신의 존재를 자각하면 "그날부터 군자가 된다"는 동학의 수양론은, 유학적 수양론의 간이화, 보편화, 대중화라고 할 수 있다.

4. 나오는 말

이상에서 우리는 유학의 영향을 중심으로 동학사상을 검토해 보았다. 이를 통해 유학이 최제우의 동학창도에 사유의 내용과 형식 모두에 걸쳐 중요한 영향을 미쳤음을 확인할 수 있었다.

동학교도들 스스로 "우리 동학은 유불선 삼교三敎이다"라고 하거나 좀 더 구체적으로는 "셋을 합하여 하나로 함에 그 장점을 취하고 단점을 버렸다"[36]라고 밝히고는 있지만, 객관적으로 볼 때 동학은 유불선 삼교의 균등한 절충이라고는 할 수 없다. 무엇보다 동학의 근본적 지향인 도덕중심주의적 사유는 전적으로 유학의 영향으로 인한 것이라고 보아야 할 것이다. 하늘에 의해 나서 하늘을 모시면서 하늘 속에서 살아가는 도덕적 본성을 구유한 존재인 인간이 수양을 통해 도성덕립道成德立의 도덕적 인격의 완성에 이르는 것을 목표로 설정하고 있는 것이 그것이다. 이것이 유학의 영향으로 인해 동학이 띠게 되는 근본적 지향이며, 이 점이 바로 두 사상체계의 '대동大同'적 요소이다.

'대동'의 요소는 근본적 지향이라는 내용적 측면뿐 아니라 유학의 영향을 받은 사유형식에서도 발견된다. 유학은 북송 시기에 와서 정합적 이론구조에 의해 지지되는 확고한 실천윤리의 구축을 기도하는데, 그것은 바로 다름 아닌 성리학(송명리학)이다. 성리학은 본체론(존재론)과 인성론(인간론)과 수양론(도덕실천론)이 긴밀하게 결합된 사유구조 속에서 인간의 도덕적 본성의 근원과 구조, 그리고 그 본성의 실현방법 등을 논하게 되는데, 그것을 위해 동원되는 이론적 틀이 바로 천인합일天人合一의 사유와 리기론理氣論이다. 그런데 앞의 논의에서 우리는 이러한 성리학의 사유형식이 동학에서도 그대로 수용되어 사용되고 있음을 확인할 수 있었다. 따라서 동학은 그 사유형식에 있어서도 역시 유학과 '대동大同'의 측면을 지니고 있다고 말할 수 있을 것이다.

그렇다면 동학으로 하여금 유학을 넘어서서 당대의 현실 속에서 민중의

---

36) 『東學文書』, 「各道東學儒生議送單子」, 60쪽.

염원에 부응하고 새로운 시대를 여는 사상일 수 있게 한 단서가 되는 '소이 小異'는 어디에 있는 것인가? 우리는 그 가장 중요한 계기는 존재론 상에서 주자학의 리기이원理氣二元의 사유체계를 기일원氣一元의 사유체계로 전환하는 데서 시작되었음을 확인할 수 있었다. 즉, 그러한 존재론적 전환을 통하여 현실의 불평등의 근거가 되었던 존재론적 위계를 부정하면서 동학은 사람과 만물을 포함한 만유의 평등이라는 사유에 이르게 된 것이다. '범재신론汎在神論'(Panentheism)으로 불리는 동학 특유의 하늘에 대한 사유와 근대사상적 요소로서의 인간평등사상은 모두 이러한 존재론적 전환으로 인해 가능해졌다. 또한 그것은 동학으로 하여금 근대개벽기이던 당시는 물론이고 현재도 여전히 대안적 사상으로서의 모색가능성을 열어 놓게 해 주는 계기가 되었다.

동학과 유학의 관계를 어떻게 설정할 것인가는 관점에 따라 차이가 있을 수 있다. 동학사상 내부에는 유학에 대한 부정과 긍정의 양면이 모두 존재하기 때문이다. 논자의 경우에는 사상사의 연속성을 고려할 때 동학을 유학적 지향의 완성형으로 볼 수도 있겠다고 생각한다. 그것은 최제우의 의도가 어떠했느냐 하는 것과는 무관하다. 그러한 생각의 근거는 유학이 기획하고 지향했지만 미완에 그쳤던 궁극적인 이상의 실현을 동학에서 발견할 수 있다는 점에 있다. 즉, 중세사상인 유학에서는 당초의 지향에도 불구하고 봉건사회의 현실적 한계로 인해 이론적 천명이나 불완전한 구현으로 머물 수밖에 없었던 인간존중과 만인평등의 사상이 동학에 이르러 근대적으로 구현되고 완성되었다고 할 수 있다는 것이다.

유학은 성선론적 인간관에 기초한 평등사상의 단서를 지녔고 선한 본성을 실현하는 방법에 있어서 내성주의內省主義적 수양과 현실에서의 실천을 아울러 강조하고 있지만, 현실경영의 이념이라는 한계로 인해 그것이 철저하게 관철되지 못했다. 그리하여 유학은 마침내 조선 후기의 현실 속에서 타율적 형식규범으로 전락해 버림으로써 개인의 수양과 현실타개 모두에 무력하고 쓸모없게 되는 상황에 처하고 말았다. 동학이 지닌 유학과의 '소이小異'는 이러한 상황에 빠진 유학에 대한 최제우의 경정에서 비롯되었다.

그리스도교와 천도교의 신관 비교

김 용 해

1. 들어가는 말

수운 최제우는 동학과 서학을 비교하면서, "운즉일야運則一也요 도즉동
야道則同也나 리즉비야理則非也니라"[1]라고 하여 두 가르침의 운運과 도道
는 동일하되 이치는 서로 다르다고 하였다. 궁극적인 진리(道)와 그 진리의
자기계시인 역사(運)는 하나이지만 언어와 문화 안에서 표현되는 이치(理)
는 다르다. 수운의 이 한마디는 종교 간의 대화가 본질적으로 어떻게 가능
하고 어떻게 진행되어야 할 것인지를 제시하고 있어서 종교철학의 출발점
으로 삼을 만하다.

신앙의 대상인 신에 대한 이념은 어떤 문자화된 이론이라기보다는 신앙
행위를 하는 살아 있는 종교공동체와 관련 있기 때문에 그 성원이 아니면
본질적으로 파악할 수 없다. 따라서 두 종교의 신관을 엄밀한 의미에서 비
교한다는 것은 원래부터 불가능한 일일지도 모른다. 여기서는 단지 논의의
대상을 양 종교의 경전으로 한정하여 그 경전이 스스로 드러내는 자기구조

---

1) 『東經大全』, 「論學文」; 『天道敎經典』(1998), 30쪽.

와 논리에 따라 이해하면서 신관을 대략적으로 모델화하여 파악하고 이를 비교하는 것에 만족해야 한다.

이 작업은 선교를 위한 목적이 아니고 타자를 통해 자기를 보기 위한 개방적 담론을 목적으로 하기에 가능한 한 객관적으로 시도하려 하지만 그리스도 신자인 필자의 주관성과 관심이 게재될 수밖에 없는 한계를 띠고 있다. 그러나 이런 대화와 나눔을 통해 양 종교 신자들이 서로 자기 자신의 정체성을 확인하고, 타자를 통해 자기 안에 없는 것, 잊혀진 것, 아직 발전되지 못한 것을 발견하여 자기정체성을 더욱 풍부하게 가꾸는 것도 또 하나의 종교적 행위에 해당한다고 생각한다. 종교성은 진리를 표현하는 이치, 즉 언어와 개념에 사로잡히는 것이 아니라 그 이치보다 더 큰 진리 자체를 지향하기 때문이다.

그동안의 양 종교의 신관 연구가 개념적인 차원에서 나란히 소개되고 구별하는 기회는 마련했지만, 그 개념이 담고 있는 관계지평에 관한 연구와 더불어 개념이 내포하고 있는 내용들이 본격적으로 비교되지는 않았다. 이 작은 논문에서는 우선 그리스도교와 천도교(동학)의 신관을 경전을 중심으로 찾아보고, 그런 다음 양 종교의 신-인간-자연 관계 구조 속에서 인식론적, 존재론적, 우주론적 기본전제를 파악하면서 신관의 개념들을 비교해 보기로 한다.

2. 그리스도교와 천도교의 신관념

1. 그리스도교의 신: 삼위일체적 하느님

1) 구약성서

구약성서는 이스라엘 민족에게서 과거의 유목 시절부터 전해내려 온 야

훼 신에 대한 세 가지 전승을 담고 있다.[2]

첫째, 이스라엘 민족에게 대대로 축복을 약속하는 '선조들의 신'에 관한 것이다. 이 '선조들의 신'은 처음에는 특정한 성소聖所와 연결되어 있지 않고, 여기저기 이동하며 사는 한 씨족의 족장에게 자신을 계시하면서 그에게 인도와 방어, 후손과 땅의 차지를 약속한다.[3] 미래의 지평을 열어 주고 미래를 희망케 하는 약속의 조상신들은 이후 유목민족이 정착할 시기에는 문화의 중심지인 지역성소의 엘 신성(El-Gottheit)과 동일화되면서, 아브라함과 야곱에게 약속하는 예에서처럼 이스라엘 민족에게 자신의 존재를 드러내고 자신의 뜻을 말한다.[4] 이처럼 약속과 희망은, 첫 선조들의 종교에서의 특징으로서 상像를 허용하지 않는 유일신에 대한 공경과 함께 미래를 지시하는 말씀에 대한 신뢰로서 신관념의 중요한 구성요소가 된다.

둘째, 출애굽 해방에서 체험한 자유와 생명으로 이끄는 신에 관한 전승이다. 이스라엘에게 근본적인 신앙고백이 된 출애굽 사건(이집트로부터의 해방과 생명의 보존 체험)은 약속의 이행으로 나타난다.[5] 가장 오래된 약속이행의 체험을 노래로 지어 불렀는데, 이것은 박해자 앞에서 구원을 노래하는 것으로 되어 있다.[6] 여기서 이 사건이 인간의 협조 없이 오로지 신의 행위로 일어났음을 고백한다. 야훼의 약속이행은 다음에서 언급되겠지만 야훼가 이스라엘과 맺은 계약의 성실한 의무수행으로 볼 수 있다.

셋째, 출애굽 이후 시나이 산에서 모세와 백성들에게 자기 모습을 드러

2) W. H. Schmidt, "Gott im Allten Testament", Historisches Woerterbuch der Philosophie, Bd. 3, p725.
3) '아브라함, 이삭, 야곱의 하느님'으로 정형화된 신이 그 예이다. 창세기 12, 1 이하; 15, 1 이하; 25, 23 이하; 32, 23 이하 등에서 야훼 하느님은 아브라함과 그의 후손에게 반복적으로 자기와의 약속을 이어간다. 선조들의 신에 관해서는 H. Weidmann, Die Patriachen und ihre Religion im Licht der Forschung seit Julius Wellhausen (Goetingen, 1968) 참고.
4) 창세기 18; 28, 10 이하.
5) 출애굽기 3, 7 이하; 20, 2; 호세아 12, 20; 13, 4.
6) 출애굽기 8, 21에서 미리암은 "야훼를 찬양하여라. 그지없이 높으신 분, 기마와 기병을 바다에 처넣으셨다"로 노래하여 이집트에서의 해방은 야훼의 직접적인 개입에 의해 이루어졌다고 보도한다.

낸 신에 관한 기사이다. 이스라엘에게 가장 기초적인 계시인 시나이 산에 서의 신神의 현현顯現(Theophanie)은 본질적으로 세 가지 요소로 구성되어 있는데, 자연 안에서의 신의 현현, 계약체결7) 즉 신과 민족 사이의 약속의 공동체 설립, 그리고 법규전달8)이 그것이다. 신명기적인 계약 사상의 핵심 은, 야훼 입장에서는 이스라엘에 대한 특별한 관계를 유지하는 자기의무이 고 이스라엘 입장에서는 야훼만을 공경하고 십계명으로 상징되는 율법의 준수이다. 인간의 공동체적 삶에서의 도덕과 법(수평적 관계)은 신과의 관계 맺음(수직적 관계)의 결과로서 작용한다.

위의 전승들에서 발생한 야훼신앙을 슈미트(W. H. Schmidt)는 다음과 같 이 이스라엘의 주변에서는 찾아볼 수 없는 특징 세 가지로 요약한다.9)

첫째, 고대오리엔트 지역은 여러 종류의 일신적인 경향을 알고 있었지만 다른 이방인 신들을 금지하는 배타적인 신을 아직 알지 못했다.10) "너희는 내 앞에서 다른 신을 모시지 못한다"11)는 십계명의 제1계명은 당위이자 사 실 표명으로, 이것은 고대시대의 표현으로 아직 다른 신들의 존재를 부인 하는 것을 의미했다고 하기보다는 그들의 능력을 부정하는 것이다. 주석학 적으로 볼 때 구약성서에서 엄격한 의미의, 즉 야훼 이외의 다른 신들을 일절 부정하는 유일신관(Monotheismus)은 엘리야, 엘리사, 아모스 등의 예언 자시대에 시작되어 기원전 6세기 바빌론유배시절 이후에야 완전히 정형화 되었고,12) 그 이전에는 일신숭배(Monolatrie)로 신들의 존재에 대해 질문을

---

7) 가장 오래된 보고는 출애굽기 19, 16-20 또는 24, 9-11.
8) 십계명(출 20)과 계약서(출 20, 22-23)와 같은 계명집들은 후에 시나이 시기에 삽입된 것 으로 본다.
9) Schmidt, "Gott im Allten Testament", *Historisches Woerterbuch der Philosophie*, Bd. 3, p725.
10) 여기에 관해서는 E. Hornung, *Der Eine und die Vielen* (1971)을 참조하라.
11) 출애 20, 2. 이 계명은 출애 22, 20; 23, 13; 34, 14; 신명 6, 5; 호세아 13, 4; 이사야 43, 11 등 구약성서 곳곳에서 강조되어 있다.
12) 유배 시(기원전 587~538)에 쓰였던 제2이사야와 신명기가 대표적인, 유형화된 유일신 관을 보여 준다. "너 이스라엘아 들어라! 우리의 하느님은 야훼이시다. 야훼는 유일하 신 분이시다. 그러므로 마음을 다 기울이고 정성을 다 바치고 힘을 다 쏟아 너의 하느

던지지 않는 채 야훼에 대한 특별한 방식의 인격적 숭배를 해 왔다고 보는 것이 일반적이다.13) 배타적 유일신 신앙의 결과 구약성서의 많은 부분에서는 악마신앙, 주술, 신화 등에 대하여 비판적인 태도를 보이면서 주변 지역의 종교들에서 받아들인 신에 대한 상상이나 신의 능력을 야훼께 귀속시켜 나간다.14)

둘째, 십계명의 둘째 계명 "너희는 너희 하느님의 이름 '야훼'를 함부로 부르지 못한다"는 단지 하느님의 상(그림)을 금지하는 것일 뿐 모든 예술을 금지하는 것은 아니다. 하느님을 세속적으로(인간적으로) 상상하는 것이 거룩하고 초월적이며 유일한 그분을 모독하는 것이라고 한 것은 모든 우상과 하느님 자신을 구별하고 있다는 의미이다.15) 야훼 신은 원칙적으로 볼 수 없는 존재일 뿐만 아니라 그를 보는 것은 위험한 일이다.16) 따라서 신을 보는 일은 지극한 소수에게만 허용된다.17) 그러나 미래에는 모든 이들에게 열려 있다.18)

셋째, 신이 출애굽사건에서 억압받는 이들을 위한 행위에서 인식된 이후 신이해와 역사이해는 분리할 수 없이 서로 연결된다. 경신례적인 축제, 율법, 그리고 노래들은 야훼 하느님에 대한 체험의 기억을 위해 쓰이고, 이제

님 야훼를 사랑하여라."(신명 6, 4-5)

13) Dorthea Sattler / Theodor Schneider, "Gotteslehre" *Handbuch der Dogmatik*, (Patmos-Verl. 1992), pp67~71.

14) 예컨대 제2계명, "너희는 너희 하느님의 이름 야훼를 함부로 부르지 못한다"는 제1계명의 결과로 볼 수 있고, 민수기 23, 23의 "이제는 사람들이 야곱에게 말하리라. '하느님께서 이렇듯이 큰일을 하셨구나'하고 이스라엘에게 말하리라"라는 구절도 같은 맥락으로 볼 수 있다. 여기에 대해서는 W. H. Schmidt, *Das erste Gebote* (1969) 참고. 모세 무리의 야훼 흠숭은 가나안 정착 후 가나안 지역의 신앙, 즉 創造神 엘(El/Ilu)과 多産神 바알의 속성을 통합한다. Dorthea Sattler, *Handbuch der Dogmatik*, p68 참고.

15) 출애굽 20, 3 이하. 23; 레위 19, 4; 신명 4, 12. 15 이하; 호세아 8, 4 이하 등 참고. 그러나 언어로 표현하는 상(호세아 5, 12; 14, 13 등)은 아무 거리낌 없이 사용된다.

16) 출애굽 33, 20에는 "그러나 나의 얼굴만은 보지 못한다. 나를 보고 나서 사는 사람이 없다"고 야훼께서 말한다. 출애 3, 6; 19, 21; 판관 13, 22; 열왕 19, 13; 이사야 6, 2 참고.

17) 창세 32, 30; 민수 12, 7 이하; 신명 34, 10; 이사야 6, 1; 에제키엘 1, 28.

18) 에제키엘 20, 35; 이사야 40, 5; 52, 7 이하.

이스라엘 왕국이 역사화되었음을 알 수 있다.[19] 신의 역사 안으로의 개입은 기적 등과 같은 일을 역사 안에서 한다는 의미가 아니라, 세속적인 역사가 하느님의 활동으로 간주되어야 한다는 뜻이다. 그리하여 하느님이 활동하고 있는 세계의 역사에서 인간의 자유와 책임은 결코 배제되는 것이 아니라 포함된다.[20] 이런 신관 때문에 예언자들은 이방인들의 권력을 이스라엘 하느님의 도구로 볼 수 있게 되었고, 마침내 하느님의 나라가 세상의 권력을 남김없이 종말에 처할 것이라는, 보편역사의 종말론적 전망까지 예견하고 희망하게 된다.[21]

그 의미를 가지고 분분한 견해가 있는, 모세가 체험한 신의 이름 '야훼'(Jahwe)는 일반적으로 "나는 있는 자 바로 그이다, 스스로 있는 자이다"라는 의미[22]로 알고 있는데, 최근에는 "그는 있다, 그는 자신을 힘이 있고 유용한 존재로 드러낸다"는 뜻으로 보는 견해가 힘을 얻고 있다.[23] 야훼가 어원적으로 원래 어떤 뜻이었는지는 의견이 분분하더라도, 공통적으로 이 이름이 신의 본질과 관련해서 말해 주고 있으며, 그것은 존재와 관련하여 어떤 것으로부터 의존된 존재(per se)가 아니라 '스스로 있는 존재'(a se)이며 '모든 존재자에게 그렇게 존재하도록 가능케 하는 존재'라는 의미를 담고 있다고 해석해 오고 있다. 이 야훼 이름은 후에 '주님'(Adonay, Kyrios)이라는 명칭으로 대체되며, 일반적인 하느님(Elohim)[24]이라는 개념으로는 사용

---

19) 신명 17, 14; 사무엘I 8, 5. 20; 호세아 8, 4.

20) 창세 1, 28; 6, 5; 8, 21.

21) 다니엘 2; 7.

22) 신약성서의 요한복음 사가가 예수를 'ego eimi'(나 스스로 있는 자 : 8, 58)로 표현함으로써 예수와 야훼를 연결시키고 있다는 점에서도 이 의미로 해석하는 것이 무리가 아니라고 본다.

23) Schmidt, "Gott im Allten Testament", *Historisches Woerterbuch der Philosophie*, Bd. 3, p726. 이에 대해 W. v. Soden, "Jahwe, <Er ist, Er erweist sich.>", *Welt des Orients* 3 (1966), pp177-187 참고

24) 엘로힘(Elohim)은 '힘이 있는, 앞에 있는'이라는 뜻의 'Eloah' 혹은 'El'의 복수형으로 위엄과 위대함을 강조하기 위해 복수형으로 쓰는 히브리어의 용법에서 나온 단어인데, 야훼라는 단어 다음으로 많이 쓰인 이름(2500회 이상)이다. 이 말에서 Alah가 파생된다.

되지 않았다. 신의 속성인 '질투하는', '거룩한', '살아 있는' 등은 비교적 적게 나오는 편이고, 고백 형식으로 굳어져서 자주 쓰인 신의 본질은 '자비롭고, 은혜로우며, 오래 참고 인내가 많은' 것으로 서술된다. 그러나 모든 수식어들은 신이 누구인지를 본질적으로 진술하기보다는 그가 어떤 태도를 보이는가를 진술하고 있다고 봐야 한다.

구전되어 오던 선포를 후에 문자를 통해 알게 된 소위 문자예언자들은 미래에 도래할 결정적인 계시啓示(하느님이 자신을 드러냄), 즉 최후의 심판과 심판 후에 바로 이어질 구원을 고대했다. 하느님의 말씀 안에 전취前取한 이 미래를 통해서 그들은 전통에 반대하였다:

> 내 백성 이스라엘 위에 종말이 왔다. 너희는 이제 내 백성이 아니고, 나도 너희를 위해 있지 않다.[25]

자신의 백성을 위해 행하는 하느님의 전쟁에 대한 기억에서부터 자기 백성을 심판하기 위한 하느님의 전쟁 위협으로 변하고,[26] 지위 높은 사회계층과 이스라엘 왕국도, 성소나 축제, 제물도 모두 비판의 대상이 된다.[27] 인간이 미래에 스스로를 자유로이 만들 수 있다는 전제는 이제 예언자들에게서는 무너져 버렸기 때문에,[28] 그들은 하느님께 인간의 변화와, 궁극적으로는 새로운 세계의 도래를 기대한다.[29] 과거에 발생한 모든 것들, 즉 창조나 이집트에서의 해방, 신의 현현, 계약 등과 같은 일들이 예언자적인 기대에서는 다시 미래의 일로 되고, 그럼으로써 그것은 현재를 위한 비판적 요소를 내포하게 된다. 예컨대 진정한 왕은 지금 권좌에 있는 왕이 아니고

---

25) 아모스 8, 2; 호세아 1, 9; 이사야 6, 9 이하; 22, 14; 예레미아 1, 14; 7, 16 등.
26) 아모스 2, 14 이하; 이사야 28, 21.
27) 사무엘II 12; 열왕I 21; 열왕II 1; 아모스 2, 6 이하; 이사야 3, 1 이하; 호세아 1, 4 등.
28) 호세아 5, 4; 예레미아 2, 22; 6, 27 이하; 13, 23.
29) 에제키엘 36, 26; 예레미아 31, 33 이하; 요엘 3, 1 이하 등.

미래에 올 자이다.30)

하느님의 전능이 하느님의 백성, 이스라엘의 고난에서 드러날 수 있을 것이라는 예언자들의 통찰은 이스라엘로 하여금 유배 시나 후에 나빠진 관계에서도 신앙을 지켜나갈 수 있도록 했다. 정치적인 식민 상태의 조건 하에서 하느님은 세상의 희망이 되었고, 그를 통해서 그가 전에 살았던 경계를 뛰어넘게 되었다. 민족(백성)의 신은 이제 세계의 신이 된다.31) 이스라엘뿐만 아니라 모든 민족들이 그에게 고백할 것이고,32) 죽음은 이제 더 이상 하느님과의 관계의 종점이 아니다.33) 그리하여 신앙의 영역은 계속해서 더 넓어져 간다. 경험한 역사뿐만 아니라 실재 일반 모두가 유일한 신이 다스리는 영역과 관련되기 때문이다. 유일한 야훼 신의 배타성은 어떤 한 공간(영역)에 제한되어 있는 것을 용납할 수 없다. 그분은 이제 시간, 공간, 세상의 모든 것을 창조하신 창조주이다. 제관기 전통에 속하는 '무無에서의 창조설화'(창세기 1, 1-2, 3)가 유배시기(기원전 6세기)에 형성되었다는 사실은34) 이스라엘의 신관이 민족의 처참한 운명을 겪고 난 이후에야 자신들이 믿는 유일신 야훼가 그들의 역사와 공간을 훨씬 뛰어넘어 있다는 것을 고백하는 것이 된다. 야훼는 공간과 시간을 초월한다. 야훼는 시간을 지배하는 분이고, 공간에 제한되는 분이 아니다. 시간을 뛰어넘어 있기 때문에 그는 동시에 시간 안에 항상 현존해 있는 분이다.

이사야서에서 야훼 하느님이 '거룩하시다'(qadosch)35)고 한 것은, 이 형용

---

30) 이사야 11, 1 이하; 미가 5, 1 이하 등.
31) 시편 33, 8. 13; 136, 26; 전도 5, 1; 요나 1, 9 등.
32) 이사야 2, 2 이하; 11, 10; 45, 6. 23이하; 스바니야 2, 11; 자카리아 2, 15; 14, 9. 16 등.
33) 시편 88, 6 이하; 욥 14; 이사야의 희망: 이사야 25, 8; 26, 19; 시편 22, 28 이하; 인간과 자연 사이의 평화를 기다림: 이사야 11, 6 이하; 65, 20 이하.
34) 창세기는 그 전에 여러 모습으로 형성된 전승들이 6세기에 완성된 모습으로 편집되었는데 메소포타미아의 문화, 특히 길가메쉬 서사시(Gilgamesh Epic), 에누마 엘리쉬(Enuma Elish), 아트라하시스(Atrahasis) 이야기의 구조와 내용이 참조되었다. 이에 대해서는 Richard J. Clifford / Roland E. Murphy, "Genesis", The New Jerome Biblical Commentary (Geoffrey Chapman 1989), p8 참조.

사가 의미하듯이 하느님이 '우리와는 분리된, 특별한' 존재라는 뜻이다. 즉 그분의 존재양태, 역사 안에 내재하면서 초월해 있는 그 이율배반적인 양 태 때문에 붙여진 것이다.

2) 신약성서[36]

위에서 보았듯이 이스라엘의 하느님 신앙은 역사신학적으로 정초되었 는데 그리스도교의 초대 공동체도 예수의 삶과 죽음 그리고 부활에 대한 경험을 역사신학적으로 그들의 신앙을 위해 기초한다. 구약의 유대인들은 보이지 않는 초월적 실재를 야훼로 고백했지만, 그리스도교인들은 역사 속 에 계시된 실재이신 예수가 바로 그 주(야훼)라고 고백한다.[37]

예수는 유대인으로서 자신의 신관을 조상들의 신앙의 뿌리라 할 수 있 는 구약성서의 신관념으로 돌아가 파악하고 이를 새롭게 해석한다. 따라서 신약성서의 신에 대한 이해는 예수 그리스도의 인격, 가르침 그리고 그의 행동과 아주 밀접하게 연결되어 있다. 그럼에도 예수의 하느님은 구약에서 전한 선조들의 하느님이다. 예수는 구약성서의 신관념을 하느님 나라의 선 포와 관련해서 연결짓는데, 하느님 나라는 그의 행위와 가르침 안에서 발 생하고 실행되고 있는 것으로 신약성서는 보도한다. 하느님 나라, 즉 하느 님이 지배하는 세계는 저승에 있는 것이 아니라 바로 예수의 가르침과 행 동 안에서 시작되고 경험 가능한 것이 되었다. 그러나 하느님의 나라의 완 성은 오로지 하느님에 의해서 인도될 것이다. 따라서 하느님 나라는 주어 지는 것, 즉 선물의 성격을 갖고 있다. 예수는 하느님의 가르침들을 그것들 의 순수한 원천인 구약의 하느님체험에 조회할 것을 강조하며 그것을 심화

---

35) 이사야 6, 1-5.
36) 여기에 서술한 신약성서에서의 신 관념의 구성 전개는 주로 H. Gross의 "Gott im Neuen Testament"(in HWP)에서 크게 도움을 받았다.
37) 필립비 2, 5-11.

시킨다.38) 그 역시 때때로 당시 유대교에서 그러했던 것처럼 은폐된 하느님의 이름들, 즉 '하늘'39)이나 '하느님의 천사'40)와 같은 말들을 사용한다. 하느님의 계시가 예수 안에서 최고점에 도달했다는 것은 산상수훈의 안티테제(너희는 ~을 들었다. 그러나 나는 이렇게 말한다)로 알 수 있는바, 거기에서는 예수가 구약성서의 계약중계자인 모세보다 더욱 큰 인물임이 드러난다.41) 그리고 역사의 주님이신 하느님의 전능하심은 구원과 심판에서 무한함이 밝혀진다.42)

예수의 인격 안에서 드러나는 하느님의 전능하심은 마태오복음 1장 14절 이하에서 언급된 대로 예정된 가계家系에 따라 인간의 구원에 개입하게 된다. 그의 '인간으로 오심'(Incarnation)이 궁극적으로 하느님의 사랑을 계시한다면,43) 따라서 예수를 반대하는 자들에게 있어서 그는 무자비한 앙화를 부르게 될 존재이다. 이러한 예수의 심판에 관한 언명이나 그를 반대하는 사람들과의 긴장관계의 이면에는 하느님의 자비로운 사랑에 대한 예수의 강력한 선포가 있다. 하느님의 사랑이 인간에게 그의 회심보다 더 먼저 주어진다. 슈나켄부르크는 예수 자신의 본래적인 복음은 "좋으시고, 자비롭게 용서하시며, 넘치도록 선사하는 하느님에 관한 소식"44)이라고 하였다.

예수에 의해서 풍부하게 되고 심화된 신관은 초기 그리스도교의 신관념이 된다. 특히 주님이신 예수 그리스도의 아버지로서 용서하시는 분은, 궁극적으로 인간에게 구원을 가져다주시는 하느님이시라는 방향으로 계속해서 발전된다.45) 예수는 예정된, 계속되는 구세사를 주도한다.46)

---

38) 마태오 5 이하.
39) 마태오 18, 18; 루가 15, 7. 18.
40) 루가 12, 8 이하; 15, 10.
41) 마태오 5, 33-39.
42) 루가 12, 56; 사도행전 1, 6 이하.
43) 마태오 25, 31-46.
44) R. Schnackenburg, *Bibeltheologisches Woerterbuch* (1962), p571.
45) 사도행 2, 34-36; 1고린토 8, 6; 필립비 2, 11.

바오로에 따르면 하느님이 어떻게 존재하며, 그가 무엇을 행하는지는 특별히 십자가상에서 죽고 부활한 그리스도 사건을 통해 인식된다. 신약성서는 예수를 죽음에서 일으켜 세운 하느님을 선포한다.[47] 바오로는 그의 의화론[48]에서 그리스도의 행위로 나타나는 그의 자비와 용서가 진노와 심판을 능가하게 되어, 화나지만 인간들에게 무죄를 인정하는(義化하는) 하느님을 보여 준다. 하느님은 그리스도의 대속代贖으로 인해서 절대적으로 자유롭고 이해하기 힘든 방식으로 인간에 대한 당신의 구원활동에 끝내 머무른다.[49] 하느님은 신명기 6, 4에서 형성된 유일신고백이 근거가 되어 유대인뿐만 아니라 이방인들의 신이 되어야 한다. 바오로는 오직 신앙으로 인해 하나이신 하느님이 할례를 받은 사람이든 그렇지 않은 사람이든 모두를 의롭게 만든다고 선포한다.[50]

요한복음의 신관념은 참신성과 배타성을 띠고 있다. 단지 아들(예수 그리스도)만이 아버지를 알고, 또한 이 앎을 누구에게 가르칠 것인지를 안다.[51] 하느님과 그의 파견자 예수를 아는 것은 인간들에게는 곧 영원한 생명을 의미한다. 하느님과의 공동체는 예수 안에 있는 신앙인들에게 개방되어 있다. '하느님은 사랑이다'라는, 요한 1서 4장 16절에 있는 신학적 정식 속에 담겨 있는 것은 단순한 하느님의 애정과 의향이 아니다. 하느님의 자기계시가 그 아들 예수의 사랑에서 '발생'하여 피어나고, 아들을 통해서 제자들

---

46) 사도행 7.
47) 로마 4, 24; 8, 11; 10, 9; 2고린토 4, 14; 갈라디아 1, 1; 에페소 1, 20; 골로사이 2, 12 등.
48) 갈라디아서 및 로마서 참조.
49) 로마서 9장부터 11장까지는 이스라엘 민족의 역사를 그리스도교적으로(구원사적 입장에서) 의미를 부여하고 있다. 바오로는 여기서 하느님과의 올바른 관계는 인간의 율법수행이나 선행에 의해서가 아니라 하느님께 대한 믿음으로 가능하다고 강조하면서, 이스라엘이 불순종함으로써 그들의 선민적 자격을 상실하고 이제 이방인들에게 돌아가 그들이 구원으로 초대되었으며, 이를 보고 이스라엘도 회심하게 될 것이라고 주장한다. 바오로에 의하면 이것이 하느님의 심오한 지식과 지혜이며 숨겨진 진리이다.
50) 로마 3, 29 이하, 1고린토 8, 6.
51) 요한 1, 18; 7, 29; 마태오 11, 27.

에게, 그리고 제자들의 형제적 사랑의 증거를 통해서 세상에 나누어진다. 그리하여 인간은 사랑 안에서 하느님이 누구신지를 알게 된다. 바로 이 사랑 안에서 하느님 아버지와 그 아들의 협조자, 진리의 성령이 신앙인들(교회)과 더불어 세상 끝날 때까지 활동하시면서 모든 것을 가르치고 깨닫게할 것이며 끊임없이 아버지와 아들께로 인도하기 때문이다.52)

아버지이신 하느님, 구세주이며 하느님의 아들이신 예수, 그리고 예수가 그의 십자가와 부활의 영광을 얻은 후에 협조자로 보낸 성령, 이 삼위 각각에 대한 믿음은 궁극적으로 삼위일체 신비에 대한 신앙고백으로 나아간다. 삼위일체교리에 대한 신약성서의 근거에 대해서는 다음과 같이 요약할 수 있다. 첫째, 신약성서는 하느님 계시의 삼위일체적 전개에 영감을 주고 또한 그렇게 생각하도록 만드는, 일련의 근거 있는 구절들을 제공한다. 그러나 신약성서에서 삼위일체에 대한 질문의 마지막 설명이나 완성된 이론형식의 확정을 기대해서는 안 된다. 둘째, 그럼에도 불구하고 그리스도인들이 지금까지 상호협동 하의 질서정연한 세 신적 위격의 구원활동에 관해서경험한 것은 분명하다.53) 협조자에 관한 예수의 언명에서는 협조자(성령)의공동작용에 관한 보고들이 있다.54) 셋째, 많은 텍스트에서 인간에 대한 구원의 활동이 서로 다른 모습인 삼위의 신성에게 귀속되어 나타나고 있음을볼 수 있다. 즉 영원한 선택은 하느님 아버지를 통해서 이루어지고, 구속은아들이 자기의 피로써 이룩하며, 생명을 선사하고 거룩하게 하는 것은 성령을 통해서이다.55) 신약성서에는 확실한 삼위일체라는 개념은 없지만 그러하기 때문에 삼위일체적 하느님의 역동적인 구원행위가 신앙인들에게는더욱더 감동적으로 읽힌다.

---

52) 요한 14, 15-26.
53) 1고린토 12, 4-6; 2고린토 13, 13.
54) 요한 14, 16 이하. 26; 15, 26; 16, 7. 13-15.
55) 에페소 1, 3-14; 1베드로 1, 2.

위에서 살펴본, 구약과 신약 성서에 나타난 그리스도교의 신관들을 종합하면 다음과 같이 요약할 수 있다.

첫째는 유일신적 신관이다. 이것은 야훼 일신숭배에서 점차로 배타적인 유일신관으로 발전했고, 신약성서에서는 예수를 또한 배타적인 유일한 메시아로 고백하게 된다.

둘째는 초월과 내재의 이율배반적 존재양태이다. 하느님은 인간이 섬겨야 할 거룩하신 분, 인간과 세상을 초월해 계신 분이지만, 동시에 인간과 달리 가장 보잘것없고 작은 사람도 그냥 내버려 두지 않고 그 안에 내재하여 자유와 생명을 보장해 주시는 분이다. 초월과 내재가 신 안에서는 반대적 개념이 아니고 역동적인 사랑의 보완적 양면이 된다.

셋째는 사랑이다. 하느님의 본질은 사랑과 자비이다. 하느님은 인간과 세상을 구원으로 이끈다. 창조와 구원은 사랑에서 시작하여 사랑으로 끝을 맺고 있음을 알 수 있다. 예수의 죽음과 부활은 사랑이신 하느님의 자기계시로 해석할 수 있다.

넷째는 신약시대를 통해 완성되고 고백되는 삼위일체적 신관이다. 하느님은 시간을 초월해 계시는 분이시기에, 희망·기억·현존재를 하나의 지평으로 이끌고, 즉 스스로 역사의 의미가 되고, 동시에 시간에 내재하시므로 세상을 계속해서 창조하시고, 인간 역사에 개입하시며 역사의 종말에 심판하신다. 역사 안에 내재하는 하느님의 업적, 즉 그분의 여러 형태의 자취를 인간은 삼위로 나타난 하나의 하느님으로 고백하는 것이다.

2. 동학의 신: 한울님(천주)과 본래기(지기)

한 종교의 신관념은 인간, 절대자, 그리고 비이성적 자연과의 삼각관계를 통해서 파악되어야 한다. 세 가지 관념 간의 관계는 종교창설자의 개인적 종교체험에서 기인할 것이다. 해석학적으로 볼 때 종교창설자는 인간에게 갈망과 새로운 삶의 가능성으로 계시되는 어떤 '신적인 것'을 시간과 공간의 맥락 안에서, 즉 특정한 문화와 사회적 상황 안에서 체험하고, 그런 다음 그는 자기의 경험을 다시 기존의 언어와 상징들로 표현한다. 한 사람의 종교적 체험이 사회의 위기에 직면하여 아주 새로운 만족할 만한 해답을 줄 수 있다면 새로운 종교가 사람들의 동조를 얻어 탄생하기에 이른다. 절대자의 새로운 계시를 표현하기 위해서 이 종교는 기존의 개념과 상징들을 사용하지만, 엘리아데가 가치매김(Valorization)[56]이라는 개념으로 설명했듯이, 기존의 상징들은 아주 다른 의미와 신선한 매력을 갖게 된다. 이런 의미에서 동학의 신관을 알아보기 위해서는 창설자 수운 최제우의 종교적 체험이 무엇보다 중요하다.

수운의 종교적 체험은 세 단계로 나누어서 볼 수 있다. 첫째 단계(1843~1856)는 아버지를 여읜 후 나그네로 정처 없이 떠돌아다니며 전통적인 종교를 연구하면서 당시 도탄에 빠진 백성과 나라를 구원할 답을 찾기 위해 노력한 시기이다. 그는 백성들의 근본 문제가 각자위심各自爲心 즉 자기 자신만을 위해 살고자 애쓰는 데 있다는 것을 깨닫는다. 신비스런 한 스님의 기이한 서책(『을묘천서』)을 통해 깨달음을 얻게 된 두 번째 시기에, 그는 이제 한울님을 명상과 기도로 직접 체험하고자 시도했다. 그는, 특히 1856년부터 1860년까지의 시기에 인간은 종교적 기도 훈련과 경건한 집중을 통해서 한울님을 감복케 하여 자신을 계시하도록 할 수 있을 것이라고 굳게 믿었다. 다시 말하면 사람이 아주 고요한 상태로, 즉 육과 정신, 무의식과 의식, 자신과 환경이 하나가 되는 상태에서 깨어 기다리면 이윽고 한울님 체험에 이를 수 있다고 생각한 것이다. 드디어 세 번째 시기(1860~1861)에 수운은 한울님을 만나는 체험을 한다. 이 한울님체험을 통해 그는 모든 불명확한 문제들이 갑자기 해결된 것처럼 느껴졌다. 그는 새로 개안된 눈을

---

56) M. Eliade, *Cosmos and History* (NY, 1955), p9.

통해서 세상을 전과는 아주 다르게 보면서 새로운 의미를 깨닫기 시작하였고, 교수형으로 죽을 때까지(1865) 한울님과 그의 진리를 선포해야 하는 것을 의무로 느꼈다.

수운은 자기의 종교적 체험에서 얻은 진리를 21자 한자로 쓰인 주문으로 표현하였다.

지기금지至氣今至 원위대강願爲大降 시천주侍天主 조화정造化定 영세불망永世
不忘 만사지萬事知
(지기시여, 지금 저에게 오소서! 당신이 크게 내려오심을 바라옵니다. 제가 당신을 제 안에 모시나니, 오 한울님이시여! 당신은 제 실존 안의 깊은 갈망이 되어 저를 변화시키나이다. 제가 당신을 결코 잊지 않으면 모든 지혜를 얻게 될 것입니다.)[57]

수운은 여기서 절대자를 두 가지 개념, 즉 지기至氣와 천주天主[58]로 파악하고 있다. 얼핏 서로 다른 존재를 지칭하는 것으로 보이는 이 두 개의 개념들은 신관을 이해하는 데 중요한 열쇠가 된다.

수운은 지기를 우주의 모든 존재에게 생명을 불어넣어 주고 또 그들에게 명령을 내리는 온갖 변화의 원리와 목적과 원인으로서의, 무한한 근본 힘(에너지)으로 번역한다.[59] 지기는 형상이 있는 듯하나 표현하기가 어렵고,

---

57) 『東經大全』, 「呪文」; 『天道敎經典』, 70쪽. 한글 해석은 필자가 한자 원문을 의역하였음.
58) 천은 하늘이요, 주는 접미사로 남자이든 여자이든 존경받아야 할 사람에게 붙인다. 유럽어는 성이 있어 절대자에게는 남성을 붙이는 것이 일반적인 데 비해 우리말의 천주가 반드시 남성인 것은 아니다. 동학에서는 신을 남성으로 보아야 할 것이 아님이 명백하다. 신(한울님)은 천지, 음양, 부모로, 즉 양성으로 공경된다.
59) 至氣는 "虛靈蒼蒼하여 無事不涉하고 無事不命이나 然而如形而難狀이요 如聞而難見이니 是渾元之一氣也"라고 하여, 모든 사물의 근본 요소와 근본 힘, 즉 물질과 정신적 에너지뿐 아니라 정신능력까지도 포괄하는 것이다. 물질과 정신으로 분화되기 이전의, 理氣를 포섭하는 본래 에너지라고 말할 수 있지 않을까? 지기는 구약성서 창세기 2, 7의 하느님의 생명의 숨 'ruach'가 에너지이면서 동시에 로고스인 것과 유사한 개념이다. 모든 존재자가 같은 근본 요소 즉 지기에서 파생되었다는 것은 모든 것이 하나라는 생각(同歸一體)을 가능케 한다. 김경재, 「동학의 신관」, 『동학혁명100주년 기념논총』, 181쪽 이하 참조

들리는 듯하나 보기가 어렵다. 그러므로 지기의 형상은 느낄 수 있으되 보이지 않고 개념으로 완전히 표현할 수 없다. 그것은 삼라만상을 아우르고 움직이는 완전한 본래 에너지이다.[60] 지기는 천주, 한울님과 구별되지도 분리되지도 않으며, 천주의 작용하는, 실행하는 양태라고 볼 수 있다. 따라서 지기가 내재적 한울님(천주)으로 이해될 수 있다면 천주는 초월적 인격성으로 이해될 수 있다. 또한 지기가 감각과 마음으로 인지될 수 있다면, 천주는 인식론적으로 인격적 '님', 형이상학적으로 초월적 궁극원리로 이해될 수 있다.[61] 물론 전통종교들도 자기들의 고유한 근본원리나 우주의 최종근거를 제시하고 있다. 즉 유교에서는 천天 혹은 천명天命을, 도교에서는 도道를, 불교에서는 무無 등을 전제하였는데, 그럼에도 이들은 그것을 인격적으로 공경하지는 않았다.

수운이 『용담유사』에서 한울님으로 부르고 인간과 의사소통하는 위격으로 보면서 마치 부모처럼 섬겼던 동학의 천주는, 조선시대의 국학이었던 중국 신유학의 리理 혹은 태극太極과 유사한 개념이었다. 천주뿐 아니라 리도 예컨대 일년과 사계절의 변화 등의 이면에 있는 자연의 법칙이나 원리로 이해되었기 때문이다.[62] 천주와 리는 초월적이면서도 모든 구체적 사물에 내재되어 있다.[63] 양자의 차이는, 천주는 종교적 공경의 대상이고 리는 형이상학의 제일전제라는 데 있다. 이 차이는 단순한 백성들에게 커다란 역할을 하는데, 그들은 자기 마음을 인격적으로 알아주며 자신들을 위로하고 희망이 없는 상황에서 구원해 줄 신을 갈망하기 때문이다.

형이상학적으로 볼 때, 수운에 따르면 천주는 인간의 이성과 인식을 뛰

---

60) 『天道敎經典』, 33쪽; 윤석산, 『동경대전』(동학사, 1996), 81쪽 참조
61) 김경재, 「동학의 신관」, 『동학혁명100주년 기념논총』, 180쪽 이하.
62) 『東經大全』, 「布德文」; 『天道敎經典』, 15쪽.
63) 주자에 의하면 모든 사물은 理와 氣로 구성되어 있다. 각 사물은 이 두 가지 요소 이외에 理 혹은 太極을 원리들 중의 원리로 혹은 제일원리로 가지고 있다. 勞思光, 『중국철학사』(정인재 역), 322~333 참고

어 넘는 조물자이고, 인간으로 하여금 스스로는 도저히 이해할 수 없는 모순들, 모든 불연不然적인 것을 가능케 하는 전지전능자이다.

수운은 『동경대전』의 「불연기연」편에서 인간 이성으로 해결할 수 없는 불연不然을 다음과 같이 소개하고 있다.[64] 존재의 원리를 찾기 위해 나로부터 출발한다면 내가 부모를 갖고 나의 부모 또한 부모를 갖는 등등을 계속해 가는 것은 너무도 당연하다(其然). 그러나 존재발생의 원리를 찾기 위해 이 논리를 첫 인간에게까지 계속해 가면 어디서 첫 인간이 나올 것인지에 관해서는 자명하지 않다(不然).

부모가 없는 사람이 어떻게 가능할까? 그런 이가 인간일 수 있을까? 이 질문은 수운에게는 자명하지가 않았다. 우리가 오늘날 그런 문제를 진화론 혹은 빅뱅이론을 가지고 해결해 보려고 하더라도 생명, 물질, 그리고 존재 일반의 마지막 연원은 더 이상 이유를 갖지 않는 첫째 근거를 전제하지 않는 한 해결될 수 없다. 어떻게 어떤 존재자가 종국적으로 무에서 올 수 있단 말인가? 수운은 인간 이성을 뛰어 넘는 불연의 세계는 믿음을 통해 이해할 때 너무도 자명하게 된다고 생각한다. 즉 그것은 조물주인 천주에 의해, 그분의 섭리에 따라 야기되고 가능케 되고 작용하게 된다.[65] 우리가 신뢰속에서 한울님, 전지전능한 조물주에게 자신을 맡긴다면 우리는 최종적인 진리, 근원에 대하여 탐구불가능해 보이는 물음에 대해서도 불가지론자나 회의론자가 되지 않고 자명하게 해결할 수 있다. 이성은 존재의 법칙에 관계하는 반면, 조물주(창조주)에 대한 신앙은 근원의 가능성, 이율배반의 해결가능성과 관련된다.

수운의 한울님·조물자는, 한번 세상과 우주를 창조하고 그런 후에 피조물과 분리되어 머무르는 제작자(Faber)가 아니라, 계속해서 세계와 우주와

---

64) 『東經大全』, 「不然其然」; 『天道教經典』, 57~64쪽.
65) 『東經大全』, 「不然其然」; 『天道教經典』, 63쪽 이하.

인간을 돌보는 창조주(Creator)를 의미한다. 이러한 그의 천주 개념은 초기 유학의 상제나 천(하늘) 개념과 구별된다. 유교의 상제는 스스로는 창조주가 아닌, 우주의 생성 이후에야 비로소 존재의 제일원리가 되어 모든 개개 존재자의 근원으로서 작용하는, 하늘에 있는(상징적으로 초월적이라는 의미에서) 가장 높은 통치자이다. 이에 반하여 동학의 천주는 초월적 창조자로서, 그의 창조적 섭리를 통해서 첫 인간, 세계와 우주의 첫 원리가 세워졌다. 수운의 이런 창조에 대한 상상은 아마도 그리스도교로부터 영향을 받은 것으로 보인다. 동아시아의 전통적 종교에서는 그와 같은 창조주의 상이 없기 때문이다.[66]

여기까지는 수운의 천주(한울님)와 그리스도교의 신은 매우 유사하게 보인다. 더 나아가 한국의 가톨릭교회 역시 당시에 자신의 신을 '천주' 혹은 '하느님'으로 표기했다.[67] 그렇다면 수운의 천주와 그리스도교의 천주는 어떻게 다른가? 앞에서 언급한 대로 수운은 두 가르침의 운運과 도道는 동일하되 이치(理)는 서로 다르다고 하였다.[68] '도', 즉 신앙과 종교적 정체성을 근거짓는 최종적인 진리는 서로 같다. 왜냐하면 두 종교는 하나의 유일한 초월적이면서도 내재적인 신, 천주를 믿고 있기 때문이다. '운'(行), 즉 하느님이 자기의 섭리를 통해 스스로 작용하는 계시의 역사는, 그것이 선천시대에 서양에 있었든 후천시대[69]에 동양에 있든 간에, 항상 하나일 뿐

---

66) 금장태, 「유교의 천과 상제 개념」, 『신관의 토착화』(한국사목연구소,1995), 82~118쪽. 특히 101~104쪽 참조.

67) 한울님, 하날님, 하느님 등은 동일한 단어 천주에서 유래한다. 한국인은 현재 하느님을 표준어로 여긴다. 왜냐하면 하늘과 님(존경하는 사람에게 붙이는 접미사)이 함께 붙여져서 발음되면 두 단어에 사이에 있는 'ㄹ'이 탈락하여 '하느님'으로 발음된다. 애국가에서도 하느님으로 표기한다.

68) 『天道敎經典』, 30쪽 이하.

69) 수운의 사상은 후천개벽으로 특징된다. 고전적인 유학 경전 『역경』에 따라 수운은 선천시대를 창조 후 오만 년으로, 후천시대를 동학으로부터 시작한 미래의 오만 년으로 계산하고 있다. 이 배경에는 『역경』이 가르치듯 우주의 순환질서가 서로서로 번갈아가며 상승하는 운동 속에서 드러난다는 사상이 있다. 『용담유사』, 「용담가」, "개벽 후

232 　한국의 사상가 10人 — 수운 최제우

이다. 그러나 유일한 하늘의 '도'와 '운'이 언어와 문화 안에서 표현되는 '이치'들은 서로 다르다.

우리 도는 무위이화라. 그 마음을 지키고 그 기운을 바르게 하고 한울님 성품을 거느리고 한울님의 가르침을 받으면 자연한 가운데 화해 나는 것이요, 서양 사람은 말에 차례가 없고 글에 순서가 없으며 도무지 한울님을 위하는 단서가 없고 다만 제 몸만을 위하여 빌 따름이다. 몸에는 기화지신이 없고 학에는 한울님의 가르침이 없으니 형식은 있으나 자취가 없고 생각하는 것 같지만 주문이 없는지라, 도는 허무한 데 가깝고 학은 한울님 위하는 것이 아니니 어찌 다름이 없다고 하겠는가?[70]

우리는 이 가르침에서 그리스도교와 동학의 차이를 분명히 할 수 있겠다. 수운의 동학은 수심정기修心正氣(마음을 지키고 기를 정돈한다)의 원리에 의해 특징지어진다. 그는 수심정기가 자기 고유한 가르침이라고 말한다.[71] 자신의 경험으로부터 개념화한 수심정기의 원리는 도교의 무위위無爲爲(행하지 않음으로서 되도록 둔다)가 뒷받침하여 준다. 노자는 『도덕경』에서 "도는 행함이 없이 영원하다. 그러나 그것이 작용하지 않는 것이 아무것도 없다"[72]고 말한다. 수운의 무위이화無爲而化(행함이 없이 변화되게 한다)는 노자의 무위위와 거의 같은 뜻이다. 수심정기의 원리는 인간수양과 신체험의 방법으로서, 어떻게 인간이 무엇인가를 행하지(작위하지) 아니하고 신에 의해서 모든 것이 되어가도록 두느냐에 초점이 있다. 외적으로는 육체의 감관을 아주 고요하고 잠잠히 놓고 내적으로는 지기의 강하를 염원하면서 생

오만 년에 네가 또한 첨이로다"(『天道敎經典』, 171쪽) 및 「안심가」, "십이제국 괴질운수 다시개벽 아닐런가"(『天道敎經典』, 159쪽) 참고.
70) 『天道敎經典』, 30쪽 이하.
71) 『東經大全』, 「修德文」; 『天道敎經典』, 51쪽 이하, "仁義禮智는 先聖之所敎요 修心正氣는 唯我之更定이라……."
72) 『道德經』, 37장.

각 없이, 그러나 의식은 성성하게 깨어 기다리면 지극한 기운이 강하하고 (내 몸에 감돌고), 그리하면 도의 근본을 따르고 도의 가르침을 인지할 수 있다. 이 가르침에는 수운이 1860년 한울님 체험을 했을 때와 똑같은 과정이 담겨 있다. 이 내·외적 태도와 지향으로 수운은 시천주와 천주봉행을 할 수 있었고, 이를 주문에 담아냈다.

한울님의 마음이 인간의 마음과 하나가 되는 일치의 상태에서 수운은 그의 천주체험 보고에서 서술하고 있듯이 깨달음을 얻었다.[73] 이러한 상태에 이르렀을 때 우리는 하늘과 땅 위에 있는 모든 만물이 지기와 하나로 합일되어 있음을, 그 만물들이 단지 유일한 혼원일기의 다양한 변모들일 뿐임을 깨달을 수 있다. 이돈화는 이 가르침을 수운이 그의 제자 해월에게 행한 기적체험을 통해 심화시켰다고 서술한다. 수운은 어느 날 수심정기를 통해 해월로 하여금 기화 상태로 들게 하여 움직이지 못하게 한다. 그런 다음 해월에게 왜 그가 자신의 사지를 움직이려 했으나 움직일 수 없었는지 그 이유를 설명한다.

내의 마음이 곧 네의 마음이며 내의 기운이 곳 네의 기운인지라 내 마음 먹는 바 그대에게 미침이니, 이는 곧 천지만물이 유일의 지기로서 화생한 증거이니라.[74]

수심정기와 기화에 대한 이해의 지평으로 인해, 그리스도교에서의 성령[75]의 존재나 활동에 관한 지식이 아직 없어 보이는 수운은 그리스도교인들에 대해 비판을 가하게 된다. 그리스도교인들은 지기 및 천주와 합일하

---

73) 『東經大全』, 「論學文」; 『天道教經典』, 28쪽.
74) 이돈화, 『천도교창건사』(1933), 45쪽 이하.
75) 필자의 견해로는(신학자 안병무의 지론이기도 하지만) 동학에서 말하는 물질과 정신의 근본 통합에너지인 氣는 역할과 양태에 있어 그리스도교의 성령과 비교해 볼 만하다고 본다.(1고린토 12, 1 이하; 에페소 4, 3 이하; 갈라디아 5, 16)

는 어떤 도를 발견하지 못한 채 단지 개인적인 이익을 위해, 자신들에게 대상적으로 존재하고 피조물과는 독립적으로 분리되어 있는 천주께 빌고 있다는 것이다. 수운에 따르면 그리스도인들은 그러하기 때문에 몸에 어떠한 기화의 바탕이 없다.

동학에서의 천주는 형이상학적으로 유일한 초월적 원인으로 근거지어질 뿐만 아니라 우주 안에서 기화작용으로 활동하고 지기로서 완성을 향해 스스로 변화되어 간다. 따라서 동학의 신관은 초월적 유일신과 범신론적 흐름을 갖는다. 이를 김경재는 범재신론76)으로 표현한다. 수운의 신체험 당시 상제와 귀신으로 계시한 천주는 자신이 이제까지 어떤 공로도 수행하지 못했고, 그래서 수운을 세상에 파견하려 한다는 뜻을 드러낸다. 이는 천주가 세계 발전의 의지를 지니고 있으며 그것을 인간의 도움을 받아 실행한다는 것을 의미한다.77) 동학교도들은 후에 이 범신론 및 범재신론적인 사상으로부터 인간중심적인 신비적 사상 흐름을 발전시킨다. 즉 최시형은 '향아설위向我設位', '인즉천人卽天', '사인여천事人如天' 등으로 인간의 존엄성을 강조했을 뿐만 아니라 '물물천物物天, 사사천事事天', '이천식천以天食天' 등의 범신론적 신관을 발전시켰다. 또한 손병희는 천도교의 종지가 '인내천人乃天'임을 천명한다.

한 가지 아주 특이할 만한 사실은, 수운이 그의 주문에서 한자의 각 글자의 의미를 해석했으면서도 유독 한 자, 곧 천주天主에서 '천天'을 해석하는

---

76) 범재신론(Panentheismus=All-in-Gott-Lehre)은 주관주의에서 근거 있는 신 관념과 세계와 역사 안에서 자신을 펼치는 절대적 이성과의 일치를 통해서 유일신관과 범신론의 모순되는 듯한 의의들을 하나의 지평에 모으고자 한다. 이에 따르면 신은 절대적 주관성도 아니고, 모든 것과 신의 일치를 위해 세계과정에 해소되는 것으로도 생각될 수 없다. 양자를 조화시키는 것이 관건이 된다. 이에 대해서는 H. M. Baumgartner, A. G. Wildfeuer, "Panentheismus", *Lexikon der Religionen* (Herder, 1995), p495 참조. 김경재는 동학이 한편으로 초월적 신성을 강조하고 그를 믿으며(유일신관), 다른 한편 우주 안에서 신의 활동과 자연과 함께 변화하는 신(범신론)을 이야기한다고 해서 범재신론(Panentheismus)이라 부른다. 김경재, 「동학의 신관」, 『동학혁명100주년 기념논총』, 184쪽.
77) 『東經大全』, 「布德文」; 『天道教經典』, 18쪽 이하 및 28쪽.

것을 빠트렸다는 점이다. 주主는 정성을 다해 공경해야 하는 인격적 대상임을 의미하는 접미사이니, 주의 주체 즉 천의 본질은 설명되지 않고 완전히 비워 둔 것이다. 이 의도는 다음과 같이 해석될 수 있다. 우리는 신, 천주를 그 어떤 개념이나 표현으로 제한해서는 안 된다. 천은 모든 형상 안에, 모든 사건 안에, 모든 운동 안에 있으며 작용하기 때문이다.[78] 수운은 그래서 신이 하늘의 옥좌에 앉아 있고 사람은 사후에야 거기서 신을 만날 것이라고 상상하는 사람들을 아주 강하게 비판한다.[79] 그는 자신의 제자들에게 가르치기를, 모든 사람이 자기 안에 한울님을 모시고 있으므로 그를 먼 곳에서 찾을 수도 없고, 찾아서도 안 된다고 했다.[80]

지금까지 언급해 온 동학의 신관을 요약해 보면 다음과 같이 정리될 수 있을 것이다.[81]

첫째, 동학의 신관은 천주(한울님)가 지기 또는 혼원일기의 양태로 있는 유일신관이면서 동시에 음양, 성신, 굴신, 동정이 모두 귀신이요 만물에는 한울이 들어 있지 않음이 없다고 하는 범신론적 요소도 가지고 있다. 따라서 범재신관에 가깝다고 할 수 있다.

둘째, 범재신관의 특징이라 할 수 있는 초월성과 내재성을 동시에 갖고 있음을 관찰할 수 있다. 한울님은 만물을 창조해 낸 조물주이면서 모든 만

---

78) 김지하, 『동학이야기』, 34쪽 이하.
79) 『용담유사』, 「도덕가」; 『天道敎經典』, 216쪽 이하.
80) 『용담유사』, 「교훈가」; 『天道敎經典』, 142쪽.
81) 동학의 신관의 특징을 노길명은 ① 초월과 내재(조화)적 신관, ② 일신관도 범신관도 아닌 일체귀일 신관, ③ 무위이화의 신관, ④ 최시형에 이르러 발전된 범신론적 범천론, ⑤ 천도교의 천인합일, 신인일체의 사상으로 정리한다. 김승혜는 동학의 신관이 하느님의 초월성과 내재성, 인격성과 비인격성이 공존하고 조화되어 있어 한국인의 신 개념의 핵심을 포착하고 있다고 한다. 최동희와 이동원은 수운의 하느님을 인격적 최고신(최고주재자, 천주), 조화와 전능의 하느님, 유일신이면서 동시에 범재신으로 정리한다. 각각에 대해서는 노길명, 「한국 신흥종교 신관의 비교연구」, 『사목』(1994), 66~93쪽; 김승혜, 「한국인의 하느님 개념」, 『종교신학연구』 8집(1995), 107~145쪽; 최동희·이동원, 『새로 쓰는 동학』(집문당, 2003), 72~85쪽 참고.

물의 섭리를 담당하고 변화의 질서를 주관하는 조화주이다.

셋째, 수운이 한울님을 체험할 때 한 신선의 말씀을 들었는데 그 신선은 자신을 상제(최고신)로 소개하였으며 서로 소통도 하였으므로, 동학의 신관은 인격신관을 가지고 있다고 볼 수 있다. 그러나 해월과 의암에 이르러서는 점차 인격신관의 의미가 작아지고 만물 안에 있는 한울님 즉 비인격적 신관 혹은 인즉천人卽天 신관으로 발전한다. 필자는 이를 천지인일체天地人一體(한울-자연-인간)적 신관으로 표현하는 것이 어떨까 생각한다.

넷째, 동학의 지기의 양태를 가지고 있는 한울님은 조화의 신이며 기철학적 전통과 기일원론적 입장에서 기화를 강조한다. 무위이화, 조화, 동귀일체적 사고는 동학의 수양과 삶의 기본자세가 된다.

3. 신 · 인간 · 자연의 관계에서 바라보는 신관 비교

위에서 그리스도교와 동학의 신관을 차례로 보았는데, 우선 신관을 설명하는 개념으로 볼 때 ―같은 개념이라도 그 맥락이 다르므로 내용적으로는 서로 다른 내포를 가지고 있지만― 그 유사한 부분과 상이한 부분들을 다음과 같이 정리할 수 있다: 양 종교는 첫째, 인격신에 대한 신앙을 가지고 있고, 둘째, 그 신은 유일한 최고신이며, 셋째, 우주만물과 역사에 대해 초월적이면서 내재적인 양태를 띠고 있다는 점에서 공통적이다. 이에 반해서 넷째, 그리스도교는 삼위일체적 전망(역사신학)을, 동학은 천지인일체天地人一體적 전망(우주실재)을 가지고 있으며, 다섯째, 전자는 인간의 완성을 신 안에서의 지복직관至福直觀(觀想)에서, 후자는 신의 의지에 따른 무위이화(實踐)에서 보고 있다는 점이 차이점으로 드러난다.

이처럼 세 가지의 개념적으로 유사한 신관과 두 가지의 상이한 신관을 언급해 보았지만, 그 개념이 관계하고 있는 전체 맥락 안에서 그 내용을 파악하고 비교하기 위해서는 양 종교를 그 의미체계의 틀, 즉 신-인간-자연의 관계를 형성하는 운용원리의 지평에서 바라보아야 한다. 이 운영원리란 신·인간·자연의 세 요소를 어떤 인식 출발점에서 파악하고 있는지(인식론), 각 요소를 무엇이라 규정하는지(존재론), 세 요소의 시작과 끝은 어떻게 설명할 수 있는지(우주론)의 물음을 제기할 때 드러날 것이다. 이러한 세 가지 차원에서 양 종교의 신관을 비교하려면 일단 그 종교의 신관을 부득이 확정된 어떤 것으로 대상화해야 하는데, 모든 대상화의 과정은 필연적으로 규정과 한정을 거칠 수밖에 없으므로 그 종교의 현상(사실) 그 자체와는 차이를 보이며 모델화될 수밖에 없다는 한계를 지닌다. 모델화하여 비교하는 것은 한 종교의 신관을 규정하고 고정화하려고 하는 것이 아니라 윤곽적인 정체성을 파악하게 하여 자기와 타자를 보게 하고 자기의 가능성의 지평을 넓히는 데 의의가 있다고 하겠다.

1. 인식론적 비교

동학은 동아시아의 전통종교들과 거의 마찬가지로, 인간의 진리 인식은 어떤 주·객관의 대립도 없이 사물의 실재에서부터 자연적으로 조명을 받게 되는 깨달음의 상태에서 가능하다고 보는 데서 출발한다. 동학은 이 인식의 구조에서 더 나아가 인격적 신앙을 통해 인간이 한울님의 동업자로 부름을 받았다는 것을 깨닫고 한울님과 일치되어 실천으로 투신하는, 실천 안에서의 인식, 실천을 통한 인식—해월은 이를 양천주로 이론화한다—을 발전시켰다. 이것은 곧 인간이 심心과 기氣(영혼과 근본 에너지)의 흐름과 운동을 식별함으로써 신성(혹은 한울님)을 키워낼 수 있다는 인식방법이다. 이러한 인식론은 동학사상의 흐름을 그리스철학의 영향을 받은 서구 그리스도교의 실체중심적[82] 신관념과는 다르게 발전하도록 만든다.

동학은 ―의암의 「무체법경」에서 더 상세히 설명하고 있지만― 한울님 즉 신을 대상화된 실체가 아니라, 나(Ego)와 구별되는 본래적인 나(本來我)로, 우주적 본성(性)으로, 혹은 나의 중심적 계기(mode)로 본다. '나' 즉 마음 활동의 주체 역시 동학에 의하면 실체가 아니라 본질적으로 성(우주적 본질)과 육체에 작용하는 기로 구성되어 있다. '나'라는 자아는 성과 기의 조화에 의해 형성된 지기의 한 화생이자 주체적 계기일 뿐이다. 따라서 그것은 신을 자립적이고 불변하는 개별적 실체로 이해하는 것(그리스도교 전통)과는 차이가 많다. 이러한 동학의 신관은 절대실재는 주체와 객체의 분리가 지양되는 곳에서 비로소 인식된다는 선불교의 전통과 비슷한 출발점을 보여 준다고 할 것이다.

신·인간·자연의 삼자가 서로 다른 실체들인지, 혹은 필연적 관계 안에 있는 일자―者(하나의 실체)의 서로 구별되는 존재의 발현들인지는 넓은 의미에서 인식에 관한 이해와 인식의 출발점에 달려 있다. 일반화시켜 말하자면 유럽의 철학적 전통에서는 인식에 있어서 주체와 객체를 당연히 분리되어 있는 것으로 전제한 뒤, 인식은 감각지각을 통해 대상에서 얻은 체험의 내용에다 지성적(주관적)인 작업을 가하는 활동이라고 본다. 반면에 동학에 있어서의 인식이란 ―불교의 전통에서 말하는 것과 유사하게― 인간이 자기 마음(정신적 활동)을 불안함으로부터 지키면서 신적인 기운을 올바르게 펼치는 것(修心正氣), 즉 자신을 극단적으로 놓아 버린 채 자기와 구별되는 타자에 투신하여 실재의 근본 흐름을 따르고 그것을 파악하는 것이다. 이 인식은 단순한 존재의 영역에서 일어나는 것이 아니라 절대무의 영역, '대의大疑83)의 현실화'의 영역, '나 자신'이 '무화되는(그러나 사라지지는

---

82) 토마스 아퀴나스의 실체(substantia)는 자립적이고 독립적인 개별적 주체(존재자)를 뜻한다. 이에 대해서는 *Thomas von Aquino*, s. th. I, 29, 2 참조.
83) 게이지 니시타니는 이 '큰 의심'을 '내'가 무엇에 관해, 어떤 특정한 '대상적' 사태에 관해 의심하는―데카르트는 이 의심에서 그의 테제 cogito ergo sum을 도출했다― 그런 일반적 의심, 하나의 의식현상과 구별한다. 이 의심이란, 자기 자신과 모든 사물의 근

않는) 곳',84) 즉 단순한 존재의 지평을 뛰어넘어 주체와 객체의 구별이 사라지는 영역에서 일어난다.

궁극 현실, 즉 신 혹은 절대적 실재를 인식하기 위하여 어떤 인식모델이 더 적합한지에 관해서 여기서 더 논변할 수도 없고, 논변해야만 할 것도 아니다. 다만 인식의 두 모델은 서로 다른 출발점, 즉 이성중심적(철학적) 출발점과 신비적(종교적)85) 출발점을 가지고 있다고 우리는 말할 수 있다. 이 인식의 출발점은 신·인간·자연이라는 관계요소에 대한 서로 다른 이해와 서로 다른 관계구조를 야기한다. 이성중심적 인식모델에 의하면 신 혹은 절대적 실재를 있는 그대로 직접 인식하는 것은 불가능하다. 신은 형이상학적인 최종근거로서 추론되거나(Aristoteles) 인간주체에 분여된 선의 이데아로 받아들여지거나(Platon), 혹은 유비론적으로 설명된다(Aristoteles나 Thomas Aquinas). 이에 비해 신비주의적 인식모델에서는 절대무絶對無(神)를 체험할 수 있다(넓은 의미에서 인식할 수 있다). 다만 그 체험을 서술하는 것이 문제가 될 뿐인데, 이 모델에 따르면 그러한 인식이 절대적 현실 혹은 신에 관한 인식이라는 것을 논증할 수가 없다. 신비주의적 인식은 체험의 깊이에 따라서, 그리고 인식자의 인격적 배경에 따라서 다양하고 상이하게 나타난다. 그렇기 때문에 이 깨달음(해탈)의 체험을 인식의 출발로 일반화시키기에는 어려움이 있다.

본에 어떤 실재로 숨겨져 있는 無가 현실태로 드러나 있음을 통하여 인간의 존재가 모든 다른 존재들과 함께 하나의 커다란 의심으로 되어 버린다는 의미에서 사용된다. K. Nischitani, *Was ist Religion?* (Frankfurt a. M., 1996), p60 이하 참조.

84) Nischitani, *Was ist Religion?*, pp55~66.

85) 선불교에서는 신비적 인식(깨달음)을 '자연의 빛'에서 연유한다고 주장한다. 인간 안에 있는 이 '진정한 자연의 빛'은 이성이 아니라 모든 사물로부터 우리에게 비춰지는, 사물 자체의 빛이다. H. Waldenfels, *Absolutes Nichts —Zur Grundlegung des Dialogs zwischen Buddhismus und Christentum* (Freiburg, 1976), p160 이하 참조. 동학에 따르면 신비적 인식은 氣(신적인 에너지) 때문에 가능하게 된다.

2. 존재론적 비교

인식 출발점의 상이성으로 인해 그리스도교와 동학에서는 신·인간·자연의 삼자를 각각 상이하게 이해하게 된다. 그리스도교 사상, 특히 아리스토텔레스-토마스 전통에 있는 대표적 사상은 신·인간·자연을 세 개의 상이한 실체로 인식하고 있는 반면, 동학은 이 삼자를 우주적 존재망, 즉 기화의 세 개의 상이한 계기로 인식한다.

또한 같은 이유로 해서 신·인간·자연 삼자의 관계구조 역시 상이하게 나타난다. 그리스도교 전통은 이 세 실체(substantia)의 관계를 위계적 혹은 목적론적으로 질서 지운다. 그리하여 이 전통에서는 단계적으로, 신을 순수정신 혹은 창조주로 보고 인간을 신과 소통할 수 있는 이성적 피조물(imago Dei)로서 지상의 지배자로 보며 자연을 비이성적 물질과 환경세계로 본다. 이에 반해 동학은 이 삼자를 상호침투하며 공동작용하는 것으로 여긴다. 정신과 물질은 궁극적으로 하나의 기(渾元一氣)의 변화하는 계기(化生)로 이해되기 때문에 신·인간·자연에 어떤 위계적 질서는 있을 수 없다. 동학에 있어 삼자의 관계의 실재는 합일적 조화라고 말할 수 있다.

3. 우주론적 비교

신·인간·자연과 관련하여 양 종교문화 간의 관점 차이의 배경에는 상이한 인식에 관한 이해 외에도 상이한 우주론이 있다. 그리스도교의 창조설과 동학의 진화설이 그것이다.

그리스도교는 '무로부터의 창조'(creatio ex nihilo)를 말한다. 신은 존재하는 모든 것을 무에서 창조한다. 무로부터의 창조는 하나의 자유로운, 어떤 재료에도 의존하지 않는 신의 행위가 전제된다. 거기에는 모든 것을 창조시키는 하나의 근본적인 행위와, 가장 높은 지성과, 이와 동일한 자기원인적인 의지를 제외하고는 어떤 것도 존재하지 않는다. 신적인 세계에 영향을 주는 어떤 물리적·논리적 필연성도 있지 않다. 이러한 신의 절대적 자유는 그리스도교를 인도와 페르시아 문명과 관련 있는 플라톤-피타고라스적인 전통에서의 유출설과 구별 짓는다.[86]

그리스도교의 창조사상에 따르면 신은 모든 피조물과 절대적으로 다르며 그들에 대하여 자유롭다. 이것은 신의 절대적 초월과 제일원인을 말하고 있다. 즉 중간원인의 차원을 넘은 다른 차원을 표현하고 있다. 신은 홀로 절대적 존재이고(aseitas, 스스로부터 있는 존재), 모든 피조물은 본질적으로 무이다(perseitas, 자기를 통해서 있는 존재이지만 스스로 있는 존재가 아님). 그리스도교는 이 절대적 초월, 피조물의 영역을 넘어 완전한 신의 본질을 개념화하기 위해서 아리스토텔레스-토마스 전통에 따라 이성으로는 해결할 수 없는 어려움이 있음에도 불구하고 신의 불변성과 그의 시간 안에서의 영향, 즉 자기 안에서 자기를 신뢰하고 항구한 원인(절대적 초월, 제일원인)과 변화 가능한 원인을 입은 자(본질적으로 無인 피조물)를 공명共鳴하도록 한다.[87] 자기 스스로 존재하는 순수한 활동(actus purus, 순수활동)인 신은 시간의 밖에 있다. 다른 말로 표현하면 영원 안에 있다. 시간의 현존재 형식, 즉 인간적 시간은, 단지 인식활동의 과정에서 기억 혹은 외적인 객체의 고유한 대상을 순차적으로 인식해야 하는 정신에 차곡차곡 축적되는 것이다. 이런 시간은 신에게는 적합하지 않다. 왜냐하면 그의 존재는 어떤 내용의 변화도, 어떤 순차성의 운동도 갖지 않기 때문이다. 이러한 한에서 시간은 피조물이다. 그러나 모든 행위자들이 신의 작용 안에 함께하기 때문에, 신

---

86) 이 유출설 전통은 모든 것이 동시에 최초의 일자, 즉 진리와 선의 원천으로부터 흘러 나온 것이라고 상상한다. 이 학설은 존재의 원천과 떨어짐에 따라 위계적인 가치와 완성 정도, 즉 신적 존재에서 정신적 존재를 지나 물질과 악에 이르는 단계들이 생김을 인정함에도 불구하고 여기서는 원인의 필연적 외화가 중요하다. J. Bernhart, "Gott die schoepferische Ursache der Dinge", *Thomas von Aquino*, s. th. I, Anhang, p15 이하 참고.
87) J. Bernhart, "Der selbsttreue unwandelbare Gott", *Thomas von Aquino*, s. th. I, 9.

242   한국의 사상가 10人 — 수운 최제우

은 시간과 공간에 제한되지 않으면서 모든 피조물 안에 시간과 공간적으로 현존하여 있다.[88]

이에 반해 동학의 사유체계는 무엇보다 진화사상에 기반을 둔다고 말할 수 있다. 첫째, 동학은 신 혹은 지기(신적 원력)를, 보이는 것과 보이지 않는 것, 물질과 정신을 꿰뚫고 조화·변화시키는 기화의 원리로, 다른 표현으로는 아직 양자로 분화되기 전의 근원적 기로 보기 때문이다. 둘째, 이 신은 한울님(하늘의 주재자)으로서 스스로 아직 완성되어 있지 않고, 따라서 인간과 우주 안에서뿐만 아니라 사회와 역사 안에서도 중단 없이 시간 안에서 발전·변화한다. 셋째, 이 신은 모든 존재자들, 생명체와 무생명체에 현존한다. 기화를 통해서 지기는 자기의 숨겨진(혹은 가능적인) 내용을 완전한 계시로, 완성으로 향한다.

이러한 사유체계에 따라 동학에서의 우주의 발생과 인류의 발생은 다름 아닌 신의 발생이 된다. 동학은 신·인간·우주를 모두 일체적으로 보는 것이다. 한울님과 지기는 동학에 의하면 시간과 공간 저 너머에 있는 것이 아니라 우주 불변의 내재적 힘이면서 동시에 인간의 중심 즉 '본래아本來我'이다. 동학의 신은 우주의 전 역사 안에서 외화함으로써 시공 안에 존재하는 한 인간의 인식 너머에 존재하며 모든 시간의 모든 인간으로부터 '상제上帝'로서 섬김을 받고 소통된다는 차원에서 초월적이다. 그러나 그리스도교적인 절대적 초월이나 신의 영원성과는 차이가 많다.

이처럼 양 종교의 우주발생에 관한 기본전제는 인식 일반에 대한 개념과 인식의 출발점을 서로 다르게 한다. 인식론의 상이성은 신·인간·자연의 존재 이해와 이들 삼자의 관계 이해의 상이성으로 이끈다.

그리스도교, 유태교, 이슬람교에서 믿는 '무에서의 창조' 모델은 창조신과 창조된 인간(만물), 영원과 시간 사이의 존재론적 심연에 관한 근원적 상

---

88) J. Bernhart, "Der selbsttreue unwandelbare Gott", *Thomas von Aquino*, s. th. I, 9.

상이 전제되어 있으므로 신과 인간은 전혀 다른 실체로 이해되어야 하며, 인간의 인식이란 피조물과 창조주, 결과와 원인, 주체와 객체가 분리된 공간에서 어떤 주어진 것(감관에 의해 파악한 실재)에서부터 시작한다. 신과 인간 사이의 이 존재론적 차이를 이제 '구원행위'로 메우려 노력하는 데서(회심과 신의 은총의 만남) 종교의 의미가 있다. 여기서는 신의 초월이 세상 안에서의 내재보다 더 본질적이다.

이에 반하여 동학, 성리학, 도교, 불교 등의 상상은 '일자로부터의 진화' 모델로 이끄는데, 신 혹은 절대자와 인간과 자연은 근본적으로 일체에서 시작되었기 때문에 참 인식은 주체와 객체(안과 밖), 영원과 시간의 분리가 존재하지 않은 내적 상태에서부터 시작되어야 한다. 따라서 신·인간·자연의 삼자를 서로 독립된 실체로 보는 것을 피하면서(오히려 근원적 오류로 파악) 신의 초월보다는 신의 내재성이 훨씬 강조된다. 이 모델은 필연적으로는 아니지만 절대자가 인격적 신(동학이나 초기유학처럼)으로 섬겨지는 형태로 발전되기도 한다. 그러나 어떤 경우에서든지 절대자, 실재 그 자체를 대상화된 객체로 파악하는 것을 피한다.

'무에서의 창조' 관념에서는 신의 자기인식이 곧 창조행위가 되며 만물을 지탱하는 힘이 된다. 반면에 '일자로부터의 진화' 관념에서는 이 신의 창조행위를 인간이 수임하는데, 인간은 자기이기심(Ego)을 버리고 기와 하나가 되어 모든 것을 행하기(無爲而化) 때문이다. 그래서 인간은 '지금 여기서' 신과 함께, 그리고 신 안에서 자기 안의 신성을 키워내고 우주를 실현하는 실천의 의무를 받게 된 것이다. 그리스도교에서 인간의 완성을 신 안에서의 지복직관으로 보는 데 비해 동학에서는 그것을 무위이화의 실천으로 보는 것도 바로 이 때문이다. 그런데 신의 자기인식 안에서의 창조 관념과, 더 나아가 인간의 역사와 문화 안에 들어와서 인간이 되신(incarnatio) 그리스도에 대한 신앙, 그리스도의 부활 이후에 구원의 협조자(parakletos)로

와서 구원의 신비를 깨닫게 하고 세상을 새롭게 한다는 성령에 대한 신앙을 합치한 삼위일체 신관은, 인격신에 대한 독특한 해석틀로서뿐만 아니라 '창조'와 '진화' 양자의 모델, 즉 초월과 내재, 관상과 실천, 신과 인간을 하나의 지평으로 관통시키는 신관으로서 많은 해석의 여지를 남기고 있다.

4. 나가는 말

토마스 아퀴나스가 언급했듯이 세계가 시작을 가지고 있는지 아니면 항상 있어 왔는지는 증명할 수도, 인식할 수도 없다. 현대물리학의 빅뱅이론을 참고하더라도 신은 창조주로서 시간의 시작 이전에 있었는지, 혹은 근본원리로서 시간의 시작과 함께 있게 되었는지에 관한 물음 그 자체가 무의미하다. 최종적인 물음은 더 이상 이론적으로 근거지어질 수 없고, 오직 전제되어야만 한다. 단지 그 전제를 실존적으로 믿고 타인에게 선포할 따름이다. 만약 어떤 이가 이 최종의 물음과 관련하여 어떤 전제도 수용하지 않으려고 한다면, 즉 모든 가능성을 열어 둔 채 기다린다면 그는 모든 학문과 생활에서 불확실하나마 걸음걸이를 옮길 수 있는 바닥조차 아예 치워 버린 꼴이 되고 말 것이다.

인간은 짧게든 길게든 잠정적인 전제에 의존하지 않을 수 없다. 인간은, 더 이상 이성적으로 제기할 수 없고 오직 '대의大疑'와 함께 자신을 투신해야만 하는 최종적인 물음을 알고 있다. 이 물음은 '자아'를 자유로이 버림으로써 최종적인 자기확신에 이를 수 있는 방식을 통해서만 비로소 자명해지는, 그런 신비 속에 있다. 믿음, 진리의 추구는 이런 의미에서 자유를 전제로 하고 있는 것이다.

그 최종적인 물음에 대한 이성적 대답, 즉 그에 관한 전제조건이 유일할 수만은 없다. 왜냐하면 앞서 양 종교를 통해 보았듯이 우주론·인식론·존재론의 기본적인 전제는 다양할 수 있기 때문이다. 자기의 고유한 세계, 즉 자기의 고유한 의미체계에만 머무르지 아니하고 자기의 의미체계 밖에 살아 있는 또 다른 이들과 더불어 살려는 사람은, 최소한 다른 세계들에 대한 전제를 존중하고 이 세계들을 체계적으로 이해하려고 노력해야 한다. 왜냐하면 인간이 만나기를 갈망하는 최종적인 신비 그 자체는 최종신비에 대한 갈망을 가능케 하는 다른 모든 전제들보다 더 크기 때문이다. 실천적으로 보건대 인간은 개방적 담론에서 자기 자신의 진리를 더 살찌우게 되고, 타인을 무시하는 것보다 타인에게서 배움으로써 훨씬 더 스스로 안전하게 된다. 종교가 이 개방적 담론을 통해 인류를 위한 공통과제, 즉 평화와 정의를 실현할 수 있음은 더 말할 나위도 없다.

수운과 원효의 존재론적 통일사상

최 민 자

1. 서론

이 글은 화쟁和諍의 논리에 기반한 원효元曉 사상과 불연기연不然其然의 논리에 기반한 수운水雲 사상의 본질을 통일과 평등의 원리라는 측면에서 살펴봄과 동시에, 문명의 대전환기를 맞고 있는 현 시점에서 이들 사상의 존재론적 함의를 구명해 본 것이다. 화쟁의 논리가 이분법적인 사유체계를 초월하여 '이변비중離邊非中'[1]의 즉자대자卽自對自적 이론체계에 입각해 있듯, 인내천人乃天으로 대표되는 불연기연의 논리 또한 '시천주侍天主'를 통해 하나(Oneness)의 진리를 드러내는 데 주안점을 두고 있다.

그러면 어떻게 이들의 사상이 통일과 평등의 원리와 연결되는가? 그 비밀은 바로 내재와 초월, 본체와 작용의 합일에 대한 인식에 있다. 원효의 경우, 이러한 그의 인식은 『대승기신론소大乘起信論疏』에서 일심一心 이외

---

1) 元曉, 『金剛三昧經論』, 130쪽. 有도 아니요 無도 아니요 그 양변을 멀리 떠나면서 그렇다고 中道에도 집착하지 않는다는 "非有非無 遠離二邊 不着中道"의 뜻임. 여기에 인용된 원효의 글은 조명기 編, 『元曉大師全集』(서울: 보련각, 1978)에 수록되어 있고, 쪽수는 『元曉大師全集』의 쪽수이다. 이하에 인용된 원효의 다른 글들 또한 마찬가지이다.

에 다른 실재가 있는 것이 아님을 분명히 밝히는 데서 명징하게 드러난다.[2] 이 진여眞如한 마음을 그는 '대승의 법'이라고 말하고 있다.[3] 온전히 하나가 된 진여한 마음은 원융회통圓融會通의 주체요 화쟁의 주체인 까닭에 일체의 공덕의 근원이 되며 평화와 행복의 원천이 된다. 그가 '귀일심원歸一心源'을 설파한 이유도 여기에 있다. 수운의 경우, 내재와 초월, 본체와 작용의 합일에 대한 인식은 인내천의 요체라 할 수 있는 '시侍'가 함축하고 있는 세 가지 의미, 즉 내유신령內有神靈, 외유기화外有氣化, 각지불이各知不移[4] 속에서 명징하게 드러난다. 안으로 신령神靈이 있고 밖으로 기화氣化가 있어 온 세상 사람이 각기 알아서 옮기지 아니한다는 뜻은 인간의 신성神性(靈性)과 생명의 유기성有機性을 깨달아 순천順天의 삶을 지향하는 것을 말한다. 이처럼 우주자연과 인간, 인간과 인간의 유기적 통일성을 그 본질로 하는 '시'의 철학은 우주의 실체가 의식이고 그 본질은 생명이며 진행 방향은 영적靈的 진화라는 사실을 직시하는 것으로부터 시작한다. 그리하여 우리 내부의 신성에 눈뜨게 되면 내재와 초월, 개체성과 전체성이 결국 하나임을 알게 되고, 궁극적으로 우주가 '한생명'이라는 사실을 체득하게 됨으로써 여여如如한 실재에 이를 수 있게 되는 것이다.

이렇듯 수운과 원효의 사상이 통일과 평등의 원리로 상호 관통할 수 있는 것은 이들의 사상 이면에 시대와 종교를 뛰어넘는 보편성이 흐르고 있기 때문일 것이다. 일심의 근원으로 되돌아가면(歸一心源) 사람이 한울을 모시고 있음(侍天)을 저절로 알게 되는 법, 그것은 곧 평등성지平等性智의 나타남이다. 우주만물에 내재한 '참자아' 즉 영원한 신성을 보는 사람은 우주만물이 결국 하나임을 알게 되고 보편적 실재인 그 '하나'를 깨닫게 될 것이다. 참자아는 태어나지도 죽지도 않으며 세상사에 물들지도 않는다.

<hr>

2) 元曉, 『大乘起信論疏』, 397쪽.
3) 元曉, 『大乘起信論別記』, 466쪽; 『大乘起信論疏』, 402쪽.
4) 『東經大全』, 「論學文」, "侍者 內有神靈 外有氣化 一世之人 各知不移者也."

우주만물의 개체성은 한울(天, 일심, '하나'님) 즉 궁극적 실재5)가 다양한 모습으로 현현한 것이다. 모든 존재 속에 내재해 있으면서 동시에 초월해 있는 이 하나인 참자아를 깨닫게 되면 죽음의 아가리로부터 벗어나 불멸에 이르게 된다.

진정한 문명은 바로 이 하나인 참자아에 대한 깨달음에서 시작되어야 한다. 오늘날 국가·민족·인종·종교·계급 간의 반목과 갈등은 우주만물에 내재하는 절대유일의 참자아를 깨닫지 못하고 서로 다른 것으로 분리시킨 데서 오는 것이다. 마치 빗물이 산골짜기를 따라 사방으로 갈라져 흘러내리듯, 현상계의 차별상은 한울이 존재의 특성에 따라 각기 다르게 표현된 것이다. 우주만물에는 하나인 참자아가 편재遍在해 있고, 동시에 이 세상 전체가 한울의 창조적 에너지 속에서 숨쉬고 있다.

삶과 죽음의 저 너머에 이르는, 영원한 평화에 이르는 유일하고도 완전한 길은 인류가 자기 자신을 한울로, 참자아로 인식하는 것이다. 참자아 속에는 그 어떤 차별성도 존재하지 않고 오직 전체성만이 물결칠 뿐이다. 그러나 이 광대무변한 참자아는 결코 경전 공부나 학문, 지식으로 깨달을 수 있는 것이 아니다. 악행을 그만두지 않고는, 감각을 잠재우지 않고는, 마음을 모아 내면의 밭을 갈지 않고는 결코 거기에 이를 수 없다.

---

5) 궁극적 실재는 우주의 근원적 일자, 즉 우주의 창조적 에너지(至氣)를 의미하는 것으로, 하늘(天)·天主(한울님, 造物者), 하느님, '하나'님, 創造主)·道·佛·一心·太極(無極)·브라만(Brahman, 梵)·우주의식(전체의식·순수의식) 등으로 병칭되고 있다. 『天符經』에 보면, 근원적인 일자 즉 하나에서 우주만물이 비롯되고, 그 쓰임은 무수히 변하지만 근본은 다함이 없다고 되어 있다. 그런 까닭에 하나에서 비롯되나 시작이 없는 하나이며(一始無始一), 하나로 돌아가나 끝이 없는 하나이다(一終無終一). 『三一神誥』「天訓」에도 "하늘은 형상도 바탕도 없고 시작도 끝도 없으며, 위아래와 사방도 없고 비어 있는 듯하나 있지 않은 곳이 없으며, 포용하지 않음이 없다"라고 나와 있다. 「요한계시록」 21장 6절에는 "나는 알파(α)와 오메가(Ω)요, 처음과 나중이라"고 되어 있고, 1장 8절에는 "나는 알파와 오메가라. 이제도 있고 전에도 있었고 장차 올 자요, 전능한 자라"고 나와 있다. 이 셋은 시작도 끝도 없는 영원한 '하나' 즉 우주만물의 근원인 '궁극적 실재'에 관한 설명으로 내용이 일치하고 있다.

모든 존재 속에 내재하는 참자아의 동질성을 깨달은 사람은 그 어떤 환영(maya)이나 슬픔도 없이, 한울과 한 호흡 속에 있게 된다. 물질 차원의 에고(ego, 個我)에 갇혀 있는 이상 우리는 한울과 만나지 못한다. 내재적 본성인 신성을 깨달을 때 비로소 한울은 그 모습을 드러낸다. 불멸의 참자아가 곧 한울이다. 죽음조차도 삼켜버리는 참자아를 깨달음으로써 우리는 한울과 하나가 되고 삶과 죽음의 저 너머에 이르게 된다.

7세기 진리가 당략黨略으로 전락하던 시대에 분열의 죄악성과 융화의 당위성을 설파함으로써 신종교운동 내지 신사회운동을 통해 삼국통일의 정신적 초석을 다졌던 원효, 19세기 서세동점西勢東漸의 시기에 동학을 창도하여 '보국안민輔國安民, 포덕천하布德天下, 광제창생廣濟蒼生'의 기치를 내걸고 민중에 기초한 근대적 민족국가 형성의 사상적 토대를 마련한 수운, 원효와 수운의 사상에는 고금을 통하고 역사를 초월하며 민족과 종교의 벽을 뛰어넘는 보편성이 있다. 이들의 사상은 우리 인류가 시대적·사상적·종교적 질곡에서 벗어나 유기적 생명체 본연의 통합적 기능을 회복하게 함으로써 진정한 역사발전의 동력이 될 수 있게 할 것이다. 그러면 원효의 사상부터 살펴보기로 하자.

2. 원효의 대승적 윤리관과 화쟁사상

1.『대승기신론소·별기』·『금강삼매경론』·『십문화쟁론』

화쟁의 논리에 기반한 원효 사상의 본질은 평화요 통일이다. 이는 아법이집我法二執을 모두 탈거脫去하여 만물의 교직성과 상호의존성을 직시함으로써 우리의 개별성이 차별 없는 일자一者에로 용해되어 이르게 되는, 소위 '무리지지리無理之至理, 불연지대연不然之大然'6)의 경계를 의미한다.

원효가 백가百家의 이쟁異爭을 화합하여 무수한 진리의 가지들을 하나의 진리로 되돌리고 '만법귀일萬法歸一'을 설파한 것은 대립자들의 역동적 통일성에 대한 그의 신념을 나타낸 것으로, 독창적이고 포괄적인 그의 대승기신론관大乘起信論觀은 이러한 그의 근본 입장을 분명히 보여 준다.

여기에서는 원효의 대승大乘적 윤리관과 화쟁사상을 『대승기신론소大乘起信論疏・별기別記』, 『금강삼매경론金剛三昧經論』, 『십문화쟁론十門和諍論』을 중심으로 살펴보기로 한다.

우선 『대승기신론소・별기』는 원효의 사상과 행위를 가늠할 수 있게 하는 가장 골간이 되는 저술이라 할 수 있다. 여기서 『별기』는 『소疏』의 초고草稿와 같은 것으로 『대승기신론』을 간략하게 주석한 것이고 『소』는 『대승기신론』 본문을 해석한 것으로, 『대승기신론』의 대의大義는 『소』와 『별기』 양자의 것을 종합할 때 분명하게 드러난다. 원효는 불교사상사의 양대 조류인 반야사상般若思想과 유식사상唯識思想이 『대승기신론』에서 종합되고 있는 점을 간파하고 개개開開하면 무량무변無量無邊한 의미를 종宗으로 삼고 합合하면 이문일심二門一心의 법을 요要로 삼는[7] 이 논論이야말로 모든 불교사상의 논쟁을 지양시킬 수 있는 근거를 명백히 제시한다고 보고 그의 논지를 펼치고 있다.

다음으로 『금강삼매경론』은 『금강삼매경』에 대한 주석서로서 『대승기신론』과 불가분의 관계를 맺고 있다. 『금강삼매경』은 원효의 논에 의해 비로소 그 심오한 뜻이 발현되었다고 할 수 있다. 이 논의 대의를 보면, 일심의 원천은 유有・무無를 떠나서 홀로 청정清淨하며 삼공三空(我空・法空・俱空)의 바다는 진眞・속俗을 융화하여 담연湛然한 것이라 하면서, 만덕원만

---

6) 『金剛三昧經論』, 130쪽; 『大乘起信論別記』, 464쪽. 이는 "道理 아닌 지극한 道理, 肯定 아닌 大肯定"으로 번역될 수 있는데, 그 참뜻은 상대적 차별성을 떠난 如實한 大肯定을 의미한다.

7) 『大乘起信論疏』, 391쪽, "開則無量無邊之義爲宗 合則二門一心之法爲要."

萬德圓滿한 제문諸門은 일관一觀에 출출出하지 아니하니 개開하여도 하나가 늘어나지 않고 합하여도 열이 줄어들지 않는 까닭에 부증불감不增不減을 종요宗要로 한다고 되어 있다.8) 이는 논의 서두에 있는 "합하여 말을 하면 일미관행一味觀行이 그 요이고, 개하여 말하면 십중법문十重法門이 그 종이다"9)라는 표현에서도 드러나듯이 그 이면에는 일심의 근원으로 되돌아가 요익중생饒益衆生하려는 원효 사상의 실천원리를 담고 있다.

끝으로 『십문화쟁론』은 일부 단편만이 남아 있기는 하지만 화쟁사상을 펼쳐 보인 가장 대표적인 저서라는 점에서 주목할 만하다. 이 논은 백가의 이쟁을 화합하여 일승불교一乘佛教를 세우고자 논리적 근거를 제시한 것으로, 원효의 일승불교에는 통일과 화해의 실천에 대한 그의 근본 입장이 분명히 드러나고 있다. 그는 소승불교小乘佛教가 물질주의·형식주의·율법주의에 빠진 것과 대승불교大乘佛教가 현실세계 전체의 의미를 부정함으로써 관념론에 빠진 것 둘 다를 비판하면서 우리가 취해야 할 보편적인 가치관을 불교의 용어를 빌려 말해 주고 몸소 실천했던 사람이다. 훗날 그가 화정국사和靜國師로 추봉된 것에는 그만한 이유가 있다 하겠다.

2. 원효의 대승적 윤리관

1) 일심위대승법一心爲大乘法

원효는 『대승기신론』이라는 표제에 대한 설명에서, '대승大乘'을 소승小乘의 상대적 차별 개념이 아닌 모든 진리를 포용한다는 의미로 해석하고 또 '기신起信'을 교조적 의미의 믿음이 아닌 진리를 발현시킨다는 뜻으로 해설하고 있다.10) 또한 그의 『대승기신론별기』에서는 대승의 본체는 광활

---

8) 『金剛三昧經論』, 130~132쪽.
9) 『金剛三昧經論』, 130쪽, "合而言之 一味觀行爲要 開而說之 十重法門爲宗."
10) 『大乘起信論疏』, 391~393쪽.

하고 태허太虛와 같아 사私가 없으며 대양大洋과 같아 지극히 공평하여, 그 속에서 동動과 정靜, 염染과 정淨, 진眞과 속俗이 어우러져 하나가 된다고 한다.[11] 그런데 그것을 '유'라고 하자니 한결같은 모습이 텅 비어 있고 '무'라고 하자니 만물이 다 이로부터 나오니 그 이름을 알지 못하여 '대승'(摩訶衍)이라고 했는데, 이는 억지로 붙인 이름일 뿐 그 이름이 실상을 나타내는 것은 아니라고 본다.[12] 그리하여 원효는 관념과 형상을 초월하고 형태와 언설을 떠나 우리의 마음이 순수하게 대승에 계합契合될 때 비로소 여실如實한 대긍정에 이를 수 있다고 보았다.[13]

대승을 한낱 교리체계가 아닌 마음으로 표현한 것은 『대승기신론』에서 비롯된다. 원효 또한 '일심위대승법一心爲大乘法'이라 하여 하나인 마음의 근원성·포괄성·보편성을 강조하였다.[14] 말하자면 '일심지외경무별법一心之外更無別法'[15]인 것이다. 다만 오랜 무명無明의 습기習氣 때문에 진여眞如한 마음의 본바탕이 가려져서 고요해야 할 마음의 바다에 파랑이 일고 유전육도流轉六道하게 되는 것이다. 비록 육도六道의 파랑이 일지라도 하나인 마음의 바다를 벗어나지 않는 까닭에, 이 하나인 마음은 일체의 세간법世間法과 출세간법出世間法을 다 포괄한다.[16] 이와 같이 대승의 마음은 만물이 그 안에 다 포용되고 덕德이란 덕은 갖추지 않은 것이 없으며 상像이란 상은 나타나지 않는 바가 없다. 그런 까닭에 원효는 '진여대해眞如大海, 영절백비고永絶百非故'[17]라 하고 바로 이 진여한 마음을 모든 행위의

---

11) 『大乘起信論別記』, 464쪽.
12) 『大乘起信論疏』, 390쪽, "引之於有 一如用之而空 獲之於無 萬物乘之而生 不知何以言 之 强號之謂大乘."
13) 『大乘起信論別記』, 464쪽.
14) 『大乘起信論疏』, 402쪽, "良有是心通攝諸法 諸法自體唯是一心 不同小乘 一切諸法各有 自體 故說一心爲大乘法也." 『大乘起信論別記』, 466쪽 참조.
15) 『大乘起信論疏』, 397쪽.
16) 『大乘起信論疏』, 397쪽, 『大乘起信論別記』, 467쪽.
17) 『大乘起信論疏』, 395쪽. 眞如한 마음의 큰 바다는 영원히 모든 오류를 여의었다는 뜻.

원천이 되는 것으로 보았다. 따라서 원효에게 있어 모든 행위는 그 근본규범이 일정하게 규정되어 있는 것이 아니라 다만 진여한 마음에 의거해 있으므로 이 마음에서 벗어나는 것만이 금지되어야 할 행위인 것이다.

그런데 진여를 따르는 신심信心 그 자체는 완덕完德의 실천이 수반될 때 비로소 완전해질 수 있는 것으로 바로 여기에서 조신調身·조심調心하는 수행의 필요성이 생겨난다.18) 이를테면 보시布施·지계持戒·인욕忍辱과 같은 여실수행如實修行의 필요성이 생기게 되는 것이다.19) 이는 원효의 윤리관이 계율戒律 조목이나 강조하는 형식적인 실천윤리의 차원이 아닌 이른바 대승윤리의 차원에서 전개되고 있음을 말해 준다. 이는 『대승기신론』 후반의 '수행신심분修行信心分'과 '권수이익분勸修利益分'에 대한 그의 해석에서 잘 나타나고 있다.

2) 진여문과 생멸문

『대승기신론』의 논지는 주로 일심에 대한 해명을 목적으로 하는데, 진여문眞如門과 생멸문生滅門의 이문二門을 설정한 뒤 우리의 제팔식第八識20)이 본래는 진여한 마음을 그 본바탕으로 하고 있으나 무명의 바람이 일어 여러 형태의 생멸을 짓게 된다고 한다.21) 그런데 여기서 원효는 마음의 생멸은 무명에 의해 이루어지고 또한 생멸하는 마음은 본각을 따라 이루어지므로 '심체무이心體無二'라고 하고 있다.22) 또한 『금강삼매경론』에서도 이

---

18) 『大乘起信論疏』, 452쪽.
19) 『大乘起信論疏』, 396쪽, "如實修行者……謂修行布施……如是持淨戒……或修忍辱行."
20) 불교의 唯識思想에 기초한 八識의 이론체계를 보면, 우선 眼識, 耳識, 鼻識, 舌識, 身識, 意識이라는 흔히 前六識으로 총칭되는 표면의식이 있으며, 이 여섯 가지의 식은 보다 심층의 第七識인 자아의식─『大乘起信論疏』에서는 第七識을 意라 하여 의식으로 총칭되는 前六識과 구분하고 있다─ 즉 잠재의식에 의해 지배된다. 또한 이 자아의 식은 보다 심층의 第八識에 연결되어 있는데, 이 第八識이 우리 마음속 깊이 감추어진 모든 심리활동의 원천이 된다.
21) 『金剛三昧經論』, 146쪽; 『大乘起信論別記』, 474~475쪽.

이문은 그 체體가 둘이 아니므로 모두 '일심법一心法'이라고 하고 있다.23) 그리하여 원효는 중생심衆生心이 본래 '공적지심空寂之心'이나 망념妄念이 동동動하여 무시無始 이래로 유전流轉하는 바, 수습修習하여 본래의 공심空心을 얻기 위해서는 "진여문에 의해 지행止行을 닦고 생멸문에 의해 관행觀行을 일으켜 지止와 관觀을 동시에 닦아 나가야 한다"고 주장한다.24) 이는 생멸문과 진여문의 이문을 통해 일심에 대한 이론적 논의를 전개하고 궁극에는 믿음을 일으켜 실천적인 행위에로 나아가게 하는 『대승기신론』 사상의 진수가 그대로 드러난 것이라 하겠다.

이와 같이 『대승기신론』이 일심이문一心二門으로 여래의 근본 뜻을 해석하고 신심을 일으켜 수행하게 하는 것은 일심법一心法에 의거하는 이 이문이 모든 법을 총괄하는 까닭이다. 그러면 진여문과 생멸문에 대해 자세히 살펴보기로 하자.

우선 진여문에서는 우리의 진여한 마음에 관하여 설명하고 있다. 진여란 맑고 깨끗하며 고요한 마음의 본바탕을 말하는 것으로 그것은 각覺이라고도 불린다. 본래 근본으로 있는 것이라는 관점에서 그 각은 본각本覺이라고 불리기도 하고, 무명의 습기 때문에 가려져 드러나지 않을 때에는 불각不覺이라고 불리기도 하지만, 일단 어느 계기에 그 본바탕이 드러나기 시작할 경우에는 시각始覺이라고 불린다. 따라서 이 시각은 본각과 같은 것이다.25) 시각의 뜻은 본각에 의거하므로 불각이 있게 되고, 불각에 의거하기 때문에 시각이 있게 된다고 설명할 수 있다. 말하자면 시각은 불각과 상관관계에 있고, 불각은 본각과 상관관계에 있으며, 본각은 시각과 상관관계에 있는 것이다.26) 여래장如來藏이라고도 불리는 일심의 본체는 바로

---

22) 『大乘起信論別記』, 471쪽.
23) 『金剛三昧經論』, 146쪽, "然此二門 其體無二. 所以皆是一心法."
24) 『金剛三昧經論』, 145쪽, 『大乘起信論疏』, 397쪽.
25) 『大乘起信論疏』, 415쪽.
26) 『大乘起信論疏』, 415~419쪽.

이 본각(究竟覺)인데,[27] 『금강삼매경론』에서는 '본각이품本覺利品'이라는 독립된 장章을 설치하여 이 본각의 이리로써 중생에게 이익을 주는 도리를 나타내고 있다.[28]

다음으로 생멸문에서는 진여가 선과 불선의 원인이 되고 또 연緣과 결합하여 모든 법을 변질시키는 것에 대해 설명하고 있다.[29] 여기서 원효는 비록 실제로는 모든 법을 변질시켰지만 항상 그 진성眞性은 파괴되지 않는 까닭에 이 생멸문 가운데에도 역시 진여가 포괄된다고 본다.[30] 생멸문에서는 심생멸心生滅에 대한 해석에서 우리의 마음이 각이 되는 경우와 불각이 되는 경우 두 가지가 있음을 밝히고 있다. 우선 불각의 뜻에는 근본불각根本不覺과 지말불각枝末不覺의 두 가지가 있다. 전자는 아리야阿梨耶(Alaya)식識[31] 안에 있는 근본무명根本無明을, 후자는 무명이 일으키는 일체염법一切染法을 말하는 것으로, 그 모두를 불각이라 한다.[32] 그런데 마음의 생멸生滅에는 반드시 좋지 않은 생멸만이 있는 것이 아니라, 무명에 물들지 않는 맑고 밝은 생멸도 있다. 즉 진여한 마음 그 자체의 불가사의한 힘에 의해 본각의 마음이 어떤 계기에 의해 빛을 발할 수 있다. 이때 그 각을 시각이라고 한다. 이미 언급된 바와 같이 시각과 본각은 별개의 것이 아니다. 본래 같은 각으로서, 본각은 그 근본으로 있는 상태를 말한 것이고 시각은 본각이 어떤 좋은 인연을 만나 발현되기 시작한 것을 포착하여 말한 것일 뿐이다.[33]

그리하여 원효는 『대승기신론별기』에서 "불각이 본각에 영향을 미쳐 모

---

27) 『大乘起信論別記』, 467쪽.
28) 『金剛三昧經論』, 181~197쪽.
29) 『大乘起信論別記』, 468쪽, "生滅門者 卽此眞如 是善不善因與緣和合 反作諸法."
30) 『大乘起信論別記』, 468쪽.
31) 阿梨耶識은 第八識을 일컫는 것으로 藏識이라고 漢譯하기도 하는데, 이는 깨끗한 마음이 간직되어 있는 識이란 뜻에서이다.
32) 『大乘起信論別記』, 476쪽.
33) 『金剛三昧經論』, 160쪽 참조.

든 염법을 낳게 하고, 본각이 불각에 영향을 미쳐 모든 정법淨法을 낳게 한다"34)라고 하고, 이러한 전개 과정은 상호적인 관계에 있으므로 "비무이비유非無而非有, 비유이비무야非有而非無也"35)라고 하였다. 따라서 염染·정淨의 성품에 집착함은 모두 망상이며, 그것을 떠나게 될 때 후에 모든 공덕을 이룩하게 된다. 말하자면 대승윤리가 발휘되는 것이다.

3. 화쟁의 사상과 그 방법

1) 화쟁의 필요성과 그 근거

원효는 그의 『열반종요涅槃宗要』에서 화쟁의 의를 설說하면서 "여러 종파의 모든 경전들을 통합하여 무수한 진리의 가지들을 하나의 진리로 되돌리고 불타 사상의 지극한 공평함을 열어 백가의 이쟁을 화해하고자"36) 한다고 밝혔다. 이는 7세기 당시 신라 사회의 현실을 반영하는 것으로 무애無碍의 법문法門을 통해 존재론적 통일사상을 나타내 보인 것이라 할 수 있다. 화쟁사상을 펼쳐 보인 가장 대표적 저서라 할 수 있는 『십문화쟁론』의 서문에서 그가 화쟁의 필요성을 절감하고 종파주의의 전개에 대한 자신의 견해를 개진한 것은, 부처 생존시에는 부처의 큰 가르침에 힘입어 서로 다툼이 없었으나 불멸佛滅 후 여러 가지 쓸데없는 이론과 견해들이 범람하게 되면서 참된 진리가 가려진 데 따른 것이다. 특히 그는 화쟁론에서 교리적 배타성은 진리의 편린에 대한 자아집착의 형태에 불과하며, 그런 까닭에 결국 진리의 본체를 놓치게 된다는 사실을 보여 주려고 하였다.37) 그리하

---

34) 『大乘起信論別記』, 474쪽, "由不覺熏本覺故 生諸染法 有本覺熏不覺故 生諸淨法." 『大乘起信論疏』, 403쪽 참조.
35) 『大乘起信論別記』, 477쪽.
36) 元曉, 『涅槃宗要』, 21쪽, "通衆典之部分歸萬流之一味, 開佛意之至公和百家之異諍."
37) 元曉의 教法體系에 대해서는 이기영, 「元曉」, 『韓國의 思想家 十二人』(申一澈 外, 서울: 현암사, 1976), 48~51쪽 참조.

여 그는 『열반종요』에서 "하나가 아니므로 능히 제문諸門이 합당하고, 다르지 아니하므로 제문이 한 맛으로 통한다"[38]고 하였다.

『십문화쟁론』에서 원효가 화쟁한 내용을 몇 가지로 요약해 보면, 우선 그는 유(現象)와 공(實在)에 대한 쟁론爭論을 화쟁할 수 있었다.[39] 유와 공은 본래 두 개의 다른 개념이 아니라 동전의 양면과 같은 것이기 때문에 그는 편유偏有와 편공偏空의 집착에서 벗어나 하나의 참된 진리를 가르쳤다. 또한 그는 삼성三性, 즉 변계소집성遍計所執性, 의타기성依他起性, 원성실성圓成實性에 관한 논쟁을 화쟁하였다.[40] 변계소집성遍計所執性과 의타기성依他起性은 원성실성圓成實性에 기초를 두고 있는 까닭에 이 세 가지는 상통하는 진리의 다른 양상에 불과한 것이다. 이 외에도 그는 법집法執과 아집我執에 대한 논쟁을 화쟁하였다.[41] 모든 법과 아는 본래 공적空寂한 것으로 법집과 아집은 동일한 집착의 두 가지 형태에 불과하며, 이는 진제眞諦와 속제俗諦, 염과 정의 두 문에도 다름이 없다.[42] 이렇듯 원효의 화쟁사상은 통일과 평등의 원리에 기초하여 지공무사至公無私한 뜻을 펼쳐 보임으로써 종파주의로 몸살을 앓던 당시 신라인들에게 무쟁無諍의 덕을 일깨워 주었다.

그러면 이러한 화쟁이 가능하게 되는 근거는 무엇인가? 원효는 『금강삼매경론』에서 "일체의 염정제법染淨諸法이 일심에 의거해 있는 까닭에 일심은 모든 법의 근본"[43]이라고 하였다. 바로 이 마음이 모든 법이 의거하는 주가 되기 때문에, 법과 아가 본래 공함을 알고 집착을 버리게 되면 환화幻化의 작용이 그치고 바로 본각의 공적한 마음을 얻게 되어 무쟁에 처할 수

---

38) 『涅槃宗要』, 24쪽.
39) 元曉, 『十門和諍論』, 641쪽; 『大乘起信論別記』, 465쪽.
40) 『十門和諍論』, 641~642쪽.
41) 『十門和諍論』, 646쪽; 『金剛三昧經論』, 144~145쪽.
42) 『大乘起信論疏』, 390쪽; 『金剛三昧經論』, 129쪽.
43) 『金剛三昧經論』, 153쪽; 『大乘起信論別記』, 471 · 474쪽.

있게 되는 것이다.[44] 이와 같이 일심 즉 대승의 본체는 지극히 공평하고 사私가 없어 평등무차별平等無差別하며, 그런 까닭에 사변思辯의 길이 끊기는 것이다.[45] 언설의 극極이요 여실한 대긍정의 경계라 하지 않을 수 없다. 바로 여기에 화쟁의 가능 근거가 있게 되는 것이다. 원효가 개합의 논리를 이용하여 다양한 교리 이론을 자유롭게 화쟁할 수 있었던 것도 바로 그의 일심사상一心思想에 기인하고 있음을 『대승기신론소』에서는 분명히 보여 주고 있다.[46] 또한 『십문화쟁론』에서도 일심지원一心之源(一味)으로 돌아가면 평등무차별한 경계가 나타남을 보여 주고 있다.[47] 가히 화쟁의 비밀은 일심에 있다 하겠다.

2) 화쟁의 방법

원효의 주요한 화쟁 방법으로는 '개합開合과 종요宗要', '입파立破와 여탈與奪', '동이同異와 유무有無', '이변비중離邊非中' 등을 들 수 있다.

우선 '개합과 종요'에 관해 살펴보면, '합론일관合論一觀 개설십문開說十門'[48]이요 '개이불번開而不繁 합이불협合而不狹'[49]이며 '개불증일開不增一 합불감십合不減十'[50]이므로 '부증불감不增不減 위기종요야爲其宗要也'[51]라 한 데서도 알 수 있듯이 '개합'과 '종요'는 같은 것이다. 이 세상 모든 것은 상호유기적인 관련 속에 있으며 전체와 부분은 함께 있다. 따라서 어떤 경우에도 '산을 버리고 골짜기로 돌아가거나 나무를 버리고 숲 속으로

---

44) 『金剛三昧經論』, 144~145쪽.
45) 『大乘起信論別記』, 464쪽.
46) 『大乘起信論疏』, 391쪽, "開則無量無邊之義爲宗 合則二門一心之法爲要 二門之內容萬義而不亂 無邊之義 同一心而混融."
47) 『十門和諍論』, 643쪽, "一切衆生同有佛性 皆同一乘一因一果同一甘露 一切當得常樂我淨 是故一味."
48) 『金剛三昧經論』, 131쪽.
49) 『大乘起信論疏』, 391쪽.
50) 『金剛三昧經論』, 132쪽.
51) 『金剛三昧經論』, 132쪽.

달려가는 격'이 되어서는 안 될 것이다.

다음으로 '입파와 여탈'에 관해서는, 『대승기신론소』에서 '입파무애立破無碍'하니 '입이무애파이무실立而無碍破而無失'[52]이라 하고 있는데 이는 긍정(立)과 부정(破)에 아무런 구애가 없으니 긍정한다고 얻을 것도 없고 부정한다고 잃을 것도 없다는 뜻이다. 또한 『금강삼매경론』에서는 '무파이무불파無破而無不破, 무립이무불립無立而無不立'[53]이라 하여 파破함이 없되 파하지 않음이 없고, 입立함이 없되 입하지 않음이 없는 '무리지지리無理之至理, 불연지대연不然之大然'의 경계를 나타내 보이고 있다. 여기서 '입파立破'와 '여탈與奪'은 같은 진리의 차원이다. '입立'과 '여與'는 긍정과 정립의 세계이고, '파破'와 '탈奪'은 부정과 반정립의 세계이다. 원효는 입과 여에만 집착하거나 파와 탈에만 집착하여 두 세계의 왕래를 알지 못하면 결코 화해에 이를 수 없다고 보았다. 이는 '동이同異와 유무有無'에 관해서도 마찬가지이다. "일심지원一心之源, 이유무이독정離有無而獨淨"[54]이라 했던가? '동'과 '유', '이'와 '무' 그 어느 것에도 집착하지 않을 때 둘이면서 하나가 되는 공존의 논리는 성립될 수 있다.

끝으로 '이변비중離邊非中'에 관한 것을 보면, 유나 무도 극단이지만 중간도 또 하나의 극단이라는 것이다. 유·무가 상호의존적인 관계이듯 중간 또한 유·무와 상호의존적인 관계에 있기 때문에, 상대적 개념들에 집착하여 그것을 절대화하는 오류를 범해서는 안 된다는 것이다.[55] 그런 까닭에 원효는 손가락에 의지하여 손가락을 여읜 달을 보여 주는 것과 같이 언설에 의지하여 언어가 끊어진 법을 보여 주고자 했던 것이다.

---

52) 『大乘起信論疏』, 391쪽.
53) 『金剛三昧經論』, 130쪽.
54) 『金剛三昧經論』, 130쪽.
55) 『金剛三昧經論』, 130쪽.

3) 화쟁의 실천

원효의 화쟁론에 나타난 보편적 언어는 '표월지지標月之指'에 비유될 수 있는 것으로, 실재세계는 사유와 언어의 영역을 초월해 있는 까닭에 진속 평등眞俗平等의 본체를 체득함으로써 우리의 마음이 순수하게 대승에 계합될 때 비로소 대승이 그 위력을 발휘하여 홍익중생(自利他利)을 실현할 수 있게 된다는 것을 보여 준다. 이를 일러 원효는 『금강삼매경론』에서 "무주지덕無住之德, 계합본리契合本利"56)라고 하였고 『대승기신론소』에서는 "유혜광명편조법계평등무이有慧光明遍照法界平等無二"57)라 하고 있는데, 이것이 곧 화쟁의 실천이다.

원효의 화쟁에 대한 이론적 논의는 그것이 실천적 수행으로 연결될 때 비로소 그 진의가 드러나는바, 『대승기신론』의 '수행신심분修行信心分'과 '권수이익분勸修利益分'에 대한 해석에서 그는 화쟁의 실천적 수행의 필요성을 특히 강조하고 있다.58) 『대승기신론』 전반이 주로 일심一心에 대한 이론적 논의에 치중하고 있는 것과는 달리, '수행신심분'과 '권수이익분'에서는 믿음을 일으켜 수행하는 것과 나아가 수행을 권하고 그 이익을 말하는 실천적 수행이 강조된다. '수행신심분'에 대한 해석에서 원효는 믿음을 일으킨 다음에는 반드시 수행으로 나아가야 한다는 여실수행如實修行의 필요성을 강조하고, 또 '권수이익분'에 대한 해석에서는 선근善根이 박약한 사람을 위해 수행의 이익을 들어 그것을 권장해야만 한다고 말한다.59) 그의 환속파계도 바로 이러한 행行의 관점에서 설명될 수 있다.

---

56) 『金剛三昧經論』, 181쪽. 『金剛三昧經論』의 本覺利品의 章에 나오는 無住菩薩은 本覺에 達하여 본래 起動함이 없지만 그렇다고 寂靜에 머무르지 않고 항상 두루 교화하는 일을 하기 때문에 그 德에 의해 이름을 붙여 無住라고 하고 있다. 元曉는 이러한 無住의 德이 本覺의 이익에 契合하는 것이라고 보았다.

57) 『大乘起信論疏』, 410쪽. (일체의 迷妄을 떠나 寂靜의 경지에 達하게 되면) 지혜의 광명이 모든 현상계를 두루 비쳐 平等無二하게 된다는 뜻임.

58) 『大乘起信論疏』, 452쪽.

59) 『大乘起信論疏』, 448~462쪽.

원효는 최고의 덕을 무쟁으로 삼고, 세간에 주住하면서 세간을 이離함이 이중지연화泥中之蓮花와 같고자 하였다. 또한 그는 우리의 주체성과 창조적 민족성을 일깨우고 통일 직후에 야기될 수 있는 지역간의 갈등과 피정복민들과의 감정 문제 등으로 인한 사회정치적 분열상과 대립상을 극복하고자 화쟁총화和諍總和의 정신을 진작시켰다. 그는 종파주의에 매몰되어 부질없는 편견과 편착을 낳음으로써 진리가 가려지고 있는 신라의 현실을 개탄하였다. 그리하여 『십문화쟁론十門和諍論』에서는 논쟁이 치열할수록 목표(眞理)에서 멀어지게 된다고 하여,[60] 당시 지식층 사이에 유행하던 지적 희론戱論에 집착하지 말 것을 경고하고 있다. 원효에게 있어 '진여眞如'란 '만물의 전체적인 전일성'(oneness of the totality of all things), 즉 '모든 것을 포괄하는 거대한 전체'(the great all-including whole)[61]이다. 이는 바로 그의 화쟁사상의 근거이자 목표이며 그의 신종교운동 내지 신사회운동이 지향하는 바이기도 하다. 백 개의 서까래를 가려낼 때에는 들지 못하지만 하나의 대들보가 쓰이는 곳에는 오직 그만이 들 수 있다고 한 이야기는 홍익인간의 이념을 온 인류에 실현할 역사적 사명을 띠고 있는 오늘의 우리 민족에게 시사하는 바가 실로 크다 하겠다.

4. 일체유심조사상과 회통의 정치이념

1) 일체유심조사상

원효는 "마음이 일어나면 갖가지 법法이 일어나고 마음이 사라지면 갖가지 법이 사라지니"[62] '삼계三界는 오직 마음뿐이요'(三界唯心) '만법萬法은 오직 식識뿐이라'(萬法唯識), 마음 밖에 법이 없거늘(心外無法) 따로 구할

---

60) 『十門和諍論』, 641쪽.
61) Ashvaghosha, *The Awakening of Faith* (trans. D. T. Suzuki, Chicago: Open Court, 1900), p55.
62) 『大乘起信論疏』, 427쪽, "心生則種種法生, 心滅則種種法滅."

것이 없다고 하였다. 이것이 곧 일체유심조一切唯心造라는 것이다.

그는 『대승기신론소』에서 '삼계의 모든 법은 오직 마음이 짓는 것'(三界諸法唯心所作)[63]임을 밝히면서 그 의미를 두 가지로 나누어 설명하고 있다. 첫째는 모든 법은 없는 것이 아니며 있는 것도 아님을 밝히는 것이고, 둘째는 모든 법은 있는 것이 아니며 없는 것도 아님을 밝히는 것이다.

먼저 "일체의 법은 마음을 따라 일어난 것이며 망념妄念으로 인하여 생긴 것이다"[64]라는 말은 모든 법이 나타나지 않음이 없음을 밝힌 것이고 "일체의 분별은 자신의 마음의 분별이고 마음은 마음을 볼 수 없으며 파악할 만한 것이 없다"[65]라는 말은 모든 법이 있는 것이 아님을 밝힌 것이라고 그는 말한다. 실로 마음을 떠나서 분별할 만한 것이 없으므로 '일체분별즉분별자심一切分別卽分別自心'[66]이라 한 것이다. 마치 칼이 칼 자신을 벨 수 없고 손가락이 손가락 자신을 가리킬 수 없듯이 마음이 그 자신을 볼 수는 없으므로 '심불견심心不見心'[67]이라 한 것이다. 볼 대상이 없으므로 보는 주관도 성립될 수 없다. 주관과 대상의 두 가지 모습이 다 없으므로 '무상가득자無相可得者'[68]라 한 것이다.

다음으로 그는 있는 것도 아니고 없는 것도 아닌 뜻을 밝히고 있다. "세간에서 파악할 만한 본체가 있는 것이 아니고 오직 마음은 허망한 것이다"[69]는 있는 것이 아님을 밝힌 것이고, 다음에 말한 "마음이 생기므로 곧 법이 생긴다"[70]는 없는 것이 아님을 드러낸 것이다. 무명의 훈습薰習으로 생긴 식識에 의하여 주관과 객관이 나타나고 허망한 경계를 취하게 되어

---

63) 『大乘起信論疏』, 426쪽.
64) 『大乘起信論疏』, 426쪽, "一切法皆從心起妄念而生者."
65) 『大乘起信論疏』, 426쪽, "一切分別卽分別自心心不見心無相可得者."
66) 『大乘起信論疏』, 426쪽. 一切의 分別은 곧 자신의 마음의 分別인 것이다.
67) 『大乘起信論疏』, 426쪽.
68) 『大乘起信論疏』, 426쪽.
69) 『大乘起信論疏』, 427쪽, "世間乃至無體可得唯心虛妄者."
70) 『大乘起信論疏』, 427쪽, "以心生則法生."

평등성과는 위배되게 되기 때문에 '심생즉종종법생心生則種種法生'이라
한 것이다. 만일 무명의 마음이 소멸되면 곧 경계도 소멸하고 갖가지 분별
식도 멸진하게 되므로 '심멸즉종종법멸心滅則種種法滅'이라 한 것이다.

한편 『대승기신론별기』에서는 '사상유시일심四相唯是一心'71)이라 하여
사상四相(生·住·異·滅)이 일심一心일 뿐임을 강조하고, 마음과 사상의
뜻을 바닷물과 파도에 비유하고 있다.72) 『대승기신론소』에서는 '구시이유
개무자립俱時而有皆無自立'이라 하여 마음과 사상이 동시에 존재하는 것
이고 그 어느 것도 독자적으로 존재하는 것이 아니라고 밝히고 있다.73) 원
효는 이 마음의 본체는 깨끗한 것임과 동시에 물든 것이고 움직이는 것임
과 동시에 고요한 것이므로 염정染淨이 둘이 아니고 동정이 다르지 않다
하여 "무이무별無二無別, 이역비일而亦非一"74)이라 하고, 본래 무명에 따
라서 여러 가지 식識이 생긴 것이지만 시각에 따라서 일심의 원천으로 되
돌아가면 그 모든 식은 일어나지 않게 된다고 한다.

그리하여 원효는 일심의 본체가 본래 적정寂靜하기 때문에 '결정성지決
定性地'75)라 하고, 또한 일심이 나타날 때에 팔식八識이 모두 전전하므로
네 가지 지혜(大圓鏡智, 平等性智, 妙觀察智, 成所作智)76)가 원만해진다고

---

71) 『大乘起信論別記』, 484쪽.
72) 『大乘起信論別記』, 483쪽, "猶如海水之動 說名爲波 波無自體故 無波之動 水有體故 有
水之動 心與四相義亦如是."
73) 『大乘起信論疏』, 416쪽, "四相俱有爲心所成 離一心外無別自體 故言俱時而有皆無自立."
74) 『大乘起信論別記』, 495쪽. 『金剛三昧經論』, 153쪽 참조.
75) 『金剛三昧經論』, 188쪽.
76) 『金剛三昧經論』, 187쪽, "言其地淸淨 如淨琉璃 是顯大圓鏡智之義……言性常平等 如彼
大地是顯平等性智之義……故言覺妙觀察 如慧日光 是明妙觀察智義……故言利益得本如
大法雨……是明成所作智之義……四智旣圓 是始覺滿也."
"'그 땅은 淸淨하기가 깨끗한 유리와 같다'고 한 것은 大圓鏡智의 뜻을 나타낸 것이
다……'그 性이 항상 平等하기가 저 大地와 같다'고 한 것은 平等性智의 뜻을 나타
낸 것이다……'깨닫고 묘하게 관찰함이 智慧의 햇빛과 같다'고 한 것은 妙觀察智의
뜻을 밝힌 것이다……'利益을 이루어 根本을 얻음이 大法雨와 같다'고 한 것은 成所
作智의 뜻을 밝힌 것이다……네 가지 智慧가 이미 圓滿하니, 이는 始覺이 만족된 것
이다."

한다. 이 네 가지 지혜를 얻으면 바로 묘각妙覺의 지위에 있게 되므로 이를 불지佛智의 경지에 들어가는 것이라고 하고 있다. 그때에는 이미 일심의 원천으로 되돌아가 팔식八識의 모든 물결이 다시 기동하지 않기 때문에 지혜의 경지에 들어간 자에게는 모든 식識이 생기지 않는다.[77] 이언진여離言 眞如라고나 할까, 바로 절대적인 여실지견如實知見(an absolute point of view) 의 경지에 이르게 되는 것이다.

2) 화쟁회통의 정치이념

원효 사상의 특성은 모든 이쟁異諍을 화해하고 제설諸說을 회석소통會 釋疏通하는 독특한 연구 방법과 논리를 전개하고 있다는 점이다. 그는 『열 반종요涅槃宗要』속의 불성론佛性論 6문[78] 중 결론 부분에 해당되는 회통 문會通門을 통문이通文異와 회의동會義同으로 분별한 뒤 먼저 문이文異를 통해通解하고 다음에 의동義同을 회명會明함으로써 하나의 결론을 얻고 있다. 즉 '이 마음이 곧 불성'이라는 결론이다.[79] 바로 일심이 불성의 체體 인 것이다. 이러한 일심의 성性은 제변諸邊을 원리遠離하므로 도무지 해당 하는 것이 없으며, 해당하는 것이 없으므로 해당하지 않는 것도 없다. 그리 하여 그는 '유비일고능당제문由非一故能當諸門 유비이고제문일미由非異故 諸門一味'[80]라고 하여, 하나가 아니므로 능히 제문에 해당되며 다른 것이 아니므로 제문이 일미一味인 것이라고 하였다.

이러한 불성의佛性義를 통한 그의 불성관佛性觀은, 일체의 변계소집偏計 所執을 두루 없애면 개체라는 완고한 테두리가 녹아 없어지면서 상호관통 (interpenetration)의 법칙을 깨닫게 되어 일체에 편만遍滿한 불성을 무애지안

---

77) 『金剛三昧經論』, 188~189쪽.
78) 佛性論 6門에는 出體門, 因果門, 見性門, 有無門, 三世門, 會通門이 있다.
79) 『涅槃宗要』, 62~66쪽.
80) 『涅槃宗要』, 66쪽.

無碍智眼으로 편견遍見할 수 있게 됨으로써 무사의無思議(acintya)의 세계로 들어가 편만한 법계를 증득證得할 수 있게 된다는 사실을 보여 준다. 이와 같이 원효 사상의 본질은 모든 사물의 전일성과 상호연관성을 깨달음으로써 고립된 개별아個別我라는 관념을 초극하여 궁극적 실재와 합일하게 되는 데 있다.

원효의 체계 속에서 진眞과 속俗, 이理와 사事, 염染과 정淨, 공空과 색色, 일—과 다多 등의 상호대립하는 범주들은 앞서 진여문과 생멸문에 관한 논설에서 살펴보았듯이 각각 체體(實在의 영원하고 지각할 수 없는 裏의 측면)와 용用(實在의 현상적이고 지각할 수 있는 表의 측면)이라는 불가분의 관계로 분석됨으로써 화쟁회통된다. 이들 가운데 그 어느 것에 편착하게 되면 쟁론을 일으킬 수밖에 없고, 그러한 편착에서 벗어날 수 있을 때 원융무이圓融無二한 원리를 체득할 수 있게 된다. 말하자면 무념을 얻으면 상대방과 더불어 평등해질 수 있는 것이다. 실로 모든 중생의 자성은 텅 빈 우주나 거대한 대양과도 같이 막힘이 없이 상호관통한다. 그러므로 자성의 본질은 평등이다. 염토染土와 정토淨土는 모두 일심에 기인하는 것이다. 이렇게 해서 원효의 진속원융무애관眞俗圓融無碍觀이 형성되고 '귀일심원歸—心源'이라는 실천의 원리가 제공됨으로써 일체의 이설과 논쟁이 화쟁회통할 수 있게 된 것이다.

3. 수운의 '시천주' 도덕과 후천개벽사상

1. 수운의 불연기연적 세계관

1) 본체계와 현상계의 회통

동학의 교리는 주로 한문 경전 『동경대전』과 한글 가사체로 된 『용담유사』에 나타나 있다. 우선 여기에 나타나 있는 수운의 '불연기연不然其然'적 세계관부터 살펴보기로 하자.

'그렇지 아니함과 그러함' 즉 불연기연은 본체계와 현상계를 회통시키는 수운의 독특한 논리이다. 수운은 인간의 지식과 경험으로는 분명하게 인지할 수 없는 세상일에 대해서는 '불연不然'이라고 말하고, 상식적인 추론 범위 내의 사실에 대해서는 '기연其然'이라고 말하고 있다. 불연은 사물의 근본 이치와 관련된 초논리·초이성·직관의 영역을 말하고, 기연은 사물의 현상적 측면과 관련된 감각적·지각적·경험적 판단의 영역을 말한다. "무궁한 그 이치를 불연기연 살펴내어······ 무궁히 알았으면 무궁한 이 울 속에 무궁한 내 아닌가"[81]라고 한 것은, 무궁한 한울의 조화를 깨닫게 되면 조물자[82]인 한울과 그 그림자인 인간이 분리될 수 없는 하나라는 사실을 알게 된다는 것이다.

수운은 인류 최초의 조상 천황씨가 태어나고 임금이 된 것, 사시四時의 순차적 운행, 말도 못하는 어린아이가 부모를 알아보는 것, 성인이 나면 황하의 물이 맑아지는 것, 소가 평생 사람에게 부림을 당하고 또 죽임을 당하게 되는 것, 까마귀가 제 어미에게 먹이를 물어다 주는 것, 봄이 되면 제비가 다시 돌아오는 것 등의 알 수 없는 불연의 사례들을 열거하며 어떻게 그러한 일들이 일어나는지를 묻고 있다.[83] "천지만물의 형상을 헤아리고 그 근본을 캐어본즉 만물이 만물 되고 이치가 이치 되는 대업이 얼마나 먼 것인가"[84]라는 대목에서도 알 수 있듯이, 수운은 만물의 근원을 헤아린다는 것이 아득한 일이요 어려운 일이라고 하고 있다. 해월은 "사람이 음수陰

---

81) 『용담유사』, 「흥비가」.
82) 『東經大全』「不然其然」의 마지막 부분에서 수운은 한울을 造物者라 하고 있다. 한울은 自本自根·自生自化하는 근원적인 일자로, 우주만물이 다 거기로부터 나오니 그 창조성을 일컬어 造物者라고 한 것이다.
83) 『東經大全』, 「不然其然」.
84) 『東經大全』, 「不然其然」, "於是而揣其末 究基本則 物爲物理爲理之大業 幾遠矣哉"

水 속에서 살면서 음수를 보지 못하는 것은 마치 고기가 양수陽水 속에 살면서 양수를 보지 못하는 것과 같다"[85]는 비유로 불연을 설명한다.

그러나 불연의 본체계와 기연의 현상계를 상호관통하게 되면 불연과 기연이 본래 하나임을 알게 된다. 불연기연은 체體로서의 불연과 용用으로서의 기연의 상호관통에 대한 논리이다. 기연은 불연으로 인하여 존재하는 것으로서 모두 불연의 투영에 지나지 않으며, 불연 역시 기연으로 인하여 존재하므로 기연과 둘이 아니다. 본체계와 현상계는 본래 하나이다. 텅 빈 것은 묘하게 있는 것이다(眞空妙有). 본체계와 현상계가 본래 둘이 아니니, 공空과 유有는 한 맛(一味)이다. 비어 있음과 있음이 한 맛임을 알게 되면 생生·주住·이異·멸滅의 사상의 변화가 그대로 공상임을 깨달음으로써 생사를 여의게 되어 걸림이 없는 의식에 이를 수 있다. 그러나 매순간 깨어 있는 의식이 아니고서는 결코 이를 수 없는 묘각의 경지이다. 과거나 미래의 속박에서 벗어나 현재 여기 이 순간에 전적으로 집중할 수 있을 때, 그리하여 행위자는 사라지고 정제된 행위만이 남는 지선至善의 경지에 이르게 될 때 그러한 깨달음은 저절로 일어난다.

2) 평등무이의 세계관

수운의 불연기연은 이분법적 사유체계를 초월하여 이른바 '무리지지리 無理之至理, 불연지대연不然之大然'의 세계를 지향하고 있다. 상대적 차별성을 벗어 버린 여실한 대긍정의 세계를 지향하고 있는 것이다. 이것은 불연과 기연의 양 세계를 자유롭게 내왕함으로써만이 가능하다. 수운이 「불연기연」의 말미에서 "한울의 섭리에 부쳐 살펴보면 불연은 또한 기연이라"[86]라고 말한 것은 이러한 그의 즉자대자卽自對自적 사유체계의 한 단면

---

85) 『天道敎經典』, 「天地理氣」, 241~242쪽, "人之在於陰水中 如於之在魚陽水中也 人不見陰水 魚不見陽水也."
86) 『東經大全』, 「不然其然」.

을 보여 주는 것이라 하겠다.

수운의 평등무이의 세계관은 그의 심법의 키워드라 할 수 있는 '오심즉여심吾心卽汝心'(내 마음이 곧 네 마음)[87]에서 명징하게 드러난다. 경신년 4월 5일 수운은 '오심즉여심'의 심법과 함께 무극대도를 한울로부터 받는 신비체험을 하게 된다. 밖으로는 접령接靈의 기운이 있고 안으로는 강화降話의 가르침이 있었으니, 보아도 보이지 아니하고 들어도 들리지 아니하는 내면으로부터의 가르침의 말씀은 '내 마음이 네 마음'이라고 하는 것으로 시작된다. 이는 한울의 마음이 바로 수운의 마음과 같다는 뜻이다. 강령지문에는 이어서 세상 사람들은 천지의 형체만을 알 뿐 그 천지의 주재자인 한울은 알지 못한다고 하면서,[88] 이에 수운에게 무궁한 도를 줄 것이니 무궁한 덕을 펼치라고 전하고 있다.

한울은 우주만물에 편재해 있는 보편자이다. 삼라만상은 한울이 남긴 자국들에 불과한 것이다. 한울이 곧 유일신이다. 한울은 우주의식이요 전체의식이며 우주의 창조성 그 자체이다. 한울 즉 '하나'님을 특정 종교의 '하나'님이라고 칭한 것은 만유의 근원인 '하나'님을 개체화시킨 것이다. 일체의 종교적 논쟁과 갈등을 화쟁회통시킬 수 있는 근거가 바로 여기에 있다.

한울과 인간을 분리될 수 없는 하나라고 본 것은 내재와 초월의 합일에 대한 인식에서 비롯된 것이다. 수운의 불연기연의 논리는 '사람이 곧 하늘'임을 선언한 데서 절정에 이른다. 개체라는 완고한 테두리가 녹아 없어지면서 상호관통의 법칙을 깨닫게 되면 평등무이平等無二한 세계가 그 모습을 드러내게 되는 것이다.

---

87) 『東經大全』,「論學文」.
88) 『東經大全』,「論學文」, "曰吾心卽汝心也 人何知之 知天地而無知鬼神 鬼神者吾也." 여기서 鬼神은 조화의 자취 즉 한울의 작용을 말하는 것으로, 우주만물의 생성·변화·소멸은 모두 한울의 조화의 자취이다.(윤석산 주해, 『東經大全』,「論學文」, 65~66쪽 참조).

2. 수운의 '시천주' 도덕

1) '시천주' 도덕의 의미

수운이 자신의 학學을 '심학心學'[89]이라고 표현한 데서도 알 수 있듯이, 그의 '시천주' 도덕의 요체는 한마디로 마음의 본체를 밝혀서 세상 사람들이 한울의 마음을 회복하여 동귀일체할 수 있게 하는 지행합일의 심법이다. "나는 도시 믿지 말고 한울님만 믿었어라. 네 몸에 모셨으니 사근취원捨近取遠 하단 말가"[90]라고 한 데서 한울과 인간의 일원성은 명징하게 드러난다. "경천(한울을 공경함)은 결단코 허공을 향하여 상제를 공경한다는 것이 아니요, 내 마음을 공경함이 곧 경천의 도를 바르게 아는 길이니, 오심불경吾心不敬이 즉천지불경卽天地不敬이라"[91]라고 한 것도 같은 맥락에서 이해될 수 있다. 우주만물에 대한 차별 없는 사랑과 공경의 원천인 그 하나인 마음(一心)을 공경함이 곧 한울을 공경함이다. 그런 까닭에 "내 마음을 공경치 않는 것이 곧 천지를 공경치 않는 것"이라고 한 것이다.

저 푸른 창공도, 저 까마득한 허공도 아닌 하나인 마음 즉 한울을 공경함으로써 불생불멸의 참자아 즉 자신의 내재적 본성인 신성을 깨닫게 될 것이요, 일체의 우주만물이 다 내 동포라는 전체의식(우주의식·순수의식)에 이를 수 있을 것이며, 기꺼이 헌신하고자 하는 마음, 책임과 의무를 다하고자 하는 마음이 우러나올 수 있을 것이다. 실로 한울에 대한 공경이야말로 모든 진리의 중추를 틀어쥐는 것이라 하겠다. 한울을 공경함은 곧 진리인 실체에 대한 인식이며 동시에 그것의 실천이다. 우리의 마음이 일심의 원천으로 되돌아가 진속평등의 본체를 체득하지 않고서는 정확하게 그 의미를 파악했다고 할 수 없을 것이다.

---

89) 『용담유사』, 「교훈가」.
90) 『용담유사』, 「교훈가」.
91) 『天道教經典』, 「三敬」, 354~355쪽.

'만상일천萬像一天'이라고 했던가, 만 가지 모습은 하나의 법이다. 많은 나뭇가지들이 하나의 뿌리로 돌아가듯이 무수한 진리의 가지들은 하나의 진리로 되돌아간다. 거울에 비친 형상과 거울을 분리시킬 수 없듯이 마음의 거울에 비친 만상과 마음은 분리시킬 수 없다. 그래서 '만법귀일萬法歸一' 즉 만 가지 법이 하나인 마음의 법으로 돌아간다고 한다. 거울이 모든 형상을 받아들이고 바다가 모든 강줄기를 받아들이듯이 일심은 만물만상을 포용한다. 이는 일심 즉 한울의 근원성·포괄성·보편성을 나타내는 것이다. 이러한 한울의 마음을 회복하여 동귀일체하게 하려는 것이 '시천주' 도덕의 요체이다.

2) '시천주' 도덕의 내용

수운은 그가 한울로부터 받은 도를 '무왕불복지리無往不復之理' 즉 '가고 돌아오지 않음이 없는 이법'이라 하고 이를 천도라고 명명하였다.92) 모든 우주만물은 가면 다시 돌아오고 돌아오면 다시 돌아간다는 자연의 이법을 말하고 있는 것이다. 수운의 천도는 그가 서학과의 동이同異를 설명하는 데서 분명하게 드러난다. 그는 서학을 "운運인즉 하나요 도인즉 같으나 이치인즉 아니니라"93)라고 하고 있다. 수운의 천도가 후천의 운을 받아 일어났듯이 서학 역시 선천의 운을 받아 일어난 것이므로 선천과 후천의 다름은 있으나 그 운수에 있어서는 하나라고 말할 수 있고, 서학의 도 역시 우주만물의 근원인 하느님의 존재를 천명한 것이니 결국 같다고 할 수 있지만, 그 이치를 밝혀냄에 있어서는 서로 다르다는 것이다. 서학은 내재와 초월의 합일에 대한 인식이 없이 한울과 인간을 이원화시키고 한울을 위하는 공심은 없이 다만 제 몸만을 위하여 사심으로 비니, 몸에는 한울의 감응

---

92) 『東經大全』, 「論學文」.
93) 『東經大全』, 「論學文」, "運則一 道則同 理則非."

이 없고 학에는 한울의 가르침이 없다고 수운은 말한다. 하여 서학의 도는
허무에 가깝고 學學은 한울의 학이 아니라는 것이다.[94] 수운은 그의 천도
가 서학과는 달리 아무런 작위함이 없는 천지운행의 이치를 그 도법으로
삼은 것이라 하여 '무위이화無爲而化'라고 하면서, 이는 "마음을 지키고 기
운을 바르게 하여 한울의 본성을 거느리고 그 가르침을 받게 되면 자연한
가운데에 화해 나오는 것"[95]이라고 하고 있다. 다시 말해서 개체의 부분의
식이 우주의 전체의식과 합일하게 되면 소아小我의 유위有爲가 아닌 대아
大我의 무위無爲를 따르게 되어 동귀일체가 이루어짐으로써 천덕이 현실
속에서 현현하게 된다는 것이다.

수운의 천도와 천덕의 진수眞髓는 "시천주侍天主 조화정造化定 영세불
망永世不忘 만사지萬事知"라고 하는 주문 열세 자에 함축되어 있는 것으로
나타난다. "열세 자 지극하면 만권시서萬卷詩書 무엇하며"[96]라고 한 데서
도 알 수 있듯이, 열세 자의 주문에만 집중하면 수많은 서책을 섭렵할 필요
도 없이 저절로 천도와 천덕에 이를 수 있다는 것이다.

우선 수운은 '시侍'를 세 가지 뜻으로 풀이하고 있다. "내유신령內有神靈
외유기화外有氣化 일세지인一世之人 각지불이各知不移"[97]가 그것이다. 안
으로 신령이 있고 밖으로 기화가 있어 온 세상 사람이 각기 알아서 옮기지
아니한다는 뜻은, 인간의 내재적 본성인 신성(靈性)과 혼원일기로 이루어진
생명의 유기성 및 상호관통을 깨달아 순천順天의 삶을 지향하는 것을 말한
다. 이어 '주主'라는 것은 '존칭하여 부모와 더불어 같이 섬기는 것'[98]이라

---

94) 『東經大全』, 「論學文」, "曰洋學……頓無爲天主之端 只祝自爲身之謀 身無氣化之神 學
　　無天主之教……道近虛無 學非天主."
95) 『東經大全』, 「論學文」, "守其心正其氣 率其性受其教 化出於自然之中也."
96) 『용담유사』, 「교훈가」.
97) 『東經大全』, 「論學文」. 오문환은 『해월 최시형의 정치사상』(서울: 모시는사람들, 2003)의
　　79~105쪽에서 '侍'의 세 가지 뜻을 靈性과 관계성 그리고 실천성으로 풀이하고 있다.
98) 『東經大全』, 「論學文」, "主者 稱其尊而與父母同事者也."

고 수운은 풀이하고 있다. 여기서 수운이 '천天'에 대한 풀이를 제외시킨 것은 '진리眞理는 불립문자不立文字'이기 때문인 것으로 보인다. 문자는 진리를 가리키는 방편일 뿐 문자로 진리 자체를 나타낼 수는 없기 때문이다. 이렇게 볼 때 '시천주' 즉 '한울님을 모신다'는 뜻은 인간의 신성과 생명의 유기성 및 상호관통을 깨달아 순천의 삶을 지향하는 천인합일의 대공大公한 경계를 말하는 것이라 하겠다.

다음으로 수운은 '조화造化'를 '무위이화'라고 하고, '정定'을 '합기덕合其德 정기심定其心'이라 하고 있다. 즉 '무위이화'의 덕과 그 기운이 하나가 되는 것이 바로 '조화정'이다. 다시 말해서 우주만물의 생성·변화·소멸이 모두 한울의 조화 작용— 음양오행의 우주적 기운의 응결에 의해 만물이 화생하나 궁극에는 그 근원으로 되돌아가는[99]—으로서 이러한 우주의 조화 기운과 하나가 되는 것을 말한다. 이는 곧 수운의 도덕관이 천·지·인 삼재에 기초하여 하늘(天)과 사람(人)과 만물(物)을 하나로 관통하는 우리 전통사상의 맥[100]을 잇고 있음을 보여 준다.

끝으로 '영세불망 만사지'란 앞서 말한 천도와 천덕을 평생 잊지 아니하

---

99) 송대 성리학의 비조 周濂溪의 『太極圖說』에 의하면, 우주만물의 생성 과정은 太極−陰陽−五行−萬物로 되어 있으며, 太極의 動靜에 의해 陰陽이 생겨나지만 陰陽 내에도 역시 太極은 존재한다. 陰陽二氣에 의해 水·火·木·金·土의 五行이 생성되고 陰陽五行에 의해 만물이 생겨나지만 五行 및 만물 내에도 太極은 존재한다. 朱子에 이르면 太極은 理로 해석되는데 이 理가 곧 道이다. 太極은 본래 다함이 없는 無極이다. 無極의 眞과 陰陽五行의 精과의 妙合으로 인해 하늘의 道인 乾道는 陽의 남자를 이루고 땅의 道인 坤道는 陰의 여자를 이루며 만물이 化生하나, 만물은 결국 하나의 陰陽으로, 그리고 陰陽은 하나의 太極으로 돌아간다.

100) 敬天崇祖의 사상, 즉 祭天에 기반된 敬天사상과 孝와 忠에 기반된 崇祖사상이 한국 전통사상의 골간이 되어 왔다는 사실은 우리의 전통사상이 天·地·人 三才에 기초하여 하늘(天)과 사람(人)과 만물(物)을 하나로 관통하고 있음을 말하여 준다. 이렇듯 우리 민족은 예로부터 우주만물이 '한생명'임을 직시하고 우주 '한생명'에 대한 경배를 생활화해 왔던 것이다. 예로부터 우리 민족이 하늘을 숭경하고 조상을 숭배하는 것을 하나로 본 것은 사람이 곧 하늘이기 때문이다. 따라서 사람을 섬기지 않는 것은 곧 하늘을 섬기지 않는 것이다. 그런 까닭에 수운은 西學이 조상숭배를 부정하고 제사조차 지내지 않는 것에 대해 크게 비판하고 있다.

면 일체를 관통하게 된다는 뜻이다. 말하자면 '지화지기至化至氣 지어지성 至於至聖'[101] 즉 지극히 지기에 화하여 지극한 성인에 이르게 된다는 뜻이다. 그리하여 지상천국을 이룰 수 있다는 것이다.

해월은 "'시천주 조화정'은 만물화생의 근본이요 '영세불망 만사지'는 사람이 먹고 사는 녹祿의 원천"[102]이라고 하였다. 왜 그런가? 우선 '시천주 조화정'에 대해 살펴보기로 하자.

해월은 이르기를, '내유신령이란 처음 세상에 태어날 때의 갓난아기의 마음이요 외유기화란 포태할 때에 이치(理)와 기운(氣)이 바탕에 응하여 체體를 이룬 것'이라고 하면서, "'밖으로 접령하는 기운이 있고 안으로 강화의 가르침이 있다'는 것과 '지기금지 원위대강'이라 한 것이 이것"[103]이라고 했다. 내유신령이란 본래의 진여한 마음(一心)을 일컬음이요, 외유기화란 생명이 형성될 때 음양의 원리와 기운의 조화 작용[104]으로 체를 이룬 것을 일컬음이다. 여기서 신령과 기화는 애초에 둘로 된 이치가 아니라 하나의 이치를 양 방향에서 관찰한 것이다. 이는 의암이 '내유신령'과 '외유접령지기'에 대해 "영과 기운이 본래 둘이 아니요 도시 한 기운이니라"[105]라고 한 데서도 분명히 드러난다. 우주만물은 혼원일기混元一氣의 역동적인 나타남이다. 무수한 것 같지만 기실은 하나의 기밖에 없다. 불은 하나지만 땔감의 종류에 따라 다른 모습으로 보이는 것처럼, 기운은 하나지만 각기 다른 개체 속에 들어가 있기 때문에 무수히 많은 것처럼 보이는 것이다. 우주만물의 개체성은 바로 우주의 본체인 한울이 다양한 모습으로 현현한

---

101) 『東經大全』, 「論學文」.
102) 『天道敎經典』, 「靈符呪文」, 292쪽, "'侍天主造化定'是萬物化生之根本也. '永世不忘萬事知'是人生食祿之源泉也."
103) 『天道敎經典』, 293쪽, "內有神靈者 落地初赤子之心也 外有氣化者 胞胎時理氣應質而成體也 故 '外有接靈之氣 內有降話之敎' '至氣今至 願爲大降' 是也."
104) 『道德經』, 42장, "萬物負陰而抱陽 沖氣以爲和"(만물은 陰을 업고 陽을 안으며 沖氣라는 和合力에 의하여 생성된다) 참조
105) 『天道敎經典』, 「講論經義」, 693쪽, "……靈與氣 本非兩端 都是一氣也."

것이다.106) 그렇기 때문에 우주만물이 한울을 모시지 않음이 없으니 사람을 대하고 물건을 접함에 있어 한울 대하듯 하라고107) 한 것이다. 일一과 다多, 리理와 사事를 회통시킬 수 있는 근거가 여기에 있다.

"저 새소리도 또한 시천주의 소리니라"108)는 말은 사람만이 홀로 한울 (神靈)을 모신 것이 아니라 우주만물이 다 한울을 모시고 있다는 뜻이다. 말하자면 한울은 생명의 본체로서 우주만물에 편재해 있다는 것이다. '이천식천以天食天, 이천화천以天化天' 즉 한울로써 한울을 먹고 한울로써 한울을 화할 뿐이라고 한 것은 우주만물이 모두 한 기운과 한 마음으로 꿰뚫어졌기 때문으로,109) 생명의 유기성과 상호관통을 엿볼 수 있게 하는 대목이다. 우주만물의 생성·변화·소멸 자체가 한울의 조화 작용이라는 점에서 한울은 본체계와 현상계를 관통하는 근원적인 일자一者 즉 시작도 끝도 없는 영원한 '하나'를 지칭하는 것이다. 그냥 '하나'라고 하기에는 너무 신령스러워 '하나'님이시다. 따라서 한울 즉 '하나'님을 모신다는 것은 우주적 본성과의 합일이요 우주 '한생명'에 대한 인식이며 동시에 그것의 실천이다. 소아적 삶에서 대아적 삶으로의 방향전환이다.

다음으로 '조화정'은 앞서 살펴 본 바와 같이 우주의 조화 기운과 하나가 되는 것이다. 그렇게 되면 주관과 대상의 구분이 사라지고 천지운행을 관조할 수 있게 됨으로써 천덕을 몸에 지니게 된다. 우주의 이치와 기운의 조화 작용으로 만물이 생겨난 까닭에, 본래의 진여한 마음을 회복하여 우주의 조화 기운 즉 무위이화의 덕과 하나가 되면 지기와 합일하고 무왕불복無往不復의 이치 즉 천도를 깨닫게 되는 것이다. 접령하는 기운을 느끼고 강화의 가르침을 받는 것이나, 지기가 강림하기를 기원하는 강령 주문

---

106) 『天道敎經典』, 「無體法經」, 437쪽, "性 闔則 爲萬理萬事之原素 性 開則 爲萬理萬事之良鏡" 참조
107) 『天道敎經典』, 「待人接物」, 278~288쪽.
108) 『天道敎經典』, 「靈符呪文」, 294쪽, "彼鳥聲 亦是 侍天主之聲也."
109) 『天道敎經典』, 「靈符呪文」, 294쪽, "宇宙萬物 總貫一氣一心也."

'지기금지 원위대강'은 이러한 맥락에서 이해할 수 있다. 이렇게 볼 때 '시천주 조화정'은 만물화생의 근본이라 하겠다.

끝으로 '영세불망 만사지'가 왜 사람이 먹고 사는 녹의 원천인가? 의암은 '영세불망 만사지'를 '단련'[110]이라고 하였다. 일체를 관통하는 진지眞知에 이르기 위해서는 밝고 밝은 덕을 생각하여 잊지 아니하고 쉼 없는 정진을 해야 한다는 것이다. 여기서 녹은 영적인 녹을 의미한다. 우리의 육체가 생존을 위해 물질적인 녹을 필요로 하듯, 우리의 영혼 또한 진화를 위해 영적인 녹을 필요로 한다. 인간이 의식하든 하지 못하든, 인간의 존재 이유는 영적 진화이다. 왜냐하면 인간은 영적 진화의 지향성을 갖는 우주의 한 부분이기 때문이다. 진정으로 다른 사람을 잘되게 하겠다는 마음 그 자체가 영적 진화의 단초이다. 그러나 만물에 편재해 있는 우주적 본성과 혼원일기로 이루어진 생명의 유기성 및 상호관통을 깨닫지 않고서는 영적 일체성(spiritual identity)이 확립될 수 없으며, 따라서 우주 '한생명'에 대한 진정한 실천도 나올 수 없다. 쉼 없는 정진을 통해 일체를 관통하는 진지眞知에 이르렀을 때 비로소 본래의 진여한 마음이 회복되어 진정한 실천이 나올 수 있게 된다. 그렇기 때문에 '영세불망 만사지'를 설명하여 사람이 먹고 사는 영적인 녹의 원천이라 한 것이다.

3) '시천주' 도덕의 실천

위에서 살펴 본 '시侍'의 세 가지 뜻 중에서 '각지불이'는 '시천주' 도덕의 실천적 측면과 연결된다. 여기서 '옮기지 않음'이란 한울의 마음자리에서 벗어나지 않음을 의미한다. 즉 우주적 본성에 부합되는 순천의 삶을 지향하는 것이다. 『참전계경參佺戒經』에도 "하늘(한울)의 이치를 따름에 어긋남이 없게 되면 그 정성어린 뜻이 하늘에 통한다"고 하여 마음속 깊이 하늘

---

110) 『天道教經典』, 「講論經義」, 692쪽, "'侍天主 造化定' 根本 '永世不忘 萬事知' 鍛鍊也."

을 믿고 의지하라고 되어 있다.[111] 우리는 물질이 아니라 본래 순수의식(우주의식, 전체의식)이다. 의식은 확장될수록 걸림이 없어져 자유롭게 되나, 물질은 확장될수록 걸림이 커져 구속되게 된다. 해월은 "오직 한울을 양양(養)한 사람에게 한울이 있고, 양치 않는 사람에게는 한울이 없나니"[112]라고 하였는데, '한울을 모심'(侍天)이 곧 '한울을 키움'(養天)이다. '양천'은 의식의 확장을 말하는 것으로, 영적 진화와 관계된다. 이렇듯 '시천주' 도덕은 자각적 실천이 수반될 때 그 진면목이 드러난다 하겠다.

'시천주' 도덕의 요체는 '수심정기'에 있는 것으로 나타난다. 즉 본래의 진여한 마음을 지키고 기운을 바르게 하는 것이 바로 '옮기지 않음'의 요체이다. 진여한 마음이란 무엇인가? 그것은 분별지分別智가 나타나기 전의 근본지根本智를 이름이고, 일一과 다多, 리理와 사事를 회통시키는 우주적 본성을 이름이다. 기운을 바르게 하는 것이란 무엇인가? 그것은 혼원일기로 이루어진 생명의 유기성과 상호관통을 깨달아서 더불어 사는 삶을 실천하는 공심公心의 발현을 이름이다. 따라서 수심정기란 우주적 본성의 자리를 지키는 것인 동시에 우주 '한생명'에 대한 자각적 실천의 나타남이다. 수운이 "인의예지는 옛 성인의 가르친 바요 수심정기는 오직 내가 다시 정한 것"[113]이라고 한 것이나 해월이 "수심정기가 아니면 인의예지의 도를 실천하기 어렵다"[114]라고 한 것은 수심정기가 각 개인의 자각적 실천을 중시한다는 점에서 실천과 유리된 당시의 형식적·외면적 윤리체계와는 다른 것임을 분명히 보여 주고 있다. 해월은 수심정기하는 방법으로 효孝·제悌·온溫·공恭을 든 후 "이 마음 보호하기를 갓난아이 보호하는 것과 같이 하며, 늘 조용하여 성내는 마음이 일어나지 않게 하고 늘 깨어 혼미한

---

111) 『參佺戒經』, 「侍天」, "下誠 疑天 中誠 信天 大誠 侍天." 작은 정성은 하늘을 의심하고 보통 정성은 하늘을 믿으며 지극한 정성은 하늘을 믿고 의지한다는 뜻임.

112) 『天道敎經典』, 「養天主」, 368쪽.

113) 『東經大全』, 「修德文」, "仁義禮智 先聖之所敎 修心正氣 惟我之更定."

114) 『天道敎經典』, 「守心正氣」, 300쪽, "若非守心正氣則 仁義禮智之道 難以實踐也."

마음이 없게 함이 옳으니라"[115]라고 하였다.

수운은 수심정기를 '성경誠敬' 두 자로 설명하고 있다. 「도수사」에서는 "성경 이자二字 지켜내어 차차차차 닦아내면 무극대도 아닐런가. 시호시호 그때 오면 도성입덕道成立德 아닐런가"[116]라고 하여 성경 두 자만 지키면 한울의 무극대도에 이르고 도성입덕이 될 수 있다고 보았다. 실로 성은 "도를 이루는 전부이고 일을 성사시키는 가장 큰 근원"[117]이다. '순일하고 쉬지 않는 정성'[118]을 다할 때 자신의 성문이 열리면서 스스로의 신성과 마주치게 되는 것이다.[119] 사람이 성誠하면 각覺 즉 깨달음을 얻게 된다. 사람은 성으로써 깨달음을 얻으며, 성은 신에서 완성된다. 한편 경敬은 우주만물을 대할 때 한울 대하듯 공경을 다한다는 뜻이다. 경은 덕을 세우는 전부이고 조화적 질서를 이루는 원천이다. 이는 곧 우주만물에 대한 차별 없는 사랑을 통하여 이루어지는데, 그 비밀은 일심에 있다. 이렇듯 성경 이자二字로 이루어진 수심정기는 당시 양반지배층의 이데올로기로 형식화되고 외면화한 주자학과는 달리 각 개인의 내면적 수양에 기초한 자각적 실천 수행으로서, 만인이 동귀일체하여 지상천국을 건설할 수 있게 하는 요체가 되고 있다.[120] 이는 해월의 경천敬天·경인敬人·경물敬物의 '삼경三敬' 사상[121]에서 보다 명징하게 드러난다.

---

115) 『天道敎經典』, 「守心正氣」, 301쪽, "守心正氣之法 孝悌溫恭 保護此心 如保赤子 寂寂無忿起之心 惺惺無昏昧之心 加也."
116) 『용담유사』, 「도수사」.
117) 『參佺戒經』, 「不忘」, "誠者 成道之全體 作事之大源也."
118) 『天道敎經典』, 「守心正氣」, 304쪽.
119) 『參佺戒經』, 「塵山」, "塵埃隨風 積于山陽 年久 乃成一山 以至微之土成至大之丘者 是風之驅埃不息也 誠亦如是 至不息則誠山 可成乎" 참조 정성이 지극하여 깊은 경지에 들어가면 행위자는 사라지고 행위만 남게 되는데, 이 경지에 이르게 되면 마치 티끌이 모여 산을 이루는 것과도 같이 정성으로 된 산誠山)을 이룰 수 있다는 뜻이다.
120) 동학의 인본주의적 성격에 대해서는 황선희, 『한국근대사의 재조명』(서울: 국학자료원, 2003), 202~234쪽 참조
121) 海月의 '三敬' 思想에 대해서는 졸고, 「宇宙進化的 側面에서 본 海月의 '三敬' 思想」, 『동학학보』 제3호(동학학회, 2002), 279~327쪽 참조

3. 수운의 후천개벽사상

1) 수운의 정신세계와 역사인식

수운의 후천개벽사상은 그의 정신세계와 역사세계의 만남의 산물이다. 20여 년의 연단鍊鍛 과정을 거쳐 1860년 경신 4월 5일 수운은 마침내 천도를 대각하게 된다. 그 해는 경술국치 50년 전으로, 형식상 국권은 건재한 듯하였으나 실상은 왕조정치가 붕괴하기 직전이었고 지방 탐관오리의 가렴주구가 극에 달하여 도탄에 빠진 백성들이 곳곳에서 반란의 기치를 들던 때였다. 1811년의 홍경래란 이래로 민란이 계속되어 동학혁명 이전의 최대 규모의 민란인 진주민란(1862)을 2년 앞둔 시점이었으니, 얼마나 암담한 시절이었는가를 짐작하고도 남음이 있다.

당시의 암담한 상황에 대한 수운의 깊은 위기의식은 그의 저작 속에서 드러난다. "이 근래에 오면서 온 세상 사람이 각기 자신만을 위하는 이기적인 마음으로 천리를 따르지 않고 천명을 돌아보지 아니하므로 마음이 항상 두려워 향할 바를 알지 못하였더라"[122]라고 한 데서도 알 수 있듯이, 「포덕문」에는 당시 유교의 규범적 기능의 상실에 따른 '사상공황'을 극복할 수 있는 방법을 찾지 못해 답답해하는 심정이 그대로 드러나고 있다. 또한 「몽중노소문답가」에서 "임금이 임금답지 못하고, 신하가 신하답지 못하고, 아비가 아비답지 못하고, 자식이 자식답지 못하다"[123]라고 하여 국가기강의 문란과 도덕적 해이(moral hazard)의 심각성을 탄식한 이면에는 실천과 유리된 기존 윤리체계의 한계를 극복해 낼 새로운 도덕에 대한 요청이 있다. 수운은 당시의 효박淆薄한 세상을 가리켜 "악질惡疾이 세상에 가득하여 백성들이 한시도 편안한 때가 없다"라고 하면서 "서양은 싸우면 이기고 치면

---

122) 『東經大全』, 「布德文」, "又此挽近以來 一世之人 各自爲心 不順天理 不顧天命 心常悚然 莫知所向矣."
123) 『용담유사』, 「몽중노소문답가」, "君不君 臣不臣과 父不父 子不子를……."

빼앗아 이루지 못하는 일이 없으니, 천하가 다 망해 버리면 또한 순망지탄脣亡之歎이 없지 않을 것이다. 보국안민의 계책이 장차 어디서 나올 것인가"[124]라고 하였는데, 그의 위기의식의 근간이 보국안민에 있음을 알 수 있다. 특히 '십이제국 괴질운수'[125]니 '순망지탄'이니 하는 표현들에서는 당시 서세동점의 국제정세에 대한 수운의 심대한 우려가 담겨 있다.

그러나 수운은 "십이제국 괴질운수 다시 개벽 아닐런가"[126]라고 하여 그의 시운관時運觀이 쇠운衰運과 성운盛運이 교체하는 역학易學적 순환사관에 입각해 있음을 보여 준다. 수운은 당시의 시대상을 역학상의 쇠운괘衰運卦인 '하원갑'에 해당하는 '상해지수傷害之數'로 파악하고, 곧 새로운 성운의 시대가 올 것임을 예견하고 있다. 「몽중노소문답가」에 "하원갑 지나거든 상원갑 호시절에 만고 없는 무극대도 이 세상에 날 것이니"[127]라고 한 것이 그것이다. 이와 같이 수운은 대내적으로는 사회적 불안·부패·부조리와 같은 사회병리현상을, 대외적으로는 서세동점의 징후를 몸소 체험하고서, 이러한 시운관을 바탕으로 후천 오만년을 펼칠 새로운 활로로서의 대도 동학을 창도하게 되었던 것이다.

2) 후천개벽사상

흔히 동학을 혁명사상[128]이라고 부르는 것은 "역에 기초한 순환사관을 바탕에 깔면서도 개벽이란 변혁에 중점"[129]을 두고 있기 때문이다. 여기서

---

124) 『東經大全』, 「布德文」, "我國惡疾滿世 民無四時之安 是亦傷害之數也 西洋戰勝攻取 無事不成 而天下盡滅 亦不無脣亡之歎 輔國安民 計將安出." 여기서 脣亡之歎은 입술이 없어지면 이가 시리다는 脣亡齒寒의 고사를 원용한 것으로, 중국이 서양의 침략으로 망하게 되면 우리나라도 그 위험에서 벗어나지 못한다는 의미를 담고 있다.

125) 『용담유사』, 「몽중노소문답가」. 온 세상이 衰運으로 인해 怪疾運數에 시달리고 있다는 뜻.

126) 『용담유사』, 「몽중노소문답가」.

127) 『용담유사』, 「몽중노소문답가」.

128) 동학사상의 혁명성에 관해서는 김한식, 「동학사상의 혁명성 ─ 정치사상사적 측면에서」, 『亞細亞』 1-3(월간아세아사, 1969. 4) 참조.

개벽이란 바로 후천개벽을 이름이다. 원래 선천과 후천의 구분은 우주의 1회전 기간을 둘로 나누어 우주력 전반 6개월을 선천, 후반 6개월을 후천으로 보는 데서 나온 것이다. 우주의 1개월이 지구의 역으로 1만 8백 년이라고 하니 그 중 빙하기인 2만 9천 6백 년을 빼면 선·후천이 각각 5만 년이 된다고 한다.[130] 수운은 이제 선천 5만 년이 사실상 끝나고 후천 5만 년의 새 시대가 도래했다고 보는 것이다. 수운은 그가 대각한 '만고 없는 무극대도'가 "금불문고불문지사今不聞古不聞之事, 금불비고불비지법今不比古不比之法"[131]이라 하여 예전에도 지금에도 듣지 못했고 비할 바도 없는 새로운 도라고 한다. 따라서 수운이 동학을 대각한 경신 4월 5일은 후천개벽의 새 세상이 열린 제1일로서 선천과 후천을 나누는 분기점이 된다.

그러면 동학에 내재되어 있는 후천개벽의 혁명 원리는 무엇인가? 그것은 한마디로 '시천주'(한울님 즉 '하나'님을 모심)이다. 시작도 끝도 없는 영원한 '하나', '명名'과 '무명無名'의 피안에서 본체와 현상을 모두 포괄하는 그 '하나'를 '모심'이다. 우주만물의 근원으로서의 그 '하나'는 곧 하나인 마음(一心)이다. 근원적 일자로서의 그 '하나'는 우주만물에 편재해 있다. 하늘이 비를 내릴 때 곡식에만 내리고 잡초에는 내리지 않는 것을 보았는가? 태양이 삼라만상을 비출 때 높은 곳만 비추고 낮은 곳은 비추지 않는 것을 보았는가? 천 갈래 시냇물에 달 하나가 똑같은 모습으로 비치지 않는

---

129) 신일철, 「崔水雲의 歷史意識」, 『韓國思想』 IV(한국사상연구회, 1982), 28쪽.

130) 易學上으로 보면, 後天시대는 天地否卦인 陰陽相剋의 先天시대와는 달리 地天泰卦인 陰陽之合의 시대이다. 先天시대는 天地否卦(䷋)로서 하늘을 나타내는 ☰(乾)이 위에 있고 땅을 나타내는 ☷(坤)이 밑에 있어 약한 기반 위에 강한 것이 올라타고 있는 불안정한 괘의 형태이다. 따라서 民意가 제대로 반영되지 못하고 빈부의 격차가 심하며 여성이 제자리를 찾지 못하는 시대로 일관해 왔다. 반면, 後天시대는 地天泰卦(䷊)로서 하늘을 나타내는 ☰(乾)이 밑에 있고 땅을 나타내는 ☷(坤)이 위에 있어 튼튼한 기반 위에 세워진 건축물과도 같이 안정되고 편안한 괘의 형태이다. 天地否卦와는 반대로 하늘의 氣가 상승하고 땅의 氣가 하강하여 양자가 합쳐지므로 대립물의 통합이 이루어져 인간관계 또한 화합 일치해서 만사가 순조롭게 된다.

131) 『東經大全』, 「論學文」.

가? '하나'의 원리는 귀천·빈부·반상·적서 등의 경계는 말할 것도 없고 생물과 무생물의 경계마저도 폐기시킨다. 동학의 혁명성이 바로 여기에 있다. 만인이 한울('하나')을 모시는 영적 주체로서의 자각을 이루게 되면 세상은 뒤집어진다. 세상이 뒤집어지니 혁명적이라고 할 만하지 않은가? 여기서 뒤집어진다는 것은 세상이 제자리를 찾는다는 말이다. 귀천·빈부·반상의 차별이 철폐되고 만인이 도성입덕道成立德하여 군자로서 거듭나게 되니, 세상이 뒤집어지는 것인 동시에 제자리를 찾는 것이다. 동학을 민중사상이라고 부르는 것은 이 때문이다.

한울의 법은 내재와 초월, 본체와 작용의 합일에 기초해 있다. '내유신령'과 '외유기화'가 둘로 된 이치가 아니라 하나의 이치를 양 방향에서 관찰한 것이라는 말이 이것이다. 한울의 법은 인간의 일상사와 무관한 허공에 떠 있는 그 무엇이 아니다. 가시권에서 비가시권에 이르기까지 한울의 법에서 벗어나 존재할 수 있는 것은 이 우주에 아무것도 없다. 비바람이 몰아치고 무지개가 뜨고 꽃이 피고 시드는 자연현상에서부터 눈을 감고 뜨고 호흡을 하고 똥오줌을 누는 인체현상, 온갖 거짓과 위선과 부패가 판을 치는 사회현상, 역사의 무대 위에서 무수하게 명멸하는 국가현상, 지구가 태양을 공전하고 태양계는 은하세계를 2억 5천만 년 주기로 회전하며 은하세계는 은하단을 향하여 회전운동을 하는 천체현상에 이르기까지, 그 어느 것 하나도 한울의 법에서 벗어나 있지 않다. 한마디로 천지운행 그 자체가 한울의 법이다. 그런 까닭에 수운은 그의 천도를 '무위이화'라고 하고 있다. 그리하여 그는 새로운 성운의 시대를 맞이하여 만인이 한울의 마음을 회복하여 소아의 유위가 아닌 대아의 무위를 따르게 되면 동귀일체가 이루어져서 후천개벽의 새 세상이 열리게 된다고 보았다. 『중용』에서도 "하늘이 명한 것은 성이고, 이 성을 따르는 것이 도"[132]라고 하였다. 수운의 천도 또한

---

132) 『中庸』, "天命之謂性 率性之謂道." 『中庸』의 道와 老莊의 道와 水雲의 道가 다를 수는

우주적 본성인 한울의 마음자리를 벗어나지 않는 것이 그 요체이다. 이렇듯 한울의 원리는 천인합일에 기초하여 본체계와 현상계, 자유의지와 필연의 영역을 회통시키고 있다.

후천개벽의 새 세상은 각자위심하지 않고 동귀일체하여 요순성세의 도덕공동체를 이룩하는 것이다. 그것은 곧 만인이 도성입덕하여 군자가 되어 지상천국을 건설하는 것이다. '시천주' 도덕에 대해서는 앞서 장황하게 설명한 바 있거니와, 도성입덕이 소수 양반층의 전유물인 '만권시서' 등의 형식적·외면적 수양을 통해서가 아니라 수심정기 즉 내면화된 '성경이자誠敬二字'의 자각적 실천에 있음을 간파한 것은 만인의 군자화君子化 즉 지상신선화地上神仙化의 길을 터놓은 것으로, 지벌地閥이나 문필文筆이 군자나 도덕의 기준이 될 수 없음[133])을 분명히 한 것이다. 동학은 '시천주'의 주체로서의 자각을 통해 봉건적 신분차별을 철폐하고 만인이 다 같은 군자로서 평등하다는 인식과 더불어 천하를 양반지배층의 전유물이 아닌 만인

없다고 본다. 엄밀하게 말하면 道는 『中庸』의 道도, 老莊의 道도, 水雲의 道도 아니다. 그런 까닭에 水雲은 "나는 도시 믿지 말고 한울님만 믿었어라"라고 한 것이다. 自本自根·自生自化하는 궁극적 실재로서의 道는 '道'라는 名相이 생기기 전에, '無爲而化'라는 名相이 생기기 전에 이미 사실로서 존재해 왔다. 道는 끊임없이 순환하는 운동을 하는 까닭에 동일한 상태에 오래 머물지 아니하며, 따라서 모든 대립적 갈등이나 투쟁 그 자체도 고정불변하는 것이 아니므로 '其無正邪'라 하였다. 道는 對立轉化的이고 循環運動的인 규율로서 일체의 대립과 운동을 통일시킨다. 그런데 신일철, 「崔水雲의 歷史意識」, 『韓國思想』 IV, 31쪽에서 "만일 水雲이 莊子의 '無爲而化'만 고집하고 老子의 이른바 '永遠不易의 道'만을 주장했다면 '無往不復'의 圓環狀態는 調和와 安息을 의미하고 永遠한 靜止요 無變化이므로 결국 歷史는 없게 된다"라고 한 것은, 마치 老莊의 道가 '永遠한 靜止'요 '無變化'이며 결국 현상계와 유리된 본체계의 원리라는 오해를 불러일으킬 소지가 있으므로 표현이 적절치 않다고 본다. 老莊의 道이든 水雲의 道이든, 그것은 자유의지와 필연, 현상계와 본체계를 회통시키는 근원적 일자이다. 水雲이 "道則同 理則非"라고 했듯이, 道는 같지만 그 이치를 밝혀냄에 있어서는 다른 것이다. 水雲의 후천개벽사상이 변혁에 중점을 두고 인간의 주체적 역할을 강조하고 있다고는 하지만, 그의 시운관 역시 자유의지와 필연의 조화를 道의 물결을 타고 흐르는 데서 찾고 있다.
133) 『용담유사』, 「몽중노소문답가」, "우습다 저 사람은 地閥이 무엇이게 君子를 비유하며 文筆이 무엇이게 道德을 의논하노"

의 공유물로 생각하게 하는 계기를 마련했다는 점에서 그 사상적 근대성을 엿볼 수 있다. 즉 만인의 '시천주' 주체로서의 자각은 보국의 주체로서의 근대적 민중의 대두를 의미하는 것으로, 서세동점의 시기에 보국안민의 계책을 강조하여 근대적 민족국가 형성의 사상적 토대를 마련한 것이다.[134] 동학은 근대성의 발현인 동시에 근대성을 넘어서 있다. 인간평등과 민중정치참여의 전기를 마련한 것은 근대성의 발현이요, '시천주' 사상이 근대의 이분법적 사유체계를 초월한 것은 근대성을 넘어선 것이다.

동학적 이상향은 후천개벽에 의한 무극대도의 세계, 즉 우주자연과 인간, 인간과 인간의 연대성에 기초한 군자공동체로서의 자유민권사회[135]이다. 후천개벽은 '힘의 지배시대'의 종언인 동시에 '시천주'로서의 자각적 주체에 의한 생명시대의 개창이다. 「몽중노소문답가」에 나오는 태평곡 '격양가'가 의미하는 무위자연의 이상향은 소국과민小國寡民의 촌락공동체를 이상사회의 원형으로 보는 노자의 관점과 일맥상통하는 점이 있다. 이러한 동학적 사회관은 NGO와 다국적기업의 다원화된 활동증대로 국민국가의 패러다임이 깨어지고 그 결과 '제2의 근대'[136]의 도전에 직면하게 된 오늘날에 재음미될 수 있는 것이라 하겠다.

---

134) 동학혁명의 근대성에 대해서는 이현희, 「동학혁명의 전개와 근대성」, 『동학학보』 제3호 (동학학회, 2002), 32~35쪽 참조.
135) 신일철, 「東學과 傳統思想(下)」, 『신인간』 636호(2003. 8), 114~116쪽에서는 동학의 유토피아를 無爲의 자유민권사회라고 보고 있다.
136) '국민국가'의 한계를 넘어선 '제2의 근대화' 개념은 '위험사회'를 극복하기 위해 벡(Ulrich Beck)이 제시하고 있는 핵심개념이다. '제2의 근대'의 패러다임에서 글로벌화는 국가와 정치, 사회와 문화 등이 지역적인 척도에 의해 해석되었던 '제1의 근대'의 패러다임에 서와는 달리 영토에 귀속되어 있던 국가와 사회의 개념과 내용을 바꿔놓음으로써 국가·민족·계급·인종·성·가족 등의 전통적인 개념들이 이제 그 구분의 정당성이나 효용성을 잃게 되었다는 것이다. 특히 환경운동, 여성운동, 비판적인 소비자운동 등 각종 NGO의 활동과 다국적기업에서 나타나는 정치적인 행위자들의 다원화된 활동증대가 국민국가의 패러다임을 깨뜨리고 그 결과 '제2의 근대'의 도전에 직면하게 되었다는 것이다

4. 수운과 원효의 존재론적 통일사상

1. 수운과 원효의 인식론

1) 내재와 초월의 합일

지금까지 원효의 대승적 윤리관과 화쟁사상 그리고 수운의 '시천주' 도덕과 후천개벽사상에 대해 살펴보았다. 이상에서 본 바와 같이 수운과 원효의 법은 한마디로 심법이다. 수운의 '오심즉여심'이나 원효의 '일체유심조'는 심법의 키워드라 할 수 있는 것으로서 그들의 인식론의 바탕을 이루고 있다. 수운의 '한울'과 원효의 '일심'은 서로 다른 실재가 아니다. 근원성·포괄성·보편성을 지닌 이 하나인 마음(一心)을 원효는 대승의 법이라고 부르고 수운은 한울의 법이라고 부르는 것일 뿐이다. 원효의 화쟁의 논리가 이분법적 사유체계를 초월하여 '이변비중離邊非中'의 즉자대자卽自對自적 이론체계에 입각해 있듯, 인내천으로 대표되는 수운의 불연기연의 논리 또한 '시천주'를 통해 평등무이平等無二의 진리를 드러내는 데 주안점을 두고 있다. 그것의 비밀은 일심에 있다. 왜냐하면 모든 것을 낳는 근원은 바로 우리 각자의 마음이기 때문이다.

'도'란 우주만물의 근원인 '하나'님(한울)을 일컬음인데 그 이름을 알지 못하여 그냥 도라고 한 것이다. 도는 '명名'과 '무명無名'의 피안에서 본체와 현상을 모두 포괄한다. '불佛'이란 물질과 정신이 하나가 된 마음을 일컬음이다. '하나'님은 곧 하나인 마음이요, 불이요, 도이다. '하나'님은 하나라는 명상이 생기기 전에, 도라는 명상이 생기기 전에, 불이라는 명상이 생기기 전에 이미 존재해 왔다. 원효가 '일체가 다 마음이 지어 낸 것'(一切唯心造)이라고 한 것이나 '일체의 분별은 곧 자신의 마음의 분별'(一切分別卽分別自心)이라고 한 것은 모두 일심 이외에 다른 실재가 있는 것이 아님을 분명히 한 것으로, 내재와 초월이 둘이 아님을 말해 주고 있다. 수운의 내

재와 초월의 합일에 대한 인식은 '시(侍)'의 세 가지 뜻, 즉 내유신령・외유
기화・각지불이 속에서 명징하게 드러난다. 우주적 본성인 신령은 내재해
있는 동시에 지기로서 만물화생의 근본이 되고 있는 것이다. 수운의 내유
신령・외유기화는 『대승기신론』에서 일심에 대한 해명을 목적으로 진여문
과 생멸문의 이문二門을 설정한 것과 같다. 내유신령이 진여문에 해당한다
면 외유기화는 생멸문에 해당한다. 이 둘은 결국 하나로서, 내재와 초월의
합일에 대한 인식을 보여 주고 있다고 하겠다.

   그러면 내재와 초월의 합일에 대한 인식이 왜 필요한가? 그것은 한마디
로 모든 진리의 중추를 틀어쥐는 것이기 때문이다. 내재와 초월의 합일에
대한 인식이 없이는 한울 즉 일심에 대한 공경이 일어날 수 없다. 모든 종
교에서 그토록 경계하는 우상숭배란 바로 우리의 내재적 본성인 '신령'(神
性・한울・'하나'님・一心)을 우리 자신으로부터 분리시켜 외재적 존재로 물
화함으로써 객체화된 하나의 대상으로 숭배하는 것이다. 만물의 중심인
'신령'과 통하지 않고서는 접령지기가 일어날 수 없고 강화의 가르침도 받
을 수 없다. 말하자면 영적 진화가 이루어질 수 없는 것이다. 인간이 의식
하든 하지 못하든 존재의 이유는 영적 진화이니, 그렇게 되면 존재의 이유
자체가 상실되는 것이다. 문제의 심각성이 여기에 있다. 여기서 '신령'은
곧 진여한 마음(一心)을 이름이니, 만물의 중심인 '신령'과 통한다는 것은
본래의 한울의 마음자리를 회복하는 것으로서 바로 공심의 발현이다. 수운
이 "서학의 도는 허무에 가깝고 학은 한울의 학이 아니다"라고 한 것은, 서
학이 내재와 초월의 합일에 대한 인식이 없이 한울과 인간을 이원화시키고
마음 수양에는 힘쓰지 않고 오직 제 몸만을 위하여 사심으로 비는 것을 두
고 한 말이다. 한울의 마음이 곧 내 마음이니, 오직 일심을 회복하는 일이
있을 뿐 따로 소원을 빌 대상이 있는 것이 아니다. 그런 까닭에 원효는, 볼
대상이 없으므로 보는 주관도 성립될 수 없고, 주관과 대상의 두 가지 모습

이 다 없으므로 '무상가득자無相可得者'라 한 것이다.

여기서 한 가지 지적할 것은 만유의 본원인 한울(天·'하나'님·一心)은 그 어떤 의미에서도 인격체가 아니라는 사실이다. 우주의 실체는 의식이니, 한울은 인격체가 아니라 의식체이다. 순수의식이요 우주의식이며 전체의 식이다. 만유의 주재자인 한울이 하도 신령스러워 그냥 '천天'이라고 하지 않고 '천주天主'라 한 것을 두고, "정신적·영적 실체만이 아니고 그 스스로의 자유 가운데서 무위이화하는 '인격적 당신'"[137]이라고 표현한 것은 문제의 본질을 벗어난 것이다. 천과 천주, 하늘과 하느님, '하나'와 '하나'님은 본질적으로 아무런 차이가 없다. 이는 곧 '달'과 '달님', '해'와 '해님'이 아무런 차이가 없는 것과 같은 이치이다. '달님'을 '인격적 당신'이라고 표현하는 것이 무슨 의미가 있는가? 한울은 우주만물과 분리되어 존재하는 것이 아니라 인간을 포함한 우주만물에 내재해 있으며 동시에 만물화생의 근본이 된다. 우리가 호흡하는 공기, 붉은 꽃과 푸른 잎, 돌과 바람과 티끌과 똥오줌 속에까지 한울이 없는 곳은 없다.[138] 우주만물이 다 지기인 한울의 화현이다. 우주만물의 생성·변화·소멸 자체가 모두 한울의 조화의 자취이다. 변화무쌍한 조화의 자취를 무어라 명명해야 할지 알지 못하여 그냥 '한울'(天)이라 한 것이다. 그런데 그냥 한울이라고 하기에는 그 조화의 자취가 너무 신령스러워 '님'자를 붙여 '한울님'(天主)이라 한 것이다. 그럴

---

137) 김경재, 「崔水雲의 侍天主와 歷史理解」, 『한국사상』 15(한국사상연구회, 1979), 219쪽. 이돈화, 『水雲心法講義』(천도교중앙종리원, 1926), 20쪽의 다음 내용 참조 "神에 대한 이러한 의문은 우리가 神을 人格的으로 상상하는 데서 나온 오해라 할 수 있다. 神과 萬物을 대립시켜 놓고 神은 主體요 萬物은 客體며 神은 創造主요 萬物은 偶像이라 하는 점에서 이러한 필연의 의문이 생기는 것이며……."

138) 元曉는 眞如門과 生滅門에 대한 설명에서, 眞如가 善과 不善의 원인이 되고 또 緣과 결합하여 모든 法을 변질시켰지만 항상 그 眞性은 파괴되지 않는 까닭에 生滅門 가운데에도 역시 眞如가 포괄된다고 본다. 앞서 살펴보았듯이, 太極의 動靜에 의해 陰陽이 생겨나지만 陰陽 내에도 역시 太極은 존재하고 陰陽五行에 의해 만물이 생겨나지만 五行 및 만물 내에도 太極은 존재한다. 여기서 '眞如'와 '太極'은 곧 한울('하나'님·一心)을 가리키는 것으로 우주만물에 한울이 없는 곳이 없음을 말해 준다.

진대 그 이름으로 실상을 구분하는 것은 한울을 죽이는 일이다.

"해월의 '사인여천事人如天' 사상은 인간마다 천天을 내재한다고 봄으로써 범신론汎神論적인 '범천汎天'으로 기울어 최수운의 초월적 주재자의 성격을 가진 '천주'를 '내 몸에 모시는'(侍) '시천주 사상과 거리가 생긴 것이다"139)라고 한 것 역시 한울을 죽이는 것이다. 어디 인간뿐이겠는가? 동식물과 무생물에 이르기까지 천은 만물의 중심에 내재해 있는 동시에 초월적 주재자로서 만물화생의 근본이 되고 있는 것이다. 수운의 '천주' 또한 초월적 주재자인 동시에 만물의 본성으로 내재해 있다는 점에서 해월의 '물물천物物天 · 사사천事事天', '사인여천'의 사상과 다를 바가 없다. 엄밀하게 말하면 그것은 수운의 법도 아니요 해월의 법도 아니요, 오직 한울의 법일 따름이다. 수운의 '시천주' 사상과 해월의 '양천주養天主' 사상 또한 서로 다른 것이 아니다. 해월이 "한울을 양養할 줄 아는 사람이라야 한울을 모실 줄 아느니라"140)라고 하여 '시천'을 '양천'으로 풀이한 것은, 씨앗으로 존재하는 한울을 양養해야 한다는 의미이다. 양하지 않으면 한울의 본성이 발현되지 않으니 그렇게 말한 것이다. 군자와 소인은 모두 천이 내재해 있다는 점에서는 같다. 다만 군자가 한울을 양하여 그 본성이 발현된 경우라면, 소인은 양하지 않아 아직 발현되지 않은 경우이다.

우주 섭리에 대한 올바른 인식이 없이는 영적 진화를 제대로 도모할 수 없다. 영적 진화의 단계에 따라 사물에 대한 인식 방법이 달라져야 한다는 것은 자명하다. 유치원생과 대학생의 사물에 대한 인식 방법이 다를 수밖에 없는 것처럼……. 대학생에게는 '달님'이라고 하지 않고 '달', '하나'님이라고 하지 않고 '하나', 하느님이라고 하지 않고 하늘이라고만 해도 이해시킬 수 있다. 그러나 유치원생에게는 사물의 근원적인 이치를 바로 이해시

---

139) 신일철, 「崔水雲의 歷史意識」, 『韓國思想』 IV, 32쪽.
140) 『天道敎經典』, 「養天主」, 367쪽.

키는 것이 불가능하기 때문에 의인화의 방법으로 사물에 인격을 부여해서 쉽게 이해할 수 있게 한다. 예를 들면, '하나'님을 아버지라고 부르는 것과 같은 것이다. 그러나 '아버지'라고 부르는 순간, '하나'님과 '나' 자신이 이원화되고 '나'만의 '하나'님으로 화하여 버린다는 데 문제가 있다. 우주 섭리의 의인화는 우주 섭리에 대한 이해를 용이하게 해 주는 순기능적인 측면이 있는 반면, 사고를 제한하고 착각을 증폭시키며 본질을 왜곡함으로써 결과적으로 우민화시켜 맹종을 강요하는 것과 다름없는 역기능적인 측면도 있음을 부인할 수 없다.

2) 본체와 작용의 합일

수운과 원효의 즉자대자卽自對自적 사유체계는 본체와 작용의 합일에 기초해 있다. 수운의 불연기연의 논리는 이분법적 사유체계를 초월하여 여실한 대긍정의 세계를 지향한다는 점에서 원효의 '무리지지리無理之至理, 불연지대연不然之大然'의 논리와 통하는 바가 있다. 수운이 기연은 불연으로 인하여 존재하는 것으로 모두 불연의 투영에 지나지 않으며 불연 역시 기연으로 인하여 존재하므로 기연과 둘이 아니라고 한 것은, 원효가 "불각이 본각에 영향을 미쳐 모든 염법을 낳게 하고, 본각이 불각에 영향을 미쳐 모든 정법을 낳게 한다"[141]고 한 것과 같은 이치이다. 본체계와 현상계가 본래 하나임을 말해 주는 것이다. 수운이 "불연을 조물자에 부쳐 보면 또한 기연"[142]이라고 한 것이 이것이다. 불연기연은 체體로서의 불연과 용用으로서의 기연의 상호관통에 대한 논리이다. 수운의 불연기연의 논리는 원효의 화쟁의 논리와 마찬가지로 진眞과 속俗, 리理와 사事, 염染과 정淨, 공空과 색色, 일一과 다多[143] 등의 상호대립하는 범주들을 각각 체와 용이라는

---

141) 『大乘起信論別記』, 474쪽.
142) 『東經大全』, 「不然其然」, "比之於究其遠則 不然不然 又不然之事 付之於造物者則 其然 其然 又其然之理哉."

불가분의 관계로 분석함으로써 화쟁회통시키고 있다. 한편 원효가 "진여가 선과 불선의 원인이 되고 또 연緣과 결합하여 모든 법을 변질시킨다"[144]고 하여 본체와 작용의 관계를 불교의 연기적 세계관으로 풀이한 것은 수운의 불연기연을 이해하는 데에도 도움을 준다.

　수운의 불연기연의 논리와 원효의 화쟁의 논리는 모두 평등무이한 자성을 본질로 한다. 만물만상은 곧 일심一心의 나타남이다. 『대승기신론』의 논지가 주로 일심에 대한 해명을 목적으로 진여문과 생멸문의 이문二門을 설정해서 여래의 근본 뜻을 해석하고 신심을 일으켜 수행하게 하는 것은, 일심법에 의거하는 이 이문이 모든 법을 총괄하는 까닭이다. 원효는 우리의 제팔식第八識이 본래는 진여한 마음을 그 본바탕으로 하지만 무명에 의해 마음의 생멸이 이루어지는데 생멸하는 마음은 본각(眞如)을 따라 이루어지므로 '심체무이心體無二'라고 하였다. 말하자면 이 이문은 본체와 작용의 관계로서 그 체가 둘이 아니므로 모두 '일심법'인 것이다. 수운의 내유신령과 외유기화 또한 본체와 작용의 관계로 그 체가 둘이 아니므로 모두 '일심법'이다. 의암은 「무체법경」에서 개합開闔의 논리를 이용하여 이를 명쾌하게 보여 준다. "성性이 닫히면 만리만사萬理萬事의 원소가 되고 성性이 열리면 만리만사萬理萬事의 거울이 되나니"[145]라고 한 것은 원효가 "합하여 말하면 일관이요 개開하여 말하면 십문이다"[146]라고 한 것과 같은 뜻으로, 본체와 작용의 관계를 일심법으로 논한 것이다. 마음의 거울에 비친 만상과 마음을 분리시킬 수 없는 것은 거울에 비친 형상과 거울을 분리시킬 수

---

143) 荷澤神會의 『頓悟無生般若頌』에서는 一과 多가 같음을 理와 事의 관계를 통하여 나타내고 있다. "움직임과 고요함이 함께 妙하니, 理와 事는 모두 같은 것이다. 理는 그 淨한 곳을 통하여 事의 다양성 속에 도달하고, 事는 이렇게 해서 理와 상통하여 無礙의 妙를 나타낸다."(動寂俱妙 理事皆如 理淨處 事能通達 事理通無礙)

144) 『大乘起信論別記』, 468쪽, "生滅門者 卽此眞如 是善不善因與緣和合 反作諸法."

145) 『天道敎經典』, 「無體法經」, 437쪽, "性 闔則 爲萬理萬事之原素 性 開則 爲萬理萬事之良鏡."

146) 『金剛三昧經論』, 130쪽.

없는 것과 같은 이치이다. 그래서 만 가지 법이 하나인 마음의 법으로 돌아 간다고 한 것이다. 그런 까닭에 해월은 "마음이란 것은 내게 있는 본연의 한울이니 천지만물이 본래 한마음이니라"[147]라고 하였다.

인간 의식의 여러 차원은 야곱이 꿈에서 본, 그 꼭대기가 하늘에 닿아 있는 사다리에 비유되기도 한다.[148] 우리들 자신의 깊은 의식은 하늘로 통하는 문이다. 의식의 근원에 이르게 되면 하나의 진리가 모습을 드러내게 되는데, 그것은 바로 일심이다. 야곱이 꿈에서 본 사다리를 오르내리는 '하나'님의 사자는 영적 차원에서 물적 차원으로, 물적 차원에서 영적 차원으로의 자유로운 내왕을 보여 준다. 의식의 사다리를 타고 내려오는 '하나'님의 사자는 근원적 일자의 위치에서 다양성의 세계로 내려오는 것을, 반면에 올라가는 사자는 다양성의 세계에서 다시 근원적 일자의 위치로 회귀하는 것을 의미하고 있다. 말하자면 본체와 작용의 상호관통을 상징적으로 보여 주는 것이다. 일즉다一卽多요 다즉일多卽一이다.

우주의 본질이 생명이니, 우주의 본원인 한울은 생명의 본체이다. 해월이 "한울이 내 마음 속에 있음이 마치 종자의 생명이 종자 속에 있음과 같으니"[149]라고 한 것이 이것이다. 한울은 곧 '한생명'이다. 이 우주가 '한생명'이라는 말이다. 후천개벽은 권력정치시대의 종언인 동시에 우주 '한생명'을 자각하는 영적 주체에 의한 생명시대의 개창이다. 이러한 생명의 유기성과 상호관통에 대한 동학의 인식은 특히 아인슈타인(Albert Einstein), 하이젠베르크(Werner Heisenberg), 보어(Niels Bohr), 카프라(Fritjof Capra) 등으로 대표되는 현대 물리학과의 대화가능성을 열어 놓고 있다. 이렇듯 내재와

---

147) 『天道教經典』, 「靈符呪文」, 289쪽, "心者 在我之本然天也 天地萬物 本來一心."
148) 창세기 28: 10-12, "야곱이 브엘세바에서 떠나 하란으로 향하여 가던 도중 해가 지게 되자 거기서 유숙하려고 그곳의 한 돌을 취하여 베개하고 눕더니, 꿈에 본즉 사닥다리가 땅 위에 섰는데 그 꼭대기가 하늘에 닿았고 '하나'님의 사자가 그 위에서 오르락내리락하고……."
149) 『天道教經典』, 「養天主」, 367쪽.

초월, 본체와 작용, 필연과 자유의지를 회통시키는 한울의 원리를 체득하게 되면 '시천주' 도덕 즉 대승윤리가 발휘되어 일체의 미망과 그로 인한 상호각쟁相互角爭에서 벗어나게 되는 것이다.

2. 수운과 원효의 실천론

1) 동귀일체와 귀일심원

수운과 원효의 실천론은 '동귀일체'와 '귀일심원歸一心源'이란 말 속에 함축되어 있다. 다같이 한울의 마음으로 돌아간다는 동귀일체와 일심의 원천으로 돌아간다는 귀일심원은 같은 뜻이다. 본래의 진여한 마음 즉 우주적 본성을 회복하여 원융무이한 원리를 체득하게 되면 생명의 유기성과 상호관통을 깨달아 순천의 삶을 지향할 수 있게 된다. 그런데 진여(한울)를 따르는 신심 그 자체는 완덕完德의 실천이 수반될 때 비로소 완전해질 수 있다. 바로 여기에서 조신調身 · 조심調心하는 수행의 필요성이 생겨난다.

본래의 진여한 마음을 지키고 기운을 바르게 하는 것, 즉 수심정기는 수운의 '동귀일체'의 요체이다. 수심정기란 우주적 본성의 자리를 지키는 것인 동시에 혼원일기로 이루어진 우주 '한생명'에 대한 자각적 실천의 나타남이며 곧 더불어 사는 삶을 실천하는 것이다. 여기서 수심정기는 각 개인의 자각적 실천을 중시한다는 점에서 실천과 유리된 형식적 · 외면적 윤리체계와는 다른 것이다. 수운은 수심정기를 '성경誠敬' 두 글자로 설명하고 이 두 글자만 지켜내면 한울의 무극대도에 이르고 도성입덕할 수 있다고 보았다. 수운의 체계 속에서 성경은 도덕과 마찬가지로 불가분의 통일체로서 영적 진화의 단초인 것으로 나타난다.

원효의 '귀일심원'의 요체는 『금강삼매경론』의 지행과 관행으로 요약될 수 있다. "진여문에 의하여 지행을 닦고 생멸문에 의하여 관행을 일으키어 지止와 관觀을 동시에 닦아 나가야 한다"[150)는 것이 그것이다. 즉 인간이 본래의 공적한 마음을 얻기 위해서는 행위를 멈추고 내면을 들여다봄과 동시에 사심 없는 행위를 해야 한다는 것으로, 이는 곧 수신과 헌신적 참여를 말함이다. 원효의 일심이문에 대한 이론적 논의의 전개는 궁극에는 믿음을 일으켜 실천적인 행위에로 나아가게 하기 위한 것이다. 『대승기신론』 후반의 '수행신심분修行信心分'에 대한 해석에서 원효는 믿음을 일으킨 다음에는 반드시 수행으로 나아가야 한다고 하여 보시布施·지계持戒·인욕忍辱과 같은 여실수행如實修行의 필요성을 강조하고, 또한 '권수이익분勸修利益分'에 대한 해석에서는 선근善根이 박약한 사람을 위하여 수행의 이익을 들어 그것을 권장하는 실천적 수행의 필요성을 강조한다. 그리하여 '귀일심원'하게 되면 "지혜의 광명이 모든 현상계를 두루 비쳐 평등무이하게 된다"[151]는 것이다.

이렇게 수운의 '시천주' 논의와 원효의 '화쟁' 논의는 그것이 실천적 수행으로 연결될 때 비로소 그 진의가 드러난다. 이 세상 모든 것은 상호유기적인 관련 속에 있으며 전체와 부분은 함께 있다.[152] 따라서 어떤 경우에도 '산을 버리고 골짜기로 돌아가거나 나무를 버리고 숲 속으로 달려가는 격'이 되어서는 안 될 것이다. 동귀일체와 귀일심원은 이분법적인 사유체계를 초월하여 하나의 마음뿌리에로 돌아가는 것이다. "실로 이 마음으로 말미암아 이 세상의 모든 것이 다 포괄되며 이 세상의 모든 것 자체는 오직 일심일 따름이다"[153]라고 한 것은 하나인 마음의 근원성·포괄성·보편성을 강조한 것이다. 가히 '시천주'와 화쟁의 비밀은 일심에 있다 하겠다.

---

150) 『金剛三昧經論』, 145쪽.
151) 『大乘起信論疏』, 410쪽, "有慧光明遍照法界平等無二."
152) S. Aurobindo, *The Synthesis of Yoga* (Pondicherry, India: Aurobindo Ashram Press, 1957), p989, "Nothing to the supramental sense is really finite; it is founded on a feeling of all in each and each in all" 참조.
153) 『大乘起信論疏』, 402쪽, "良由是心通攝諸法 諸法自體唯是一心."

2) 신성과 이성의 통합

수운과 원효의 실천론은 그들 심법의 키워드인 '오심즉여심'이나 '일체
유심조'에 나타나는 바와 같이 신성과 이성의 통합에 기초해 있다. 수운의
'시천주' 사상과 원효의 화쟁사상이 우주만물을 전일성의 현시로 본 이면
에는 일심의 근원으로 되돌아가 성속일여聖俗一如의 세계를 구현하려는
그들 사상의 실천원리가 담겨져 있다. 동귀일체의 요체인 수심정기와 귀일
심원의 요체인 지행·관행은 의식의 자기확장을 통한 영적 진화의 단초가
되는 것으로서 우주 '한생명'에 대한 자각적 실천의 나타남이다. 인간은 자
기 내부의 신성(한울·一心)에 대한 자각을 통해서만이 우주만물의 근원에
대한 믿음과 맡김, 우주만물에 대한 존중과 사랑을 불러일으킬 수 있다. 다
시 말해서 내재적 본성인 신성을 자각하게 되면 권력·재물·명예·인기와
같은 허상에 좌우되지 않고 실체를 지향하는 삶을 살 수 있게 되는 것이다.
부처나 예수와 같은 성인이 이 세상에 온 것도 바로 우리 내부의 신성에
눈뜨게 함으로써 빗나긴 길을 가지 않도록 하기 위한 것이었다. 수운의 '시
천주' 논의나 원효의 일심이문에 대한 논의는 우주의 실체가 의식이고 그
의식은 존재와 둘이 아니라는 점에서 내재적 본성인 신성의 회복을 통해
평등무이한 지상천국을 건설하는 데 그 목적이 있다.

이렇게 볼 때 수운과 원효의 실천적 논의의 핵심은 한마디로 신성과 이
성의 통합이다. 인간 본질의 양극성에 기반한 현상계는 필연적으로 신적
인식과 인간적 인식 사이에 놓이게 되므로, 신성과 이성의 통합적 의미를
알기 위해서는 신성과 이성이 구체적인 역사의 장에서 어떻게 발현되었는
지를 간략하게나마 고찰할 필요가 있다. 우선 상고 및 고대 일부의 제정일
치시대에는 정치적 군장이 곧 제사장이라는, 정신적 권위와 세속적 권위가
구분되지 않고 신성과 이성이 통합된 형태로 나타났다. 그러나 중세 초기
에 그리스도교가 로마의 콘스탄티누스(Constantinus) 대제에 의해 공인되고

테오도시우스(Theodosius) 1세에 의해 394년 국교로 채택된 이후로부터 신국과 지상국가에 관한 이원적 견해가 등장한다. 중세 초기 교부철학의 대표자인 아우구스티누스(Aurelius Augustinus)의 『신국론神國論』에 나타난 양검론兩劍論은 세속적 권위에 대한 신적 권위의 가치성을 정립한 것이다. 중세봉건제가 확립되고 그리스도교가 중세의 지배이데올로기가 되면서 신적 권위와 세속적 권위에 관한 이원적 견해는 스콜라철학의 대표자인 토마스 아퀴나스(Thomas Aquinas)의 『신학대전神學大全』(Summa Theologica)에서 체계화된다. 그것은 바로 중세 그리스도교적 보편사회로의 통일이다. 이렇게 해서 이성에 대한 종교의 학대가 만연하게 되었다. 유럽의 근대사는 각각 인간적 권위 및 신적 권위의 회복을 기치로 내건 르네상스와 종교개혁에서 시작되었다. 1517년 마르틴 루터(Martin Luther)의 95개조 반교황선언문을 봉화로 시작된 종교개혁은 양검론에 의거하여 정신적 권위와 세속적 권위를 구분하고 양 권위의 영역의 한계를 설정하여 독립된 정치적 권위를 인정함으로써 중세 그리스도교적 보편사회의 모순적 속성으로부터 일탈하고자 했다. 르네상스와 종교개혁의 정치사상사적 의의는 신적 권위에 대한 세속적 권위의 가치성을 정립함으로써 근대민족국가의 형성을 촉진시킨데 있다. 이러한 양검론은 데카르트(René Descarte)의 합리주의 철학에 이르러서는 정신과 물질이라는 극단적인 이원론의 공식화를 초래하게 되고, 나아가 근대과학의 탄생과 더불어 물질문명의 비약적인 진보를 이루는 계기가 되었다. 이제 이성은 스스로를 신성에서 분리시킴으로써 신에 대한 보복을 감행하였고, 드디어는 이성에 의한 신성 학대가 만연하게 되었다.

신성과 이성이 조화를 이루었던 제정일치시대, 세속적 권위에 대한 신적 권위의 가치성이 정립된 중세 초기, 신성에 의한 이성 학대가 만연했던 중세, 신적 권위에 대한 세속적 권위의 가치성이 정립된 근대 초기, 이성에 의한 신성 학대가 만연했던 근대 물질문명의 시대, 이제 인류가 지향할 바는 무엇인가? 곰팡이 슨 문화와 사상이 난무하는 시대, 기술과 도덕 간의 심연 속에서 이제 우리는 다시 인간을 찾아야 한다. 이는 곧 제2의 르네상스이다. 종교이기주의와 세속화 · 상업화 · 기업화로 삶의 향기를 잃어버린 시대, 이성과 신성 간의 심연 속에서 이제 우리는 다시 신을 찾아야 한다. 이는 곧 제2의 종교개혁이다. 잃어버린 우리 영혼의 환국桓國, 홍익인간의 이념으로 환하게 밝은 정치를 하는 나라인 우리 민족의 환국을 찾기 위하여, 나아가 우리 인류의 환국을 찾기 위하여, 우리는 미완성으로 끝나버린 서구의 르네상스와 종교개혁을 완수해야 한다. 서구의 르네상스와 종교개혁이 신 중심의 세계관에서 인간 중심의 세계관으로의 이행을 촉발함으로써 유럽 근대사의 기점을 이루었다면, 제2의 르네상스, 제2의 종교개혁은 물질에서 의식으로의 방향전환을 통해 지구촌 차원의 새로운 정신문명시대를 여는 계기가 될 것이다. 따라서 유럽적이고 기독교적인 서구의 르네상스나 종교개혁과는 그 깊이와 폭이 다를 수밖에 없다. 그것은 전인류적이요 전지구적이며 전우주적인 존재혁명이 될 것이다.[154]

이제 인류는 제2의 르네상스, 제2의 종교개혁을 통해 신성과 이성의 통합시대를 열어야 할 시점에 와 있다. 기술과 도덕의 통합을 통한 인간적 권위의 회복을 의미하는 제2의 르네상스, 그리고 이성과 신성의 화해를 통한 신적 권위의 회복을 의미하는 제2의 종교개혁은 동학의 '인내천'에서 하나가 된다. '사람이 곧 하늘'이므로 따로 신적 권위를 회복할 필요가 없는 것이다. 우리의 내재적 본성인 신성에 대한 주체적 자각이 있게 되면 신성과 이성의 통합은 저절로 일어나고, 따라서 신적 권위와 인간적 권위의 회복 또한 자연히 이루어지게 된다. 그리하여 우주만물의 전일성과 생명의 유기성을 깨달음으로써 순천의 삶을 지향하게 되는 것이다. 결국 동

---

154) 제2의 르네상스, 제2의 종교개혁에 관해서는 필자의 『직접시대』(서울: 도서출판 범한, 2001), 『새벽이 오는 소리』(서울: 도서출판 창해, 2002), 『세계인 장보고와 지구촌경영』 (서울: 도서출판 범한, 2003) 참조.

학의 '인내천'··'오심즉여심'이나 원효의 '일체유심조'는 신성과 이성의 통합시대를 여는 키워드라 하겠다. 지상천국의 문은 우리 모두가 신성의 자각적 주체가 될 때 비로소 들어갈 수 있는 문이다.

이렇게 볼 때 수운의 '시천주' 도덕과 원효의 대승윤리는 단순한 개인철학이기 이전에 국가의 통치철학이라 하겠다. 우리의 마음이 순수하게 도에 계합되어 무위이화의 덕을 지켜나가게 되면 무위無爲이나 사실에 있어서는 무불위無不爲인 통치를 하게 된다. 따라서 정부는 최고도로 유능한 정부라 하겠지만, 백성들은 정부의 유능함을 인식하지 못하는 까닭에 모두가 저절로 그렇게 되었다고 생각하게 된다. 이렇게 되면 피치자가 치자의 존재를 의식하지 않은 채 저절로 순화되기 때문에 지배와 복종의 관계라고 하는 것도 사실상 종적인 관계라 할 수 없으며, 결과적으로 치자와 피치자의 구분이 의미를 상실하고 평등무이의 세계가 그 모습을 드러낼 것이다. 수운과 원효의 상덕上德에 대한 인식은 『도덕경』 38장의 "상덕무위이무불위上德無爲而無不爲"[155)라는 말과 그 맥을 같이한다. 함이 없으면서도 하지 않음이 없는 이른바 '무위이무불위'의 경지를 말함이다. 따라서 수운과 원효에게 있어 최상의 정치 형태는 '무위자화無爲自化'로 나타난다. 이상적 위정자가 되기 위해서는 무위이화의 덕을 지녀야 한다는 것이다. 그것은 곧 신성과 이성의 통합을 통하여 이루어진다.

3. 문명의 전환과 존재론적 통일사상

그러면 문명의 대전환기를 맞고 있는 현 시점에서 이들 사상이 갖는 존재론적 함의는 무엇인가?

---

155) 『道德經』, 48장, "爲學日益 爲道日損 損之又損 以至于無爲 無爲而無不爲"(學問을 하면 날로 늘고, 道를 행하면 날로 준다. 줄고 또 줄어서 더 이상 人爲的인 것이 남지 않은 데까지 이르면, 함이 없으면서도 하지 않음이 없게 된다) 참조.

우주과학적 측면에서 보면, 우주질서 속에서 지구 문명은 물고기자리인 쌍어궁雙魚宮시대에서 물병자리인 보병궁寶甁宮시대를 맞이하고 있으며, 많은 사람들은 새 시대가 근본적인 '패러다임 전환'(paradigm shift)을 가져올 것이라고 예측한다. 물병자리가 바로 '공空'을 상징함은 우연이 아닐 것이다. 이는 곧 지식 차원의 좌뇌주도시대에서 초지超知의 우뇌주도시대로의 이행을 의미한다. 좌뇌주도시대가 에고 차원의 물리시대라면, 우뇌주도시대는 우주 차원의 공空시대이다. 여기서 '공空'은 모든 형상을 일으키는 살아있는 공空으로, 무궁무진한 생명력을 가진 '허'나 '도'(한울・一心)와 같은 것이다. '대소'는 물질적 차원의 개념이지만 '공'은 의식적 차원의 개념이다. 물질시대에서 의식시대로의 패러다임 전환의 단초가 여기에 있다.

이러한 전환은 과학과 신의 운명적인 만남을 통하여 이루어진다. 과학과 신의 관계는 곧 이성과 신성의 관계요 물질과 정신의 관계이다. 물질과 정신을 뚜렷이 구분되는 두 개의 독립된 영역으로 간주하던 근대과학이, 20세기에 접어들어 실험물리학의 발달로 물질(色・有)의 궁극적 본질이 비물질(空・無)과 둘이 아님을 밝혀내면서 물질과 정신이 하나임을 스스로 천명한 것은 소위 과학적 합리주의라는 이름으로 물질만능주의를 초래한 근대 서구적 가치관과 세계관에 있어서의 일대 지각변동이다. 이렇게 볼 때 패러다임 전환의 요체는 정신과 물질의 합일 즉 신성과 이성의 통합에 있다. 정신과 물질, 신성과 이성, 본체와 작용을 관통하는 원리가 바로 일심 즉 한울이다. 그런 점에서 수운의 '시천주' 사상과 원효의 화쟁사상은 진정한 문명을 개창하는 원리를 제공하였다고 하겠다.

진정한 문명이란 무엇인가? 그것은 한마디로 실체를 지향하는 문명이다. 물신숭배에 기초한 문명이 아니라 순수의식을 지향하는 문명이다. 생명과 사랑의 문명이다. 종교적 진리가 개개인의 삶 속에 구현되는 문명이다. 삶의 도, 종교의 도, 학문의 도가 하나인 문명이다. 삶과 죽음의 저 너머에 있는 문명이다. 진정한 문명은 내재적 본성인 신성(한울·一心)에 대한 깨달음에서 시작되어야 한다. 그것은 곧 우주만물의 전일성과 생명의 유기성을 깨닫는 것으로, 이는 수운의 '시천주' 논의와 원효의 일심이문에 대한 논의의 중핵을 이루고 있다. 그러기 위해서는 '나'라는 에고가 사라져야 한다. 그러나 전체와 분리된 '나'라는 에고는 환상에 불과하며 실재하는 것이 아니니, '사라져야 한다'는 말은 적절하지 않을지도 모른다. 그럼에도 실재한다고 착각하고 있으니 착각하는 그 마음이 사라져야 한다는 것이다.

"나는 생각한다. 고로 나는 여기에 존재하지 않는다."

베트남 승려 틱낫한의 이 말은 문명의 새로운 장을 여는 현 시점에서 음미해 볼 만하다. 생각하고 또 생각하여 생각이 끊어지면, '나'라는 에고는 더 이상 여기에 존재하지 않는다. '나'가 존재하지 않으니 이 세상에 '나' 아닌 것이 없고, 일체가 평등무차별하게 되는 것이다. 에고가 사라지면 이 세상 모두가 자기 자신이라고 느낌으로써 걸림이 없는 의식에 이르게 된다. 이른바 "무리지지리無理之至理, 불연지대연不然之大然" 즉 여실한 대긍정의 경지이다. 이는 원효의 대승적 윤리관과 수운의 불연기연적 세계관이 지향하는 바이다. 인간은 우주라는 생명의 피륙의 한 올이다. 우주의 본질이 생명이며, 그 진행 방향이 영적 진화이고, 궁극적으로는 영혼의 완성에 이르게 하는 것이 우주의 목적이라는 사실을 알지 못하고서는 우리가 어디에 있는 어떠한 존재인지, 어떤 목적을 위해 존재하는지를 알 수 없다.

이제 새로운 문명은 '참자아'에 대한 깨달음에서 시작해야 한다. 이 세상에서 새로이 이룰 것은 아무것도 없다. 단지 인간 본래의 자성을 회복하는 일만이 있을 뿐이다. '참나'와 만나는 일 외엔 아무것도 없다. '참나'와 만나기 위해 인류는 그토록 멀고도 험난한 길을 달려 왔다. 역사상 그 무수한 국가의 명멸과 문명의 부침浮沈과 삶과 죽음의 투쟁, 그 모든 것은 '참나'와 만나기 위한 과정이요, 국가·민족·인종·종교·성·계급 간의 경계를 넘어 인류가 하나임을 인식하기 위한 시험의 관문이었다. 삶과 죽음, 전쟁과 평화, 빛과 어둠, 기쁨과 슬픔, 사랑과 증오, 건강과 병, 맑은 하늘과 태풍 등의 대조적 체험을 통해 우리의 영혼은 더욱 맑고 밝고 확대되고 강화되게 된다. 그리하여 마침내 이들이 모두 하나라는 인식에 이르게 된다. '참나'는 이 우주를 포괄하는 전체이다. '참나'로 가는 길이 곧 동귀일체요 귀일심원이다.

『아함경阿含經』에서 고타마 붓다는 말한다.

'존재의 집으로 가는 옛길'을 발견했노라고

「요한복음」(14:6)에서 예수 그리스도는 말한다.

"나는 길이요 진리요 생명이니, 나로 말미암지 않고서는 아버지께로 갈 자가 없느니라."

「브리하드 아라냐까 우파니샤드」(Brihad-aranyaka Upanishad; 4. 4. 4)에서는 말한다.

"보일 듯 말 듯 저 멀리 뻗어나간 그 옛길을 나는 마침내 발견했나니…… 이 길을 따라…… 해탈에 이른다."

『바가바드 기타』(The Bhagavad Gita; 5. 6)에서는 말한다.

"…… 지혜로운 자는 순수하고도 헌신적인 행위의 길을 통해 곧 브라만(Brahman)에 이르게 될 것이다."

여기서 길은 모두 '참나'로 가는 길이다. '참나'로 가는 길은 신성회복으로의 길이요 이는 곧 신(한울·一心·'하나'님)으로 가는 길이니, '참나'는 생명이요 사랑이며 진리이다. 그런데 진리는 오직 마음에서 마음으로만 전달할 수 있으며, 문자란 달을 가리키는 손가락에 불과하다. 우리 민족의 3대 경전 중 하나인 『삼일신고三一神誥』에서는 자성에 대한 직관적 지각을 통해 한얼(한울·一心) 즉 '하나'님(天·순수의식·우주의식·전체의식)과 만날 수 있음을 말해 준다. "자성구자自性求子, 강재이뇌降在爾腦" 즉 "자신의 성에서 씨를 구하라. 이미 네 머릿골에 내려와 있느니라"가 바로 그것이다. 여기서 씨(子)는 '하나'님의 씨앗이다. 인간의 중심에 내려와 계신 '하나'님은 씨앗(子)으로 존재하는 '하나'님으로, 진성眞性이다. 해월이 '시천'을 '양천'으로 풀이한 것은 씨앗으로 존재하는 '하나'님을 양養해야 한다는 의미이다. 마치 비가 대지를 고루 적시지만 만 가지 풀이 각기 다르게 꽃을 피우듯, 우주만물에 '하나'님의 씨앗이 고루 내재해 있지만 그 씨앗을 양하고 양하지 않음에 따라 다르게 나타나는 것이다. 하나'님에 대한 인식은 이성의 영역인 좌뇌에 의해서가 아니라 직관의 영역인 우뇌의 작용에 기인한다. 그것은 곧 우주 순수의식이 우뇌로 연결되어 있음을 의미한다. 『명심보감』에는 "천망회회天網恢恢, 소이불루疎而不漏" 즉 "하늘의 그물은 넓고 넓어서 보이지는 않으나 새지 않는다"라고 나와 있다. 우주의 실체는 의식이며, 우주 순수의식은 바로 이 우주가 만든 통신선을 통해 우뇌로 연결된다. 그것의 요체는 마음을 비우는 데 있다. 에고가 사라짐으로써 저절로 작동하게 되는 것이다. 따라서 경전의 내용을 문자로 해독하려 한다면 진실은 결코 그 모습을 드러내지 않을 것이다.

부처가 무엇이냐는 제자의 물음에 운문선사雲門仙師는 '말라비틀어진 똥막대기'라고 했다. 현실 속에서 열과 성을 다하지 못하는 사람이 관념 속의 부처에 매달리는 것을 경계하라는 의미이다. 현실 속에서 '성경이자'를 지켜내지 못하는 사람이 '일심'이나 '한울'을 논하는 것도 이와 같다. 수운과 원효가 사용한 말은 단지 침묵을 전하기 위한 방편이었고, 이들의 형상은 단지 무형상의 세계를 나타내 보이기 위한 방편에 불과한 것이었다. 이러한 진의를 읽지 못하고 이들의 말이나 형상에 집착하는 것은 곧 말라비틀어진 똥막대기에 매달리는 것이나 다름없다. 무극대도의 세계란 '나'를 잊고 '나'를 잃지 않음으로써, '나'와 '너', '이것'과 '저것'의 경계가 사라지고 존재계와 하나가 됨으로써 닿을 수 있는 순수의식의 영역이다. 밝고 투명한 깨어 있는 의식으로써만 진입할 수 있는 영역이다.

문명의 대전환이라는 맥락에서 볼 때 수운과 원효의 사상은 새로운 문명의 패러다임 즉 전일적인 새로운 실재관(vision of reality)을 제시함으로써 서구의 '기계론적' 세계관의 근저에 있는 가치체계의 한계성을 극복할 수 있게 한다는 점에서 서구적 근대의 극복으로서의 의미가 있다 하겠다. 그것은 한마디로 생명경외사상에 입각하여 우주자연-인간-문명이 조화를 이루는 상생의 삶을 구현하는 것이다. 공동체적 삶의 중요성이 간과되어 온 지식 차원의 좌뇌주도시대와는 달리, 초지超知의 우뇌주도시대에는 만물의 교직성交織性과 상호의존성을 직시함으로써 공동체적 삶의 중요성을 인식하게 되고, 따라서 진정한 복지사회의 구현 또한 가능하게 된다. 말하자면 천지비괘天地否卦인 음양상극의 선천시대와는 달리 지천태괘地天泰卦의 새 시대는 음양지합의 시대요 상생조화의 시대이다. 수운이 말하는 새로운 성운의 시대, 후천 5만 년은 바로 이를 두고 하는 말이다.

5. 결론

이상에서 화쟁의 논리에 기반한 원효 사상과 불연기연의 논리에 기반한 수운 사상의 본질을 통일과 평등의 원리라는 측면에서 살펴보고, 문명의 대전환기를 맞이하여 이들 사상이 갖는 존재론적 함의에 대해 구명해 보았다. 수운이 「논학문」에서 "도즉동道則同 리즉비理則非"라고 했듯이, 수운과 원효 역시 그 도는 하나이나 그 이치를 밝혀냄에 있어서는 서로 다르다. 필자는 수운과 원효 이 두 사람의 사상의 본질을 회통시키는 과정에서 이들 사상이 함유하고 있는 진의를 보다 명료하게 읽을 수 있었다. 구체적으로 살펴보면, 수운의 '시천주' 도덕과 원효의 대승 윤리, 수운의 '오심즉여

심'과 원효의 '일체유심조', 수운의 천天과 원효의 일심一心, 수운의 불연기
연의 논리와 원효의 화쟁의 논리·'무리지지리無理之至理, 불연지대연不然
之大然'의 논리, 수운의 불연기연적 세계관과 원효의 대승적 윤리관·연기
적 세계관, 수운의 불연기연과 원효의 본각·불각, 수운의 내유신령·외유
기화와 원효의 일심이문(眞如門·生滅門), 수운의 수심정기와 원효의 지
행·관행, 수운의 성경誠敬과 원효의 보시·지계·인욕, 수운의 동귀일체와
원효의 귀일심원 등이 그것이다.

수운과 원효의 사상의 본질이 통일과 평등의 원리에 기초해 있다고 하
는 것은 일심법(한울의 法)이 이들의 사상을 관통하고 있기 때문이다. 이에
대해서는 원효가 개합의 논리를 이용하여 본체와 작용의 관계를 일심법으
로 논하고 있거니와,156) 의암 또한 「무체법경」에서 개합의 논리를 이용하
여 이를 명쾌하게 보여 준다.157) 말하자면 일즉다一卽多요 다즉일多卽一이
다. 거울에 비친 형상과 거울을 분리시킬 수 없듯이, 마음의 거울에 비친
만상과 마음을 분리시킬 수 없다. 그래서 '만법귀일萬法歸一'이라 한 것이
다. 『열반종요涅槃宗要』에서는 일심의 체體가 이분법적 사유체계를 초월해
있음을 명징하게 보여 준다.

일심의 체體는 인因도 아니고 과果도 아니므로 상常도 아니고 무상無常도 아니
다. 만약 마음이 인因이라면 과果를 지을 수 없고, 과라면 인을 지을 수 없다.
그런데 일심一心은 인도 아니고 과도 아니므로 인을 짓기도 하고 과가 되기도
하며, 또한 인의 인을 짓기도 하고 과의 과가 되기도 한다. 그러므로 불성에는
인도 있고 인의 인도 있으며 과도 있고 과의 과도 있는 것이다.158)

---

156) 『金剛三昧經論』, 130쪽.
157) 『天道教經典』, 「無體法經」, 437쪽.
158) 『涅槃宗要』, 66쪽, "一心之體非果故非常非無常 若心是因不能作果 如其是 不能作果 良
由一心非因非果故得作因亦能爲果 亦作因因及爲果果 故言佛性者有因有因因有果有果
果."

말하자면 일심一心의 성성性이 둘이 아니고 다만 제문諸門에 의지하여 이 일성一性을 나타낸 것이다. 우주만물이 곧 일심의 화현化現이라는 뜻이다. 일체의 사상과 종교를 회통시킬 수 있는 근거가 여기에 있다. 앞서 살펴본 바와 같이 수운과 원효의 사상은 『천부경』·『삼일신고』·『참전계경』·『역경』·『도덕경』·『성경』·『우파니샤드』·『바가바드 기타』 등과도 회통되고 있음을 알 수 있다.

수운의 '시천주' 사상과 원효의 화쟁사상은 단순히 외래사상을 모방하거나 수용한 것이 결코 아니다. 어디까지나 단군 이래로 면면히 이어져 온 민족정신의 맥을 살려 주체적으로 개조·통합·완성하여 토착화시킨 것이다. 원효(617~686)가 7세기 삼국통일을 전후한 시기에 신종교운동·신사회운동을 통해 삼국통일의 철학적·사상적 기초를 마련하였다면, 수운 최제우(1824~1864)[159]는 19세기 서세동점의 시기에 민중에 기초한 아래로부터의 근대적 민족국가 형성의 철학적·사상적 토대를 마련하였다.

원효는 한편으로는 비종파주의적 전제에 입각하여 경·율·론 삼장 전체를 섭렵하고 불가의 철학적 두 대종인 공론과 유론을 관통하는 원융회통의 사상을 정립시킨 위대한 종교지도자요 혁명적 사상가이며 또한 대논사로서, 다른 한편으로는 성속일여의 정신을 몸소 구현하여 '일체무애인一切無碍人, 일도출생사一道出生死'의 뜻을 담은 「무애가無碍歌」를 지어 두타행으로 천촌만락千村萬落을 주행하며 이를 유포시킴으로써 대중을 불법에 귀의하게 만들었던 진속원융무애론자眞俗圓融無碍論者로서, 그는 일체의 형식적이고 교조적인 낡은 종교적 관습에서 벗어나 모든 중생과 하나가 되어 중생교화의 이상을 실천하고자 하였다. 이러한 중생교화의 실천에 있어 그는 신라인과 고구려·백제 망민을 결코 차별하지 않았다. 이는 바로 그

---

159) 초명은 福述·濟宣이었으나 35세 때 어리석은 세상사람을 구제하겠다는 결심으로 스스로 濟愚로 고쳤음.

의 화쟁총화정신和諍總和精神의 발로요 화쟁사상의 실천이었던 것이다.

수운은 한편으로는 1855년 「을묘천서」를 받는 이적을 체험하고 1860년 경신 4월 5일 후천 오만 년을 펼칠 '금불문고불문今不聞古不聞 금불비고불비今不比古不比'의 '만고 없는 무극대도'를 각득한 동학의 창시자요 혁명적 사상가이며 또한 대신사로서, 다른 한편으로는 '시천주'를 몸소 체득하여 '보국안민, 포덕천하, 광제창생'의 기치를 내걸고 양반지배층을 대체할 보국의 주체로서의 근대적 민중의 대두를 촉발시키고 근대적 민족국가 형성의 사상적 토대를 마련한 시대적 선각자요 위대한 민족지도자로서, 그는 만인이 '시천주'의 주체로서의 자각을 통해 다 같은 군자로서 거듭날 수 있게 하고 또한 천하를 만인의 공유물로 생각하게 함으로써 민중정치참여의 전기를 마련하였다. 귀천·빈부·반상·적서 등 일체의 봉건적 신분차별이 철폐된 무극대도의 세계, 그것은 바로 수운의 '시천주' 도덕의 실천이었던 것이다.

수운과 원효의 사상은 오늘날 백가쟁명百家爭鳴의 사상적 혼란을 겪고 있는 우리에게 시사하는 바가 실로 크다. 오늘날 남북간에 실질적인 교류 협력 관계가 여전히 정립되지 못하고 있는 것은 북한 사회의 폐쇄성이나 우리 내부의 사회·정치적 조건과 국제 환경 또는 정치지도자의 사명의식 결여 등을 들 수 있겠으나, 이 문제를 보다 근원적으로 고찰해 보면 무엇보다도 우리 민족 내부의 사상적 혼란으로 인한 민족동질성의 훼손과 그로 인한 심리적 간극이 주요 원인이라는 것을 알 수 있다. 그렇다면 이분법적인 냉전 사고에서 벗어나는 것이 무엇보다 급선무일 것이다. 그렇다고 이념의 개방화만으로 모든 문제가 해결될 수 있는 것은 아니다. 오히려 그와 같은 개방화는 새로운 대체 이념이 존재하지 않을 경우 이념의 부재 현상을 낳을 수도 있기 때문이다. 그러면 우리 민족 사회 내부의 불화와 분열은 어떻게 치유될 수 있을 것이며, 이 시대 우리 민족의 평화와 통일과 번영을 위한 정치 이념은 무엇인가. 그것은 이념 아닌 '지극한 이념', 말하자면 여실한 이념이어야 할 것이다. 특정 이념 그 자체에 대한 맹신은 마치 지도를 영토 그 자체라고 생각하는 것과 같은 이치다. 수운의 '시천주'와 원효의 화쟁회통의 이념이야말로 가히 여실한 이념이라 할 것이다.

이렇듯 수운과 원효의 사상은 우리 민족이 사상적 이질성을 초월하여 민족통합을 이룩하고 나아가 평등하고 평화로운 세계를 창조하는 토대가 될 수 있다. 말하자면 사상이나 계급, 인종에 편벽하여 구애됨이 없는 에큐메니컬(ecumenical)한 정신을 이끌어 냄으로써 모든 정치사회를 관통하는 회통의 정치이념과 조우할 수 있게 한다. 그럼에도 이들의 사상이 오히려 고원孤遠하게만 느껴지는 것은 어쩌면 우리 시대의 도덕적 타락이 너무 깊기 때문인지도 모른다. 진리가 언어로써 전달될 수 없다는 것은 지난 2천여 년 동안 합리적 지식이 엄청나게 늘어났음에도 불구하고 인류가 별로 더 현명해지지 못했다는 사실로써 입증이 되고도 남는다. 그것은 편착이 낳은 분별지로 인해 진리가 가려진 까닭이다. 일체의 미망은 모두 여기에서 비롯되며 그로 인해 상호각쟁을 일삼게 되는 것이다. 현재 지구촌 내의 분쟁들 가운데 가장 큰 비중을 차지하는 종교분쟁도 인류가 '시천주'의 자각적 주체가 되면—일심법을 깨닫게 되면— 종식될 것이다. 우리 시대가 이들의 사상을 최대한 수용할 수 있도록 진력해야 하는 것은 이 때문이다.

수운과 원효의 사상은 한마디로 인간의 신성 회복을 통해 인간의 삶을, 이 세상을 근본적으로 바꾸기 위한 것이다. 그것은 기존의 낡은 교의나 철학을 떠나 있으며, 에고(ego, 個我)가 만들어 낸 일체의 장벽을 해체할 것을 선언한다. 그것은 우주 '한생명'에 대한 선언이요, 영원에 대한 갈파이며, 미망의 삶을 잠재우는 진혼곡이요, 진정한 문명의 시작을 알리는 신곡神曲이다. 수운과 원효의 '신곡'이야말로 '한국산 정신문화'의 수출 품목 제1위가 되어야 하지 않을까?

동학과 도가사상 : 불연기연의 논리를 중심으로

박 소 정

1. 시작하는 말: 문제제기

동학東學을 한국전통사상의 맥락 속에서 해명해 보려는 시도는 다양한
각도에서 이루어져 왔다.[1] 일찍이 해월海月이 이미 동학과 유불선儒佛仙
삼교三敎와의 관련성에 대해 언급한 바 있으며,[2] 이후 대체로 동학사상의
철학적 기초를 유교와 불교와 도교 사상과의 관련성 속에서 찾으려는 경향
이 많았다. 이 글은 그 가운데 도교道敎 혹은 도가道家와의 관련성을 탐색
하기 위한 연구의 일환으로서, 특히 동학의 불연기연不然其然을 중심으로
도가사상이 지닌 사유방식과의 관련성을 찾아보고자 한다.

1. 도가와 도교의 차이 및 동학 관련 연구의 경향

한국의 도가와 도교사상에 대한 연구는 아직까지 학술적으로 해명될 것
이 많이 남아 있는 분야이다. 도가와 도교의 차이에 대해서는 다양한 견해

---

1) 황선희, 「동학·천도교 사상의 연구동향」, 『동학의 현대적 이해』(한국동학학회, 2001);
   오문환, 「동학사상의 연구현황」, 『동학학보』 제3호(동학학회, 2002) 참조.
2) 『海月神師法說』, 「天道와 儒·佛·仙」.

가 있다. 그 두 사상은 전혀 다른 출발점을 지니고 있으므로 다르다는 입장이 있는가 하면,3) 도가와 도교의 차이를 인정하되 연속성을 확보하고자 하는 노력도 공존하고 있다.4) 도가와 도교의 공통점으로는 둘 다 개인으로서의 자아의 삶을 중시하고 생명을 중시하는 사상으로서 양생론養生論을 발전시키고 있다는 점을 들 수 있다. 하지만 외형적 측면에서 학파와 종교로서의 차이가 있으며, 내용적으로도 정신적 자유와 불로장생不老長生의 신선神仙을 추구한다는 차이가 있음을 인정하지 않을 수 없다.5) 구체적인 문제에 대한 검토가 결여된 종합은 오해를 빚기 쉽다는 점을 고려할 때, 잠정적으로 이 두 개념을 구별할 필요가 있다고 하겠다.

동학과 관련한 연구를 살펴보면, 이제까지는 도교와 관련된 연구가 주조를 이루어 왔고 도가사상에 관련해서는 단편적인 언급6)에 그쳤다. 도교와 동학을 비교하는 연구로는 신흥종교로서의 동학이 근거하고 있는 전통을 따져 보고자 하는 시도,7) 혹은 어휘나 의식儀式에 있어서의 연관성을 인정하면서도 동학의 독자성을 확보하고자 하는 시도8) 등이 이루어졌다.

---

3) 송항룡, 「한국고대의 도교사상」, 『도교와 한국사상』(한국도교사상연구총서 1, 서울: 범양사, 1987. 이하 총서로 약칭, 총서 2~10까지는 아세아문화사에서 발행), 37쪽.
4) 윤찬원, 「'도교' 개념의 정의에 관한 논구」, 『한국도교와 도가사상』(총서 5, 1991). 이 글에서는 '道教'라는 명칭이 先秦 시기에는 儒者들을 가리키는 말로 쓰이기도 했고(『墨子』, 「非儒」) 불교도들이 스스로를 '道教'라고 일컫기도 했으며 '道家'의 경우 『史記』에서 처음 이 용어를 사용한 이래 주로 황로사상을 가리키거나 道教徒 자신이 스스로를 道家라고 일컫는 경우도 있었다는 점을 들어 각각의 명칭에 해당하는 실체가 존재했던 것은 아니라고 하면서, 중국의 철학사가들(馮友蘭 등)이 도가와 도교를 엄밀하게 구분하는 것에 반대하고 도교는 도가가 종교화한 것으로 이해해야 한다고 주장한다.
5) 이강수, 「도가의 양생론」, 『한국 도교사상의 이해』(총서 4, 1990).
6) 이를테면 "동학의 天主는 道家사상에서 말하는 無爲自然의 道를 하나의 靈體로 본 것이다"(이강오, 「한국신흥종교에서 보는 도교와 불로장생」, 『도교와 한국사상』, 175쪽)와 같은 언급을 들 수 있다. 하지만 이것은 사유방법의 측면에서 체계적으로 비교하여 나온 결론이라고 하기 어렵다. 왜냐하면 이 언급의 앞쪽에서는 水雲이 소강절의 선천상수학과 장횡거의 唯氣論에서 득의한 듯하다고 말하고는 다시 동학의 교리 및 信行으로 하는 呪祝와 靈符가 모두 仙家의 수행법으로서 신선이 되어 장생불사하려는 道教 즉 仙家사상을 바탕으로 해서 유·불의 교리를 융섭한 것이라고 하고 있기 때문이다.
7) 김홍철, 「한국신종교에 나타난 도교사상」, 『도교사상의 한국적 전개』(총서 3, 1989).

2. 동학과 도가사상 비교의 필요성: 불연기연의 논리를 중심으로

동학과 도가사상을 비교하는 데 있어서 의미심장한 내용을 기대할 수 있는 접근방식으로는 두 가지를 들 수 있다. 하나는 '기氣'라는 개념을 중심으로 동학의 '수심정기守心正氣' 및 '지기至氣'의 문제를 검토하는 길이다. 또 하나는 사유방법의 관점에서 불연기연不然其然의 논리를 다루는 길이다.[8] 이러한 접근방식을 통해 꼼꼼하고 면밀한 연구가 수행될 때 전통사상과 동학의 외형적 특징을 단순 비교하는 차원에서 벗어나 동학적 사유방식의 심층적 내용을 풍부하게 해 줄 수 있으리라 생각된다.

이 글은 우선 후자의 측면에서 출발하여 동학적 사유방식의 특징과 심화 이해의 가능성을 탐색하려는 시도라고 할 수 있다. 근래 불연기연의 논리적 성격에 주목한 연구들이 속속 등장하고 있으나[9] 아직까지 도가 사유방식의 성격과 연결시켜 비교 고찰한 글은 없었다. 불연기연은 수운이 남긴 그리 많지 않은 글 가운데 따로 편을 두어 논했어야 할 정도로 중요한 개념이다. 그런데 사태의 인식에 있어서 불연기연의 논리는, 불연不然과 기연其然이라는 대립면을 부각시키면서 그 관계를 단절시키거나 어느 한쪽을 올바른 것으로 취하는 것이 아니라, 불연에서 기연으로의 길 및 기연에서 불연으로의 길을 둘 다 열어 놓았다는 점에서 도가의 사유방식을 연상시키는 면이 있다.

동학과 도가의 사유방식이 지닌 유사성에 착안하여 출발한다고 해서 결

---

8) 윤석산, 「동학에 나타난 도교적 요소」, 『도교사상의 한국적 전개』.
9) 不然其然의 해명에 있어 학술적으로 의미 있는 첫걸음을 뗀 이는 김경재(「崔水雲의 神觀」, 『한국사상』 12집, 1974)라고 할 수 있다. 반면 대중적으로 많은 사람들에게 공감을 불러일으키고 그 시의성을 지적한 이는 김지하(『생명』, 1992 및 『동학이야기』, 1993, 솔출판사)이다. 오문환은 「해월 최시형의 생활정치사상 연구」라는 학위논문(연세대학교 정치학과, 1995)을 통해 이러한 논리가 동학 전체에 작용하고 있다고 주장하였다. 윤석산은 「불연기연연구 서설」(『동학학보』 창간호, 2000)에서 其然을 역사적 사실에, 不然을 그러한 현상의 근거가 되는 교의와 종교사상의 차원에 연결시키고 不然과 其然을 함께 아우르는 새로운 연구방법의 필요성을 촉구하였다.

론적으로 동학이 유불도 중 어느 것에 가까우냐를 판정한다거나 도가의 사유방식이 동학에 직접적으로 영향을 끼쳤음을 주장하려는 것은 아니다. 이 글에서 불연기연을 도가적 사유방식에 빗대어 고찰하려는 이유는, 불연기연을 보다 유래가 오랜 동아시아 전통사유구조와 관련하여 살펴봄으로써 그 속에 담긴 의미를 재해석하고 사유의 폭을 확대해 볼 수 있는 기회를 가지기 위해서이다. 덧붙여 도가의 사유방식이라고 할 만한 내용은 주로 『노자老子』와 『장자莊子』를 통해 결정되었으므로, 고찰의 범위를 『노자』와 『장자』에 한정하여 도가의 사유방식을 검토하기로 한다.

2. 노장의 사유방식

노자와 장자의 사유방식에 대해서 일반적으로는 역설의 논리[10] 혹은 무명無名의 논리[11]라고 부른다. 이렇게 불리는 이유는 일반적으로 좁은 의미에서 논리란 참과 거짓 혹은 옳고 그름을 판별하는 방법[12]이라고 여겨지는데 반해, 노자와 장자는 개념의 한계를 지적하면서 참과 거짓 혹은 옳고 그름 등의 대립을 가르는 기준을 확정할 수 없다는 입장을 취하기 때문이다. 노장老莊이 모순대립에 대해 처리하는 방식은 무모순동일률[13]을 추구하는 합리적 사고나 합리적 사고의 자기모순을 지적하여 합리성을 부정하

---

10) 김득만, 「장자철학의 사유방법: 역설의 논리」, 『小天金得晩教授華甲紀念論文集』(부산: 소강출판사, 2003).
11) 윤무학, 『중국철학방법론: 고대철학의 명실론적 조명』(서울: 한울아카데미, 1999).
12) 웨즈리. C. 새먼, 『논리학』(서울: 박영사, 1988) 7쪽에 따르면, 논리학은 "(전제와 결론 사이의 관계에 의존하여) 논리적으로 올바른 논증과 논리적으로 올바르지 못한 논증을 구별하는 방법을 마련하는 일"이다.
13) 『안티호모에렉투스』(강릉: 길, 2001) 110~111쪽에 따르면, 아리스토텔레스가 체계화한 논증형식은 희랍 시민이 서구 문명의 지성과 시민에게 남긴, 서로 다른 類들의 동일보존 및 모순배제라는 쟁의절차의 순수한 표현이라고 할 수 있다.

는 방식14)과는 또 다른 방식으로 넓은 의미에서 나름의 논리를 구성한다고
할 수 있다. 노장은 언어 자체의 논리전개에 관심이 있다기보다는, 모든 개
별적인 사태 및 사물은 반면反面으로 변화하면서 움직일 뿐 아니라 보는
각도에 따라서 어떤 사태 및 사물이든 모순적인 양면을 함께 가질 수 있다
는 점에 주목한다. 이러한 노장의 사유방식을 넓은 의미에서 논리라고 부
를 수 있다면 이는 대립면의 모순을 감싸 안는다는 특징을 지닌다.

1. 노자의 사유방식

노자는 당시 일반적으로 통용되었던 의지천意志天에 대한 관념을 부정
하고 중국철학사에서 처음으로 도道라는 개념을 제기하여 천지만물의 존
재와 운동을 설명하였다.15)

1) 사태의 반면과 대립전화

"서로 반대되는 방향으로 움직이는 것이 도의 움직임이다"16)라는 유명
한 명제가 시사하듯이, 노자는 모든 사태와 사물은 한시도 고정되어 있지
않고 대립면을 향해 변화한다고 본다.

> 화여! 복이 의지하여 있는 바이며, 복이여! 화가 잠복해 있는 바이니, 누가 그
> 궁극을 알리오! 어쩌면 바른 기준이 없는 것일까? 바른 것은 다시 기이한 것으
> 로 변할 수 있고 선한 것은 다시 요사한 것으로 바뀔 수 있느니라.17)

---

14) 末本剛博의 『동양의 합리사상』(최승호 譯, 서울: 이문출판사, 1987) 65쪽에서는 이러한
   사례로 龍樹의 空사상을 들고 있다.
15) 이강수, 『노자와 장자』(서울: 길, 1997), 56쪽.
16) 『老子』, 40장, "反者, 道之動."
17) 『老子』, 58장, "禍兮! 福之所倚, 福兮! 禍之所伏, 孰知其極! 其無正? 正復爲奇, 善復爲
   妖."

노자에 따르면 모든 사물과 사건들에는 대립적인 면이 있다. 그런데 화禍와 복福, 정상적인 것과 기이한 것, 선과 악과 같은 대립은 끊임없이 서로를 향하여 변화한다. 이러한 대립적인 사태는 끊임없이 돌이켜 변화하므로, 어느 쪽이 올바른 것이고 어느 쪽이 시작인지 기준(極)을 세울 수가 없다. 또한 모든 대립적인 것들은 서로 상대방을 자기존재가 성립하는 근거로 삼고 있다.[18] 그런데도 사람들은 이를 깨닫지 못하고 어느 한쪽에 가치를 두어 아름답다거나 좋다고 여긴다.

> 천하 사람들은 모두 아름다움이 아름답다고 여기는데 이것이 곧 추이며, 모두 선한 것이 선하다고 여기는데 이것이 곧 선하지 않은 것이니, 그러므로 있음과 없음은 서로 생기게 하고 어렵고 쉬움은 서로 이루어지게 하며 길고 짧음은 서로 나타나게 하고 높고 낮음은 서로 존재하게 하며 음과 성은 서로 어우러지게 하며 앞서고 뒤선 것은 서로 따르게 하느니라.[19]

세상 사람들은 모든 사물과 사태는 대립면을 향해 움직이며 그 대립은 서로를 이루어 준다는 사실을 간과한 채 어느 한쪽에 시선을 고정시켜서 가치를 부여하게 마련인데, 바로 이러한 사고방식이야말로 사태를 있는 그대로 보지 못하게 하므로 추악하고 좋지 못한 것이 된다. 사람들은 대립적인 양항 가운데 앞에 있는 것들인 유有·난難·장長·고高·음音·전前 등을 좋아하고 가치 있게 여기는 반면 무無·이易·단短·하下·성聲·후後 등을 하잘것없는 것으로 여긴다. 그러나 앞이 없으면 뒤가 있을 수 없을뿐 아니라 뒤가 없이는 앞도 있을 수 없듯이 모든 대립면들은 그것이 존재하기 위해 서로를 필요로 한다.

노자는 사태의 배후에 있는 대립면을 끊임없이 상기시킴으로써 온전한

---

18) 이강수, 『노자와 장자』, 44~46쪽.
19) 『老子』, 2장, "天下皆知美之爲美, 斯惡已, 皆知善之爲善, 斯不善已, 故有無相生, 難易相成, 長短相較, 高下相傾, 音聲相和, 前後相隨."

사태를 균형 잡힌 시선으로 보게 하려고 한다. 나아가 단순히 현상적인 변화상을 서술하는 것에서 논의가 그치는 것이 아니라, 천지만물의 존재와 운동의 근거에까지 사유를 전개시킴으로써 도道라는 개념을 .제시한다.

2) 만물의 근원으로서의 도

변화하는 세계를 만물의 입장에서 설명하고자 했을 때에는 대립적인 두 가지 국면을 설정하게 되지만, 그 모든 것들의 근원에 대해서 사유해 보면 대립을 떠나 있다고 말할 수밖에 없다. 또한 그것이 어떤 구체적인 형상이나 소리를 띠게 되면 그와 다른 것들의 근거가 될 수 없으므로[20] 만물의 근거로서의 도道는 시각이나 청각을 통해서 파악될 수도 없다.

혼연히 이루어진 어떤 것이 있으니 천지보다 먼저 생긴 것이로다. 소리도 없고 형체도 없구나! 홀로 서서 바뀌지 않으며 두루 통하되 위태롭지 아니하여 천하의 어미가 될 수 있노라. 나는 그 이름을 알지 못하여 그것에 자字를 붙여 도道라고 부르고 억지로 그것을 이름하여 대大라고 하고자 한다.[21]

자字는 본래의 이름(本名) 대신 부르기 위해 붙여 주는 명칭이다. 유형한 것이 아니라는 점에서 도는 때로 무無라고 말할 수도 있고 개별적이고 구체적인 다多가 아니라는 점에서 때로 일一이라고 부를 수도 있지만, 무나 일 심지어는 도마저도 결국은 언어적 표현이므로 불가피하게 대립개념을 수반하게 된다. 그래서 노자는 "궁극적인 도는 말로 표현할 수 없다"[22]고 못박아 두고 있는 것이다. 그러므로 인간의 감각기관이나 사유기관을 통해

---

20) 王弼, 「老子指略」, 『老子·周易王弼注校釋』(臺北: 華正書局, 1983), 195쪽, "形必有所分, 聲必有所屬. 故象而形者, 非大象也; 音而聲者, 非大音也."
21) 『老子』, 25장, "有物混成, 先天地生. 寂兮寥兮! 獨立不改, 周行而不殆, 可以爲天下母. 吾不知其名, 字之曰道, 强爲之名曰大."
22) 『老子』, 1장, "道可道, 非常道."

파악될 수 없고 어떠한 언어나 개념으로도 규정할 수 없는 도를 깨닫기 위해서는 언어와 개념을 떠나 무위자연無爲自然한 도와 합치할 수 있는 수양공부23)가 필요하게 된다.

2. 장자의 사유방식

장자는 노자의 사상을 이어받으면서도 궁극적인 도道 자체의 구조나 원리를 강조하기보다는 무위자연無爲自然한 도에 대한 인식을 통해 사람들이 사적私的인 자아의식으로부터 벗어나 자유롭고 자연스럽게 살아갈 수 있는 방법을 모색하고자 하였다.

1) 상호대립의 사태와 시비에 대한 해법: '연불연'과 '연어연, 불연어불연'

노자가 천지만물이 지니는 대립면과 그로부터 빚어지는 변화에 주목했다면, 장자는 여기서 한 걸음 더 나아가 개체들의 저마다 다름에 주목한다. 사람과 사람, 사람과 사물들 사이에는 갖가지 차이가 있으며, 이러한 차이들이 대립과 갈등을 불러일으킬 수 있다. 사람들이 지닌 성정性情의 차이, 지식의 차이, 환경의 차이, 행동의 차이 등은 대개 시비논쟁을 야기하게 된다. 사람들은 저마다 자기가 옳고(是) 다른 사람은 그르다(非)고 여긴다. 장자에 따르면, 근원적인 입장에서 보면 이러한 관점에서 벗어나 모든 사물, 사건을 제일齊一하게 볼 수 있으나 사람이 일단 어떤 관점이나 입장을 취하게 되면 끝없는 시비是非에서 벗어날 수 없다.

시비를 없애는 방법으로, 상대방이 옳다고 여기는 것이 그르다는 것을 입증하거나 반대로 상대방이 그르다고 하는 것이 옳다는 것을 지적하는 방법을 먼저 생각해 볼 수 있다. 중국에서 명사와 개념의 문제를 중점적으로

---

23) 『老子』, 48장, "爲學日益, 爲道日損, 損之又損, 以至於無爲, 無爲而無不爲."

탐구했던 명가名家들이 그러한 방법에 능했던 이들이다.[24] 선진 시기에는 이들을 변자辯者라고 불렀는데, 『장자』 「추수」 편에는 이러한 변자의 대표자 격으로[25] 공손룡을 등장시켜 다음과 같이 말하고 있다.

공손룡이…… 말하였다. "저는…… 사물의 '같음과 다름을 하나로 합하고'(合同異) 한 물체에 깃들어 있는 단단한 성질과 흰 빛깔을 분리하며, 다른 사람이 옳지 않다는 것을 옳다고 하고 다른 사람이 불가하다는 것을 가하다고 하여, 온갖 학파의 재지才智를 모두 곤란케 하고 뭇 사람들의 구변을 모두 궁지에 몰아넣고서는 저 스스로 지극히 통달했다고 여겼습니다. 이제 제가 장자의 말을 듣고서 망연히 낯설게 느껴지거니, 모르겠습니다, 논변이 미치지 못하기 때문일까요, 재지가 그만 못한 것일까요?"[26]

공손룡은 '백마비마白馬非馬' 및 '이견백離堅白'의 설로 유명한 변자인데 여기서는 자기 학설로서 '연불연然不然'(사실판단)과 '가불가可不可'(가치판단)를 내놓고 있다. 변자들의 명제들을 검토해 보면 일견 말만 무성한 궤변처럼 느껴질 수 있으나, 한편으로는 사태를 단순히 감각에 의해 일반화하려는 일상인들의 시각을 벗어나 사물들을 다양한 측면에서 관찰하고 명사와 개념을 반성적으로 검토함으로써 논리적 사유를 발전시켰다고[27] 할 수 있다. 그럼으로써 이들은 소박하게는 일상적으로 옳다고 여기는 상투적인 관념을 들추어 논리적 사유로 이끌게 하는 작용을 하였을 뿐 아니라,

---

24) 춘추시대의 명가(名家)로 알려져 있는 鄧析은 鄭子産에 의해 사형을 당했다고 하는데, 그의 죄명은 "그른 것을 옳다고 하고 옳은 것을 그르다고 하여 옳고 그름에 기준이 없으니, 가한 일과 불가한 일이 날마다 바뀌었다"(以非爲是, 以是爲非, 是非無度, 而可與不可日變: 『呂氏春秋』, 「離謂」)는 것이었다고 한다.

25) 인용문 가운데 '合同異'는 惠施의 설로 알려져 있다. 이 부분은 혜시와 공손룡 학설의 차이를 말하려는 것이 아니라 변자들의 방식을 아울러 비판하는 대목이므로 변자들의 대표자로 공손룡을 든 것 같다.

26) 『莊子』, 「秋水」, "公孫龍……曰: '龍……合同異, 離堅白, 然不然, 可不可; 困百家之知, 窮衆口之辯, 吾自以爲至達已. 今吾聞莊子之言, 焉異之. 不知, 論之不及與, 知之弗若與?"

27) 이강수, 『중국 고대철학의 이해』(서울: 지식산업사, 1999), 209쪽.

적극적으로는 당시 제도와 규범의 모순과 허위성을 폭로하는 작용을 하였다. 그런데 여기서의 공손룡은 장자를 만나자 어찌된 영문인지 말문이 막히고 말았다는 것이다.

장자는 한편으로 '아니다'를 '그렇다'로, '그렇다'를 '아니다'로 여기는 방식인 '연불연然不然'의 논리를 받아들여 활용하기도 한다.

> 자연의 몫(天倪: 自然之分)으로써 조화시킨다는 것은 무엇을 뜻하는가? 말하자면 옳지 않다고 하는 것을 옳다고 하고 그렇지 않다고 하는 것을 그렇다고 하는 것과 같은 것이다. 옳다는 것이 만약 정말로 옳다면 옳다는 것이 옳지 않다는 것과 다르다는 것은 또한 구별할 수 없을 것이며, 그럼직한 것이 만약 정말로 그럼직하다면 그럼직한 것이 그럼직하지 않은 것과 다르다는 것 또한 구별할 수 없을 것이다.[28]

자연의 몫에 의해 조화를 이루기 위해서는 일차적으로 자기가 옳다고 생각하고 그럴 듯하다고 여기는 관습적인 생각에서 벗어나 상대의 입장에서 이쪽을 비추어 볼 수 있어야 한다. '옳다'는 것은 '옳지 않다'는 것과 함께 생기는 것으로서, 나는 옳고 저쪽은 옳지 않다는 구분 의식을 돌이켜 저쪽 입장에서 보게 되면 내가 옳지 않고 저쪽이 옳은 것이 된다. 그러므로 '옳다'는 것이 관점의 이동에 관계없이 정말로 옳은 것일 수 있기 위해서는 나와 상대방이라는 구분의식을 떠나야 한다. 이러한 인식의 전환을 유도하는 데 있어 '연불연然不然'은 유효한 방법이 될 수 있다.

하지만 이것이 변자들의 방식을 그대로 인정한다는 뜻은 아니다. 장자 또한 변자들과 마찬가지로 '연불연然不然'이라는 논리를 사용하였지만 그 의미와 목표는 같지 않다. 논변을 위해 '가불가可不可' 혹은 '연불연然不然'

---

28) 『莊子』, 「齊物論」, "何謂和之以天倪? 曰: 是不是, 然不然. 是若果是也, 則是之異乎不是也亦無辯; 然若果然也, 則然之異乎不然也亦無辯."

이라는 방법을 사용하는 변자들에 대해서『장자』「천지天地」편에서는 노자를 등장시켜 평하기를 '아전이나 점장이처럼 기술에 의해 속박되어 몸과 마음을 고달프게 하는 사람'(胥易技係, 勞形心者)[29]이라고 하였다. 변자들이 인식과정에서의 어떤 한 측면을 과장한다든지 하는 방식으로 시비是非와 연불연然不然을 전도시키는 논리를 펴는 것은, 만물의 근본을 탐구한 결과가 아니라 자기의 구변술口辯術을 가지고 만물의 현상만을 쫓아다니는 것이라는 점에서 비판한 것이다.

환단과 공손룡 등 변자의 무리는 사람의 마음을 수식하고 사람의 뜻을 바꾸어 말로 이길 수는 있으나 마음으로 따르게 하지는 못하니, 변자의 한계이다.[30]

변자들의 방법이 전혀 무의미한 것은 아니지만 사람들을 진심으로 따르게 할 수 없는 것은, 그들의 논의가 만물의 참다운 근원으로 향하지 못하기 때문이다. 장자의 입장에서는 시비를 판가름하는 일이 멈추는 곳에서 존재에 대한 진정한 이해의 길이 열린다. 상대를 내 입장에서만 보던 것(然)에서 상대의 입장에서 나를 돌이켜보는 것(不然)으로 나아가고, 다시 한 걸음 더 나아가 이해利害와 시비是非의 관념 자체를 떠난 곳에서 만물의 근원을 만날 수가 있다. 이러한 경지에서는 시비를 가르는 일이 해소되어 만물의 자연스러운 성향에 따를 수 있게 된다. 그래서 장자는 "이미 그러하면서도 그러하다는 것을 모르는 것을 도라고 일컫는다"[31]라고 하였다.

그리하여 장자는 '연불연然不然'이라는 명제를 다시금 미루어 '그러한

---

29) 이 표현은『莊子』내편「應帝王」편에서도 보인다. 胥는 才智를 가지고서 남에게서 부림을 받는 작은 벼슬아치라는 뜻으로 아전 정도에 해당하고 易은 점복을 담당하는 관리를 말하는데, 둘 다 자그마한 기술이나 재주로 먹고 사는 사람들이다.

30)『莊子』,「天下」, "桓團公孫龍, 辯者之徒, 飾人之心, 易人之意, 能勝人之口, 不能服人之心, 辯者之也."

31)『莊子』,「齊物論」, "已而不知其然, 謂之道."

데서 그러하며, 그렇지 않은 데서 그렇지 않다'(然於然……不然於不然)로 바꾸어 놓는다. 이것은 단순한 동어반복이 아니라 근원적인 관점을 회복하였을 때 만물의 있는 그대로의 모습이 드러난다는 것으로 이해할 수 있다.

> 길(道)은 그리로 걸어 다녀서 이루어지고, 사물(物)은 그렇게 일컬어서 그러하다. 어째서 그러한가? 그러한 데서 그러하다. 어째서 그렇지 않은가? 그렇지 않은 데서 그렇지 않다. 물物은 본래 그러한 바가 있으며 물은 본래 가피한 바가 있다. 물마다 그렇지 않은 것이 없고, 물마다 가하지 않은 것이 없다.[32]

사물들은 갖가지 이름을 가지고 있고 그것들 사이에는 갖가지 차이와 구별이 있으며, 정면(然)과 반면(不然)이라는 대립된 측면을 가진다. 그러나 근원적인 차원에서는 천차만별의 사물들의 차이가 서로 통하여 하나가 된다. 차이가 없어져 어떤 동일성에로 수렴된다는 뜻이 아니라, 저마다 있는 그대로의 모습이 살려지고 있는 그대로 긍정된다는 점에서 하나가 되는 것이다. 그러한 것은 그러한 것대로, 그렇지 않은 것은 그렇지 않은 것대로 모두 긍정된다.

노자의 경우 도道를 현상계의 대립을 떠나 있는 것으로 보아 만물의 근거로서의 성격을 부각시켰다면, 장자는 이러한 도에 대한 관념을 개별자의 측면에서 내재화함으로써 천차만별한 개별자 전체의 긍정을 가져온 것이다. 장자는 한편으로 연불연然不然의 논리를 받아들여 일상적으로 그럼직하게 받아들여지는 것(然)과 그렇지 않은 것(不然) 사이의 상호전화의 가능성을 언급하면서도, 도의 관점에서 보면 모든 사물의 다양성과 차이는 연然은 연연대로 불연不然은 불연不然대로 대비관계의 어느 한쪽이 배제되는 일 없이 온전하게 긍정된다고 말하고 있다.

---

32) 『莊子』,「齊物論」, "道行之而成, 物謂之而然. 惡乎然? 然於然. 惡乎不然? 不然於不然. 物固有所然, 物固有所可. 無物不然, 無物不可."

2) 세계의 시원으로서의 조물자

우주를 존재케 한 조물주와 우주생성의 과정에 대해 사색한 것은 도가道家[33]라고들 한다. 노자가 만물발생의 과정을 간결한 구조로 정리한 것[34]과는 달리, 장자는 세계의 시원을 캐물어 나가는 가운데, 존재하는 것들의 생성과 창조에 대한 논리적인 탐색의 어려움을 보여 준다.

시초가 있으며, 시초가 아직 있지 않은 때가 있으며, 시초가 아직 있지 않은 때도 아직 있지 않은 때가 있다. 유有라고 하는 것이 있으며, 무無라고 하는 것이 있으며, 저 무가 있지 않은 때가 있으며, 저 무가 있지 않은 때도 아직 있지 않은 때가 있다. 단번에 있게도 되고 없게도 되니, 과연 어느 것이 있고 어느 것이 없다는 것인지를 알지 못하겠다.[35]

존재하는 것들에 대해 이야기하다 보면 그것의 시초를 상정하지 않을 수 없다. 그런데 시초를 상정하고 보면 그 시초도 아직 있지 않은 때를 생각하지 않을 수 없다. 이런 식으로 하면 무한히 소급되어 시초가 있다고도 없다고도 말할 수 없게 되어 버린다. 시초로 거슬러 올라가는 방법을 취하지 않고 그냥 여기에서 있음에 대해서 말하려고 해 보아도 마찬가지 결과를 얻게 된다. 있음(有)이라는 개념은 없음(無)이라는 개념에 의지하여 있는 것이므로, 있음이란 없음에서 나온 것이다. 그런데 없음(無)이라는 것을 생각해 보면 그것이 상정되기 이전인 무무無無를 생각하지 않을 수 없게 되어, 결국 그 소급의 과정은 끝이 없다.

장자가 이렇게 세계의 시원에 대해 질문을 던지는 까닭은, 원인을 캐어

---

33) 杜維明, 「존재의 연속성: 중국의 자연관」, 『자연 그 동서양적 이해』(서울: 종로서적, 1989), 122쪽.
34) 『老子』, 42장: "道生一, 一生二, 二生三, 三生萬物, 萬物負陰而抱陽, 沖氣以爲和."
35) 『莊子』, 「齊物論」, "有始也者, 有未始有始也者, 有未始有夫未始有始也者. 有有也者, 有无也者, 有未始有无也者, 有未始有夫未始有无也者. 俄而有无矣, 而未知有无之果孰有孰无也."

나가고 논리적으로 탐구해 들어가는 방식으로는 우주만물의 시원에 대해서 알 수 없다는 것을 말하기 위해서이다. 이와 같이 장자는 세계의 시원에 대해서 인식론적으로는 있다고도 없다고도 단정하지 않았지만, 만물이 존재하도록 하고 생성 변화하도록 하는 근원은 물物이 아니라고[36] 하면서 도道를 생생자生生者, 형형자形形者, 물물자物物者, 조물자造物者 등으로 표현한다. 조물자造物者라는 말은 대체로 선진유가의 경전이나 『노자』 등에는 보이지 않는 장자 특유의 용어[37]라고 할 수 있다. 「대종사」편에서 자주 보이는 조물자造物者라는 표현들은 대개 생명의 근원으로서의 도道를 지칭하기 위해 의인화해서 부른 이름이다. 이는 서양 종교의 창조주처럼 만물 너머에 실재하는 존재가 아니라 만물에 깃들어 있는 무위자연無爲自然한 도를 이르는 것인데, 만물을 생성 변화케 하는 근원이라는 입장에서 조물자造物者라고 불러 본 것이다.

얼마 지나지 않아 자여가 병이 들었거늘 자사가 가서 문병하니, 자여가 이르기를 "위대하구나, 저 조물자여! 나를 이처럼 오그라들게 만드시는구나!" 하였다.[38]

조물자가 나와 너 밖에 따로 있어 나를 병들게 한다는 뜻이 아니다. 자여는 자신에게 닥칠 큰 변화 즉 죽음을 자연스러운 변화의 흐름으로 담담하게 받아들이고 있을 뿐이다. 이러한 무위자연의 조물자를 체득한 사람은 세속적인 규범과 가치기준에 따라 시비를 논하지 않고 천지자연의 혼연한 상태를 누리며 산다.

저들은 현실세계를 초탈하여 노는 사람들이다.…… 저들은 바야흐로 조물자와 더불어 짝하여 천지의 혼연한 기운에서 노닐고자 한다.[39]

---

36) 『莊子』, 「知北遊」, "物物者非物."
37) 「天下」편의 장자에 대해 평하는 대목에서 "上與造物者遊"라고 하였다.
38) 『莊子』, 「大宗師」, "俄而子輿有病, 子祀往問之. 曰..偉哉, 夫造物者! 將以予爲此拘拘也!"
39) 『莊子』, 「大宗師」, "彼遊方之外者也.……彼方且與造物者爲人, 而遊乎天地之一氣."

도道라고 하면 만물이 그것을 경유할 수밖에 없는 법칙이나 원리라는 의미가 강하게 부각될 것이며, 조물자造物者라고 하면 생명을 가진 개체가 자신의 근원을 지시하고자 할 때 적합할 것이다. 그런데 개체 생명의 근원이 그 개체에게 있다고 할 수는 없으므로 개체에게 생명을 부여한 근원을 지칭하려고 할 때에는 '만물을 지은 이'(造物者) 혹은 '만물을 만물되게 한 이'(物物者) 등으로 표현할 수 있겠지만, 그 조물자가 의지를 가지고 개체 생명에 관여하는 존재라고 할 수는 없으므로 결국 그것은 만물의 '스스로 그러함(自然)'에 다름 아니다. 노자의 경우와 마찬가지로 장자 역시 사람이 혼연한 기운에서 세계의 기운과 하나가 되기 위해서는 자아관념을 잊고(坐忘·忘我) 마음에서 갖가지 기성관념을 비우며(心齋) 정신을 집중하는(專一) 등의 수양이 필요하다고 본다.

3. 불연기연의 논리와 도가적 사유와의 유사성

1. 불연기연의 다양한 해석가능성

불연기연不然其然은 『동경대전東經大全』의 「불연기연不然其然」편에서 본격적으로 그 기본 내용을 서술하고 있는 것 외에도 같은 책의 「탄도유심급歎道儒心急」[40] 및 『용담유사龍潭遺詞』의 「흥비가興比歌」[41]에서도 그 방법론적인 적용을 엿볼 수 있는 동학의 사유방식이다.

보이는 대로 상식적으로 판단하여 그렇다고 여기는 많은 일들(其然)은 근원으로 소급해 가면 결국 불연不然의 사태와 마주치게 된다. 이를테면

---

40) 『東經大全』, 「歎道儒心急」, "在近 不在於遠 在誠 不在於求 不然而其然 似遠而非遠."
41) 『용담유사』, 「흥비가」, "이 글 보고 저 글 보고 무궁한 그 이치를 불연기연 살펴내어 부야흥야 비해 보면 글도 역시 무궁하고 말도 역시 무궁이라 무궁히 살펴내어 무궁히 알았으면 무궁한 이 울 속에 무궁한 내 아닌가."

사람의 생명은 부모에게서 나에게로, 나에게서 나의 자손에게로 계속 이어져 가지만, 그 생명의 근원을 거꾸로 무한히 소급해 올라가면 이것 혹은 저것이라고 분간할 수 없어 불연不然이라고 해야 할 사태에 부딪히게 된다.

천고의 때부터 만물은 각기 다양한 작용과 다양한 형태를 가지고 있으니, 볼 수 있는 것을 가지고 논하자면 그렇고 그럴 듯하지만, 그 유래를 가지고 추측해 보자면 한없이 멀리까지 소급될 수 있으니 아득한 일이요 헤아리기 어려운 말이 된다. 내가 나 자신을 생각해 보면 부모님이 여기에 계시고, 뒷날 뒤에 올 것을 생각해 보면 자손이 저기서 이어가게 될 것이다. 다가올 세상에 그것을 견주어 본다면 이치가 내가 나 자신을 생각하여 미루어 본 것과 다름이 없을 것이지만, 지나간 세상에서 그것을 찾아보려 한다면 의심이 사람이 사람 된 소이에서 떠나기 어려울 것이다.[42]

개체의 근원은 개체 자신이 아니다. 이 세상에 살아가는 어떤 존재이든 어머니를 가지고 있고 그 어머니는 보다 먼저 살았던 어머니를 가지고 있다. 끝없이 위로 올라가다 보면 한없이 큰 어머니가 있을 것이다. 그 한없이 큰 어머니를 개체라고 할 수 있을까? 아니면 개체 아닌 무엇에서 처음으로 인간이라는 개체가 나온 것일까?

그런가 하면 만물에 깃든 불연不然이 있다. 평소에 생각할 때는 당연하게 받아들이는 사계절의 갈아듦, 갓난아기가 자연스럽게 부모를 알아보는 일, 제비가 어김없이 옛집을 찾아드는 일 등은 그렇게 되는 이유(所以)를 밝혀 보고자 해도 알아내기가 쉽지 않다. 지금 우리 눈앞에 펼쳐진 온갖 사태들은 그것을 무반성적으로 바라볼 때에는 그저 그런가 보다(其然) 싶겠지만, 그 이유나 근거를 물어 보면 어떻게 그렇게 되었는지 알 수 없는(不

---

42) 『東經大全』, 「不然其然」, "千古之萬物兮, 各有成各有形, 所見以論之則, 其然而似然, 所自以度之則, 其遠而甚遠, 是亦杳然之事, 難測之言. 我思我則父母在玆, 後思後則子孫存彼. 來世而比之則, 理無異於我思我, 去世而尋之則, 惑難分於人爲人."

然) 경우가 허다하다. 사람들은 불연의 사태에 대해서는 알 수 없고 말할 수 없으므로 도외시한 채 자신들이 납득할 수 있는 사태만을 믿고 살아가지만, 기연의 사태의 배후에는 불연이 깔려 있으며 근본을 추구하려고 한다면 사물의 근거와 이치에 대해 생각해 보지 않을 수 없는 것이다.

사람의 감관과 인식능력으로는 알기 어려운 불연의 사태와 사람이 당연시하는 상식적인 판단의 세계의 대립은 기연의 사태를 차곡차곡 추론하는 방법으로는 도무지 해소될 수 없으며, 조물자造物者를 상정함으로써 전환을 이루어 불연과 기연의 대립이 해소될 수 있다.

> 확정하기 어려운 것이 불연이며 쉽게 단정할 수 있는 것이 기연이다. 멀리까지 그 유래를 추구해 올라가는 방법을 따라가면 그렇지 않고 그렇지 않고 또 그렇지 않은 일이라고 해야겠으나, 조물자에 부쳐서 보면 그렇고 그렇고 또 그러한 이치일진저.[43]

불연은 인식론적으로 확정하기 어려운 '것(難必) 혹은 알 수 없는 것(不可知)이다. 반대로 기연은 감관과 인식능력을 동원하여 단정할 수 있는 사태이다. 그런데 기연으로 여겨지는 사태도 사실 근원을 거슬러 올라가거나 드러난 사태의 배후를 생각해 보면 온통 불연이고 불연이고 또 불연인 사태가 되어 버린다. 그렇게 불연에 부딪혔을 때, 모르겠다 하고 내팽개칠 것이 아니라 만물의 근원인 조물자에로 마음을 점차 붙여가게 되면 불연不然처럼 보이던 것들이 모두 받아들일 수 있는 사태로 거듭 살아난다.

위에서 살펴보았듯이 불연의 논리는 다양한 차원의 논의를 함축하고 있다. 먼저 시간적으로 소급해 올라가 다다른 불연의 사태는 만물의 근원으로서의 불연으로, 이를 존재론적 불연이라고 불러 볼 수 있겠다. 이에 대해 정면의 사태에 대한 부정, 반대로서의 불연은 일종의 인식론적인 불연이다.

---

43) 『東經大全』, 「不然其然」, "難必者不然, 易斷者其然. 比之於究其遠則, 不然不然又不然之事, 付之於造物者則, 其然其然又其然之理哉"

또 납득할 수 있는 정면의 사태만을 고집하는 사람의 습성은 가치론적인 불연不然을 야기시킬 수 있다. 이와 같이 동학의 사유방식으로서의 불연기 연不然其然은 세계를 이해하는 다양한 차원에 적용될 수 있다. 그런데 이 렇게 다양한 방식으로 살펴볼 수 있는 불연은 그저 기연과 대립면을 이루 는 데서 그치는 것이 아니라 다시 기연으로 전환된다. 기연인 듯하나 불연 인 사태가 있다면, 불연인 듯하나 기연인 사태도 있다. 말하자면 불연기연 의 논리에는 기연에서 불연으로의 길뿐 아니라 불연에서 기연으로 향하는 길 또한 열려 있다고 할 수 있다.

2. 도가적 사유방식과의 유사성

위에서 살펴본 것만으로도 도가적 사유방식과 불연기연의 논리가 지니 는 유사성을 가늠해 볼 수 있겠지만, 여기서는 다시 특히 도가적 사유방식 의 흐름과 닮아 있다고 생각되는 몇 가지 사항을 지적해 보려고 한다.

유가에서는 전통적으로 성인聖人을 나면서부터 아는(生而知之) 사람으 로 설정하며, 임금과 스승에 대해서는 그 근원을 소급하여 부정하기보다는 인간사회를 구성하고 유지하는 근본으로서 긍정한다.[44] 반면 「불연기연」 에서는 임금이나 스승조차도 그 유래를 소급해 가면 개체 생명의 근원과 마찬가지로 불연不然의 사태와 만나게 된다고 지적하고, '성인은 나면서부 터 안다'(生而知之)는 전통설에 의문을 표시한다.

임금은 법을 세우며 스승은 예를 가르치나니, 임금은 그에게 맨 처음 자리를 전해 준 임금이 없었다면 어디에서 법강을 받았을 것이며 스승은 그가 가르침 을 받은 스승이 없었다면 어디에서 예의를 배웠겠는가? 알 수 없구나, 알 수 없구나! 나면서부터 알아서 그런 것인가, 아니면 자연히 저절로 그렇게 된 것

---

44) 『荀子』, 「禮論」, "禮有三本, 天地者, 生之本也, 先祖者, 類之本也, 君師者, 治之本也."

인가? 나면서부터 알고 있다고 해 보아도 마음이 캄캄한 가운데 있고, 자연히 저절로 그렇게 되었다고 해 보아도 이치가 아득히 멀어지는 듯하다.[45]

선진 이후 제가諸家 학설이 서로 영향을 주고받으며 전개되는 과정에서 유가로 자부하는 학자들 역시 도道나 무위無爲 같은 선진도가적 관념을 받아들이기는 한다. 하지만 이들은 자연무위의 도를 최대한 인도人道로 전환시키며, 만물의 대립면에 대한 인식에서도 가치관념이 뒤바뀔 수 있고 대립면은 서로가 서로를 이루어 준다는 인식으로 나아가기보다는 선악을 구별하는 가운데 선만을 굳게 잡고 지켜나가고자 하는(擇善而固執之, 『中庸』) 지향성을 보여 준다. 이런 점에서 볼 때 「불연기연」에 나타나는 위와 같은 논의는 선진도가의 문제의식과 방향을 같이한다고 하겠다.

한편 「불연기연」에서는 기연이 불연을 품고 있는 불연기연의 사태를 설명하는 데 있어서 개체 생명이나 존재 일반의 근원에만 논의가 한정되는 것이 아니라 황하수, 까마귀, 산과 물, 제비, 갓난아이 등의 사례로 계속 나아간다. 이러한 점도 「불연기연」의 사유 토대가 인간뿐 아니라 자연계의 사물에까지 논의를 확대하는 도가의 사유방식에 근접해 있다는 점을 드러내 줄 수 있을 것이다.

위와 같은 구체적인 측면들보다도 더욱 확실하게 드러나는 「불연기연」과 도가적 사유방식과의 유사성은, 「불연기연」 전체에 걸쳐 끊임없이 배후에 있는 반대를 상기시키는 논리를 전개하고 있다는 점이다. 일상적 사태에 깃들어 있는 반면反面, 존재의 근원에서 만나는 부정성, 인간사회에서 수립된 가치에 대한 비판과 반성 등의 사고는 도가적 사유에서 줄기차게 추구해 온 것인데, 이러한 면모를 「불연기연」에서도 찾아볼 수 있다.

---

45) 『東經大全』, 「不然其然」, "君者, 以法造之, 師者, 以禮敎之, 君無傳位之君, 而法綱何受, 師無受訓之師, 而禮義安效? 不知也, 不知也. 生而知之而然耶, 無爲化也而然耶. 以知言之, 心在於暗暗之中, 以化而言之, 理遠於茫茫之間."

4. 불연기연의 독자성

도가적 사유방식과 불연기연이 공유하고 있는 특징들을 고려해 볼 때 불연기연의 논리가 전무후무한 새로운 발명이라거나 모순대립을 감싸 안는 논리의 유일한 형태라고 하기는 어렵다. 불연기연의 논리는 동아시아 전통사유의 흐름 속에서 기본적인 특징을 공유하고 있다고 보아야 할 것이다. 하지만 그렇다고 해서 불연기연의 의미가 축소되거나 독자성이 사라진다고 할 수는 없다. 오히려 동아시아 전통사유에서 찾아볼 수 있는 다양한 맥락을 고려해 나가는 과정에서 불연기연의 논리가 가지는 내용을 풍부하게 만들어 나갈 수 있게 될 것이다.

불연기연은 동학을 종교인 동시에 철학적 사유일 수 있도록 만들어 주는 논리라는 점에서 독자성을 지닌다. 불연기연은 종교적 실천수행의 측면에서 작용한다. 불연기연의 논리를 통해 동학에서의 실천수행과 깨달음이 한 흐름 안으로 들어오게 되는 것이다. 불연기연은 감관을 통한 상식적인 인식을 근원에 대한 인식으로 전환시킴으로써 한울님이 나요 내가 한울님이라는 것을 깨닫게 하는 논리로 작용하며, 이러한 인식의 전환을 통해 개체로서의 내 안에서 불연하면서도 기연한 혼연일체한 기운을 발견하여 길러 나갈 수 있게 만들어 준다.

물론 도가의 경우에도 도를 체득하기 위한 수양론을 풍부하게 가지고 있으나, 보편적 기준에 대한 줄기찬 비판, 권위와 강제가 빚어내는 허위의식에 대한 배격 등과 어우러져 규범적 동의를 이끌어 내기는 어렵다. 개체들의 행위의 표준은 개체의 자유에 입각한 자기각성, 자기치유에 맡겨진다. 이러한 논리를 극단적으로 밀고 나간 곽상郭象과 같은 『장자』 주석가는 도와 만물의 관계에 대한 단정적인 언급을 유보했던 장자의 태도를 무시한 채 만물의 근원에 대한 일체의 언급을 해체하고(造物無物) 모든 원리를 개체들의 독화獨化에 맡기는 데 이른다.

동학의 불연기연의 논리는 이에 반해 덜 발산적이고 보다 간결하게 전개된다. 불연기연의 논리는 생활 속의 소박한 윤리와도 화해하여 사람이 사람답고 아비가 아비다운 세상을 지향한다. 기연을 돌이켜 불연이 되어 버리는 것이 아니라, 불연이 다시 기연 속에서 실현되는 것이다. 조물자, 동학의 용어로는 한울님에 마음을 붙였을 때 일상적인 사태 및 구체적인 개별자로서의 인간이 무의미해지거나 격하되는 것이 아니라 그 내면에서 한울님을 발견하고 보존하고 길러 나가는 수련을 통해 불연不然을 실현하는 것이다. 그럼으로써 유한하였던 인간(其然)이 무궁한 존재가 될 수 있다. 그러기 위해서는 우선 단순히 감각에 의해 일반화하는 인식 태도를 전환시키는 불연기연적 사유방법이 선행되어야 할 것이며, 이어 기연 속에서 불연을 실현시키기 위한 수련과 체험이 있어야 할 것이다.

5. 맺는 말: 앞으로의 과제

동학의 불연기연의 논리는 도가의 사유방식과 외형상 닮아 있을 뿐 아니라 세계를 이해하는 근본적인 입장에서도 상당히 닮아 있다. 하지만 이러한 유사성이 단지 수운이 『노자』와 『장자』를 읽었기 때문이라든지 하는 비본질적인 논의로 이어질 필요는 없을 것이다. 이제까지 살펴본 사유방식을 발전시켜 온 것이 주로 선진 시기의 노자와 장자라는 점은 부정할 수 없겠지만, 이후 여러 학파와 사상이 서로 합류하고 서로 영향을 주고받는 가운데 동아시아적 세계관 속에서 공유되어 온 측면이 있다. 동학이 계승한 것은 이렇게 합류하고 서로 영향을 주고받은 결과로서 조선 사회에 공유되어 있던 사유방식이었을 것이다. 물론 여전히 이러한 사고방식이 노장

老莊의 문맥 속에서 가장 잘 살려져 있는 만큼, 불연기연의 다층적 의미를 찾아보기 위해 노장을 여러 가지 각도에서 검토하는 일은 아직도 더 다루어질 필요가 있다.

이상의 고찰과 관련하여 앞으로 더 연구되어야 할 것들을 몇 가지 제시하고 끝맺도록 하겠다.

첫째, 이와 같은 시도를 토대로 불연기연의 논리적 가능성을 다각도로 모색할 필요가 있다. 그러기 위해서는 동학 경전의 내용과 자구字句만을 따지던 것에서 시야를 넓혀 동양의 고전들에서 발견할 수 있는 논의와 사유방식을 추적하여 비교 고찰하는 것이 도움이 될 것이다.

둘째, 동학운동과 동학사상에 대해 불연기연의 논리를 적용하여 해석해야 할 뿐 아니라 경전의 전체 내용에 대해서도 불연기연적으로 재음미하고 재해석해야 할 필요가 있다. 불연기연으로의 인식의 전환을 통해 경전 내용의 새로운 의미를 발견하고 그것을 오늘날에 되살려 낼 수 있는 가능성이 높아질 것이다.

셋째, 도교사상과의 관련성에 대해서도 연구를 더욱 정교하고 섬세하게 해야 할 필요가 있다. 본고에서는 일단 논의를 심화시키기 위해 도교사상에 대한 내용은 차치해 두었으나, 이제까지 이루어져 온 연구만으로는 유불선 사상이 혼용되어 있었던 조선조의 사상 흐름 속에서 탄생한 동학을 깊이 이해하기는 어렵다고 하겠다. 이를테면 유학자들에게까지 많은 영향을 끼쳤다고 하는 조선 도교의 내면화 현상 같은 것들이 동학의 성립과 사유방식에 어떤 영향을 끼쳤는지 등의 문제에 대해서도 주목할 필요가 있을 것이다.

제3부

수운 최제우의 정치 · 사회사상

수운의 민족주의 정치이념

임 형 진

1. 들어가는 글

　민족주의 이념이 하나의 독자적 사상체계를 갖추고 역사의 전면에 등장한 것은 근대 자본주의적 생산구조의 심화 과정과 밀접한 관련을 가지고 있다. 자본주의는 이전의 생산양식과는 달리 자본의 자기운동법칙에 따라 자기 지역에 한정되지 않고 타민족과의 접촉을 갖게 되었고, 여기에서 민족 간의 모순이 필연적으로 발전하게 되는 것이다. 따라서 과거의 민족적 동질성, 의식, 전통 등은 이제 타민족과의 관계 여부에 따라 더욱 강고한 이론적 체계를 필요로 하게 되고 그것이 민족주의라는 이데올로기로 나타나게 된다.[1]

　자본의 확대가 필요한 민족은 그들대로, 또 타민족의 침략에 대항해야 할 민족 역시 그들 나름대로의 민족주의적 성격이 필요해졌고, 이 상황에서 민족주의는 국가의 존립 및 민족의 생존과 직결되는 문제였다. 이러한 문제가 가장 극렬하게 나타났던 시기가 19세기였고, 그 교차의 극치점은

---

1) 박현채, 「민족운동을 어떻게 볼 것인가」, 『한길역사강좌』(한길사, 1986), 7~40쪽 참조.

동양이었으며, 당시 조선은 그 와중의 모든 변수들이 총집결된 곳이었다. 자본의 확대논리로 나타난 제국주의 국가들의 침탈은 다양한 민족주의를 시대적 요청에 대한 응답으로 등장하게 했다.

이러한 시대적 배경 속에서 창도된 동학은 필연적으로 민족주의적 성격을 갖추고 있었다. 더욱이 동학창도에는 대외적 위기뿐 아니라 대내적 봉건제 모순의 극한상황이 결부되어 있어, 그것의 민족주의는 대내적·대외적 민족주의를 모두 실현시켜야 하는 이중의 과제가 부과되어 있었다. 동학은 이 역할에 너무도 충실했던 한국민족주의의 전형이었다.

동학의 창시자인 수운 최제우는 특히 서세동점으로 인해 우리 민족의 정통성과 사상이 위협을 받고 있을 때 민족자주의 기치를 높이 들어 한국적인 가치체계를 제시함으로써 갈팡질팡하는 민중의 가슴에 그들 중심의 새로운 세계관과 자부심을 심어주었다. 특히 동학이 표방하는 인내천人乃天·사인여천事人如天의 사상은 한국적 민족주의사상의 집대성이자 방향성의 제시이기에 그 의미가 더욱 깊다. 구체적으로 그것은 득도 후 수운의 제일성第一聲과 제이성第二聲을 통해서도 확인할 수 있다. 수운은 득도 후 가장 먼저 포덕천하布德天下와 보국안민輔國安民을 외쳤다. 포덕천하는 인류주의를, 보국안민은 민족주의를 상징하는 것이다. 그것은 국수적·공격적·지배적 이데올로기가 아닌 개방적·조화적·평화적 이데올로기로서의 민족주의인 것이다.

실제로 수운의 동학은 그 창도의 동기와 배경, 정신, 목표 속에 이른바 종교개혁, 민족주의, 민주주의, 사회주의 등 고래로 누적되어 온 근대 이래의 중대한 문제와 요인을 담고 있다.[2] 이것의 실현을 위해 동학은 온몸으로 시대와 부딪치며 역동적인 삶을 살아 왔다. 그 삶의 과정이 바로 한국민족주의의 실천 과정이라고 해도 무방할 정도이다. 한국정치사의 전통을 민

---

2) 김영두, 『한국정치사상사』(한국문화사대계 2, 고려대 출판부, 1972), 178쪽.

족주의적 맥락에서 찾아야 한다고 했을 때, 한국민족주의에서 동학과 천도교의 활동은 너무도 뚜렷한 족적을 남기고 있다. 물론 해방 이후 한반도의 상황은 역사를 통하여 냉전을 바탕으로 한 이데올로기적 국가 형성의 논리가 민족주의적 공동체 형성의 요구보다도 우월한 힘으로 작용하였음을 보여 준다. 그러나 현대사에서의 민족주의의 중요성에 대한 홉스봄 등[3]의 부정에도 불구하고 우리는 민족문제의 해결을 위한 길은 여전히 민족주의일 수밖에 없음을 인식해야 한다. 지금까지 민족문제에 대한 민족주의 이외의 다른 해결책들은 모두 문제를 더욱 악화시키거나 미봉책에 불과한 수준이었으며, 오히려 새로운 문제를 발생시키는 경우도 많았기 때문이다.

수운의 민족공동체적 사상은 확실히 기존의 논리와는 구별되는 한국의 전통적 정신문화에 기초한 민족주의적 정치사상이다. 동학사상에 내포되어 있는 조화와 화합의 이념이 그것을 증명하고 있다. 우리가 민족평화통일과 그 이후의 전망을 민족이념에서 찾고자 한다면 수운의 사상은 반드시 재검토되어야 하고 나아가 한국민족주의의 원형적(ideal type) 위치에 놓여져야만 한다.

2. 수운 사상의 형성과 전통이념

동학이 창도되는 19세기 중엽은 대외적으로 제국주의가 강화되는 시기였고, 대내적으로는 조선 사회의 부패로 인한 사회체제전반의 붕괴가 시작되는 시기였다. 우선 대외적 배경으로 19세기 초부터 아시아의 상당 국가들이 유럽 국가들의 식민지가 되고 있었으나,[4] 극동의 나라들에서는 서양

---

3) 오늘날 민족주의 연구를 대표하는 서구의 Eric J. Hobsbawm이나 Ernest Gellner, Anthony Smith, Benedict Anderson 등의 부정적 경향은 일관되고 있다.
4) 1802년에 실론, 1852년에 미얀마, 1858년에 인도가 영국의 지배 하로 들어갔으며, 1854년에는 인도지나 대부분이 프랑스의 식민지가 되었다.

에 대한 인식이 큰 비중을 차지하지 못한 채 여전히 중화中華라는 전래의 동양적 사고가 지배적이었다. 그러나 1840년의 아편전쟁 이후 사정은 달라졌다. 특히 중국의 패배를 지켜본 조선에게 그것은 단군 이래 최대의 충격과 경악이었다.[5] 이어서 벌어진 중국의 태평천국의 난과 애로우호사건으로 인한 영·불군의 북경점령은[6] 조선 민중의 세계관을 완전히 붕괴시킴으로써 중원을 점령한 양귀가 그 여세를 몰아 해동의 조선에까지 쳐들어온다는 풍문에 휩싸이게 만들었다. 이후 조선에도 거의 해마다 이양선이 출범하여 통상을 강요당하고 있는 등 그 대책이 절실해졌다. 대내적 배경으로는 23대 순조부터 25대 철종 때까지 안동김씨의 세도정치가 극에 달해 온갖 부패가 자행되고 있어[7] 뜻있는 선비들을 자포자기하게 만들었으며, 때를 이은 기근과 역질은 민생을 도탄으로 내몰아 대다수를 유랑민화하고 말았다. 그 결과 민중들은 당연히 메시아적인 구원자를 갈망하게 되었으니, 당시 유행하던 『정감록』이나 홍경래의 난, 잦은 민란 등은 그들의 희망을 대변했다고 볼 수 있다. 이런 배경 속에서 서양의 음을 동양의 양으로 제압하려는 지배층의 사고와 학정과 사회구조적 부패에서 벗어나려는 민중의 사고가 새로운 사고를 탄생시킨 것이다.

민족주의와 종교[8]는 원래 밀접한 관계에 있다. 왜냐하면 진정한 민족운동에는 그 민족의 양심과 역량과 지혜가 총동원되지 않으면 안 되기 때문이다. 그러므로 민족주의는 종교 또는 종교적인 것을 바탕으로 하는 경향

---

5) 김용옥, 「새야 새야 向我에 숨은 뜻은」, 『신동아』 90년 6월호

6) 마침 이때 조선의 사신이 이 모습을 보고 조정에 보고하니 그 충격은 극에 달하였다. 특히 중국의 황제가 만주로 도망가는 모습에서 조선인들의 중화주의의 붕괴는 기정사실화가 되고 말았다.

7) 황현은 당시의 사회상을 "10만 냥이 있어야 과거급제하고 감사자리 하나에도 2만 냥이 있어야 하는데 그나마 안동김씨만 가능하다"라고 적고 있다.(黃玹, 『梅泉野錄』, 국사편찬위원회 영인본, 1971)

8) 종교라는 한자어를 풀이하면 '마루 종(宗): 모든 사물의 으뜸', '가르칠 교(敎): 모든 이치를 가르침'으로서, 결국 '모든 가르침 중에서 으뜸가는 가르침'이 종교의 의미이다. 오익제 편저, 『천도교요의』(천도교중앙총부 출판부, 1986), 157쪽.

이 있다. 종교적인 것을 바탕으로 삼지 않으면 생명을 걸고 싸울 수 없기 때문이다. 동학의 창도 역시 종교가 출발이었다.9) 이런 의미에서 동학은 종교민족주의로 시작되었다고 볼 수 있다.

민중의 일인으로 태어난 수운 최제우는 도탄에 빠진 민중을 구하기 위해 두루 학문을 접하면서, 드디어 서학과 유학의 대결은 유학의 패배로 결정이 났다고 생각한다.10) 그러나 서양의 침범은 어떻게든 막아내야 했다. 이러한 지상과제 아래 수운은 '사필귀정'이라는 천리를 믿고 '지성감천'이라는 천심을 믿음으로써 새로운 종교적 체험을 하게 되는 것이다. 즉, 수운은 21세 때(1844년)부터 10년 간 세상을 주류천하하면서 구도생활을 하는데, 이때 조선 사회의 부패와 사회제도의 모순을 뼈저리게 느끼어 그의 사상적 기반을 형성하게 된다.

수운은 이러한 절망적인 상황을 오로지 어떤 절대적인 존재의 뜻으로 돌리고 있다. 이제 그는 그의 모든 것을 절대적인 존재 곧 하느님에게 걸었다. 이러한 절대적인 견지에서 수운은 드디어 어떤 결정적인 종교적 체험을 한다.11) 이를 바탕으로 그는 새로운 종교를 내세우게 되었으니,12) 그는 자신이 받은 놀라운 가르침을 '하느님의 가르침'(천도)이라고 하여 성인이나 부처의 가르침과 굳이 구별하였다. 그리고 그가 받은 것은 하느님의 가르침이지만 그것을 이 땅에서 펼 것이라 하여 동학13)이라고 불렀다. 동학

---

9) 노태구, 「동학사상의 연구」, 『행정논집』 9집(경기대 행정학회, 1987), 19~20쪽.
10) 『용담유사』, 「교훈가」, "유도 불도 누천년에 운이 역시 다했던가."
11) 최동희, 「수운의 기본사상과 그 상황」, 『한국사상』 12(이현희 엮음, 1974), 111쪽.
12) 노태구, 「동학사상의 연구」, 『행정논집』 9집, 29쪽. 수운의 종교적 신비체험에 대해서는 많은 글들이 그것을 묘사하고 있다. 특히 천도교의 고전인 李敦化의 『천도교창건사』(천도교중앙총부, 1993; 경인문화사 영인본은 1973에 발행), 11~17쪽 및 오지영의 『동학사』(영창서관, 1940; 아세아문화사 영인본은 1973에 발행), 2~4쪽 참조.
13) 동학의 개념에 대해 신용하 교수는 서학과 엄격히 구분되는 지역과 문화를 특징으로 들고 있다. 즉, 서양의 반대인 동양이라는 지역성으로서의 동학이고, 조선 땅인 이곳 동국에서 자신이 한울의 도를 받은 것이므로 동국(조선)의 천도학이라는 것이다. 신용하, 『한국근대사회의 구조와 변동』(일지사, 1994), 112~113쪽 참조.

은 이후 7~8개월 동안 몇 차례의 종교체험을 더 치르면서 더욱 체계적으로 다듬어져 지식층을 위한 순한문의 『동경대전』과 민중을 위한 순한글의 『용담유사』로 완성되었다.[14] 수운은 동학을 기존의 유·불·선 및 서학을[15] 비판하면서 그 장점을 흡수하고 또 사회경제·정신적 제조건을 감안하여 보다 차원 높은 정치사상으로 탄생시킨 것이다.[16]

동학이 처음 포덕布德된 것은 수운의 첫 번째 종교체험이 있던 1860년의 다음해부터였다. 뜻밖에도 동학은 포덕하자마자 사람들이 사방에서 구름처럼 몰려들었다. 이것은 이 무렵의 사회현실이 너무나 어수선하여 민중이 어찌할 바를 모르고 있었던 것을 암시한다.[17] 동학의 급속한 전파는 이처럼 당시의 대내외적 시대상황과 밀접한 관계를 가지고 있다. 특히 수운이 발휘해 낸 동학의 정신에는 우리 민족이 수천년을 간직하고 실천해 왔던 민족 고유의 정신[18]이 있었고, 이런 점이 민중에 손쉽게 적응되고 수용된 요인이 될 수 있었다.

반만년의 역사를 가진 우리 민족에게는 확실히 민족 고유의 정신적 문화가 있으니, 특별히 정치사상적 측면에서의 조화와 화합을 주목해 보고자 한다. 민족의 삶의 문화양식은, 특히 정신적 사유의 세계는 관념화 혹은 이

---

14) 이러한 사실은 『동경대전』에서는 한문으로 '天主'라고 항상 썼고 『용담유사』에서는 같은 뜻을 한글로 꼭 '한울님'이라고만 쓴 점에서도 증명할 수 있다.

15) 수운은 천주교의 서적을 읽고 다음과 같이 탄식했다고 한다. "西道는 몸에 氣化하는 신이 있음을 가르치지 못하였으니 이는 진정으로 한울을 위하는 도가 아니오 다만 개인의 이익을 도모하는 헛된 것……."(오익제 편저, 『천도교요의』, 10~11쪽)

16) 노태구, 『한국민족주의의 정치이념: 동학과 태평천국혁명의 비교』(새밭출판사, 1981), 95쪽.

17) 당시는 흉년과 학정으로 도적이 곳곳에서 횡행하였다. 서울에서는 7월에 전염병이 크게 돌았고 충청도와 함경도에 커다란 수재가 발생했으며 9월에는 돈의문(서대문)에 임금을 욕하는 방이 붙어 두 명의 포도대장이 유배를 갔다. 그러나 더욱 큰 사건은 1860년 중국의 북경이 영·불군에 의해 함락된 사실이다. 조선민중으로서는 이보다 더 큰 사건이 없었다.(최동희, 「수운의 기본사상과 그 상황」, 『한국사상』 12, 114~115쪽 참조)

18) 민족의 고유성이란 유형무형의 것을 포함하여 민족의 본질에 관계되는 것으로 민족정신이나 혼이 그 핵심이라고 할 수 있다. 최준석, 「민족과 문화」, 『민족현실』 창간호(민족주의연구회, 1995), 167쪽.

론화의 작업을 통해 하나의 고유한 사상체계로 만들어진 다음 그것을 민족이념으로 승화시키는 과정을 거치게 마련이다. 한국적 정신문화 역시 동양적인 복합변증법적 합의 지향[19])을 통해 오랜 시간에 걸쳐 오늘의 한국사상으로 구상화된 것이다.

조화와 화합의 내용이 한국정신문화에 계승되고 있는 이유를 현상윤은 우리 민족의 출발이라 할 수 있는 신시神市에서 찾고 있다. 즉, 신시에서는 4개의 축이 만나고 있다. 하늘이 만물에 베푸는 은혜, 아비가 아들에게 가지는 사랑의 2축과, 사람이 하느님을 섬기는 공경, 자식이 부모를 받드는 효의 2축이 만난다는 것이다. 여기서는 화친과 인애, 책임과 질서가 유지되는 제정일치의 사회가 형성된다. 이 신시의 사고야말로 한국사상의 평화지향적인 화합적 사고의 출발점[20])이라는 것이다. 이러한 조화와 화합의 이념이 최초로 표출된 것이 단군사상에서의 천인합일天人合一 논리이고 홍익인간弘益人間 · 재세이화在世理化의 지상천국사상이다. 특히 천인합일의 정신적 전통은 근대 동학사상의 인내천人乃天 사상으로 계승되고 있음이 주목된다. 그리고 홍익인간의 지상천국은 동학의 교정일치敎政一致 · 후천개벽後天開闢의 사상으로 이어졌다.

이러한 한국 고유의 사유체계는 이후 국난의 위기에서마다 그 역할을 다하였으니, 삼국통일의 혼란을 극복해 낸 원효의 화쟁和諍사상이나 고려 불교의 교 · 선 갈등을 통합시킨 보조국사 지눌의 교관겸수敎觀兼修 · 정혜결사定慧結社운동, 성리학의 리기논쟁을 명쾌하게 정리하여 한국적 유학으로 완성해 낸 퇴계와 율곡의 학문, 실학의 민본주의적 실사구시 학문 등은 모두 한국적 정신문화의 유산들이면서 나아가 한국적 정치사상들이었

---

19) 동양사회의 복합변증법적 전개는 동양사회가 고대부터 諸민족의 관계 속에서 복합적인 시대사를 전개시켜 문화, 정치, 사회의 혼재가 일반화된 사회, 즉 인간일반의 평등적인 지향이 실생활에 그대로 나타났다는 의미이다. 이는 서구사회의 발전인 끝없는 정반합의 지속, 이른바 단순변증법에 대비되는 개념이다. 김영두, 『한국정치사상사』 참조.

20) 현상윤, 『조선사상사』(민족문화사 영인본, 1986), 13~14쪽.

다. 근대 말의 위기상황에서 나타난 수운의 사상 역시 같은 맥락으로 이해되어야 할 것이다.

삼위일체인 단군사상에서부터 성리학의 한국적인 독특한 통합이론까지는 결코 별개로 각 시기에 창출된 이념일 수 없는 것이었다. 왜냐하면 한민족에게는 이미 그러한 사고가 전제되어 있었기 때문이다. 그래서 단군사상은 원효의 화쟁사상으로 이어졌고, 고려를 불교국가답게 문화적·정신적으로 통합시킨 지눌의 정신에서도 살아났으며, 중국 송나라의 주자 이래로 전개된 성리학의 분열적 리기논쟁을 조화롭게 해결한 퇴계와 율곡의 사상으로 표현되었던 것이다. 이것들이 바로 한국민족주의 정치이념과 사상의 주류를 이루었다고 생각된다.[21] 수운의 사상 역시 이러한 한국고유의 정치이념을 실천적으로 계승한 한국민족주의의 전형이라 할 수 있다. 그것은 동학의 이념과 실천 속에서 여실히 증명되면서 민중적 사고와 민족의식의 확산으로 이어진다. 즉, 도탄에 빠진 민중에게 동학사상은 확실히 기존의 성리학적 신분질서를 강요하지 않고 오히려 오랜 신분적 질곡을 극복할 방법을 제시해 주었고, 나아가 민중에게 비로소 자신들이 이 땅의 주인임을 자각시켰다. 그러나 수운이 포덕 두 해 뒤인 1863년 12월 대구에서 구금됨으로써 이후 동학의 전파와 실천은 해월 최시형의 임무가 되었다.

하나의 종교나 사상이 존속되고 전파되려면 그 진실을 담아낼 조직이 필요하고, 실천 속에서의 수없는 자기수정을 거쳐 그 진실을 민중에게 입

---

21) 여기서 한 가지 지적하고 싶은 것은 전통과 인습에 대한 것이다. 전통과 인습은 과거로부터 이어져 온 것이라는 점에서 동의어로, 특히 전통부정론자들은 이 둘을 완전한 동의어로 사용하고 싶어 한다. 그러나 조지훈은 전통과 인습에 대해 "인습이란 역사의 代謝機能이 있어서 부패한 자로 버려질 운명에 있고 또 버려야 할 것이지만, 전통은 새로운 생명의 원천으로서 살려서 이어받아야 할 풍습이요 방법이요 눈인 것이다. 전통이란 역사적으로 생성된 살아있는 과거이지만, 그것은 과거를 위해서가 아니라 도리어 현실의 가치관과 미래의 전망을 위해서만 의의가 있는 것이다. 전통은 새로운 창조의 재료요 방법이며, 전통은 새로운 주체요 가치인 것이다"라고 한다. 다시금 전통의 의미를 되새겨 보아야 한다. 조지훈, 『한국문화사서설』(탐구당, 1964), 214~215쪽 참조

증해야 한다. 수운을 이은 해월은 장장 36년이라는 긴 세월을 피신행각하며 포덕을 한다. 이때에 동학은 비로소 접제와 포제를 확립하는 등 조직을 정비하고 해월 스스로의 실천을 통해 사상의 전파가 이루어지니, 특히 해월의 민중적 삶은 한국민족주의가 민중주의를 지향해야 한다는 대전제를 완성해 낸 것이라고 할 수 있다. 수운의 시천주侍天主사상을 구체화한, 사람을 하늘처럼 섬기라는 사인여천事人如天의 생활이 바로 그것이다.[22] 이러한 해월의 노력을 이해하지 못하면 왜 갑자기 갑오년에 조선을 경천동지하는 동학혁명이라는 민중봉기가 가능할 수 있었는가 하는 것을 이해할 수 없다. 해월의 행적을 통해서 동학사상의 목적이 완수되는 것이다. 실로 동학은 "천하가 어지러워지고 민심이 효박淆薄해져서 어디로 가야 할지 알지 못하던"[23] 막막한 상황에서 보국안민의 계책이 절실히 요청되었을 때 그에 대한 응답으로 창도된 것이었다 하겠다.

3. 동학민족운동과 민족주의

내셔널리즘[24]으로 통칭되는 민족주의, 국민주의, 국가주의라는 개념들이 대두된 시점을 종래에는 대체로 19세기 초로 보고 있었지만,[25] 근자에

---

22) 해월의 행적은 곳곳에서 나타난다. 베틀을 짜고 있던 徐씨의 며느리를 '한울님'이라고 가르치고, 객이 방문하면 한울님이 오신다고 했으며, 아이들을 때림은 천주를 때리는 것이라고 했다. 또한 그 위험한 피신행각 중에도 나무를 심고 새끼를 꼬았으며, 이사를 할 때도 사용하던 세간을 모두 두고 떠나면서 세상사람들이 모두 이렇게 하면 이사처럼 편한 것이 없을 것이라고 했다.

23) 『천도교약사』(보성사, 1990), 「용담연원」, 167쪽, "天下紛亂하고 民心淆薄하니 莫知所向之也."

24) 유럽에서 이 낱말은, 1409년에 세워진 독일 라이프치히대학교의 교수진을 구성하고 있던 네 개의 '나치온들'(Nationes) 중의 한 '나치온' 성원들이 자신들의 공동이익을 지키기 위해 설립한 조합을 지칭하는 데에서 시작되었다. 차기벽, 『민족주의원론』(한길사, 1990), 64쪽 참조

25) C. J. H. Hayes, *Essays on Nationalism* (N.Y.: Macmillan Co., 1926), p.5.

와서는 그것들이 좀더 일찍부터 사용되고 있었음이 밝혀지고 있다. 따라서 민족주의에 관한 개념 규정도 다양하게 등장하고 있다.26)

서구의 경우 민족주의에 관한 연구 경향과 이에 대한 인식은 급격한 변화를 겪었다. 1차대전 이후에 한스 콘, 칼톤 헤이스, 휴 시톤 왓슨 등과 같이 초기 연구를 주도해 왔던 이론가들은, '민족'을 인간사회가 역사적으로 발전하는 과정에서 인간 삶의 토양에 사회적으로나 정서적으로 가장 깊이 뿌리를 내리는 그러한 공동체를 만드는 집단으로 이해하였다. 그리고 '민족주의'란 이들 집단이 주체적 자각을 통하여 얻게 되는, 나아가 갖지 않으면 안 되는 정신적 또는 심리적 상태를 말하는 것이라고 인식하였다.27) 이러한 관점에 따른다면 민족과 민족주의란, 가장 자연스럽고 역사적이고 규범적이기 때문에 보편적인 하나의 사회집단을 의미하는 것이고 또 이 집단이 내장하고 있고 필연적으로 표출하게 되는 의식상태를 의미하는 것이다. 인간이 군집을 이루고 하나의 사회공동체를 구성하면서 살 수밖에 없다면, 그것은 거의 인간존재의 본성처럼 보인다.

그러나 최근 연구의 주된 경향은 민족이 민족주의를 발현시킨다는 명제를 완전히 전도시키는 내용이었다. 어네스트 겔너, 안소니 스미스, 찰스 틸리, 파타 차터지, 베네딕트 앤더슨, 에릭 홉스봄 등이 주된 연구자들인데,28)

---

26) 민족주의 개념에 관한 다양한 정의는 심리설, 사상설 그리고 운동설로 나누어 설명된다. 이것에 관해서는 차기벽, 앞의 책 참조바람.

27) Hans Kohn, The Idea of Nationalism: A Study in its Origin and Background (New York: 1944), Nationalism: Its Meaning and History (New York : 1955) ; Carlton B. Hayes, Essays on Nationalism (New York : 1926), The Historical Evolution of Modern Nationalism (New York : 1931).

28) Ernest Gellner, Thought and Change (London, 1964) 및 이 책의 7장 '민족주의'에 관한 번역인 「근대화와 민족주의」, 『민족주의란 무엇인가』(백낙청 엮음, 창작과비평사, 1981), 127~165쪽, Anthony Smith, Theories of Nationalism (London, 1983, 2nd ed.), State and Nation in the Third World: The Western State and African Nationalism (Brighton, Sussex, 1983); Eric J. Hobsbawm, Nations and Nationalism since 1780 (Univ. of Cambridge Press, 1990); Charles Tilly(ed.), The Formation of National States in Western Europe (Princeton, 1975); Partha Chatterjee, Nationalist Thought and the Colonial World: A Derivative Discourse (Tokyo: 1986).

이들에게 있어 민족과 민족주의는 홉스봄이나 겔너의 지적처럼 '발명품'이 거나 앤더슨의 '상상된 공동체'29) 이상의 것이 아니었다. 이것은 겔너의 "민족주의는 사실 그런 식으로 스스로를 나타낸다 하더라도 오래되고 잠재 적이고 동면하는 힘의 각성이 아니라, 그것은 사실에 있어 깊숙이 내면화 하고 교육으로 이루어진 고급문화, 그리고 이들 각각이 자신의 국가에 의 해 보호되는 새로운 형태의 사회조직의 결과이다"30)라는 민족주의의 정의 에 잘 반영되어 있다. 이러한 견해를 따른다면 민족주의란 결국 사회를 정 치적으로 조직하는 하나의 방법을 지칭하는 정치적 이념 및 신조에 불과한 것이라고 할 수 있다.

그러나 이러한 서구의 시각과 달리 이민족의 침탈을 통해 민족의식이 형성된 국가에서의 민족주의는 민족의 생존과 직결된 운명공동체로 등장 한다. 즉, 민족주의를 마루야마 마사오(丸山眞男)의 "민족의 독립과 발전 및 통일을 지향하는 이데올로기와 운동"31)이라고 정의했을 때 모든 민족주의 는 해당 민족32)의 민족운동으로 구체화된다.33) 민족운동의 담당자는 항상 억압과 수탈의 대상에서 벗어나고자 몸부림치는 민중들일 수밖에 없다. 그 래서 그들의 요구는 언제나 전체 민족의 자주자립과 해방이라는 요청과 합 치된다. 따라서 민족운동의 담당자로서의 민중의 민족주의가 그 나라의 민 족주의로 실체화될 때만이 민족의 자주자립, 통일된 민족국가의 수립과 발 전이라는 민족주의적 요구의 실현이 가능해진다.

---

29) Benedict Anderson, *Imagined Communities : Reflections on the Origin and Spread of Nationalism* (London: Verso Editions & NLB, 1983), pp15~16.
30) Ernest Gellner, *Nations and Nationalism* (Cornell Univ. Press, 1983), p48.
31) 丸山眞男, 『現代政治の思想と行動』(増補版, 未來社, 1973), p274.
32) 민족과 민족주의의 발생과 관련한 서구학계의 영속주의자들(perenialists)과 근대주의자들 (modernists) 사이의 논쟁에 대해서는 A. D. Smith, "The Problem of National Identity : Ancient, Medieval and Modern?", *Ethnic and Racial Studies*, vol.17, no.3(1994) 참조.
33) 그래서 1980년대 이후의 많은 연구들이 민족운동과 민족주의론을 연결하는 작업으로 이어졌지만, 아직도 보다 미시적이고 구체적인 실제 민중의 생활세계적인 차원의 연구 는 부족한 상태이다.

역사적으로 봐도 민중을 기반으로 해서 비판세력이 주창하는 민족주의는 세계지배체계나 외세에 대해서는 저항성을 띠고 대내적으로 민중지향성 내지 민주적 성격을 지닌다. 이에 반해 지배계층이 주장하는 민족주의는 대외적으로는 외세의존성을 나타내고 대내적으로는 권력지향성 내지 독재성을 띤다. "민족주의가 일부 지배층의 이데올로기로 되었을 때, 민족주의의 내용은 추상화되고 관념화되며 공허하게 되어 왔다.…… 진보적이고 저항적인 민족주의는 민중에 의하여 추진되어 왔다. 이러한 민족주의는 민중의 구체적인 요구의 표현으로 나타났다. 그러므로 이러한 민족주의는 민중의 자유·평등·평화에의 요구를 반영하는 이데올로기이다"[34]라는 지적이 바로 그것이다.

진정한 민족주의는 민중들의 요구가 절박하게 제시되고 있는 민족운동에서 가장 극렬하게 표출된다. 우리의 근대사에서 서세동점에 대항했던 척사위정론이나 청국의 지배로부터 벗어나려 했던 갑신개화론은 피지배계층인 민중과 유리된 지배계층의 정치이론이라는 한계를 지녔기에 결국 허망한 실패로 끝날 수밖에 없었다.[35] 역시 한국의 민족주의가 온전한 모습을 갖추고 꽃피었던 것은 1894년의 동학혁명운동을 통해서였다. 동학혁명은 바로 한국의 민중(농민)이 주체가 되어 일으킨 민족주의 운동이었다. 그런가 하면 동학운동은 민중에 의한 반제국주의적(반외세적)이고 반봉건적(민주적)인 정치운동이었다. 이러한 한국민족주의로서의 동학의 등장은 다음의 역사적 두 도전에서 출발한다.[36]

그 첫째는 외부로부터 들어온 도전으로서, 선진자본주의 열강의 침입의 시작이 그것이었다. 선진자본주의 열강의 도전은 한민족에게 있어서 민족

---

34) 안병직, 『삼일운동』(한국일보사, 1975), 30~31쪽.
35) 이런 차원에서, 한국민족주의가 소수의 각성된 지배층과 서구의 근대교육을 받은 부르주아 및 쁘띠부르주아 지식인의 위로부터의 개혁과 민중의 밑으로부터의 혁명이라는 이중적 구조였다는 일부 학계의 지적은 안이한 탁상의 발상이라 아니할 수 없다.
36) 노태구, 『세계화를 위한 한국민족주의론』(백산서당, 1995), 178~179쪽 참조.

사상 가장 위협적이고 응전하기 어려운 도전이었다. 왜냐하면 약 1백 년 전에 이미 산업혁명과 시민혁명을 치러 낸 서구의 이 도전은 궁극적으로 조선을 제국주의의 식민지로 점유해 버리려는 도전이었을 뿐 아니라 산업혁명을 거친 근대체제에 의한 이질문명의 도전이었기 때문이었다.

둘째의 도전은 한국의 민족사회 내부에서 나온 도전으로서, 민중(특히 농민층)의 가렴주구 폐지와 양반신분사회 폐지 요구가 그것이었다. 1811년 홍경래의 난을 하나의 시발점으로 해서 해마다 끊임없이 대소규모의 민란이 일어났는데, 1862년의 진주민란은 체제개혁을 요구하는 밑으로부터의 농민폭동의 대표적인 사례였다. 또한 농민층을 선두로 한 광범위한 하위계층의 신분체제에 대한 불만은 당시의 사회질서의 근본적 개혁을 요구하는 커다란 사회적 긴장과 갈등의 요인이 되고 있었다. 동학은 이것들에 대한 민중적 요구의 형태로 등장했다.

수운에 의해 창도된 동학은 출발부터 이러한 대내외의 도전에 대응할 유일한 세력을 민중으로 정한다. 따라서 그들의 활동은 자연 민족운동을 수반할 수밖에 없었다. 그리고 수운의 이러한 시도는 조선 민중에게 최초로 '왜 내가 세상의 주인인지'를 체계적으로 인식하게 한 것이었다. 수운의 동학이 민중에 미친 영향은 다음과 같이 정리할 수 있다.[37]

첫째, 사람은 위대하다.

수운은 무궁한 힘을 가진 하느님만을 믿으라고 강조한다. 그리하여 하느님에게 정성을 다하고 하느님을 진심으로 공경하면 하느님은 그 사람에게 감응하게 되고, 사람은 하느님으로부터 '무극대도'를 받을 수 있다. 여기서 한 가지 주의할 점은 이 '무극대도'를 받는다고 할 때에 두 가지 뜻이 있다는 것이다. 즉 최제우가 처음으로 무극대도를 받았다는 것이 그 하나의 뜻

---

37) 이하는 최동희, 「종교와 민족주의」, 『한국사상강좌』 9(한국사상연구회, 1968), 136~139쪽을 참조함.

이요, 이렇게 받은 무극대도를 동학신자들이 소정의 수도과정을 거쳐서 받는다는 것이 또 하나의 뜻이다. 후자의 경우 사람은 누구나 동학을 믿음으로써 무극대도를 받을 수 있다, 혹은 조화를 부리고 만사를 깨달을 수 있다. 실제로 동학을 믿는 조건에는 격식이 없었다. 가문이나 신분의 구별이 없는 것은 물론이고 학식이나 재질 같은 조건도 요구되지 않았다. 따라서 동학의 가르침은 일반 민중이 마음만 있으면 쉽사리 실행할 수 있었다.

이러한 가르침은 사람들에게 큰 희망과 용기를 주었다. 특히 봉건사회의 붕괴 과정에 휘말려 불안에 떨고 천대에 설움 받던 민중들에게 큰 희망과 용기를 주었을 것이다. 19세기 말의 동학운동(반봉건투쟁)이나 20세기 초의 3·1운동에 참여한 우리민중들은 적든 많든 이러한 수운의 가르침의 영향을 받고 있었다. 위대한 사람이 바로 '나'라는 인식은 우리 사회 최초의 근대의 출발이었다.

둘째, 사람은 존엄하다.

수운은 사람은 누구나 하느님을 모실 수 있고 또 모셔야 한다고 가르쳤다. 사람은 하느님을 먼데서 구할 것이 아니라 사람의 안에서 구해야 한다는 것이다. "네 몸에 모셨으니 사근취원捨近取遠 하단 말가?" 이렇게 가장 거룩한 존재인 하느님에게 가장 가까운 것이 우리 인간이다. 가장 거룩한 하느님을 모시고 있는 인간이라면, 가장 거룩한 존재에 가장 가까운 것이 인간이라면 역시 그 자체도 거룩하지 않을 수 없다. 이와 같이 수운은 사람이라면 누구나 다 하느님을 모실 수 있다고 가르침으로써 인간 자신의 존엄성을 가르쳤다.

수운은 사람을 문벌이나 학벌을 떠나서 그 자체로 존엄하다고 보았다. 이러한 가르침은 양반들로부터 인간 이하의 대우를 받고 있던 민중에게 떳떳한 인간으로서의 긍지를 가질 수 있게 했을 것이다. 이러한 가르침은 양반과 평민을 마치 씨가 다른 듯이 보는 조선시대의 봉건적 계급체제를 무너뜨리는 데 하나의 사상적 뒷받침을 주었고, 민족적 우월감을 전제한 일제의 압제를 물리치려는 민족운동의 한 뒷받침도 되었다.

셋째, 소원은 다 이루어진다.

수운은 하느님만 잘 믿으면 무극대도를 받는다고 가르쳤다. 그것을 받으면 어떻게 되는 것일까? 조화를 부리고 만사를 깨닫는다고 한다. 조화를 무엇으로 해석하느냐가 문제이기는 하지만, 조화를 부린다는 것이 어떤 놀라운 위력을 발휘하는 것을 가리킨다는 사실은 의심할 수 없다. 만사를 깨닫는다는 것은 역시 놀라운 지력을 발휘한다는 것을 뜻할 것이다. 이렇게 수운은 민중에게 위대한 미래를 약속하였다.[38] 그는 화려한 미래사회를 약속함으로써 현실사회를 부정하는 혁명정신을 불러일으켰다. 특히 사후의 정복淨福 같은 것을 약속하지 않았다는 점이 주목된다. 좀 막연한 것이기는 하나 어디까지나 현세적인 이상을 약속했다. 이것은 민중으로 하여금 내면성에 침잠하게 하는 것이 아니라 사회현실에 진취적으로 참여케 하고 투쟁케 하는 데 영향을 주었을 것이다. 실제로 동학의 민족운동은 이러한 민중에의 직접적인 영향 하에서 출현했다.

동학의 민족운동은 우선 서구열강의 힘의 원천을 서학에 있다고 보고 서학에 대항하는 민중적 민족종교를 만들어 포교함으로써 이에 응전하고자 했다. 아울러 척왜양과 함께 탈중화의 문제의식을 갖고 있어 위정척사 사상과는 달리 중국에 대한 자주의식도 강하게 갖고 있었다.[39] 또한 수운

---

38) 동학·천도교 경전의 다음과 같은 대목들이 특히 그러하다. "열석자 지극하면 만권시서 무엇하며 心學이라 하였으니 不忘其意 하였어라 현인군자 될 것이니 道成德立 못미칠까"(『용담유사』, 「교훈가」); "誠敬二字 지켜내어 차차차차 닦아 내면 무극대도 아닐런가 時乎時乎 그때 오면 도성덕립 아닐런가"(『용담유사』, 「도수사」); "십이제국 괴질운수 다시개벽 아닐런가"(『용담유사』, 「안심가」); "하원갑 지내거든 상원갑 호시절에 만고 없는 무극대도 이 세상에 날 것이니 너도 또한 年淺해서 억조창생 많은 백성 태평곡 격양가를 不久에 불 것이니 이 세상 무극대도 永世無窮 아닐런가"(『용담유사』, 「몽중노소문답가」)

39) 수운의 유교에 대한 문제의식이나 동학혁명군의 격문 등을 보면 斥倭, 斥洋, 斥華는 같은 의미를 지닌 것이었다.

은 민족적 위기를 단순히 대외적인 것으로만 한정해서 보지 않고 민중이 도탄에 빠져 있는 대내적 상황도 위기 조성의 한 원인으로 파악하였다. 이러한 까닭에 수운은 대외적으로 보국하는 동시에 대내적으로 안민하고 광제창생해야만 민족적 위기를 타개할 수 있다고 주장하였다.

수운은 특히 도탄에 빠진 절대다수의 농민층에 큰 관심을 쏟았다. 그는 '시천주'사상과 '인내천'사상을 정립하여 독특한 평등사상을 형성함으로써 양반신분제를 폐지하고자 했다.[40] 이 평등사상이야말로 당시 민중들의 최고의 염원으로, 동학은 이를 통한 체제개혁으로 이상사회를 건설하고자 했다. 당시의 봉건적 사회질서와 외세범람의 상황에서 동학의 모든 염원은 민중을 주체로 한 민족운동으로써만 실현될 수 있었다. 몇 차례의 집단민원이 거부된 끝에 일어난 1894년의 노도와 같은 민중의 반봉건·반외세의 함성은 진정한 한국민족주의의 서곡이었다. 그것은 한민족사에서 최초로 경험한, 전국적 규모로 조직된 밑으로부터의 근대민족주의운동이었다.[41] 이러한 민족운동은 천도교의 민중적 개화운동과 민족적 항일운동으로 계승되고, 그것은 한국민족주의의 거대한 흐름으로 자리매김했다.

4. 수운 사상의 민족주의적 성격

동학은 그 이름 자체가 서학에 반대하는 개념으로 창안되었을 정도로 민족주의적 성격을 강하게 지니고 있지만, 서양의 침략에 대한 경계심을 가지는 데 그치는 것이 아니라 중국문화의 전통에도 도전하고 있다. 이처

---

40) 득도한 수운의 첫 번째 행위는 자신이 데리고 있던 두 여종 가운데 한 명을 자신의 큰 며느리로 삼고 다른 한 명을 수양딸로 삼은 것이었다. 이처럼 동학의 평등은 구체적이었고 실천적이었다.

41) 김운태, 「한국민족주의의 회고와 반성」, 『민족지성』 1987년 8월호, 44쪽.

럼 오랜 중국의 문화전통에 도전하고 있다는 점에서 동학은 참다운 한국적 민족주의를 대표한다고 할 수 있다.

동학의 경전에 숱하게 등장하는 '왜놈, 되놈, 서양인'에 대한 수운의 적 개심은 당시 기층 민중에게 있어서는 거의 절대적이었다. 만일 이 감정이 중국에 대한 충성을 감싸고 있다면 그 역시 사대주의이다. 이 사대주의의 속성을 극복할 때 비로소 우리의 민족주의는 그 이념적 역할을 다하는 것 이다.[42] 따라서 서양을 거부하며 전통적 중화사상을 초극하는 동학사상은 한국민족주의 정치이념의 최고봉이라 할 수 있다. 특히 한국적 배경을 바 탕으로 한 전통사상의 맥인 조화와 화합을 계승하여 인류의 미래상까지 제 시했다는 세계사적 의의까지 함께 지니고 있는 것이다.

수운의 사상이 본유적으로 지녔던 속성에는 높은 이념성과 함께 시대적 상황으로 인한 짙은 민족주의적 색채가 전제되고 있었음은 익히 설명되어 왔다. 더욱이 동학의 전개사는 서세동점이라는 다원적 약육강식을 합리화 시킨 서구 제국주의의 전성기와 겹치는 한편으로 재빠른 학습실천자였던 일본이라는 외세마저 뒤얽혀, 백주에 먹이를 놓고 난투를 벌이는 말세와 망국적 상황이 점철된 시기이기도 했다. 전래적 논리나 지혜는 이미 한계 를 드러내고 있었고, 난국을 수습할 지도층이 재개편되지도 못하고 있는 상황이었다. 이러한 조건에서 태동하고 성장한 동학은 어쩌면 위기와 전환 기의 기사회생의 진단이자 상황극복의 처방이었다. 동학의 어깨에 놓여진 시대적 상황의 멍에가 어쩌면 운명적으로 민족주의 성향을 짙게 하였으리 라는 점도 간과할 수 없다.

수운은 종래의 성리학적 사상체계의 상의하달이라는 종속적·하향적 구 도에서 진행되던 신분적 질서에서 벗어나서 민중이 주체가 되는 만인평등

---

42) 특히 "유도 불도 누천년에 운이 역시 다했던가" 하는 표현에서 동학이 기존의 동양 문 화에 대한 회의와 한계를 실감했음을 알 수 있다. 노태구, 「동학사상의 연구」, 『행정논 집』 9집, 36쪽 참조

의 이념과 인간의 존엄성을 확인함으로써 한국 역사상 최초로 조직적이고 체계적인 본격적 대중민중운동, 민권자각운동의 토대를 마련하였다. 그러므로 수운이 지녔던 사상, 이루고자 했던 이상, 실천했던 행위규범 등은 모두 그 자체로서 인간에의 자각이며 생명존엄에의 선언이었다. 근대민족사상으로서의 수운의 사상은 그 '진보적 세계관'과 '구체적 실천성', '민중주의적 시각' 등으로 말미암아 한국민족주의의 모범적 전형을 이룬다. 각각의 내용은 구체적으로 다음과 같이 살펴볼 수 있다.

첫째, 동학의 우주관으로 이른바 후천개벽의 근거를 우주진화의 법칙에서 찾고 있다. 성리학적 역사관은 음양오행이나 『주역』에 의거한 순환사관이었고, 서양의 기독교적 사관은 종말론이라는 직선적 해석이었다. 이에 비하여 동학은 이미 몰락한 조선 왕조의 명운을 대체할 순환을 기대하는 조선 민중의 역사의식에 호응하여 새로운 희망의 개벽적 세계관을 제시하였다.[43]

조선 민중의 사명은 보국안민에서 출발하지만, 나아가야 할 지향과 종착지는 광제창생하고 동귀일체함으로써 기존의 봉건적 신분제도 즉 관존민비, 적서차별, 남존여비 등을 극복하고 인간존엄의 천인일여天人一如를 구현하는 것이었다. 이러한 사상의 형성 과정은 다음과 같은 수운의 우주관과 밀접한 관련을 맺고 있다.

『동경대전』의 「포덕문」에서 수운은 "태고부터 봄과 가을이 갈아들고 네 계절이 성하고 쇠한다는 것이 규칙적으로 이루어져 왔음"[44]을 말하면서, 이러한 규칙적이고 정밀한 우주세계는 저절로 이루어지는 것이 아니라 어떤 초자연적인 힘에 의해 이루어지는데 그 초자연적인 힘이 바로 하늘의

---

43) 특히 수운이 제시하는 개벽은 人文開闢이라는 점에서 더욱 한국적 문화민족주의로서의 의미를 가지고 있다 할 수 있다. 노태구, 『세계화를 위한 한국민족주의론』, 273쪽.
44) 『東經大全』, 「布德文」, "蓋自上古以來 春秋迭代 四時盛衰 不遷不易 是亦 天主造化之 迹 昭然于天下也."

주인인 천주라고 하였다. 그는 이 안에 살아가는 인간을 위시한 식물·동물계를 통섭하는 우주만상을 살아 있는 생명체로 보고, 그러한 모든 것들은 원래 각각 분리되어 있는 것이 아니라 온전한 하나의 통일체로 있다고 하였다. 이것이 곧 '지기至氣'이다. 그리하여 수운은 억천 만물이 개별적으로 분화되기 이전의 우주를 '허즉기虛卽氣, 기즉허氣卽虛'라 표현하였다.[45] 기氣의 궁극 곧 '지기'는 '텅 비어 있고 영묘하며 아득하면서도'(虛靈蒼蒼) '모든 사물을 간섭하고'(無事不涉) '모든 사물을 지배하는'(無事不命) 것인데, 이 지기가 바로 형체도 없고 볼 수도 없는 만상이 갈리기 이전의 '순수한 원래의 한 기'(渾元一氣)이다.[46] 이처럼 동학의 지기는 단순한 물질적 본체로서의 기운을 말하는 것이 아니라 정신을 그 속에 내포하고 있는 우주의 궁극적인 본질을 의미하는 것이다. 모든 우주만물은 공통의 원리를 갖는 하나의 영체靈體이자 하나의 생명체라는 의미의 지기인 것이다.[47] 따라서 지기는 우주본체의 원기, 활력, 영기를 뜻하는 기가 된다.

수운은 천주라는 것을 기독교의 하나님처럼 그 어떤 초자연적인 신으로 간주한 것이 아니라 지기로 보았다. 그는 기를 신적인 존재로 신비화한 토대 위에서 지기에 의해 이루어진 모든 사물, 하늘, 자연이 곧 신이라는 결론을 도출해냈다. 즉 그는 '지기', '천주', '인간' 이 삼자는 다 같은 것으로서 지기가 곧 천주이고 천주가 곧 인간이라고 말했던 것이다. 그는 여기서 신을 자연 가운데 해소시키려는 범신론적 사상요소와 사람의 지위를 신과 동등한 계열에 놓으려는 사상을 제기하고 있다.[48]

---

45) 『東經大全』, 「論學文」.
46) 신용하, 『한국근대사회사상사연구』(일지사, 1987), 152~153쪽. 신용하 교수는 여기서 지기를 일종의 힘이나 기운, 즉 현대적 의미의 에너지로 설명하고 있다.
47) 임운길, 「동학에 나타난 자연관과 세계관」, 『동양사상과 환경문제 모색』(한국불교환경교육원 엮음, 1996), 184쪽.
48) 이른바 天=至氣=人이 되는 의미에서의 지기일원론으로, 이는 천인합일사상의 사상적 토대가 되고 있다. 신용하, 『한국근대사회사상사연구』, 153쪽.

수운의 우주관은 이처럼 전래적인 자연적·운명적 반복순환의 우주관에서 벗어나 낡은 선천을 딛고 선 지기에 의한 밝은 후천의 전개를 예상함으로써 민족의 에너지를 변화·성장에로 수렴했다.[49] 그리고 그 개벽의 주인으로는 한울과 같은 존재로서의 인간이 상정되어 있다. 19세기 말의 암울함에 빠져 있던 민중들에게 삶의 가치를 여하히 구현케 하느냐 하는 상황에서, 수운은 인간이 우주의 주인이며 또한 우주의 중심이라는 '인내천人乃天'을 제시하여 인간의 존엄성을 확인함으로써 한국사상에서 꾸준히 이어져 온 인간중심주의를 완성시켰다고 볼 수 있다.

둘째, 실천적 차원에서의 수운의 인간평등사상은 극단적 차별구조 속에 놓여 있던 민중들의 갈등과 불만을 해소해야 한다는 의지의 분출이었다. 사람을 하늘과 같이 높이 섬겨야 한다는 사인여천은 단순한 동등관계가 아닌 인간에 대한 존엄성이 실천될 때 비로소 봉건윤리에서 굳어진 인간차별을 깨고 서로간의 민주적인 평등한 만남이 이루어진다고 보았다. 그러므로 사람을 대하는 데 있어서 "모든 존재(만유)는 천주(한울님)를 시侍하고(모시고) 있는 존재이다"라는 시천주사상이 중요시된다. 특히 수운은 "시侍라는 것은 안에 신령神靈이 있고 밖에 기화氣化가 있어 온 세상 사람이 알아서 옮기지 않는 것이다"[50]라고 하였다. 결국 '내유신령內有神靈'과 '외유기화外有氣化'를 알고 섬기는 것이 한울님을 모시는 것이 된다.

'내유신령'과 '외유기화'의 뜻을 해월은 "내유신령은 처음에 세상에 태어날 때 갓난아기의 마음이요, 외유기화는 포태할 때에 이치와 기운이 바탕에 응하여 체를 이루는 것이니라. 그러므로 '밖으로 접령하는 기운이 있

---

49) 동학의 이러한 진보적 우주관은 근대성(modernity)의 특징인 진보에의 믿음과 그 궤를 같이한다. 포스트모던론자(post-modernist)들은 서구 근대성의 이러한 특징이 오늘날의 근대적 서구를 만들 수 있게 하였다고 지적하고 있다. Derek Attridge, Geoff Bennington and Robert Young, *Post-structuralism and the Question of History* (London: Cambridge University Press, 1987), 참조.
50) 『東經大全』, 「論學文」.

고 안으로 융화의 가르침이 있다'는 것과 '지기금지至氣今至 원위대강願爲
大降'이라 한 것이 이것이니라"51)라고 하였다. 이렇게 볼 때 '내유신령'은
출생과 함께 성립되고, '외유기화'는 포태할 때 성립됨을 알 수 있다. 내유
신령 외유기화를 가진 모든 인간은 시천주의 존재로 남녀, 장유, 귀천에 따
라 차별될 수 없는 존재자이다. 나아가 해월은, 도는 먼저 대인접물待人接
物에서 시작되는 것이니 사람을 대하는 데서부터 세상을 기화할 수 있고
물건을 접하는 데서부터 천지자연의 이치를 깨달을 수 있다고 하여 만유萬
有를 대하는 데는 공경스러운 마음가짐이 중요함을 강조한다. 해월의 이른
바 삼경三敬사상은 인간평등을 더욱 확장시킨 만물평등사상이고 만물존엄
에의 선언이다.

스스로가 하늘을 모신 존재이듯 다른 사람 또한 하늘을 모신 존재임을
인정하는 곳에 비로소 진정한 나와 당신의 만남이 있는 것이며, 여기에 사
람을 하늘로 대하는 인내천의 마음가짐이 자리하게 된다. 동학이 창도·전
파되던 그 시기나 오늘날의 우리 생활주변과 교육현장, 가정생활 등에서
가장 시급한 과제가 있다고 한다면 그것은 바로 인간성의 회복이요 확인이
며 강화라고 할 것이다. 해월의 법설「십무천十毋天」52)에서 '천天'자의 표
기를 '사람 인'(人)자로 바꾸어 본다면 그것이 곧 인간존중, 인간성회복 사

---

51) 『海月神師法說』,「靈符呪文」.
52) 『海月神師法說』,「十毋天」의 내용은 다음과 같다.
　一. 毋欺天하라.(한울님을 속이지 말라)
　二. 毋慢天하라.(한울님을 거만하게 대하지 말라)
　三. 毋傷天하라.(한울님을 상하게 하지 말라)
　四. 毋亂天하라.(한울님을 어지럽게 하지 말라)
　五. 毋夭天하라.(한울님을 일찍 죽게 하지 말라)
　六. 毋汚天하라.(한울님을 더럽히지 말라)
　七. 毋餒天하라.(한울님을 주리게 하지 말라)
　八. 毋壞天하라.(한울님을 허물어지게 하지 말라)
　九. 毋厭天하라.(한울님을 싫어하게 하지 말라)
　十. 毋屈天하라.(한울님을 굴하게 하지 말라)

상의 요지를 집약한 것임을 확인할 수 있다.

셋째, 수운은 민중의 자각에 크게 기여함으로써 한국민족주의의 근본적 지향이 어디인가를 제시해 주었다. 민족주의란 결코 지배층을 위한 보수적 또는 수구반동적 논리가 될 수 없고, 그것은 오로지 사회구성원의 대다수를 차지하는 민중중심적이어야 한다는 것이다. 민족주의의 존재 가치는 그것이 민중의 입장에서 그들의 시각으로 시대를 재단하고 위기를 극복하는 민중주의적 방법일 때 드러나는 법이다. 동학의 기본 시각이 갖고 있던 민중주의는 결국 단 한 번도 역사의 주역이 되지 못했던 그들을 역사의 주체로 끌어올린 것이었다. 모든 인간은 시천주하였다는 인내천의 외침은 이제까지 억눌려 왔던 민중의 체념과 좌절에 새로운 자각을 주었으며, 빈부귀천의 차별 없이 억조창생하는 후천개벽의 세계관은 역동적인 이상사회에 대한 구체적 응답이었다. 이것은 모두 당시의 출구가 없던 민중의 열의를 대변하고 결집시켜준 힘이었다.

동학은 포교 방법의 대중화를 통해 급속히 확산될 수 있었다. 민중의 의식이나 지식의 수준에 맞추어 가사 등을 적절히 활용하고 생활과 감정에 강하게 호소함으로써 민중들로부터 공감을 얻을 수 있었기에 동학은 삽시간에 전국적 종교가 될 수 있었다.[53] 수운이 『동경대전』의 한자를 풀어서 쉬운 한글가사체의 『용담유사』를 저술한 것은 역사의 주체인 민중적 입장에서 그들의 의사표시를 가능케 한 쾌거였다. 동학에 입도한 민중은 누구나 쉽게 경전을 읽고서 자신이 이 사회의 주역임을 자각할 수 있었다. 그리하여 민중은 지난날 양반이나 특권층의 전유물로 여겨졌던 보국안민의 임무를 자신들의 것으로 수임시켜 근대적 국민주권사상이라고 할 수 있는 주인의식을 구체화시켰으며, 그것을 척양척왜를 외치는 외세배척의 구국정

---

53) 동학의 경전과 포교에 대해 신일철 교수는 양반지배층의 주자학 위주의 단조로운 사상 풍토와 한문학의 고식적인 동맥경화증을 일거에 물리친 근대적 의식의 선각이었다고 평가한다. 신일철, 『동학사상의 이해』(사회비평사, 1995), 139쪽 참조.

신으로 진전시켜 나갔던 것이다.

결국 수운이 제시한 반봉건, 반외세의 기치는 당시의 소외된 민중의 적극적 사회참여의 방법론이었다. 그것은 너·나가 없는 전체조화적 운명공동체로서의 국가와 민중을 하나로 인식하는 한 방편이었던 것이다. 수운이 추구한 이상은 이처럼 구체적 이념에 바탕한 민중의식을 기초로 근대적 민족주의사상의 이상적인 전형으로 존재하고 있다고 볼 수 있다.

한편, 수운의 민족주의적 성격은 여러 곳에서 나타나지만 이제 여기서는 보국안민과 동귀일체 사상을 중심으로 해서 살펴보겠다.

전술한 바와 같이 수운의 제1성이 인류주의를 제창하는 포덕천하였다면 수운의 제2성은 민족주의를 제창하는 보국안민이었다. 즉 동학에서는 인류구제의 보편적 진리를 지니면서도 민족주의에 철저하였다. 가장 한국적인 것이 가장 세계적이라는 역설논리가 있듯이 동학은 민족주의를 추구함으로써 동시에 세계주의를 추구했던 것이다.

수운의 보국안민사상은 우리나라에 있어서 근대적 민족주의의식의 선구자적인 자각이었다. 척왜척화를 외치고 척양을 외치면서 외세의 침략을 배격하는 데서 민족의식이 싹트고 보국안민을 부르짖게 되니, 여기에서 수운의 민족주의는 출발하였다. 보국안민사상은 조선왕조해체기에 당시 사회에서 소외되어 있던 민중으로 하여금 외세의 침략을 물리치는 데 앞장서게 하였다. 당시 양반 사회의 의식에서 볼 때 보국안민의 과제는 당연히 집권층에서 담당해야 함에도 불구하고 그들은 나라와 겨레가 어떻게 되든지 아랑곳 않고 자기 한 몸의 득세에만 집착하고 있었는데, 이런 상황에서 민중 자신들이 민족운동의 주체 세력임을 자각하고 스스로 나라를 지키는 힘이요 주인임을 과시하였던 것이다.[54] 한국민족주의가 진정한 의미의 민족주의로 정립되기 위해서는 반드시 그것이 민중의 지향과 합치되어야만

---

54) 오익제 편저, 『천도교요의』, 152~153쪽 참조.

한다고 했을 때 수운의 민족주의야말로 한국민족주의의 전형이라고 할 수 있는 것이다.

그런데 수운의 보국안민은 조선의 배타적 민족주의로 끝나는 데 있지 않음이 그 특징이다. 수운은 동학을 말할 때 보국안민, 지상천국이라는 계단적 목적을 세웠다. 수운은 조선과 인류를 살펴, 첫째로 보국의 이상을 정하고 둘째로 안민의 이상을 정하였으며 최종으로 종교적 지상천국의 이상을 정했던 것이다. 더욱이 이 세 가지 계단은 절대로 한 계단 한 계단씩 따로 떼어서 그 목적을 달성하는 것이 아니라, 보국의 계단에서도 안민을 힘써야 하고 안민의 계단에서도 지상천국의 준비를 해야 한다. 따라서 수운의 보국안민사상은 그냥 민족주의의 테두리로만 한정할 수 없는 것으로, 곧 지상천국의 이상인 포덕천하와 광제창생廣濟蒼生의 세계주의는 불가분의 관계를 맺고 있다. 그가 보국안민을 강력히 주장했던 것은 단지 당시의 시대적 상황과 맞물려 민족문제의 해결이 지상천국 즉 인류세계주의에 달하는 관문이라고 확신했기 때문이다.

동학이 한국민족주의사상을 계승하고 완성했다는 의미는 한국적 민족주의사상 즉 전통사상의 핵심인 조화와 화합의 사상을 계승 발전시켰다는 데 있다. 이 점이 가장 극명하게 노출되는 부분이 수운의 동귀일체사상이다. 수운은 동귀일체를 여러 번 강조하였다. "쇠운이 지극하면 성운이 오지 마는 현숙한 모든 군자 동귀일체同歸一體 하였던가",55) "억조창생 많은 사람 동귀일체 하는 줄을 사십평생 알았던가"56)라고 하여 인류가 한 가족임을 밝힌 그는, 세상이 혼탁해진 근본원인을 "중생들이 각자위심各自爲心하여 불순천리不順天理하고 불원천명不願天命하는 데 있다"고 통찰하고 각자위심의 중생들로 하여금 한마음 한뜻으로 동귀일체하는 무극대도를 실

---

55) 『용담유사』, 「권학가」.
56) 『용담유사』, 「교훈가」.

천하여 지상천국을 건설할 것을 주창하게 된 것이다.

각자위심이란, 중생들이 대심大心을 잃어버리고 타성으로 살면서 불안과 공포가 습관이 되어 화합을 이루지 못하고 중상모략을 하며 부정과 불의, 파쟁과 혼란을 야기시키는 불건전한 마음가짐을 말한다. 이에 반해 동귀일체는 각자위심으로 살아가던 중생들이 독실한 신앙을 통해 천심을 회복하고 인간의 근본이 하나의 이치이자 기운이며 생명체임을 깨달아 한마음 한뜻으로 화합하는 것이다. 이를 확대하면 동귀일체는 하나의 사상으로 귀일하여 결집함을 의미한다. 이것은 천인합일, 개전일체個全一體의 원리에서 나왔는데, 그 주체적 의미는 다음과 같다. 인간사회는 모든 개인의 결집체요 협동체요 조직체이기 때문에, 개인은 부분적 존재요, 부분적 존재인 개인을 무시하고는 전체인 사회의 발전을 기할 수 없고 전체적 존재인 사회를 떠나서는 부분인 개인의 생존을 도모할 수 없다는 말이다.

그러나 오늘의 사회는 개인주의와 전체주의가 상호대립하고 있다. 이 둘은 서로가 장단점이 있다. 개인주의는 개인의 자유와 창의 및 능률을 기하는 데 장점이 있는 반면 전체의 평등을 기하지 못하는 단점이 있으며, 전체주의는 전체의 평등을 기하는 데 장점이 있는 반면 개인의 자유와 창의 및 능률을 말살하는 단점이 있는 것이다. 전체주의는 평등을 앞세우지만 폐쇄주의적 특성으로 인하여 독재와 비타협적 배타성을 지니고 비판을 거부하여 자유를 말살하는 결함이 있다. 반대로 개인주의는 개방적으로 비판을 수용함으로써 고정불변한 이념적 독선을 거부하고 다양성을 추구하는 특성을 지니지만 불평등에 빠지기 쉽고 자유의 역설 논리를 면하기 어렵다는 한계성이 있다. 말하자면 자유가 제한되지 않을 때 자유는 스스로 자멸한다는 역설이다.

무제한의 자유는 강자의 자유를 보장하고 약자의 자유를 강탈할 자유까지도 포괄하게 되기 때문에 자유를 제한할 국가보호주의가 불가피하게 요구되지만, 국가권력의 지나친 간섭과 남용은 다시 자유를 억압하는 전체주의에로 기울게 될 위험성을 내포하고 있다.[57] 여기서 개인주의와 전체주의는 한쪽에 편중하는 결함을 극복하지 못하고 있다는 역사적 사실에 직면하게 되는데, 그 해결책을 바로 동학의 동귀일체사상에서 발견할 수 있다. 동귀일체의 사상은 개인주의가 지향하는 자유와 전체주의가 지향하는 평등의 부조화를 화합으로 이끌고 쌍전으로 조화시켜 이들의 대립을 근원적으로 해소할 수 있다. 이러한 동귀일체의 사상은 한국민족주의사상의 핵심을 그대로 계승 발전시킨 것이었다.

인류는 지금껏 민주라는 이름 아래서 자유와 평등이라는 두 개의 상극개념 속에서 극복의 방향을 갈구하고 있었다. 프랑스혁명을 거치면서 구상화된 시민의 개념인 자유는 부르주아의 상징처럼 되어 세계를 풍미하였고, 그것의 반동개념으로 등장한 것이 자유의 불평등에 반발한 평등의 개념이었다. 그 각각의 것의 구체화된 이념이 자본주의이념과 사회주의이념이다. 결국 대립과 갈등의 서양 사상의 결론은 자유로운 인간과 평등한 인간이라는 두 명제로 귀착된다.[58] 이 두 명제의 통합이 바로 동학사상이요 동귀일체사상인 것이다. 동귀일체에서 보면 자유나 평등은 하나의 개념에서 분리된 분화개념일 뿐이다. 따라서 하나의 통합개념으로 귀일하라는 것이 수운의 동귀일체사상의 핵심이다. 모든 것을 조화롭게 만들고 화합으로 지향하는 한국민족주의의 특성이 동학사상으로 계승되어 오늘날 그 세계사적 의의를 우리에게 과제로 주고 있는 것이 한국민족주의의 정치이념이자 정치노선인 것이다.

---

57) 오익제 편저, 『천도교요의』, 153~154쪽 참조.
58) 오늘날 사회주의권은 붕괴되었다. 그러나 그것의 붕괴가 근원적 자유평등의 화합이요, 조화라고 보는 사람은 아무도 없다. 그것은 오로지 사회주의권의 열악한 물질적 토대의 붕괴였을 뿐이지 두개의 대립개념의 해결이 아닌 것이다. 진정한 화해와 평화는 결국 형이상학적인 이념과 사상의 통합이 완성되었을 때에 비로소 완결된다.

5. 나오는 글

수운의 정치사상은 그 탄생에서부터 강한 민족주의적 성향을 내포할 수밖에 없었던 시대적 배경을 가지고 있었다. 그것은 사상적으로 전통사상의 맥을 계승한 당시의 시대적 모순을 초탈해 조화와 화합을 지향하는 한국민족주의사상이었다. 그것의 구체적 표현을 동학은 시천주, 인시천, 사인여천, 인내천, 성경신 등의 기본이념과, 지기의 철학에 바탕한 포덕천하, 보국안민, 광제창생의 민족주의적이며 호국적이고 대중구국위주적인 강한 민족이념으로 나타내고 있다.

수운의 민족주의적 사상은 시대적 요구와 민중의지의 구체적 표현이었다. 특히 1894년의 동학혁명은 반봉건적 모순에 저항하는 민족평등사상에서 출발하여 반외세의 자주자립 근대국가 건설을 목표로 매진하였다. 역사의 부름과 요청에 동학은 최선을 다한 민족주의이념의 결정체였다. 동학의 민족주의이념은 천도교로 개칭된 이후에도 일제시대 내내 가장 강력한 민족단체로 활동함으로써 계승되었다.

동학은 서학이라는 외세와 맞서서 민족과 국가를 수호하려 했던 민족이념이었으며, 다른 한편 봉건적 무질서를 타파하려 했던 개혁사상이기도 했다. 그런 의미에서 동학사상은 서학을 무비판적으로 맹신했던 개화사상이나 구체제의 재건을 표방했던 수구사상과는 달랐다. 수운은 유·불·선과 전혀 다른 성격의 인내천사상을 창출했으며 적대 사상인 서학까지도 수렴하였다. 이런 의미에서라면 사상적으로 수운이 동도서기론적 입장이었다고도 할 수 있을 것이다. 그러나 수운의 사상을 민족사상으로 인식하고 싶은 다른 이유의 하나는, 동학이 우리의 민족 고유의 이념체계를 바탕으로 삼았다는 사실 때문이다. 동학은 그 근간을 유학이나 불교 같은 외래사상보다는 선교라는 고유신앙에 두고 있었다. 그러했기에 동학은 개항 전후기의 민중에게 그토록 열광적인 환영을 받았던 것이 아닌가 생각된다.

결국 수운의 민족주의사상은 시대적 요청에 부응하면서 개혁적 변화를 추구하는 한국민족주의의 전통으로 정착되었다. 그것은 민중주의운동에 바탕을 둔, 구국과 근대화추구 및 근대적 의식개혁의 방향으로 집약된다. 그리고 그 방향은 강력한 전통성과 계속성, 끊임없는 추진성의 지향을 보여 준다. 이러한 수운의 민족주의사상은 자유의 민주주의이념과 평등의 사회주의이념을 동귀일체시킨 한국의 창조적 민주주의로 승화되었고, 앞으로도 계승되어야 할 임무를 후손들에게 과제로 물려주고 있다.

동학의 무극대도와 통일

노 태 구

1. 서언 : '동' 개념의 인식

E형 논리의 원조인 에피메니데스와 피타고라스, 엠페도클레스 등은 철학과 샤먼-무적인 의식구조의 경계선상에 있었다. 그리스의 샤먼 전통은 동부 시베리아 스키타이로부터 시작해 렐레스폰트를 거쳐 아시아 쪽 그리스로 들어와 미노아 전통과 결부되어 크레타섬에 정착하게 되었다. 그리하여 크레타섬의 예언자인 에피메니데스가 샤먼적으로 되었으며, 이어 서쪽으로 가서 피타고라스와 접하게 되고 다시 엠페도클레스까지 이르게 되었다고 보인다.[1]

에피메니데스는 '북방 샤먼'(Northern Shaman)이라 여겨지는데, 그는 금욕과 채식을 실천한 인물로 알려져 있다. 그는 반고와 같이 동굴 속에서 57년 동안 잠을 잔 후 깨어났다고 한다.[2] 플라톤의 기록에 의하면 에피메

---

1) 1) E. R. Dodds, *The Greeks and the Irrational* (Los Angeles: University of California, 1968), p146. 김상일, 『동학과 신서학: 세계철학 창조를 위한 최수운, 켄 윌버, 존 캅의 대화』(서울: 지식산업사, 2000), 207~208쪽.
2) 에피메니데스는 아버지 심부름을 갔다가 길을 잃어버리고 헤매다 동굴 속에서 57년 동안 잠을 잤다는 일화가 있다. 이러한 무시간적 시간 이해는 신선사상의 특징이다. 이

니데스는 기적도 행하고 투시력을 가지고 있었다. 진정한 의미의 샤먼철학자는 엠페도클레스이다. 기원전 444년 경에 활동한 그는 오르페우스교의 글들을 읽었다. 오르페우스교의 3대원칙은 육체는 영혼의 감옥이라는 인생관, 채식주의, 사후 죄과에 대한 믿음이다.[3] 피타고라스와 엠페도클레스 모두 이러한 오르페우스교의 영향을 받았으며, 다드는 이를 후대 청교도정신의 뿌리로 보았다. 즉 기독교 청교도정신은 그리스 샤먼에 근거를 둔다고 하여 이를 '청교도 심리학'(puritan psychology)이라고까지 하면서, 플라톤의 이데아론도 결국 샤먼의 초월정신에서 유래한다고 본 것이다.

이와 같이 그리스의 합리적 정신은 원시적―무적 뿌리를 떠나서 생각할 수 없다. 그러나 '차축시대'(axial age)[4]에 이르면 이러한 원시적 존재구조는 이성과 합리성의 이름 아래 억압되고 박해받기 시작한다. 야스퍼스는 차축시대의 이러한 이성을 인류 보편의 것으로 보았지만 사실은 샤먼―무적인, 그리고 원시적인 것이 그러하다. 야스퍼스는 샤먼의 광범위한 영향력을 과소평가했다. 따라서 문명동진론文明東進論의 시대를 맞아 '동東'의 개념인식으로 문명사를 진단하는 일은 매우 중요하다. 동학은 과科(學)를 도道(學)와 구별함으로써 진정한 과학이 어떤 것인가를 설명하고 있다.

우리는 오늘날의 진정한 학문(사상)은 모순·대결적이며 결정론인 서구

동굴에서 그는 제우스를 만났으며 미노아의 왕은 그래서 이 동굴을 정기적으로 방문했다고 한다.

3) 김상일, 『동학과 신서학』, 206쪽. 1950~60년대에 로데(E. Rohde), 다드(E. Dodds), 부르커트(W. Burkert) 같은 학자들은 그리스철학과 시베리아 샤머니즘의 관계를 연구하는 데 공헌했다. 이들은 기원전 7세기에 흑해 지역이 그리스에 식민지화되면서 시베리아 샤머니즘이 그리스에 소개되었다고 하고, 그 증거로서 그리스의 오르페우스교가 샤먼종교였다는 것을 예로 들고 있다.

4) 김상일, 『동학과 신서학』, 205~206쪽. 세계사의 차축은 기원전 800~200년 사이, 기원전 약 500년 경에 이루어진 것으로, 야스퍼스는 차축시대의 중심권으로 중국, 인도, 그리스의 셋으로 요약한다. 이 세 곳의 "인간들이 자기 자신을 전체 속의 존재로 알게 되었고, 자기 자신을 처음으로 알게 되었으며 자신의 한계도 알게 되었다." 이 때문에 칼(John B. Cobb)은 반성적 사유의 등장을 차축시대의 제일 큰 특징으로 삼았다. 소크라테스의 "너 자신을 알라"는 차축시대의 대명제가 되었다.

의 이분법에서가 아니라 한국의 조화造化 · 통전적通全的인 불연기연不然 其然적 일원론에서 시작될 수 있는 것임을 알 수 있다.

기원전 6~5세기는 바로 제2기 차축시대이며 제2의 '태양화시기'였다. 그리고 태양화시기는 이미 기원전 2000년 경에 시작되었다. 그때를 사실상 차축시대 제1기로 본다. 그렇다면 문예부흥은 제3기에 속한다. 차축시대에 들어와 유럽, 인도, 중국에서는 3중주의 균열이 생겨나면서 남성적, 합리적 자아가 모든 것을 지배하게 된다. 특히 남성원리와 여성원리의 균열이 가장 큰 문제였다. 여성원리인 '감'과 남성원리인 '밝'이 깜박거려 문명의 밤낮이 갈마들지 못한 데에 근본적인 병적인 문제가 있었던 것이다. 그리하여 태양화시기에 들어와 서양에서는 '밝'은 낮만 계속되고 있었다. 제3기의 문예부흥은 합리적인 이성이 더욱 강화되어 해가 중천에 떠서 강력하게 자기 빛을 발하고 있던 때였다.[5]

유럽적 균열이 심화되어 남성원리와 여성원리가 괴리된 실체가 바로 서학의 정체였다. 19세기 말에 수운이 직면한 '서학'이란 다름 아닌 캅이 말하는 그리스적인 것과 히브리적인 것의 결합적 실체를 말한다. 그러나 '한국적 화합'의 눈을 가진 수운의 눈에 비친 서학이란 "이치인즉 다른" 것이었다. 이러한 차이에서 '동학'이 나타난다.

그리스인들이 비합리적 또는 반이성적이라고 생각한 것은 모두 여성원리에 속하는 것들이다. 그리고 이러한 E형 논리와 동양적인 것들은 모두 악마화되어, 제우스의 타이폰 살해는 비합리적 혼돈(chaos)의 세력을 정복한 것으로 생각되었다. 또 소크라테스의 장엄한 죽음은 이성의 승리를 상징적으로 보여 주는 사건이었다. 죽음이라는 비합리적 세력을 이성으로 장엄하게 극복했다는 것이다. 불교의 경우 이성은 무상하며, 합리적 자아란 없는 무아일 뿐이다. 이 점은 그리스인들에게는 찾아볼 수 없는 요소이다.

---

5) 김상일, 『동학과 신서학』, 232~233쪽.

그런데 서학이라 불리는 그리스와 히브리의 두 전통은 그 남성적 성격에도 불구하고 존재구조가 아주 달랐다. 수운의 존재가 특이한 이유는, 그가 체험한 신은 히브리의 그것처럼 '인격적'이었다는 점이다. 그는 신과 직접 대화를 했다. 그리고 수운은 기독교의 신에 대한 이해를 반대한다. 사실 수운이 살았던 당시 유교나 불교는 모두 아시아 숲을 배경으로 등장한 종교로서 비인격인 범아일체汎我─體였다. 그런 상황에서 신과 직접 대화하는 것은 차라리 경이로운 일이었다.

그가 기독교적 신에 대해 비판한 이유는 바로 신을 초월화시켜 버린 점이었다. 그는 "나의 마음이 너의 마음"이라는 신의 음성을 직접 들었다. 그는 하늘이 곧 사람이고 기를 통해 신과 인간이 하나라고 생각했다. 그는 '지기至氣'를 통해 인격을 확장하여 우주에까지 미치는 것으로 보았다. 우주 전체가 하나의 인격체였던 것이다. 천주란 지기가 전개된 다른 모습에 불과하다. 수운에게 와서 비로소 '동東' 개념의 토착화를 위한 '인격'과 '비인격'의 지평융합이 일어난다.6)

2. 문명사의 진단

문명사文明史의 진단을 두고 단군신화의 호虎·웅熊 개념에 있어서, 곰과 같이 주관적 자아의 의식세계를 중심으로 하여 외적 대상을 이해하는 철학을 '향내적'이라 하고 반대로 호랑이와 같이 바깥의 객관세계를 중심으로 하여 자아와 사물을 이해하려는 것을 '향외적'이라고 한다. 동양과 서양의 철학을 나누는 주요한 기준 가운데 철학을 크게 향내적인 것과 향외적인 것으로 나누어 생각할 수가 있다. 내 속에 내외가 있을 수 있고 또

---

6) 김상일, 『동학과 신서학』, 242~243쪽.

외 속에 내외가 있을 수 있기 때문에 내외를 나누는 절대적인 기준이란 있을 수 없다. 그러나 대별해서 볼 때 서양철학은 그 일반적인 특징이 향외적이라 할 수 있고 동양철학은 향내적이라 할 수 있다. 물론 서양철학을 다시 향내와 향외로, 동양철학 역시 다시 향내와 향외로 나누어 볼 수 있다. 이런 현상을 '양론兩論 현상' 즉 '프랙탈'이라고도 한다. 일정한 기준을 정해 놓고 비슷한 장소와 비슷한 시기에 등장한 철학을 향내적인 것과 향외적인 것으로 나누어 그 특징을 고찰하는 것은 매우 중요하다.

심리학자로서 처음으로 향내와 향외 문제를 거론한 이는 융이다. 융에 의하면 호랑이와 같이 인간의 '생명력'(libido)을 밖으로 분출하여 외적 사건이나 사물 등에 관심과 흥미를 보이고 그런 것들과의 관계를 중요시하는 자아를 외향적 자아라고 부른다. 이들은 외적 요인에 의하여 동기유발이 잘 되고 사교적이며 주위 환경에 영향을 잘 받는다. 그리고 외부세계에 도전하기를 좋아하며 논쟁과 투쟁을 즐긴다. 이들은 투쟁을 통해 자기가 사는 세상을 쉽게 변혁시킬 수 있다고 믿고 그렇게 행동한다. 이러한 외향적 인간상은 동양적이라기보다는 서양적이다. 토론문화의 발달과 다윈의 적자생존의 이론 역시 모두 외향적 인간상을 그대로 반영한 것이다.

서양이 바깥으로 눈을 돌려 동양을 공략하고, 또한 지금은 우주 바깥으로 우주선을 쏘아 올리는 것도 모두 동양적 인간상에서 발견할 수 없는 그들만의 외향적 특징이라고 할 수 있다. 이러한 서양의 외향적 특징에 관하여 수운은 "서양 사람은…… 일을 이루지 못함이 없고 무기로 침공함에 당할 사람이 없다 하니"[7]라고 했다. 그런데 이렇게 바깥 지향적인 서양의 약점이 내면성의 빈곤에 있다고 본 수운은, 동학이 서학을 극복할 수 있는 방법은 바깥으로 눈을 돌리는 데 있는 것이 아니라 내면세계의 위력을 다시 찾는 데 있다고 보았다. 왜냐하면 동양(인)의 장점은 곰과 같이 내향적

---

7) 『東經大全』, 「論學文」.

인 데 있다고 보았기 때문이다. 이 점은 다산과 수운의 다른 점이기도 하다. 다산은 서학의 바깥 지향적인 문물을 적극적으로 수용해야 한다고 보았는데, 이러한 외향적 자아의 강조는 물론 성리학이 너무 내향적인 데 대한 반작용의 결과라고 볼 수 있을 것이다. 반면 수운은 누구보다 당시의 사회와 국가의 운명을 생각했다. 보국안민輔國安民, 광제창생廣濟蒼生의 격구가 바로 그것이다. 그 해결의 방도로서 수운은 내적 힘의 발굴에서 찾았으며 성리학에서 벗어나는 길로 '한울님'이란 타자에게로 눈을 돌렸다. 그리고 타자는 다시 내재화되어 소용돌이 속의 소용돌이가 만들어졌다. 이런 자아의 '중앙화'에 성공한 동학은 드디어 거대한 힘을 발휘하여 구한말 한국 사회를 진동시켰던 것이다.

수운의 동학은 보편적인 '도'에서 특수성의 '학'을 구별하였지만 이것이 자문화중심사상에서 연유한 타문화에 대한 배타주의는 결코 아니다. 도리어 타자언급을 위한 전제로서 자문화중심주의인 것을 말한다. 그래서 수운은 불교, 유교, 도교 그리고 기독교의 사상마저 수용하여 통전적 철학을 제시하고 있다. 그리하여 구한말 한국사회를 진동시킨 그 작용성은 유례가 없을 정도로 가히 폭발적이었다고 할 수 있다.[8]

수운의 '동학' 개념은 자기언급적 자기의식으로 이해할 수 있다. 수운은 몇 개의 주문을 우리에게 남겼다. 그 가운데 초학자들이 암기해야 할 초학주문初學呪文은 "위천주고아정영세불망만사의爲天主顧我情永世不忘萬事宜"이다. 동학 연구가들은 본주문本呪文 "시천주조화정영세불망만사지侍天主造化定永世不忘萬事知"와 강령주문降靈呪文 "지기금지원위대강至氣今至願爲大降 시천주조화정영세불망만사지侍天主造化定永世不忘萬事知"의 21자만 중요시할 뿐 이 초학주문을 경시하지만, 초학주문은 반드시 본주문과 연관시켜 이해해야 한다. 여기서 중요한 부분은 '고아정顧我情' 즉 "자

8) 김상일, 『동학과 신서학』, 112쪽.

기의 정을 돌아본다"는 것이다. 이는 마치 소크라테스의 경구와 같은데, 수운은 틀림없는 자기언급에 관하여 말했다. 푸코가 말한 '자기의식'이란 점에서는 같다. 그러면 소크라테스와는 어떻게 다른가?

소크라테스가 "너 자신을 알라"고 할 때의 자신은 합리적이고 이성적인 존재이다. 그러나 이러한 합리적 자아는 19세기 경 파산선고를 당하고 만다. 유교의 경우 역시 마찬가지이다. "하늘이 명한 것이 성性이고 이 성을 다스리는 것이 도道"라고 했을 때, '자기의 성'을 다스린다는 것도 일종의 거울보기 행위이며 자기언급적 행위라고 할 수 있다. 그러나 성리학에 이르러 '성性'은 초월적 '리理'와 결부되면서 그 내용이 메마른 뼈와 같이 앙상하게 변하여 무의미한 것이 되고 말았다. 수운 시대의 성은 이러한 처지에 있었다. 서양의 '이성'과 동양의 '리'가 같은 국면을 맞게 된 것이다. 그래서 수운은 인간을 '정情'으로 파악한다. 기氣와 리理가 '정情'에서 발한다는 율곡의 사상적 전통을 그대로 이어받은 것 같다.9)

철학자 박종홍은 한국의 주도적 사상을 리기일원론理氣一元論으로 보면서, 또한 무巫적으로만 볼 수 없으며 선仙적인 요소를 포함시켜야 한다고 했다.10) 한국 선층仙層의 이러한 양면적 성격은 바로 원시적 존재구조와 차축시대의 존재구조를 매개시켜 양자 사이의 긴장을 완화시키고 한국적 화합으로 가는 길잡이가 된다. 단군신화에서 단군이 신선으로 화해 버리는 것도 다름 아닌 무층巫層에서 선층으로의 자연스런 변화의 모습이라고 할 수 있다. 이는 문명사의 이해를 위해 매우 중요한 것으로, 그렇다면 한국의 선층은 어떻게 이러한 특징을 갖게 되었는지 의문이 생긴다. 다시 말하면, 단군의 '홍익인간弘益人間', '재세이화在世理化'는 합리성과 고도의 윤리성을 지닌 것으로서 그것은 이미 무적 단계에서는 발견할 수 없는 요소들인

---

9) 김상일, 『동학과 신서학』, 114쪽.
10) 박종홍, 『한국사상사』(서울: 서문당, 1979) 참고

데, 그러한 특징이 나타나게 된 배경을 살펴볼 필요가 있다는 것이다. 과정철학을 통해 한국사상의 특징과 그 배경을 고찰해 보도록 하자.

3. 과정철학을 통해

1. 신서학에 대해

야스퍼스의 차축시대이론은 인간의식의 진화를 시원적으로 본 데서 내려진 결론이다. 고운 최치원의 「난랑비서」는 이러한 차축시대이론을 뒤집는, 그리고 동북아시아의 역사 재평가라는 과제를 제시하는 자료이다. 이런 시각에서 볼 때 존 캅의 이론은 야스퍼스의 것보다는 훨씬 더 비시원적인 방법론에 접근하고 있는 것 같다. 그는 인간의 의식이란 무의식에서 의식으로 지향하는 것이 아니라 축적(accumulation)되는 것이라고 보았다. 그리하여 '기독교적 존재'(Christian existence)란 바로 원시시대의 존재(primitive existence)와 차축시대의 존재(axial existence)가 축적된 것이라고 보았다. 즉 기독교는 신화, 주술(병 고치는)의 원시적 존재의 성격과, 차축시대의 가치인 사랑이나 정의 같은 규범을 동시에 포함한다는 것이다. 이것은 마치 최치원이 풍류도와 삼교를 갈등 없이 본 것과 비슷하다. 이러한 캅의 축적이론은 A. N. 화이트헤드의 과정철학의 이론을 도입한 결과이다.

과정철학은 서양 전통철학의 이원론적 성격을 배격하면서 의식과 무의식을 하나의 '사실존재'(actual entity)로 묶어서 생각한다. 캅은 기독교를 이러한 사실존재적인 성격으로 보아 원시적인 동시에 차축시대적인 통전자通全者로 보았다.[11] 이와 같은 캅의 과정철학적 방법론은 고운의 글을 이해하는 데 있어 야스퍼스의 이론보다 거부감이 훨씬 덜하다. 한국에서는

---

11) 김상일, 『동학과 신서학』, 306~307쪽.

역사적으로 볼 때 유·불·도 삼교와 '원시적 존재구조'에 해당하는 무巫와 '문명적 존재구조'에 해당하는 '선仙'이 있어 왔다. 한국 문화의 특징은 바로 여기서 찾아야 할 것이다. 동학의 존재구조는 차축시대의 여러 요소와 차축시대 이전의 여러 요소들을 모두 습합하고 기독교적 존재구조마저 수용하여 새 틀을 짠 것이라고 할 수 있다. 동학의 등장을 단순히 조선이라는 제한된 공간 속에서 단말마적으로 일어난 하나의 현상으로만 이해한다면 그 내용을 충분히 이해할 수 없을 것이다.

수운의 문명 감각은 "유도 불도 누천년에 그 운이 역시 다했다"에 잘 나타나 있다. 수운의 문명 감각에 따르면, 문명에는 한 시기의 대단원의 막을 내리고 새로운 문지방을 넘는 시기가 있다. '선천시대'(Pre-Heaven period)와 '후천시대'(Post-Heaven period)로 나누는 것이 바로 그것이다. 선천과 후천의 두 대문을 지나가는 과정에 몇 개의 문지방이 있는데, 수운은 자기 시대가 바로 선천시대에서 후천시대로 넘어가는 문지방에 해당한다고 보았다.

존 캅은 인류 문명은 시대마다 '문지방을 넘는'(the crossing of a threshold) 시기가 있었다고 하였다. 샤르댕이 500만 년 전 인간의 등장을 시작으로 차례로 '지질권'(geo-sphere), '생명권'(bio-sphere)으로 분리한 데 대해 캅은 샤르댕이 말하는 기원전 5000년을 전후한 시기를 '정신권'(nou-sphere)이라 하여 인간이 문지방을 넘는 사고에 국한시켜 존재구조를 말했다. 이에 비해 초인격 심리학에서는 우주가 생긴 이후 인간과 물질적-자연이 분별되지 않는 '전분별적'(pre-differentiation) 또는 '전자아'(pre-ego)라는 전제가 문명사를 이해하는 필수적인 요건이 된다. '자아'(ego)와 '초자아'(trans-ego)의 구조를 이해하려면 '전자아'가 필수적으로 전제될 수밖에 없다. 그래서 이러한 3원적 요소에 의해 문명사를 진단하는 작업은 '초인격 심리학'(transpersonal psychology)의 손으로 넘어갈 수밖에 없다.

인간의 등장은 첫 번째 문지방을 넘는 행위였다. 두 번째 문지방은 기원전 4000년 경으로, 인간역사 속에서 이른바 '문명'이 그 첫 발을 내딛는 시기이다. 이때 '정신'이 싹트기 시작한다. 신화적으로는 태모(Greater Mother)가 상징으로 나타난다. 샤르댕은 이를 비로소 정신권(Nousphere)이 나타나는 시기라고 했다. 캅은 이때의 인간존재를 '문명적 존재'(civilized existence)라고 했다. 이 존재구조에 의해 동물적 인간이 유인원적 조상에서 인간으로 진입하는 데 성공하게 된다. 세 번째 문턱은 칼 야스퍼스가 말하는 '차축시대'에 해당하는 시기의 문턱이다. "인간존재에 있어서 매우 의미심장한 발전이 기원전 1000년 경에 각각 독자적으로 중국, 인도, 페르시아, 팔레스타인, 그리스에서 발생했다는 것이다." 우리는 이 차축시대를 향도한 인물들이 모두 남성들이라는 데 주목해야 한다. 캅도 야스퍼스도 이 점을 간과했다. 그리스의 소크라테스나 동양의 붓다 같은 문화 영웅들은 기원전 2000년 경, 즉 청동기시대를 배경으로 한 가부장들의 대표격들이다. 청동기시대에는 땅에 대해 하늘이, 태모에 대해 제우스가 등장하는 등 남성신들이 대거 등장한다. 그리고 이들 남성신들은 밝은 태양을 상징으로 삼는다. 그래서 윌버는 이 시기를 '태양화시기'(solarization age)라고 했다.

수운은 문명시대와 차축시대를 모두 묶어 '선천시대'라 했다. 선천시대가 바로 태양화시기이다. 그렇다면 수운의 역사감각은 바로 선천시대의 종언, 곧 주로 차축시대의 종말을 선언하는 것이라 할 수 있다. 불교적·소크라테스적·예언자적 존재란 차축시대를 대표하는 존재구조들이다. 여기서는 차축시대의 그 유사성을 근거로 원시적 존재구조를 무층巫層, 호머적 존재구조를 선층仙層, 차축시대의 존재구조를 철층哲層, 불교적 존재구조를 법층法層, 그리고 동학이 등장하는 후천시대를 연층然層이라는 말로 나누어 표현한다. 우리 문화와의 비교·이해를 위해서이다. 이러한 문명의 층은 인간 개인 내면의식의 층인 동시에 인간 뇌구조의 특징이기도 하다. 윌버는 이러한 층을 문명사 및 인지발달심리학과도 연관시켜서 그의 초인격

심리학으로 전개하고 있으며, 개체발생과 계통발생을 연관시키고 있다. 그리고 이러한 방법론은 캅의 신서학의 존재구조론에도, 동학의 존재구조론에도 적용되고 응용될 수 있다.12)

2. '영지주의'와 '포함'

예수와 바리새인들 사이에는 자유의 개념에서 큰 차이가 있다. 바리새인들은 인간의 자유가 신의 요구에 따라 '행하는'(to do) 데 달려 있다고 보았지만 예수는 인간은 자유롭게 '되어 있다'(to be)고 가르쳤다. 이 얼마나 큰 사고의 전환인가? 수운에게 있어서 천天은 규범이 아니고, 인간 자신이 바로 천이었다.

예수는 서슴없이 원시적 존재의 전형적인 특징이라고 할 수 있는 기적과 신화적인 언행을 행했다. 예수의 처녀탄생설화와 부활은 그리스적 · 예언자적 존재 모두가 이해하기 힘든 사건들이었다. 부활사건은 원시적 · 예언자적 존재를 하나로 묶는 사건이었다. 죽은 자의 부활은 이미 고대 수메르 신화에도 나타난다. 인안나 여신의 저승여행과 부활은 세계 부활신화의 원형이 되고 있다.13) 그러나 예수의 부활은 결코 농경사회의 다산과 풍요에 관련된 것이 아니었다. 그의 부활의 의미 속에는 종말론적 결단을 촉구하는 것이 내포되어 있다. 그것은 임박한 종말과 다시 올 것이라는 긴장감 속에서 회개와 각성을 촉구하는 것이었다. 그래서 신의 현재적 직접성을 부활사건만큼 강하게 지니고 있는 것도 없다. 예수의 다른 기적 사건들도 모두 기적 그 자체에 의미가 있는 것이 아니라 신의 영광과 이웃에 대한 사랑의 표현을 내포하고 있다.

이렇게 볼 때 예수의 존재구조는 매우 특이한 특징을 가지고 있다. 예수

---

12) 김상일, 『동학과 신서학』, 190~193쪽.
13) 조철수, 『수메르 신화』(서울: 서해문집, 1996), 105쪽.

는 원시적 존재뿐만 아니라 차축시대의 존재도 함께 융해시켜 놓은 존재구
조를 가지고 있는 것이다. 이러한 예수의 존재를 캅은 '영적'(spiritual)이라
고 했다. 영적이란 말은 많은 의미와 오해의 소지를 지니고 있다. 우선 원
시적 · 정령주의적 '영靈'을 생각할 수 있고, 다음으로 그리스 영지주의靈知
主義와 동양종교 일반에서 말하는 영을 생각할 수 있다.

원시적인 것은 한국에서는 '무巫'적인 것이다. 원시적 존재에서 수용의
식이란 능동적이 아니라 수동적인 것이며 '신남'이 아니라 '신내림'이다.
무巫에서 선仙으로 옮겨지면서 '신내림'에서 '신냄'으로 변한다. 그러나 문
화권에 따라서는 이런 변화가 일어나지 않고 무적인 상태 그대로 머물러
있는 경우도 있다. 대체로 북위 33~43도 내의 문화권에서는 무에서 선으
로 바뀌지만 그렇지 않은 지역에서는 무의 상태가 그대로 머물러 있거나
사라져 버린다.[14]

기독교의 '영적'이란 요소는 유대인들이 거리끼는 것이요 그리스인들이
미련시한 것이었다. 그러나 초대기독교인들은 영적 경험 속에서 자신들이
신을 위해 존재한다는 느낌과 신은 하늘에 초월해 있는 동시에 자기에게
성령으로 쏟아 부으시는 분이라는 사실도 알고 있었다. 한국에 기독교가
전달되었을 때 다른 아시아문화권에서와 달리 급속하게 전달된 큰 이유도
기독교가 가지고 있는 이러한 영적인 요소와 무적인 요소가 만나는 데 있
었다. 그리고 수운이 서학과 그 운이 같다고 한 것도 결국 이러한 영지주의
적 요소를 무시하고 생각할 수 없다.[15]

과정신학(과정철학)을 두고 고려할 개념이 영지주의와 더불어 풍류도風
流道의 '포함包含' 개념이다. 풍류도란 바로 선층仙層의 대표적인 사상이
다. 무巫에서 갓 넘어와 무적인 요소가 담겨져 있으며 아직 합리적 자아가

---

14) 유병덕, 「한국종교맥락에서 본 원불교사상」, 『문산김삼룡박사 회갑기념논문집』(익산: 원
    광대학교 출판부, 1985), 37쪽.
15) 김상일, 『동학과 신서학』, 265~266쪽.

나타나지 않은 층이 선층이다. 선층이 파열되면서 유럽·인도·중국 등지에서 3중주의 균열현상이 나타났던 것이다. 차축시대에 접어들어 동북아시아 동이 지역에서는 이런 균열현상이 나타나지 않았지만 춘추전국시대를 맞으면서 중국에는 초하草夏계를 중심으로 하여 균열이 생기면서 선층이 파괴된다. '포삼교包三敎'에서 '포包'는 집합적 개념으로, 요원에 대한 부류적 개념(Meta:집합 개념, 부류 개념, 品格)이다.

풍류도가 삼교의 요소를 포함할 수 있다는 것은 부류적 성격을 지니고 있음을 뜻한다. 삼교가 대상적이라면 풍류도는 메타적(품격적)이다. 중국이나 인도, 유럽에서 이런 메타적 성격의 무와 선층을 파괴시켰다는 것은 후대 사상에 심각한 이원론을 유발시키는 원인이 되었다. 여기서 풍류도의 메타적 성격에 대한 논란을 소개해 둘 필요가 있다.

「난랑비서」의 '포삼교包三敎'를 두고 "삼교를 포함한 것으로"라고 번역하는 것은 마치 유·불·도 삼교가 포함되어 풍류도가 만들어진 것처럼 해석됨으로써 풍류도가 우리 고유의 사상이 아니라 외래 삼교가 들어와서 만들어진 껍데기처럼 보이게 한다. 이에 대해 사전적 의미로 '포함包涵'과 '포함包含'을 구별해 보면, 전자는 "밖으로부터 널리 모아 쓰다"로서 포섭이나 포용의 의미가 있고 후자는 "이미 그 속에 들어 있다"는 뜻이라고 한다. 근대적인 표현을 빌리면 전자는 A형적이고 후자는 E형적이라고 할 수 있다. 따라서 「난랑비서」의 '실내포함삼교實乃包含三敎'라는 말은 "근본적으로 삼교의 사상을 이미 자체 내에 지니고 있다"로 번역해야 한다.[16] 중요한 지적이다. 이 경우 '포삼교'는 고유한 풍류도가 있어서 그것이 부류격의 메타가 되어 요원격 대상인 삼교를 그 자체 안에 지니고 있는 것으로 해석된다. 삼교가 외부에서 이입된 것이 아니라는 것이다. 풍류도와 삼교는 이

---

16) 안창범, 『민족사상의 원류』(서울: 교문사, 1988), 240쪽; 안창범, 『우리 민족 고유사상』(서울: 국학자료원, 1997) 참고

와 같이 '포함包含' 관계에 있다.

아무튼 고운은 중국으로 건너가서야 풍류도의 메타적 성격을 재발견했다. 그런데 메타와 대상은 위계적인 관계에서는 안 되고, 상호 되먹임하는 관계여야 한다. 바로 고운의 건너감과 돌아옴을 통하여 대상과 메타의 되먹임 현상이 일어났으며, 여기서 창조적 변혁이 가능해진다. 대상은 부분적이고 메타는 항상 전체적인 성격을 지닌다. 그리고 메타는 대상과 되먹임을 하기 때문에 대상의 내용에 따라서 메타 역시 그 성격이 커지고 풍부해질 수 있다. 고운은 풍류도 안에 있는 원시적 유·불·도의 봉아들을 살리는 동시에 중국에서 차축시대에 들어와서 독자적으로 발달하고 심화된 유·불·도들로써 다시 채웠던 것이다.

메타와 대상의 되먹임은 바로 카오스현상으로, 이는 거울이 반사하고 반사되는 것과도 같다. 이제 1천 년이 지나 고운의 27세손인 수운이 이렇게 심화·발전된 유·불·도에 새로 들어온 서학까지 수용하여 품격으로서의 풍류도로 다시 되먹임시킨 것이다.[17] 여기에는 고운이 아직 몰랐던 신유학이라는 삼교를 포함包涵시킨 요소가 첨가되어 있다. 신유학의 삼교는 포함包含이 아닌 포함包涵이지만, 수운에게는 풍류도라는 되먹임된 변수가 있었기에 개별화된 삼교를 다시 하나로 묶을 수 있었다.

3. 지기철학의 의미

수운의 득도체험 속에는 기독교적이며 불교적인 색채가 있기는 하나 아주 다르다. 인격신 '천주天主'와 비인격적인 '지기至氣'를 동시에 체험하는 것이 수운의 독특성이다. 절대무와 인격신에 대한 동시체험을 한다. 이는 불교적인 것과 기독교적인 것의 종합과도 같다. 인격과 비인격의 종합이라는 그의 사상 속에는 그의 생애가 반영되어 있다.

---

17) 김상일, 『동학과 신서학』, 308~309쪽.

기독교는 이웃에 책임적이다. 이를 '사랑'이라고 한다. 기독교의 궁극성은 사랑의 실천에 있다. 불교는 자아를 철저하게 부정하는 것을 궁극적인 것으로 본다. 소승불교에서는 더욱 그러하다. 그러나 대승불교의 보살사상은 이웃에 대한 대자대비大慈大悲가 그 핵심이다. 그런데 기독교의 사랑이 갖는 문제점은 사랑하는 주체와 사랑받는 객체를 엄격하게 나누려는 데 있다. 즉 사랑하는 주체인 자아 그 자체는 그대로 남게 된다. 그런 점에서 불교는 이러한 구별자체도 없어야 한다고 한다. 존재의 자리를 떠나라는 것은 사상의 주체마저 버리라는 것이다. 소승불교는 깨달음을 통한 자기초월로 가능하며 대승불교는 기독교와 유사한 이웃사랑을 강조하는 보살사상이 있다. 그런데 기독교나 불교가 모두 겸하고 있는 큰 과오는 자아를 부인하라고 가르친 붓다나 예수 자신을 숭배나 예배의 대상으로 삼고 있다는 점이다.

불교는 예배의 대상이 되는 붓다를 '보신報身'이라는 이름으로 교리화시키고 있다. 몸으로서의 붓다가 진리 자체로서의 붓다인 '법신法身'에 도달하기에는 아직 인간의 근기가 모자라는 그 중간 단계에 보신이 있다. 이러한 불교의 불신관佛身觀은 동학에 그대로 수용되어 '향벽설向壁說'과 '향아설向我說'로 발전한다. 향벽성이란 불교의 보신관을 두고 하는 말로서 벽에 객관적으로 모셔두는 부처를 이르는 말이다. 동학(천도교)에서는 향아설에 근거하여 신과 인간이 합일된 인내천을 궁극적이라고 본다. 그러나 불교에서는 인간의 근기에 따라서 달라질 뿐이다. 보신관과 향벽설은 A형 논리이고, 법신관과 향아설은 E형 논리이다. 불교에서 '아미타불'은 향벽적이고 '관세음불'은 향아적이다. 그래서 불교의 가장 대표적인 염불인 '나무 아미타불 관세음보살'은 향벽과 향아를 동시에 고려한 염불이라고 할 수 있다. 이러한 염불을 계속할 때에 주·객관이 전환되고 순환되는 현상이 일어난다. 한편 동학의 '지기至氣'를 부르는 강령주문은 향아적이고 '천주'

를 찾는 본주문은 향벽적이다. 이는 불교의 염불과 그 구조에서 같다고 할
수 있다. 즉 주·객을 전환시킨다는 점에서는 같다. 이는 결국 향내향외向
內向外의 문제로, 융의 말대로 '중앙화'가 이루어져야 한다.[18]

그런데 수운의 초학주문은 실로 획기적이다. 이는 동·서양의 차축시대
가 버린 원시적 '정情'이란 말을 다시 거두어들인 것이다. 감정이 주된 원
초적 근거가 될 수 없다고 한 점에서는 그리스, 인도, 중국에서도 예외가
아니다. 그러나 수운은 초학자들에게 처음으로 자기의 정을 돌아보라고 하
였다. 여기에 한국 근대화의 맥박이 고동치고 있었으니, 이것이 다가오는
감성의 시대에 '고아정顧我情'이 갖는 의미이다.

성과 이성이 좌회적이라면 정은 우회적이다. 초월적인 신비경에 들어가
자기를 관조할 것을 전하지 않고 자기의 밑바닥에 있는 정을 감지해 보라
는 것이다. 감정에 충실하라는 것이다. 율곡이 말한 '기氣'가 발하는 자리
(氣發)가 바로 '정'이지만, 수운은 천주를 '성性'이나 '덕德'으로 파악하지
않았다는 점에서 유교와 다르다. 또한 불교는 마음(心)을 깨달으라고 하지
만 그 마음의 진액이 다하여 마음이 허황해지고 말았다고 보아서, 수운은
'마음 심'(心) 대신에 정情을 본심本心으로 대치한다. 감정과 기가 함축된
마음으로 돌아가야 한다는 것이다. 그리하여 그는 정기본심이 있는 자리를
바로 선층에서 찾았다. 불교에서 볼 때 색의 덩어리로서의 '정'은 사람을
미망에 빠뜨리는 낮은 층에 속하는 것으로서 바른 깨달음을 흐리게 하는
요소이다. 그러나 수운은 과감하게 이러한 정을 돌아보라고 했다. 수운은
의식의 무층과 선층으로 내려가서 거기서부터 정신적 저력을 발견해 낸 것
이다. 여기에 바로 동학의 위대한 힘이 있다.[19]

차축시대에 들어와 인류는 이러한 저력을 상실하고 말았다. 프로이트가

---

18) Carl G. Jung, *The Archetype and The Collective Unconsciousness* (Princeton: Princeton Univeersity Press,
   1959) 참고; 김상일, 『동학과 신서학』, 351~352쪽.
19) 김상일, 『동학과 신서학』, 354~355쪽.

이를 회복했으나 신을 잃은 대가로 저력을 상실한 것이다. 그러나 수운은 '천주'를 찾음으로써 '정'을 회복시킨다. 물론 천주의 인격성은 지기철학至氣哲學의 비인격성을 토대로 하여 신 개념으로 정립된 것이다. 이렇게 동학의 신, 한울님은 그 속에 '정'이 묻어 있다. 한민족은 오랫동안 '한울님'에 정들어 있었기 때문이다. 한국의 '정' 앞에 서양의 '사랑'은 비교가 된다. 정은 너와 내가 하나가 되게 하지만 사랑은 주·객을 나누어 놓아야 가능하다. 그래서 우리는 '사랑한다'고 하기보다는 '정든다'고 한다.

4. 동학의 신관에 대해

동학은 그 사회적 성격이 성숙해지면서 그 사상 가운데 주요 부분인 신관神觀 또한 변화·발전해 간다. 수운은 처음에 환청과 환시를 기대했을지도 모른다. 그러나 그는 을묘천서乙卯天書 이후 그것을 넘어서 인격신과의 직접적인 대화를 하는데, 다시 그는 인격신도 넘어선 초자아—비인격적인 '무위이화無爲以化' 또는 '지기至氣'에 호소한다. 그러면서 또다시 '한울님'을 찾기도 한다. 그렇다면 그에게 있어 인격과 비인격의 구별은 무의미하며 양자는 상호재귀적 관계 속에 있다고 할 수 있다. 비인격에서 나와서 인격으로, 그리고 다시 비인격이 되고 또다시 인격으로 들어간다. 이 말은 한울님이 지기가 되고 다시 한울님이 되는 과정이 되먹임한다고 볼 수 있다. 이 신관이 수운 사상에서 가장 쟁점이 되는 부분이다.[20]

서학의 신관은 공격적인데, 이는 다름 아닌 아리스토텔레스의 A형 논리에 기인한다. 그리스의 합리적 자아나 히브리의 인격신관이 진취적인 역사의식을 고취시켜준 것은 사실이다. 하지만 그래서 여성과 자연을 무참하게

---

20) 김상일, 『동학과 신서학』, 86~87쪽.

파괴시킨 것도 사실이다. 서교는 그리스사상과 결탁하여 서학이 됨으로써 수많은 이단자를 처형하고 여자를 마녀사냥하는 과오를 범했다. 반면 E형 논리에 의한 동양의 범아일체사상은 자연과의 조화에는 기여했으나 역사의 역동성 앞에서는 무기력하였다. 구한말 많은 실학자들이 천주교를 수용하게 된 가장 큰 이유도 바로 동양 역사에서 잃어버린 인격신을 발견하고 서교를 통해 역사의 역동성을 다시 회복시키려 하는 데 있었다.

수운은 자연을 파괴시킨 기독교와 유교, 그리고 역사를 상실한 도교와 불교에 대하여 희망을 걸지 않았다. 이것이 동학의 새로운 신관이 등장한 진정한 이유이다. 여기서 동양의 대안이 서양일 수 없고 서양의 대안이 동양일 수 없는 이유를 발견하게 된다. 서양 것이든 동양 것이든 그 운이 다한 데 문제가 있다고 본 것이다. 양자를 종합하는 새로운 기틀이 나타나야 한다. 그것이 동학이다.[21]

동학의 신관은 고운의 선仙사상을 통해 그 고전적 형태를 살펴볼 수 있다. 고운은 선에 관하여 직접 글을 쓰기도 했지만, 당나라에서 돌아오기 전에 지은『제사祭詞』및 돌아온 후에 지은 「서산비명四山碑銘」, 「난랑비서」만이 고운의 선사상을 파악할 수 있는 현존자료들이다.

고운의 글들을 종합해 보면 한국 선仙이 중국 선과 달리 현실과 초현실을 조화시킬 수 있었던 비결이 비교적 선명하게 나타난다. 도교가 중국에서 한국에 전달되었을 때 별다른 거부감 없이 자연스럽게 수용될 수 있었는데, 이것은 구한말 기독교가 전래되었을 때에도 마찬가지였다. 그런데 두 종교는 하나의 공통성을 지니고 있다. 도교는 고구려 망국의 원인이 되었으며, 기독교의 전래 이후 20년이 못되어 나라를 일본에 빼앗기고 말았다. 그 이유를 우리는 이 두 종교가 한국 선맥이 지닌 이중적 양면성을 파괴했기 때문이라고 할 수 있다.

---

21) 김상일, 『동학과 신서학』, 366쪽.

한국 선맥은 인격적인 실재와 비인격적인 실재를 조화시키는 비법을 가지고 있었다. 그러나 기독교는 인격적인 측면을, 그리고 도교는 비인격적 측면을 강조하여 그 조화를 깨뜨리고 말았다. 그 결과 국론이 분열되고 사상이 갈피를 잡을 수 없게 되어 나라를 망치고 만 것이다. 이는 『규원사화』의 저자 북애자도 애통해 하고 있는 점이다. 북애자 역시 국망과 만주땅 상실의 원인이 고유 선맥의 파괴에 있다고 보았다. 고운은 두 실재를 절묘하게 조화시키는 선사상 즉 풍류도를 가지고 있었다. 그는 단군이 왕이면서 선인이었다는 말에 귀를 기울인다. 그리고 수운은 바로 고운에게서 선사상의 맥을 직접 이어받게 된다.[22]

반고신화에서 반고는 알 속에서 스스로 깨어져 나오고, 다시 자기가 나온 것으로 변화한다. 즉 무한이 유한 속에서, 그리고 유한이 무한 속에서 되먹임한다. 현대과학에서는 이런 우주관을 '자기조직적'(self-organizing)이라고 한다. 자기조직은 곧 자기언급으로, 이러한 자기언급을 신화에서는 '우로보로스'(Uroboros)라는 뱀이 자기 입으로 자기 꼬리를 물고 있는 상징으로 나타낸다. 후대에 우로보로스가 철학적 개념으로 발전하면서 '무無', '공空', '도道', '기氣' 같은 개념들이 생겨난다. 이러한 개념들은 모두 원시적인 우로보로스에서 유래한다고 할 수 있다. 우로보로스는 위계적 또는 계형적 사고방식이 아닌 순환적 사고방식을 반영한다.

그러나 직선적 사고를 하는 문화, 즉 팔레스타인의 유대—기독교문명권에서는 창조주가 나타나 원환적인 우로보로스 뱀의 몸을 베어버리는 것으로 창조 작업이 시작된다. 천지창조란 결국 우로보로스 뱀을 두 동강 내는 작업에 지나지 않는다. 이런 신화적 상징에서 이원론이 유래한다. 인격신이 하는 제1차적 작업이 우로보로스를 정복하는 것이다.

자기언급은 자기부정을 동시에 수반한다. 신화에서 자기부정이란 신의

---

22) 김상일, 『동학과 신서학』, 317~318쪽 및 321쪽.

자기 죽음을 의미한다. 우주를 창조한 부류격으로서의 자기 자신이 죽을 때에 자기가 포함하고 있는 자기 부분으로 돌아가고 만다. 반고가 죽어 자기가 만든 자연으로 되돌아가듯이, 죽어서 자기가 만든 우주만물의 한 부분이 된다.

이렇게 신화에서 창조주가 다시 피조물이 되는 것, 즉 부류격이 요원격이 되는 것을 '거인시체화생설巨人屍體化生說' 또는 '우주거인형신화宇宙巨人形身化'라고 한다. 신은 전체—부류격으로서의 '신적 영'(Divine Spirit) 또는 '신적 대자아'(Divine Self)로 되기도 하지만 부분—요원격인 '물질'과 합일한다. 신화가 사회제도와 일치된 예를 보면, 인도신화의 거인 푸루샤의 입술에서는 브라만, 양팔에서는 크샤트리아, 두 다리에서는 바이샤, 두 발에서는 수드라가 나왔다고 한다. 그리고 4계급은 사각형으로 4방위, 4계절, 4원소 등이 모두 관계되어 있다.23)

자기언급, 자기부정, 그리고 반대일치의 논리가 절묘하게 표현된 신화가 중국의 『술이기』에 있다. 하늘·땅·귀신을 낳는 귀모鬼母가 자기가 낳은 것을 잡아먹는다고 한다. 정확하게 자기부정 행위를 의미한다. 자기가 낳고 다시 그것을 삼키는 것은 우로보로스적이다. 자기 입으로 자기 꼬리를 물고 있는 우로보로스는 바로 '자기 삼킴'을 상징한다. 낳는다는 행위는 자기의식의 성장을 의미하며 자기가 스스로를 대상화시킨다는 것을 뜻한다. 자기를 자기가 삼킴으로써 다시 자기로 회귀하는 것으로, 상생하고 상극하는 관계를 표현한 것이다. 이를 우주의 '깜박거림'이라고 한다.

이는 위계질서의 파괴가 아니라 부류와 요원격이 되먹임하는 프랙탈 현상을 만들어서 우주의 자기조직하는 모습을 보여 주기 위한 것이다. 이를 동학의 불연기연不然其然 이론으로 설명할 수도 있다. 기연의 사상이 자기언급적 인격신에 관한 사상이라면 불연은 자기부정적 절대무에 대한 사상

---

23) 김상일, 『동학과 신서학』, 33~34쪽.

이다. 그런데 수운의 기연불연은 인격신과 절대무의 조화를 시도하는 사상이며 범재신관적 새로운 신관이라고 할 수 있다.

5. 한국의 선맥

사상사를 이해하는 데 있어 한국의 선층이 어떻게 무와 선을 연결시켜 그것을 차축시대와 관련시키는 '대존재 연쇄고리'의 특징을 갖게 되었는지를 알아볼 필요가 있다. 단군의 '홍익인간弘益人間', '재세이화在世理化'는 합리성과 고도의 윤리성을 지닌 것으로서 그것은 이미 무적 단계에서는 발견할 수 없는 요소들이다. 그러한 특징이 나타나게 된 배경과 이유는 다음과 같다.

한국의 선이 무적인 성격과 철학적인 성격의 양면성을 동시에 지닐 수 있었던 까닭은 한국 선이 중국 선과는 달리 내단적인 특징을 지니고 있었기 때문이다. 이러한 한국선의 내단적인 특징은 단군신화에서 곰이 동굴 속에서 마늘과 쑥으로만 100여 일을 견디어 마침내 인간이 되었다는 설화 속에 잘 나타나 있다. 철학은 근본적으로 "너 자신을 알라"와 같은 자기언급적 반성의식에서 시작된다.

이러한 내단적 성격 없이는 의식이 전환될 수 없다. 무가 선으로, 그리고 철학으로 발전하는 데에서 자기언급적 내단이 필요하다. 단군신화의 천부인天符印 3개 가운데 하나인 '거울' 역시 이러한 내단적 성격을 드러내 보인다. 외관은 자칫 장생불사와 같은 마음이 아닌 몸의 보신과 장생으로 기울어져 쉽게 현대적 기복으로 빠지고 만다. 이 모두가 나르시스의 위험이다. 지금도 홍콩과 대만의 시내 중심가에서 버젓이 성립되고 있는 도교사원에서의 외단적 기복신앙은 중국적 선의 특징을 보여 주고 있다. 청나라가 아편전쟁으로 망한 것은 중국의 외단적 성격 때문이다. 중국을 잠자는 호랑이라고 할 때에 실상은 잠자는 것이 아니라 아편중독에 걸려 있었던 것이다. 이미 고대로부터 고질화된 외단적 성격 때문이다.[24]

중국에서는 차축시대에 들어와 내단적 선과 무를 억압하면서 공맹사상이 등장한다. 이러한 억압적 상황에서 나온 공맹사상 역시 건전할 리 없다. 이런 점에서는 서양의 차축시대와 비슷한 양상을 보여 준다. 이를 일단 '중국적 균열'이라고 했다. 그 이유는 한국의 선맥과 같이 선의 무적인 성격과 철학적인 성격을 조화하지 못하는 데서 나타난다. 그리스의 경우 선적 존재구조에 해당하는 시기는 호머시기라 했다. 좌뇌와 우뇌가 분리되지 않아서 아직 합리적 사고를 완전히 하지 못하고 신화와 역사를 분간하지 못하는 시기라 할 수 있다. 이때의 기록을 위서라고 매도하는 이유도 여기에 있다. 선은 그 존재구조가 매우 애매하여 대부분의 학자들은 무와 선을 구별하지 못한다. 한국에서는 다행히 선층이 분명하여 최치원의 '풍류' 그리고 '수두', '낭교', '신교'와 같은 명칭으로 문헌에 뚜렷이 나타난다. 그리고 단재 신채호는 이러한 선층을 고유한 우리의 대표적인 문화층으로 보았다. 이는 매우 정확하고 중요한 지적이다.

그러나 현재 학계에서는 단재가 주장하는 말귀를 알아듣지 못하고 있는 것이 사실이다. 선층의 유산을 마치 비과학적인 신빙성이 없는 것으로 여기고 있기 때문이다. 이때의 기록이 양뇌 미분리의 상태에서 이루어진 것이라고 하여 그것을 신비·환상의 소산인 비과학적인 것으로 본 것이다. 이러한 이유로 식민사관인 실증사관에 맹목적인 한국학계는 무층뿐만 아니라 선층도 무시하고 있다. 어른이 아동문학을 무시하는 어리석음이다. 사관의 범주오류이다.

한국의 선층은 무층에서 자연스럽게 발전되어 나온 것이다. 철학의 기원

---

24) 김상일, 『동학과 신서학』, 317쪽.

이 그리스 아테네라면 선맥仙脈의 기원은 한국이 아닌가 한다. 그런데 무와 선을 철학에서 도외시하면 '유럽적 균열'이 일어난다. 또한 선층이 파괴되지 않았기 때문에 유가가 선사의 책을 불태워서 일어난 '중국적 균열' 대신 '한국적 화합'의 모습을 보여 준다. 이러한 한국의 선맥은 중국의 문헌을 통해, 그리고 중국 선맥의 연원을 통해 분명하게 밝혀진다. 선층은 도교와 그 형태가 유사하여 중국에서 유입된 도교와 혼용을 빚지만, 중국에서는 『장자』에서 비로소 선인, 신인설이 나올 정도로 『삼국유사』의 단군신화만큼 선맥의 실체를 뚜렷하게 그려낸 예가 없는 것이다.[25]

이젠 차축시대의 철학은 너무 합리적인 것이, 원시적 샤머니즘은 너무 비합리적인 것이 되어 버렸다. 그래서 양자는 모두 대안적 사상이 될 수 없다. 여기에 조화로운 위치에서 등장한 것이 선층이다. 그래서 우리는 동학에서 선층의 실체를 찾아 나서게 된다. 그리고 그 이전에 한국 선맥의 줄기를 찾아보는 것은 동학을 이해하는 데 도움이 될 것이다.

기후적으로 선층은 춥고 더운 곳에서는 일어나기 어렵다. 이는 북위 40도 전후에서 선층이 형성되는 것을 보면 알 수 있다. 선층의 중요성은 바로 유·불·도의 붕아를 잉태하고 있다는 데 있다. 문제는 그것이 전세계적으로 차축시대에 접어들어 3중주의 균열이 생겨난 이후 줄곧 서로 반목질시하는 현상 아래에서 나타난 것이라는 점이다.[26]

고운의 풍류도가 바로 선맥에 해당한다. 그러나 풍류도는 아직 철학의 단계에는 이르지 못한, 양뇌가 분할되기 이전의 의식구조에서 나온 것이다. 철학이란 분할뇌의 소산이기 때문에 거기에 대해서는 긍정과 부정의 양가적 평가를 모두 하는 것이 바른 판단이다. 반면 선층은 아직 문자화하기 이전의 설화들로 가득 차 있으며 기록된 자료 역시 호머의 『일리어드』와

---

25) 유병덕 편저, 『동학·천도교』(서울: 교문사, 1993) 참고; 유병덕, 「한국종교맥락에서 본 원불교사상」, 『문산김삼룡박사 회갑기념논문집』, 36쪽.

26) 김상일, 『동학과 신서학』, 296~298쪽.

같이 신비와 신화적인 이야기들로 되어 있다. 어린이의 동화와 같이 문명의 유년기에 나온 작품이기 때문이다. 그런데 동화를 어른들이 비과학적이라고 매도해서는 안 되듯이 이런 유년기의 문화유산을 비과학적이라고 치부하는 것은 어리석기 짝이 없는 짓이다. 아동문학 그 자체로 문학적인 가치가 있듯이 선층의 유년은 그 나름대로 가치가 있다. 호머의 『일리어드』를 통해 트로이전쟁의 전모를 거의 복원할 수 있듯이 분할뇌 이전의 자료로서도 얼마든지 이면적 역사를 찾을 수 있다. 서양문학의 근원을 거슬러 올라가면 호머의 작품에 통하듯이 말이다. 동학에 이르는 한국의 선맥에 관해서는 남겨진 도가의 사서류를 통해서 간접적으로 아는 길밖에 없다. 직접적인 자료들은 유가에 의해 거의 소멸되고 말았기 때문이다.

6. 무극대도와 '통'의 논리

1. 인내천사상의 유래

'무극대도無極大道'는 외양적 종교를 배격하고 내밀적 종교를 추구하는 고운의 『계원필경』에서 분명해진다.

> 지극한 도는 감각할 수 있는 형체가 없지만 간절하게 마음으로 정성을 다하면 반드시 감이 통할 것이다.[27]

무극대도는 『주역』의 '느껴 두루 통한다'(感而遂通)를 달리 표현한 것으로, 슈온이 말하는 종교간의 초월적 통일의 원리이기도 하다. 어떤 종교인지가 문제가 아니라 "간절한 마음으로 정성을 다하면 반드시 감이 통하는

---

27) 『桂苑筆耕』, 권15.

것이 있다"(精心卽有感必通)에 초월적 통일이 이루어진다는 것이다. 만일 종교가 간절함과 정성스러움을 망각한 채 외양에만 치중한다면 종교간의 대립갈등만 유발될 것이다. 고운의 포삼교包三教 정신이 여기에 있다. 슈온의 초월적 통일도 결국은 고운의 포삼교 정신 같은 것을 두고 한 말이다.

간절함과 정성은 한국 내단에서 유래한 정신이다. 그것을 담고 있는 것이 풍류도이고, 풍류도의 분광分光이 삼교이다. 삼교는 풍류도의 잔상에 불과하다. 풍류도에 포섭되면 통일되고 분단되면 삼교가 된다. 삼교가 외양을 갖출 때는 다르게 보이겠지만 내밀적으로 될 때에는 같아질 것이다. 이러한 고운의 정신은 그대로 수운의 동학에로 전달된다.[28]

풍류도의 내밀적 특징은 '신인합일'인데, 이를 두고 '선화仙化'라 부른다. 신인합일이란 내밀적 종교의 특징으로, 신이 인간에게서 떨어져 있는 것이 아니라 신이 곧 인간이고 인간이 곧 신이다. 이러한 내밀적 종교의 특징은 내단을 통하여 가능하게 된다. '인내천'으로 가는 길이 이와 같이 고운에 의해 닦아지고 있었던 것이다.

2. 초월적 통일론

고운은 존 캅의 방법대로 중국으로 건너갔다가 신라로 다시 돌아왔다. 아예 건너가지도 않는 경우와 건너갔으나 다시 돌아오지 않는 두 경우가 있을 수 있는데, 고운은 '건너감'과 '돌아옴'이란 과정을 통해서 '창조적 변혁'을 단행했다. 그의 포삼교包三教 정신 속에는 이러한 창조적 변혁이 나타나 있다. 그러나 창조적 변혁이 왕·복 행위만으로 저절로 이루어지는 것은 아니다. 서양 신학은 철저하게 A형 논리를 사용하고, 불교는 E형 논리를 사용한다. 따라서 창조적 변혁을 위해서는 우선 논리의 조율이 있어야 한다. 일본의 교토학파가 기독교와 불교의 만남을 시도하여 '아미타 그리

---

28) 김상일, 『동학과 신서학』, 332~333쪽.

스도'를 가능하게 했던 것은 논리의 조율이 있었기 때문이다.

물론 중국에도 선도나 풍류도적인 것이 있었지만 그 성격이 외단적이었다. 그러나 한국은 내단적이었다. 풍류도가 포삼교적일 수 있었던 유일한 근거는 내단적 성격 때문이다. 외단은 외양적이고 내단은 내밀적이다. 이는 중국과 한국을 나누는 기준이다. 중국이 포삼교를 살릴 수 없었던 이유는 그들 선층의 성격이 외양적이었기 때문이다.

내단은 주로 극기수련을 통한 자기초월을 한다. 그래서 내단을 통해서 초월적 통일이 가능해진다. 그리고 초월적 통일은 메타적 성격을 지닌다. 이러한 메타적 성격을 지닌 사상요소 없이는 초월적 통일이 불가능하다. 고운에게서 무극대도의 메타적인 요소는 풍류도였다. 이러한 메타적 성격 없이 '건너감'과 '돌아옴'이란 행위만으로는 결코 창조적 변혁이 일어나지는 않는다. 그런 의미에서 교토학파에서 이런 메타적 성격이 있는 요소를 발견할 수 있을는지는 의심스럽다. 메타적 요소는 물이나 구름처럼 그 자체의 정체가 없기에 모든 것을 포함할 수 있다. 풍류도같이 말이다.[29]

혹자들은 신유학도 포삼교적이지 않느냐고 할 것이다. 그러나 신유학의 경우는 유학의 입장에서 불교와 도가의 사상을 해석한 것에 불과하다. 캅은 신유학의 경우와 같은, 자기 입장에서 남의 입장을 끌어들이는 대화는 넘어서야 한다고 말한다. 주렴계 같은 신유학자들은 불교나 도가로 건너갔다가 다시 유학으로 돌아와 창조적으로 유학을 변혁시켜 신유학을 탄생시켰다. 그러나 신유학자들의 경우 포삼교할 수 있는 메타가 없었기에 유학 속에 다른 두 요소를 끌어들여 접목시킬 수밖에 없었다. 풍류도라는 메타도 속에는 만화경같이 삼교가 모두 포함되어 있다. 이를 분광시키면 다시 삼교의 잔상이 나타난다. 삼교는 풍류도의 잔상에 불과하다.

고운은 풍류도의 잔상들의 관계를 다음과 같이 설명하고 있다.

---

29) 김상일, 『동학과 신서학』, 327~328쪽.

유교의 좋은 가르침으로 때를 잃지 말고 능히 상고의 '풍교風教'를 일으켜서, 영원한 대동의 교화를 이루어 무릇 생명 있는 모든 존재에게 자비를 베풀어서 모두 해탈하게 한다.30)

고운은 이 구절에서 풍교(풍류도)와 유교와 불교를 하나로 아울러서 말하고 있다. 유교의 개별화된 잔상으로서의 장점은 현실에 대한 '좋은 가르침'(善教)을 주는 것이다. 그러나 유교는 결정적으로 초세간을 말하지 못한다. 유교는 나는 새와 기는 동물에 관심을 갖지 않고 어디까지나 인간에만 궁극적 관심이 있었다. 그러나 불교는 '뭇 생명 있는 모든 것'에 자비를 베풀고 해탈하게 한다. 이러한 유교와 불교의 균열현상을 중국에서 16년 동안 눈여겨 본 고운은 오직 풍류도로써만 유·불을 초월적으로 통일시킬 수 있다는 사실을 느끼고 돌아왔던 것이다.

삼교가 어우러지는 것을 고운은 '대동大同'이라고 했다. '상고의 풍교를 일으켜'(克興上古之風)라고 한 데서 알 수 있듯이 고운은 유교나 불교 같은 차축시대의 종교들로써는 도저히 서로 화합할 수 없다는 사실을 잘 알고 있었다. 신유교의 경우는 '포함包含'이 아니라 '포함包涵'이다. 신유교는 삼교를 객관으로 하여 유교적 입장에서 도가와 불교사상도 받아들였다. 그러나 풍류도의 경우에는 삼교 자체가 풍류도이다. 그래서 풍류도 전체격이면서 동시에 부분격이다. 삼태극에서와 같다. 풍류도와 삼교의 관계는 철과 열의 관계이다. 열과 철이 '포함包含'되어 있다.31)

이러한 고운의 논리 속에는 슈온이 말한 대로 초월적 통일을 상고의 풍교(풍류도)에서 찾을 수밖에 없다는 것을 전제로 한다. 즉 차축시대 이전으로 넘어가야 한다는 뜻이다. 공·맹과 노·장이 균열시킨 시대를 넘어서야 한다. 먼저 고운은 유교와 불교의 관계를 말할 때 유교는 '발단'이고 불교

---

30) 『桂苑筆耕』, 권16.
31) 김상일, 『동학과 신서학』, 329쪽.

는 '극치'라고 하여, "공자는 그 단서를 들어 밝혔고 여래는 그 이치를 파고 들어 밝혔다"고 말했다. 유교는 현실윤리에 치중한 나머지 외양적으로 되었으며 불교는 내면의 깨달음을 강조한 나머지 내밀적으로 되었다. 슈온 역시 도덕과 윤리는 외양적인 종교의 특징이며, 내밀적 종교에서는 신인이 합일하는 것이 그 특징이라고 했다.

유교는 현실에 치중하는 윤리이기 때문에 세간적이 되었고, 불교는 출세 간적이 되었다. 중국적 균열에 의한 이러한 괴리는 고운에게는 병폐로 보였다. 그래서 그는 '세간즉출세간世間卽出世間'이라고 함으로써 유교와 불교의 융합을 시도한다. 비록 세간과 출세간의 차이가 있음에도 불구하고 고운은 유교와 불교가 모두 내밀적 차원에서 통일을 이룰 수 있다고 보았다. 즉 인간의 마음바탕으로 돌아와 보면 불교나 유교가 결국 같을 수밖에 없다는 것이다.

마음바탕은 삼교를 포함包含하고 있는 것이다. 고운은 불교의 특징을 지적하여 인간의 마음을 가르치는 것이라고 하면서, 궁극적인 것은 제도나 교리 같은 외양적인 것이 아니라 내밀적 '직심直心'이라고 했다. 그리하여 '직'이 본연의 자리이며 직심의 뜻에서 삼교는 초월적 통일을 할 수 있다고 보았다. 또한 그는 직심直心의 자리에 들어가면 거기에서 인仁을 만날 수 있게 된다고 하였다. 왜냐하면 유교의 인仁 역시 인간의 직심에서 나온 것에 불과하기 때문이다. 결국 내밀적 차원인 직심에서 보면 인仁과 불佛이 통일된다. 유교에서도 인간의 본심이나 직심을 인심이라 했으며, 고운 또한 "인심人心이 곧 불佛"이라고 했다. 이처럼 직심은 내밀적 차원에서 불교와 유교가 합일될 수 있음을 가르치고 있다. 우리는 이러한 수운의 논리 속에서 민족의 평화통일을 위한 무극대도의 '초월적 통일론'을 발견할 수 있음을 확인할 수 있다.

3. '통'의 논리로서의 조화

수운은 당시 전국에 역병이 걷잡을 수 없이 퍼지자 그 원인이 윤리도덕이 무너진 것과 관련이 있다고 보았는데, 그는 민간신앙에 널리 알려진 주술적인 방법으로 악역을 퇴치할 수 있다고 생각하였다. 이는 예수의 질병관과 같다. 예수 역시 주술적인 방법으로 질병을 치료하였다. 양자 모두 원시적인 존재구조로까지 그네뛰기를 했으니, 문예부흥의 주역들은 상상도 할 수 없는 넓이로 그네를 뛰었던 것이다. 수운은 다음과 같이 노래하였다.

한울님께 받은 재주 만병회춘 되지마는 이 내 몸 발천되면 한울님이 주실런가. 주시기만 줄작시면 편작이 다시 와도 이 내 선약 당할소냐. 만세명인 나뿐일세.[32)]

선약仙藥이라 한 것은 곧 선층의 소산으로, 수운은 무층과 거의 구별하기 힘든 선층의 비법이 병을 편작보다 더 잘 낫게 할 수 있다고 확신했다. 예수가 장님의 눈을 뜨게 하기 위해 사용한 진흙 같은 것이 동양의 선약과 같은 것이라 보아도 좋을 것이다. 수운은 종이를 태워 그 재를 먹게 함으로써 병을 고쳤다. 병이 바로 낫는 경우도 있고 그렇지 않은 경우도 있는데, 예수는 그 원인을 '믿음'이라 했지만 수운은 '성경誠敬'에 달려 있다고 했다. 선약에 개인병 치료의 비법이 있는 동시에, 병든 문명치료에 통通의 논리의 조화造化사상 이상의 비결이 없다고 본 것이다.

성경誠敬 두 글자는 음양운수와 『대학』과 『중용』의 유교적 윤리도덕을 일치시켜 유교가 상실한 우주보편적 특징을 보충하려 한 것이다. 그런데 이미 『대학』과 『중용』에서도 수운의 성격은 '한울님'과 관련된 것이지 비인격적 '하늘'(天)을 의미하는 것이 아니다. 한울님을 공경하고 한울님께 정성

---

32) 『용담유사』, 「안심가」.

을 다하는 것이다. 성경 두 글자는 유교에서 빌려온 것이지만 이미 그 의미는 유교를 떠나 있다.[33)

수운에게서 자연과 인간윤리는 하나이며 이를 연관시켜 주는 것은 음양론에 입각한 운수관이다. 대체로 음양론은 자연에 대한 강조에서 나온 이론이다. 이를 성경사상과 결부시켜 자연과 인간윤리를 일치시키게 되면, 자연의 순환이치인 음양의 천운에 따르는 것이 곧 시운이며 이는 천운을 타는 것이다. 그리고 하늘의 도와 덕에 합하는 것이 윤리가 된다. 그래서 자연의 기 가운데 가장 탁월한 기를 타고난 인간과 하늘은 하나가 될 수 있다. 이때 인간과 하늘은 그 본질에서 같다. 이러한 음양론에 입각한 운수관이 바로 동학사상의 제1기반이다.

동학사상의 제2기반은 샤머니즘이다.[34) 동학이 차축시대와 원시적 존재구조를 결합시킬 수 있었던 근본이유는 음양론과 더불어, 민간신앙 속에 전승되어 온 샤머니즘적 귀신관 때문이다. 귀신관은 동양 고대의 경천사상과 밀접한 관계가 있다. 인격신과 비인격적인 자연의 중간 위치에 있는 존재가 귀신이다. 귀신은 서양의 Demon이나 Satan과는 그 성격이 다른 독특한 위치에 있다. 서양의 경우는 대부분 여성이고 악의 상징인 데 비해 동양의 귀신은 성적으로는 중성이고 또 가치중립적이다. 수운에 따르면 사시사철의 변화와 만물의 생성이 모두 귀신의 조화이다. 이 귀신은 곧 기이며, 인간은 그러한 기 가운데 최령자이다. 수운은 한울님 역시 귀신이라 했다.

천지는 모두 귀신이며 귀신 역시 음양이다.…… 대인은 천지와 더불어 그 덕을 합하고, 일월과 더불어 그 밝음을 합하고, 귀신과 더불어 그 길흉을 합한다.[35)

---

33) 김상일, 『동학과 신서학』, 341~342쪽.
34) 유경환, 『동학가사의 심층연구』(서울: 대한출판사, 1985) 참조.
35) 『용담유사』, 「도덕가」.

심지어 사람이 울고 웃는 것도 모두 귀신의 작용이다. 그렇다면 동학에
서 말하는 귀신이란 결국 중국 전통에서 말하는 '기'라는 개념과 같다. 기
를 반半인격화시킨 것이 귀신이라는 개념이다. 즉 동학은 주자학에서의 기
철학과 인간에서의 귀신신앙을 융합시킨 것이다. 귀신은 성적으로도 중립
이고 하늘과 땅의 매개자로서의 역할을 담당하는데, 수운은 귀신의 이러한
조화造化의 역할을 인정했다. 서양은 이러한 가치중심적인 귀신을 악마화
시켰다는 데 근본적인 문제를 안고 있다.

7. 결론 : 세계일가 건설

결론에 즈음하여, 같은 차축시대의 소산이기는 하지만 기독교를 들어서
동학과 비교하는 것이 마음이 편한 까닭은 그것이 그리스적이기보다는 한
층 유대적인 것이기 때문이다. 유대교는 인격신의 대표적인 종교로서, '인
격적'이라는 점에서 기독교와 유대교는 그 운이 같았다. 반면 로고스는 어
디까지나 비인격적인 것이었다. 그런데 초대기독교는 이런 두 배경적 요소
를 잘 결합시켰다. 문제는 그 어느 하나에 결함이 있는 것이 아니라 두 요
소의 비극적 분리 자체에 있었던 것이다.

수운은 비인격적인 '지기'와 인격적인 '천주'를 결합시키는 데 성공했다.
이 점에서 초대교회의 존재구조와 동학의 존재구조는 어느 정도 같다고 할
수 있다. 그렇다고 '로고스'와 '지기'가 같은 것은 아니다. 어쩌면 반대일지
도 모른다. 로고스는 이성적, 합리적인 것으로 발전하면서 이미 그러한 내
용을 함의하고 있기 때문이다. 그런데 서학이라 불리는 천주교는 초대교회
의 원시적 존재구조를 파괴하고 로고스로써 서교를 합리화시켜 나갔다. 그
래서 수운의 눈에 나타난 서교는 문제투성이였던 것이다. 그리스적인 것이

나 유대적인 것이나 기화지신이 빠져 있다는 점에서는 같았다.[36]

중세교회가 나타나기 시작하면서 경전 편집을 할 때에 그 편집 기준은 히브리적인 것이었다. 그런가 하면 서교의 신학은 그리스적인 형이상학을 토대로 조직되기 시작했다. 그래서 구한말에 전달된 기독교의 신은 초월화된 인격신과 형이상학적 · 비인격적 존재였다. 즉 플라톤과 아리스토텔레스의 철학에 의해 초월화된 인격신인 '아버지'라는 기형적인 신이었다. 이는 차축시대의 이성이 기독교 속으로 들어와 자리를 잡았음을 의미하며, 기독교가 차축시대를 자기 속에 한 부분으로 포함시켰음을 의미한다.

그러나 한 가지 알아야 할 사실은 그리스의 이성은 원시적인 '영' 속에 포함된다는 점이다. 칸트는 이를 뒤집어 '이성의 한계 내에서의 종교'라고 했다. 수운이 서학을 두고 '이치가 다르다'고 한 것은 바로 서학 안에 담겨 있는 그리스적인 이성을 가리켜 하는 말이다. 만사를 이분법적인 A형 논리로 재단하려는 처사에 수운은 못마땅해 하지 않을 수 없었다.

기독교의 영적 존재구조와 소크라테스의 이성적 존재구조의 관계에 대하여 캅은 "영적 존재는 소크라테스적 존재를 완성시킬 수 있고 변혁시킬 수 있지만 그 역은 아니다"[37]라고 하였다. 즉 기독교적인 존재구조가 소크라테스의 그것보다 더 궁극적이라는 것이다. 그리스인들은 이성으로서의 자연과 신으로부터 '정신적인 거리를 두는 행위'(psychic act of distancing)를 단행했지만, 이성 그 자체를 초월하는 연습은 하지 못했다. 여기에 그리스적 자아의 한계가 있다. 그래서 초인격으로 가는 길을 놓치고 말았다.

그리스적 존재구조에서는 이성만이 궁극적인 것이었다. 그러나 기독교는 이성마저 초월하는 것을 '영'으로 보았다. 그리고 기독교는 이러한 영적인 것을 차축시대의 이성이 폐기처분한 원시적 영에서 찾아냈다. 그리스인

---

36) 유경환, 『동학가사의 심층연구』, 362~363쪽.
37) John Cobb, *Beyond Dialogue* (Philadelphia : Fortune Press, 1982), p206.

들이 자연으로부터 심미적으로 거리감을 둔 데 비해 기독교인들은 세계와 거리감을 두었다. 그것은 역사적인 것으로, 이 세상이 곧 끝나고 새 세상이 온다는 것이었다. 이와 마찬가지로 수운은 '상원갑上元甲'이 끝나고 '하원 갑下元甲'의 개벽이 자기 시대에 도래했다고 믿었다. 이것은 그리스인들처럼 자연을 '저만치' 두고 심미적으로 감상하는 것이 아니라, 이 세상 악과의 전쟁을 선포하는 종말론적인 거리감이었다.

소크라테스는 인간이 저지르는 악의 책임을 이성에 돌리지는 않았다. 감각과 감정에 그 책임이 있다고 생각한 것이다. 정신이 아닌 육체에 그 책임이 있다고 본 만큼, 그에게서 이성은 궁극적인 것이었다. 이 점에서 기독교적 존재구조는 그리스의 그것과는 아주 달랐다. 이성마저 악의 책임을 면할 수 없다는 것이 기독교의 생각이었다. 그것은 바로 '원죄' 때문이다. 원죄관에 따르면 감정도 이성도 모두 책임이 있어야 한다.

그렇게도 맹신했던 그리스적 이성의 한계는 칸트로부터 나타나기 시작했으며, 20세기는 이성이라는 낙원이 상실된 세기라 할 만큼 서구 그리스적인 이성은 난관에 부딪혔다. 그러나 기독교는 이성의 한계를 알고 있었으며, 영적인 것으로 그 자리를 대신하지 않으면 안 된다고 보았다. 소크라테스는 이성에다 미완의 책임의식을 부여한 채로만 끝내고 말았으니, 문지방을 설정하기는 했으나 그것을 넘지는 못했던 것이다. 결국 문지방을 넘는 구조적인 변화는 기독교에 의해서 가능해졌다.[38] 소크라테스의 미완의 완성 때문에 서구문명은 지금 질곡을 안고 있다. 그는 이성의 잔인함이 감정의 그것보다 더 위험하다는 사실도 몰랐다.

기독교의 영적인 것을 원시적인 그것과 동일시해서는 안 된다. 후자가 전분별적인 것이라면 전자는 초분별적인 것이다. 기독교의 영성은 차축시

---

38) 김상일, 『동학과 신서학』, 364쪽; L. Munford, *The Transformation of Man* (New York : Harper Torchbooks, 1952), p78.

동학의 무극대도와 통일   391

대의 분별적 이성을 초월한 것이었다. 이런 초분별적 또는 초인격적인 특성으로 인해 기독교적 자아는 초인격 자아이다. 육체와 감정을 억압하는 자아가 아니라 서로 관통하는 자아, 초인격적 자아이다. 수운의 시대에 성리학의 '리理'는 그리스의 이성과 같이 그 수명이 다하여 한계에 직면해 있었다. 이때에 수운은 예수가 그러했던 것처럼 원시적·샤면적 영성을 복구시켰으며 그것으로써 성리학의 리기를 초월한 지기론을 전개했다.

한편 19세기 말 서양의 기독교신학은 그리스의 합리주의가 지배하고 있었다. 리첼(Albert Ritschl, 1822~1889) 같은 신학자는 이른바 자유주의신학이란 이름으로 기독교를 윤리적으로만 이해하려고 했으며, 그 결과 예수를 윤리교사 이상으로 여기지 않았다. 이 자유주의신학은 1950년대에 '신신학'이란 이름으로 우리나라에 소개되었다. 이렇게 소크라테스의 존재구조는 한계선에까지 이르렀는데, 이러한 합리주의적인 측면이 수운에게서 "이치인즉 다르다"는 표현으로 나타났던 것이다. 따라서 여기서 말하는 '신신학'이란 '신서학'과 서로 반대이다. 그리고 "도인즉 같다"는 말은 다름 아닌 예언자적 존재구조를 두고 하는 말이다. 예언자적 존재구조가 물려 준 '인격신'에 대한 수운의 수용을 의미하는 것이다. 이것이 동학의 '시천주侍天主사상'으로 나타난다.

이상에서 동학의 '천주天主'와 '지기至氣'의 원리로 토대로 하는 지기일원론至氣一元論에 대해 살펴보았다. 우리는 이러한 지기일원론에 입각하여 남·북의 유물唯物·유심론唯心論을 극복함으로써 민족의 통일을 이루고, 이 통일한국이 중심이 되어 홍익인간弘益人間·재세이화在世理化의 세계일가世界一家 건설을 도모해 갈 수 있을 것이다.

동북아생명공동체와 새 문화의 창조

김 지 하

세계단일시장의 완성과 전지구적 텔레커뮤니케이션망의 형성은 놀라운 과학기술의 발전 및 엄청난 생산력의 증가와 함께 일견 인류 사회의 장밋 빛 전개를 느끼게 한다. 이와 더불어 동북아시아의 급속한 경제 성장은 아시아·태평양 시대의 중심부가 동북아시아가 되리라는 예측을 불러오고 있다. 그러나 분명히 말해서 동서를 막론하고 서양 근대문명이 지배하는 현대세계의 실상은 총체적 위기이다.

1. 인간의 생명에 닥친 위기

뉴턴·데카르트 이후의 서구 합리주의와 인간중심주의, 그리고 기계적 세계관과 목적론적 역사주의에 입각한 현대문명은 인류에게 빈곤에서의 탈출, 인권과 민주주의, 우주의 과학적 발견, 세계적 통합 등을 가져다주었으나, 한편 인간과 사회적 삶과 자연생태계에 회복하기 힘든 파멸적 위기를 선사했다. 크게 보아 위기는 인간가치의 상실과 생명체의 종말이라는 두 개의 축으로 이루어져 있다.

인간소외, 물질만능주의, 도덕의 퇴폐, 윤리의 실종, 정신분열의 증가, 공동체 붕괴, 정치적 무관심 등은 하나의 거대한 질병이며 지구적 차원의 보편적인 인간가치상실의 현상이다. 지구적 차원의 또 하나의 위기는 전 생명체의 종말을 의미하는 생태계 파괴와 핵전쟁의 공포이다. 정보통신망의 세계화가 가져오는 이질적 문화 간의 통합과 갈등, 점차 증대될 것으로 보이는 경제적 상호의존이 가져오는 발전과 저발전의 불균형, 냉전체제 붕괴 이후 국제화되고 있는 국지전들과 정치적 혼란 등은 새로운 세계적, 공공적 삶을 모색하게 하는 환경적 요인이 되고 있다. 현대사회는 이제 인간가치·생명가치를 실현할 새로운 문화와 새로운 생활양식 및 세계적 공공질서의 수립을 요구하고 있다.

이러한 요청은 이른바 계몽의 변증법이라 불리는, '문명의 반문명성', '발전의 퇴보성', '해방의 억압성', '계몽의 암흑성', '성숙의 미숙성', '자율의 반독립성'이라는 서양 근대성에 대한 비판과 맥을 같이한다. 근대성에 대한 비판은 형이상학과 유물론, 변증법과 논리적 이상주의로부터의 이탈을 또한 요구한다. 인간중심주의로부터 우주적인 네오휴머니즘에 대한 탐색으로의 전환을 요구하며, 인간실존의 탁월한 실현과 새로운 공공성의 확립, 그리고 체제에 의해 식민화된 생활세계의 창조적 건설을 요구한다. 세계화와 함께 퇴조하는 국민국가를 대체할 삶의 단위로서 지방의 새 역할과 철저한 지방분권에 입각한 탄력 있는 지구적 민족생활 및 풀뿌리 민주주의, 주민자치를 요구하며, 기계적 세계관으로부터 생명의 세계관으로의 전환을 요구한다. 또 가부장적·합리적·로고스중심적인 문명사 전체를 전환하는 고대와 카오스, 그리고 여성성의 새로운 발견을 요구하며, 과학과 종교를 통일하는 우주종교로서의 새 문화를 요구한다. 그리고 전 지구를 신경망으로 통합하는 세계화·정보화, 나아가 이른바 '창조화' 시대에 대응할 우주적인 영성적 신인간新人間의 출현을, 창의력과 자발적 협동심, 자연

과의 공생능력으로 가득 찬 신인류의 탄생을 고대하고 있다. 이러한 요구
에 대해 서양의 사상사는 탁월한 대답을 내놓지 못하고 있다.

2. 문명의 예감이 동학사상에

인류의 눈은 동북아시아를 향하기 시작했다. 과학발전과 생산력증대가
곧 인간과 생명가치 상실로 직결되지 않고 생산력의 내용과 질과 방향이
오히려 인간가치의 창조적 회복과 새로운 공공성의 확립, 자연생태계의 회
복으로 연결되며, 인간과 인간, 인간과 자연, 민족과 민족, 문명과 문명 사
이에 상호부조의 공생관계가 확립되는 조화와 상생의 새 문화, 새 문명의
가능성을 동북아시아에 기대하고 있는 것이다.

그러나 이러한 요구와 기대에 대한 대답을 이미 해체된 유교문명의 부
활에서 찾을 수는 없다. 그것은 이른바 '탄력적 권위주의'나 집체주의적 인
간가치 제약으로, 여러 형태의 독단과 억압으로 쉽사리 연결될 것이며 이
러한 지향을 '아시아적 민주주의'나 통속적인 교양주의로 호도할 수는 없
다. 이천 년의 유교문명은 분명 안정적이기는 하나 천원지방天圓地方적 세
계관에 입각한 죽음과 억압의 수직적 균형이었다. 이것은 분명 높은 도덕
성과 세련된 문화를 산출하였으나, 전면 해체하여 새 시대의 척도에 의해
선택적으로 재해석되어야 할 것이다. 불교문화는 새문화창조의 예감을 자
극하는 풍요한 유산이다. 그러나 여기에서도 역시 고대종교적 삶과 세계이
해의 한계와 초월적 형이상학은 극복되어야 한다. 노장사상은 특히 공자
및 봉건제국가 성립 이전의 고대사상과의 연관에서 새롭게 이해될 필요가
있다. 기독교는 새 시대의 요구, 동북아문화와의 적극적 관계 속에서 그 신
학, 특히 생명신학을 창조·발전시켜야 한다.

우리가 이제 힘들여 주목해야 할 것은, 동양문명붕괴와 서세동점이라는

동북아 근대화 과정의 첫 출발점에서 이러한 세계사적 대변화를 맞이한 동북아문화의 창조적 응전 속에 싹텄던 새로운 문화의 내용과 새 문명에의 예감 같은 작지만 중요한 씨앗이다. 이 씨앗 속에서 우리는 단순히 민족국가건설운동이나 반제·반봉건운동만을 찾을 것이 아니라 오히려 그것을 넘어서서 오늘날 요구되는 참된 인간가치 발견과 새로운 우주관, 사회적 공공영역의 창조와 민民의 생활세계 발견, 자연과의 조화와 인류와의 협동·연대 등의 공생사상의 내용을 찾아봐야 할 것이다. 이것은 백여 년의 동북아시아 근대사에 대한 비판과 검토의 근거가 될 것이며 이제부터 창조해야 할 동북아 새 역사와 문화·문명의 중요한 출발점이 될 것이다.

나는 이 자리에서 중국·일본의 여러 가지 문화적·사상적 대응들과 더불어 특히 한반도에서 출현한 동학운동, 그 중에서도 1860년에서 1898년에 이르는 수운 최제우와 해월 최시형의 노력에 주목할 것을 권유하는 바이다. 동학은 한마디로 현대문명의 숙제인 주체와 공생의 성취에 대한 해답의 씨앗이다. 물론 이 시기 동학운동이 반제·반봉건운동임엔 틀림없으나, 그 내용과 전개 과정에는 오늘날 우리가 찾는 새 문화와 문명의 씨앗을 내장하고 있음을 나는 확인한다. 그것은 혼돈의 재발견이요, 동북아 고대의 '한'의 새로운 부활, 곧 인류문명사 전체의 대전환을 감지한 개벽사상이다. 이는 동양 초유의 진화론을 창시하여 서양 근대진화론을 비판, 새 차원에서 완성할 계기를 만들었다.

동학은 유·불·선을 통합하고 기독교의 충격을 흡수했다. 당시 극악한 억압과 고통 중에 벌레만도 못한 천대를 받았던 민초들이 곧 한울님을 모신 거룩한 존재임을 일깨워 신인일치神人一致의 파천황破天荒 사상, 지기일원론至氣一元論을 전파, 인간가치를 극대화하고 인간실존의 우주적 실현을 가기可期함으로써 오늘날 요청되는 네오휴머니즘의 선구가 되었다. 민초들의 생활을 우주적으로 성화聖化하여 거룩한 생활세계를 창조했으며,

여성과 어린이의 권리 회복, 특히 주부의 중심적 역할을 강조함으로써 새로운 문명에서의 여성의 창조적 힘을 들어올렸다. 자연을 포함하는 사회관을 열어 우주사회적 공공성을 확립, 이를 다핵적·다층적 그물망인 포접包接으로 육화肉化하여 사람을 한울처럼 섬기는 '공경의 공동체'를 출현시켰고, 급기야 민회民會와 같은 생활정치운동으로 발전시켰다. 이른바 환경이라 불리는 동식물과 무기물에마저 신령한 한울님이 살아 있어 이를 한울처럼 공경해야 한다는 생명사상을 창조했고, 마침내는 기계나 연장에마저도 생명이 살아 있다는 접물接物·대물對物의 윤리로까지 발전시켰다. '이천식천以天食天'이라는 기화氣化 사상으로 생태계 먹이사슬을 경쟁과 도태, 상극, 투쟁의 관계가 아닌 기생寄生·공생共生·상생相生의 질서로 파악하여 생명평화의 길을 열었음을 또한 유념해야 한다.

수운의 '불연기연不然其然'(아니다 그렇다) 논리는 형이상학과 유물론, 변증법과 논리적 이상주의를 이탈하는 혼돈과 생명의 논리로서, 원효 불교의 화쟁和諍 논리와 함께 현대철학에서 주목해야 할 의미심장한 유산이다. 동학은 성속聖俗, 영육靈肉, 정신과 물질을 하나의 생명, 일원적인 기의 생성으로 보며, 영성사회적 소통그물인 이른바 '사발통문沙鉢通文'을 확산, 근대적·탈근대적 커뮤니케이션의 자생적 전범을 만들었다. 동학은 제도화된 수직적 조직체가 아니었다. 자재연원自在淵源이라 하여 개인의 개성적 발현을 중심으로 분산, 확산하는 다중심·다핵적 그물망이었다. 또 동학이 실현하고자 한 사회는 포접이나 집강소에서 나타나듯 철저히 자율적이며 분권적인 자치사회였지 부르주아적 국민국가도, 계급독재사회도 아니었다. 계급타파를 열렬히 주장했지만 유토피아를 지향하지는 않았다.

해월이 "사해붕우도일신四海朋友都一身"이라 한 것으로 보아 그는 세계 육체의 발견과 세계적인 공적 질서의 수립을 겨냥한 것 같다. 무엇보다도 동학에서 중요한 것은 해월의 '향아설위向我設位' 사상이다. 이것은 향벽설위向壁設位로 일관된 동서고금의 제사 방식, 곧 문화와 사상과 문명의 역사 전체를 전환하는 대개벽적 사건이요 사상이다. 미래의 낙원, 목적의 왕국을 향한 직선적 시간관과 목적론적 역사이해를 극복하는 새로운 시간관의 개시이다. '지금 여기' 살아 있는 나의 실존적 삶으로부터 옛날·훗날로, 사방·팔방·시방 전방위적으로 '빠르게, 혹은 느리게' 다양하게 흐르고 확산하는 이 새로운 시간관이야말로 오늘 우리가 창조해야 할 새 문화에서 핵심적 중요성을 가진다.

그렇다고 해서 동학만이 모든 것 중의 모든 것이라고 강변할 생각은 없다. 19세기에 동북아에 나타난 이 작은 씨앗을 현재에 검토함으로써, 이 현재화된 척도로 동북아의 위대한 전통사상과 서양의 문화 및 과학 등을 창조적으로 재해석·섭수하여 새로운 세계적 보편성을 가진 풍요로운 문화를 건설하는 데 한 소박한 출발점을 마련할 수 있지 않을까 하는 생각이다.

3. 인류공생의 출발, 동북아생명공동체

한국은 올해로 해방 50년을, 일본은 패전 50년을 맞이한다. 한국과 일본은 이제 과거를 명쾌히 정리하고 새로운 시대를 열어가야 한다. 과거를 명쾌히 정리·청산하는 것은 새 시대 창조의 열쇠요, 새 시대 공동창조의 비전을 발견하고 실천하는 일은 곧 과거청산의 분명한 길을 열어 준다. 해묵은 한일관계의 해결은 동북아 신질서 창출의 관건이다. 냉전체제 이후의 새로운 동북아적 삶의 질서를 모색하는 것과 동북아의 새 문화, 새 문명 창조의 방향을 찾아 세계화에 임하는 동북아의 창조적인 공동대응을 발견하는 것은 한일 두 나라 공동의 운명이요 숙제이며, 중국을 포함한 동아시아 전체의 과제이기도 하다. 이 운명을 받아들이고 이 숙제와 과제를 해결하는 과정에서 과거를 명쾌히 청산하고 새 관계를 재정립할 때가 된 것이다. 그러나 이 일을 각국의 정치리더나 극우적 민족주의자, 국가주의자들에게 기대하기는 힘들다. 우선 한일 두 나라의 지식인들과 민초들, 시민들이 중심이 되어 이 일을 공동으로 해 나가고 공동의 삶을 개척함으로써 일국주의적 정치리더들을 설득·압박하고, 대안 제시를 통해 한일 두 나라와 동북아 전역에 새 기류를 형성해야 할 것이다.

나는 과거 일제의 한국식민지지배 시절에도 일본 내에 제국주의·군국주의에 반대하여 한국의 독립운동을 성심껏 지원하고 연대한 소수의 진보적 지식인과 양심적 종교인들과 선량한 민초들이 있었음을 기억한다. 또 한국의 지난 반독재·민주화운동 과정에서도 역시 소수의 지식인과 민초들이 한국의 민주세력을 열심히 지원하고 연대했던 일을 잊을 수 없다. 그리고 오늘날 새로운 시민세력이 한국과 일본 양국 사회에 출현하여 개혁운동과 생활운동, 과거청산과 새문화·문명건설운동에 직간접적으로 여러 경로를 통해 연대·교류하고 있음을 알고 있다. 이 연대의 확대·심화에 새 방향을 주고 새 틀을 주는 일이 곧 동북아 새문명 창조의 첫걸음이다. 이 일을 나는 동북아생명공동체운동이라 부르고자 한다.

동북아생명공동체운동은 먼저 인간과 인간가치의 재발견·재규정에 주목해야 한다. 근대적 휴머니즘으로는 부족하다. 우주적으로 확대되고 무의식 속으로까지 심화된 영육일치의 새 인간관을 찾아야 한다. 인간은 자기 안에 신령하고 무궁한 우주생명을 모신 거룩한 생존이다. 이것을 깨닫고 스스로를 공경함으로써 자아실현의 길을 찾아야 한다. 그러나 그 생명은 실체가 아니라 생성이다. 이러한 인간의 재발견·재규정이 수양과 교육, 문화에 보편화될 때 인간은 우주적인 자기실존을 최고 가치로 실현하고 창조적 개성을 발현하며 창의력과 자발적인 사회적 협동심, 자연과의 친교와 교감을 성취할 것이다. 이것은 세계화·정보화 시대의 우주적·영성적 신 인간의 출현을 촉발할 것이다.

동북아생명공동체는 민초 자신의 생활에서 우주적 의미를 발견하고 실천함으로써 생활을 성화하여 거룩한 삶을 누리는 생활세계를 건설해야 한다. 가정, 임신, 출산, 식생활, 배설, 육아 등 생물학적 삶의 신령하고 창조적인 우주적 질서를 발견하고 자신의 삶과 부부·부자간에 복종이나 수직적 효가 아닌 수평적 상호공경을 새 윤리로 하는 삶의 터전을 건설해야 한다. 그리고 이를 근거로 생활자주권운동과 생활협동운동 등을 한일이 연대하여 확장·심화시켜야 한다. 그리고 이 과정에서 숭고한 생활문화를 창조해야 할 것이며, 특히 여성과 주부들이 이 운동을 주도함으로써 새문명운동 전면에 주역으로 등장해야 할 것이다.

동북아생명공동체는 자연을 사회 안에 포함하는 우주사회적 공공성을 창출, 그 공공영역을 확대해야 한다. 새로운 시민운동의 출현, 특히 시민적 환경운동의 출현은 바로 우주사회적 공공영역의 출현인데, 이것은 한일 양국의 시민세력이 연대하여 동북아 전역에 확대해야 할 것이다. 환경 문제는 한 나라, 한 지역의 문제가 아닌 동북아 전체, 지구 전체 생태계의 문제이기 때문이다. 기존의 다양한 소그룹들의 다층적·다중심적·다핵적인 그물망은 한일연대를 통해 확산하는 그물망으로서의 새로운 시간과 공간을 발견하여 한 차원 높은 자기실현 단계로 발전해야 한다. 이 그물은 동북아와 세계 전역에 다핵적인 정보통신망을 창설하여 촘촘한 정보와 건강한 새 문화의 창조적 교류를 실현함으로써, 미국·일본의 일방적인 반생명적 저질폭력문화에 대한 대중적 대안문화로 나타나야 할 것이다.

한일 양국과 동북아 시민운동 사이에 생명공동체 건설이라는 새 비전을 공유하는 더 많고 더 빈번한 인적 교류와 소규모 연대 모임이나 세미나 등이 이루어져야 한다. 그리고 이 힘은 보다 효력성 있는 시민적 생활정치운동으로 발전하여 기존의 국가주의적 체제에 비판적 대안세력으로 부상해야 한다.

동북아생명공동체는 자연생태계와의 화해를 근본적으로 실현시키기 위해 새로운 과학적 풍수체계를 탐색해야 한다. 이는 동북아에 에코시티 · 에코타운의 건설 등 대안적 생명공동체를 창출하는 데 필수적이다.

세계화 · 지구화는 지방화에서 실질화한다. 한일 양국에 철저한 지역 분권과 주민 자치를 성취하여 근대화 과정에서 해체된 지방적 삶의 생명 과정을 새롭게 통합하고, 생명가치를 중심으로 전통적 지방 생활의 정착성을 첨단적인 세계화 흐름을 타는 지구적 기동성과 결합하는 사회 · 경제 · 문화적 새 삶을 건설해야 한다. 그리고 이러한 지방끼리의 상호 교류를 강화하는 것은 동북아 지방 간의 실질적 세계화요, 국민국가의 담을 넘어서는 풀뿌리 민주주의의 동북아시아적 성취에 이바지하는 길이 될 것이다.

동북아생명공동체는 근대국가와 근대국민경제에 의한 근대화 · 공업화로 인해 해체되고 상품된 생명과정, 곧 생명의 순환성, 다양성, 관계성, 영성의 발현인 노동 · 신용 · 토지(하천 · 산림 · 바다 포함)와 문화를, 지방 내발內發 경제의 우애와 공경의 협의시스템을 통해 지역적 · 부분적으로나마 탈상품화시켜야 한다. 그리고 이러한 생명과정통합에서 발생하는 생명가치를 중심에 두되 기술 및 생산력의 증대, 시장의 경제가치의 내용과 질 등을 생명가치 방향으로 점진적으로 유도하는, 상보적 관계를 성취하는 이른바 '기우뚱한 균형'을 이루는 것에 착안해야 한다.

이것은 나라마다 지역마다 다른 양상을 띨 것이다. 그러나 시장과 국가체제라는 그물의 '틈'과 틈에 시민적 공공영역을 건설, 확대하고 인간의 얼굴을 한 친생태적 사회 · 경제 · 문화 생활의 열린 공생체적 영역을 창조함으로써 시장과의 이중과정을 만들어 가는 것은 새문명창조의 관건이 될 것이다. 그러나 이 '이중과정'은 시장 밖에 대립되는 구조적 실체가 아니라 시장과 상호 겹치는 것이며 공동주체적 · 다층적으로 얽혀 있는 다양한 지향이다. 기존의 생산양식을 타파하는 것이 아니라 새로운 대안적 생활영역의 이중과정을 한일 양국 민초의 생활세계에 확산시킴으로써, 시장적 생산 양식의 내용과 방향을 수정, 자의적으로 시장을 거룩한 삶의 터전으로 성화시키고 국민국가를 다핵적·확산적 시스템으로 점차 변화시켜 권력을 분산하는 일이 동북아 새문명창조의 중요한 틀이 될 것이다. 이러한 동북아생명공동체의 확산은 남북한의 평화적 통일과 북한의 개방·개혁에도 좋은 조건을 만들 것이며 중국의 발전에도 크게 이바지할 것이다.

동북아생명공동체는 동북아에 중심을 두되 동북아를 넘어서 동아시아와 세계 전역으로 확산되어 지구평화와 인류공생의 길을 찾는 지구생명공동체로 넓어져야 한다. 이것이 곧 세계화에 창조적으로 대응하는 동북아 민초들의 대답이 될 것이다.

동북아생명공동체운동은 우선적으로 동북아 전역에서 핵을 철거하는 운동에 착수해야 한다. 15억이 밀집한, 민감한 이 지역에 핵의 존재가 있다는 것은 생각만 해도 끔직한 일이다. 중국의 핵, 북한의 핵, 그리고 일본의 몬주와 도카이무라의 핵은 동북아생명공동체의 첫 번째 위협이다. 이것은 각국 리더들의 일국주의·민족주의·국가주의적 부국강병책이라는 낡은 근대적 정치관의 산물이자 경쟁적 세계관의 부산물이다. 동북아생명공동체운동은 동북아 전역의 비핵화운동에서부터 시작해야 할 것이다. 동시에 동북아 전역에서 군축운동을 벌여야 한다. 동북아 민초들의 연대적 삶의 확산과 평화 노력은 군축을 자연스럽게 유도할 것이며, 이 방향으로 줄기찬 캠페인이 공동으로 이루어져야 한다. 동북아생명공동체는 장기적으로 원전을 철거시켜야 한다. 서구와 북미에서 이미 그 효력을 상실해 가는 원전이 동북아에 계속 건설되고 있는 것은 동북아의 지식인과 민초들의 힘과 그 힘의 결속이 약하다는 반증이다. 체르노빌과 드리마일의 비극이 동북아시아에서 일어나서는 안 된다. 원전철거운동과 더불어 동북아의 과학과 상상력이 총동원되어 각 지역의 대안에너지체계 창출에 노력해야 한다. 풍력,

조력, 태양열, 생물에너지 등이 서구에 국한된 것만은 아니다.

지금 한국과 일본은 극심한 환경파괴, 생태계오염에 시달리고 있다. 특히 중국의 조악한 산업화는 중국 해안지역은 물론 황해를 죽음의 바다로 변화시키고 있으며, 동북아의 공기를 이산화탄소와 메탄가스로 오염시키고 있다. 그리고 동해에는 러시아와 일본의 핵폐기물이 마구 버려지고 있다. 이것이 동북아문명의 현주소이며 현존 생산양식의 치명적인 결과이다. 이제 동북아생명공동체운동은 강한 연대행동을 통해 각국의 기업과 정부를 압박하여 그것을 시정토록 해야 하며, 동시에 시민적 · 지역적 생활세계에서 친생태적 삶과 생산양식, 우주사회적 생활양식을 대안적으로 창조해야 한다. 그리고 새로운 생명문화와 과학을 발전시킴으로써 점차 새로운 친생태적 생산 · 생활양식으로의 전면 전환을 모색해야 한다.

이와 같은 과제를 위해 우선 한일 양국의 시민운동가들과 지역주민, 지식인들, 환경운동가, 생협운동가, 자치운동가, 생활자주권운동가, 여성운동가, 유기농생명운동가, 연방운동가, 과학자와 예술인, 언론인 등은 구체적으로 동북아 환경생태와 핵 · 원전 등에 관한 자료와 정보의 상시적인 교환, 빈번한 토론과 대화, 공동행동의 기획, 한 · 중 · 일 · 영어 혹은 한 · 일어로 편집되는 공동잡지의 제작, 공동의 생명문화 프로그램 제작, 동북아 전역의 생명운동 네트워크 창설, 이러한 비전과 가치 추구를 목표로 하는 민간의 공동 텔레비전채널 창출, 새로운 생태적 대안공동체의 창조, 나아가 생명사상과 생명가치관에 입각한 동북아 근 · 현대사 교과서 초안의 공동편찬 등을 기획해야 할 것이다. 특히 동북아 근 · 현대사 교과서 초안의 공동편찬은 곧 일본의 한국과 아시아에 대한 제국주의적 침략의 과거를 계통적으로 검토 · 비판 · 정리하고 그것을 해결하는 운동이기도 하다.

4. 인간 안의 우주, 우주 안의 인간 : 새 문명의 테마들

동북아생명공동체는 새로운 문화 창조의 시작이요 과정이요 결과일 것이다. 나는 이제 새 문화 공동창조의 몇 가지 테마를 제시함으로써 동북아 또는 한일 공동의 문화 창조 방향을 가늠해 볼까 한다.

1. 현대 문명과 문화의 제1과제는 고대와 카오스의 발견이다. 그것은 생명의 보다 근원적인 탐색이다. 동학에서 제시된 바 '극極에 이른 혼돈한 한 기운(一氣)'으로 나타나고 있는 현금의 변화된 우주에너지를 동양 기학의 재발견, 창조적 재구성을 통해 접근해야 한다. '기氣'에의 접근은 카오스 과학의 완성으로 이를 것이다. 기 곧 생명에너지는 실체가 아니라 생성이며 그것은 '활동하는 무無'이다. 따라서 그것은 실증과학과 직관적 동양학의 전통이 결합되어야 파악될 것이며, 특히 인간 생체의 기혈氣穴에 흐르는 생명생성에 대한 탐색은 중요하다. 이 탐색은 과학과 직관적 인문학의 통합, 신화 및 종교적 세계관과 과학의 창조적 접근 등을 가능하게 할 것이며 우주종교로서의 새 문화를 개척하게 할 것이다.

2. 동북아의 우주 일기一氣의 유행론, 그 만유생명론은 인간과 자연의 조화와 상생의 세계관 형성에 밑거름이 된다. 대립되는 것의 보이지 않는 상보성 원리는 '닫히면서 열리는 계로서의 지구론'을 가능케 할 것이다. 이것은 제레미 리프킨 유의 엔트로피론과 제임스 러브록 유의 지구유기체설의 조화에 이바지할 것이며, 닫힌계로서의 지구생태계 사슬에 대한 인간의 윤리적 결단과 열린계로서의 지구생명의 회생가능성을 연속시킬 것이다.

3. 사카르가 제기한 네오휴머니즘은 동북아 문화의 창조적인 인간 재발견·재규정에서 완성될 것이다. 인간은 신령하고 무궁한 우주생명을 모신 거룩한 생존이며, 자기 마음과 육체 안에 생성하는 우주생명을 지극히 공경하고 그에 일치시킴으로써 삶과 죽음을 포함하는 무궁한 삶을 지금 여기

서 살 수 있다. 우리는 인간 안에 우주진화사 전체의 기억과 무의식, 삼라만상의 과정이 생성하고 있음을 현대과학을 통해 알고 있다. 인간 유전자의 그 풍부한 내장도 알고 있다. 이러한 인간이해에 기초한 새 인간관의 발견은 종교적이면서도 과학적이다. 즉 탁월한 의미에서 문화적이다. 자기 안에 생성하는 우주생명을 모신다 함은, 인간의 실존적 자기실현과 우주사회적 공공생활의 협동적 실천, 인간과 우주의 근원적 통일과 영육의 일치를 각기 개인, 집단, 지역, 시대, 사회 조건과 환경에 따라 다양하게 인식하고 실천하는 동시에 이 모두를 개인의 '지금 여기' 실존적 삶 안에 유기적으로 통합하는 것이다. 따라서 인간과 사회, 자연이 서로 분리되어 있지 않은 하나의 유기적 그물망이며, 하나이되 각각의 그물코는 나름나름 그 삶의 그물을 개성적으로 실현하는 것이다. 이러한 인간관은 인간실존의 최고 가치로서, 이러한 인간의 실현이야말로 문화, 교육, 법률, 사회구조, 과학 모두를 변혁하는 기초가 될 것이며 인간과 자연의 합일에 관한 근본생태학과 사회생태학의 긴 논쟁을 종결시킬 열쇠가 될 것이다.

4. 시간관의 새로운 발견은 문명전환의 핵심이자 생명이해의 핵심이다. 서양의 유기체철학이나 생태학적 세계 모델 등은 모두 시간관에서 한계를 보인다. 시간은 과연 과거에서 현재를 거쳐 미래로만 흐르는 직선적인 것인가? 아니면 일정한 주기를 두고 순환하는 나선적인 것인가? 삶의 시간, 열역학적 시간, 우주론적 시간은 하나같이 팽창 지향으로 비가역적일 뿐인가? 해월의 향아설위는 진정한 시간은 '지금 여기'라는 삶으로부터 사방·팔방·시방 전방위적으로 흐르며 확산, 분산하는 그물망으로, 비가역적일 뿐 아니라 가역적이고 빠르게도 느리게도 흐르며 다양하게 생성하는, 과거와 미래가 현재 안에 함께 생성하는 복잡한 시간관의 단초를 제시하였다. 그것은 반환, 수렴할 뿐 아니라 분산하면서 무궁무궁 진화하는 시간이다. 그것은 무수한 모순을 생성시키며 끝없이 차원이 변화하는 것이다. 우리는

이제 '영원의 상 아래서'가 아니라 '무궁의 상 아래서' 우주생명이 생성하는 시간을 알게 될 것이다. 서구의 오랜 역사주의와 유토피아의 초월적 목적론적 질서로부터의 이탈은 바로 새로운 시간관에서 출발한다.

5. 세계화와 정보화는 생성 중에 있는 신령한 세계육체를 발견하게 한다. 세계육체는 자연을 포함한다. 그것은 생성하는 하나의 몸이지만 리바이어던 같은 것이 아니라 분산·확산적이며 다중심·다핵적인 그물망이다. 세포가 상호 통신하듯이 모든 분산된 핵들은 세계적 텔레커뮤니케이션망을 통해 상호 통신한다. 자연을 포함한 새로운 사회관계, 새로운 삶과 도시의 설계를 위해 우주사회적 경락을 발견해야 한다. 인간과 사회와 우주는 기화氣化, 운화運化의 그물망으로서의 육체이다. 인간육체의 경락의 발견은 세계육체의 그물망 탐색의 근거가 될 것이다. 그러나 전통적인 정경正經, 기경奇經, 팔맥八脈 등이 현대에도 그대로일까? 우리 인류는 파천황의 혼돈스런 전환을 경험하고 있다. 기의 흐름도 옛날과는 다를 것이다. 사회적 경락의 발견은 국가와 시장의 골격 사이의 숱한 틈의 확대와 관련이 있을 것이다.

동학의 우주론, 이제마李濟馬의 사상四象, 최한기崔漢綺의 운화론運化論, 조선 후기의 풍수학, 김일부金一夫의 정역正易 등은 모두 19세기적 혼돈의 산물이다. 이러한 사상들과 화엄사상과의 결합을 생성적 화엄학이라 부를 수도 있겠다. 이것은 새로운 세계의 공공질서 창출에 밑받침이 될 것이다. 여기에 대한 종합적 연구는 동북아 문화와 과학의 몫이다. 이러한 탐색을 통해 주역 등 전통문화를 재해석해야 한다.

6. 칼 융과 볼프강 파울리의 미완의 숙제인 심리물리학의 창출, 관찰자참여우주론의 완성, '대상의 개시開示와 인식주체의 예감'의 관계인 새로운 시지각視知覺 이론의 탐색 등은 결국 우주생명, 일기一氣 발현의 동시성이나 최한기의 신기통神氣通 이론, 그리고 수운의 여러 시편 속의 전율적인 암시를 깊이 연구함으로써 가능하지 않을까 한다.

7. 생태계 먹이사슬은 가시적인 관찰만으로는 투쟁과 약육강식, 상극의 체계이다. 그러나 그것은 보이지 않는 우주생명의 기화, 자기조직 과정으로서 진화로 본다면 상호기생관계이다. 그리고 공생은 오히려 자연의 기본 질서이다. 기생관계를 탁월한 공생, 상생의 관계로 변화시키는 것이 문화의 역할이다. 고대불교의 고관苦觀은 새롭게 재해석되어야 하며, 고관에 기초한 초월적 해탈이나 극락정토와 같은 유토피아사상은 오히려 철저히 극복되어야 한다. 대승사상의 현대적 의의가 강조되어야 한다. 한편 다윈의 경쟁적 적자생존의 도태론이나 사회생물학 등은 엄밀히 비판되어야 한다. 이러한 기생·공생의 우주생명 질서에 일치하고 그 일치에서 생명 관계의 새로운 문화적 창조로까지 나아간다면 그것이 낙樂이요, 그것을 위배하면 고苦라는 새로운 고락관苦樂觀이 나타나야 한다.

8. 동학의 '불연기연'은 동학만의 것이 아니다. 그것은 동서에 통용되는 생명 논리이다. 불확실성과 가시적 확실성, 모순된 것 사이의 역동적 상보성, 혼돈한 이중성, 다중성과 같은 무질서의 질서를 살피는 논리로서, 형이상학, 변증법, 논리적 이상주의를 모두 극복할 수 있는 철학의 새 테마이다. 더구나 불연기연은 생물학적 차원변화, 비평형적 평형, 요동의 균형 등을 말하는 이른바 '기우뚱한 균형'의 논리이다.

9. 현대인은 초월의 망상에서 이탈해서 육체와 땅으로 돌아와야 한다. 그러나 그 육체는 신령한 육체이며 그 땅은 숭고한 땅이다. 이제 초월이 아니라 땅에 엎드려 시간의 그물망이라는 곡면曲面을 빠르게 혹은 느리게, 사방·팔방·시방 전방위적으로 피투성이가 되어 기어가는 성실한 삶의 과정에서 어느덧 일상성을 넘어서 거룩한 실존을 성취하는, 일상성 속에서의 일상성이탈에 노력할 때이다.

10. 인간이 우주라면 몸과 마음은 하나의 생명복합체요 또한 우주그물이다. 자기라는 그물에, 자기 안에 내면화한 사회적 삶에, 또는 인간생명의

확산으로서의 사회그물에 벌어져 있는 무수한 틈을 넓혀 나가는 분산·확산의 노력을 감행함으로써, 그 틈에서 이웃과 사회, 자연, 우주가 새롭게 살아나는 탈중심·다중심의 넓은 삶을 살아야 한다. 인간의 우주적 실존 성취는 소산疎散하고 소방疎放한 인간 실현으로 이루어질 것이며, 스스로 틈을 벌림으로써 우주적 생명의 기가 유통하여 자혜가 그 벌어진 틈에 촘촘히 영글 것이다. 그것은 잊지 않고 애써 노력하는 인위적 무위無爲의 삶이다. 이러한 삶의 태도는 소외의 변증법, 주인과 노예의 변증법을 극복할 것이며, 빈틈없는 텍스트중심주의와 해체중심주의의 포스트모더니즘을 가로질러 갈 것이다. 삶과 텍스트에 구멍을 내어 그 틈을 넓히는 것은 유종원柳宗元의 이른바 '소지욕기통疎之欲其通'과 최한기의 '신기통'의 세계에 연계되며 전통적인 동양인의 문화와 삶에 연결될 것이다. 다양한 개성적 형태의 성긴, 그러나 지혜로운 우주적 인간, 이 신인간의 등장이 바로 참으로 지구시대·우주시대의 신인류의 탄생인 것이다.

우주적 인간은 한恨을 품으며 이 한은 틈을 통해 세상 안으로 이탈한다. 우리는 원한이 아닌 참다운 한을 틈을 통해 확인하고 삶의 동력으로 전환해야 한다. 틈을 벌리는 한은 이미 풀어지는 한이다. 그리고 근원적이고 새로운 흥興의 발현에로의 전환이다.

11. 네트워크시대, 생태학시대의 사랑은 공경恭敬이다. 틈을 두고 거리를 둔 높임과 섬김이 이 시대의 윤리이다. 서로를 신령한 우주로서 공경함으로써만 새 사회를 창조할 수 있다. 새로운 생명윤리는 이러한 공경에 기초하여 이루어질 것이며, 자연과의 공생윤리도 자연의 신령한 생명에 대한 공경을 통해 이루어질 것이다.

12. 우리는 기계까지도 신령한 생명의 생성으로 공경해야 한다. 현대가 요구하는 대물윤리, 도모노부(今道友信)의 이른바 '에코 에티카'는 이러한 경물敬物에서 완성될 것이다. 과거 동양의 장인적 수공업 공정에서는 물질

과 기계, 연장에까지도 신령한 생명이 생성하고 있음을 인정하고 공경했다. 이 전통이 부활하여 첨단테크놀로지와 결합해야 하고, 첨단기계와의 참된 공생이 이루어져야 한다. 그렇게 된다면 멀티미디어나 시뮬레이션 체계 전체에 새로운 생명론적 관점이 확대될 수 있을 것이다. 그때에 우리는 미디어나 시뮬레이션, 이마골로지(imagologie)의 지배로부터 벗어나 오히려 그것들을 전향하고 활용하며 그것들과의 창조적 공생에 들어갈 것이다.

13. 생활의 성화는 새로운 동북아의 시민적 문화 창조에서 가장 중요한 핵심이 될 것이다. 일용행사가 도道이다. 임신, 출산, 식생활, 배설, 부부생활, 여가와 노동 등 생물학적 삶에서 거룩한 우주적 · 영적 의미를 발견하는 일은 진정한 생명문화를 창조하고 문화와 삶의 괴리를 극복할 것이다. 현대는 생활자주권의 시대이다. 생활의 성화는 생활세계를 심화 · 확대하여 인간의 사회적 성화에 이르고 진정한 새 문명을 창출할 것이다.

14. 여성은 새 문화 · 문명의 주역이다. 그 생명적 본성과 역사적 위치, 그 사회적 모성과 생명을 살리는 '살림'의 능력은 거룩한 생활세계 건설과 우주사회적 공공성, 생활정치 전면에서 확대 · 심화되어야 하며, 새문화창조의 주된 창조력으로 나타나야 한다. 여성은 남성보다 중심주의가 약하며 김진석의 철학에 의하면 오히려 생명의 소내疏內하는 그물망의 다핵적인 복잡성을 본성적으로 갖고 있다. 여성문화의 적극적 창조가 있어야 한다. 이것은 에코페미니즘의 심화 · 확대와 연결될 것이다.

15. 지방화가 세계화이다. 지방의 생명과정 회복과 생명가치 창조는 결국 생명의 본성 가운데 하나인 영성의 창조적 구현으로서의 새로운 문화에 의해 결정될 것이다. 지방의 발견은 어쩌면 지방의 독특한 문화의 발견일 것이다. 지방자립의 요체인 내발적 에너지도 요컨대 이러한 문화로부터 나올 것이다. 세계경제를 주도하는 중소기업과 열린 공동체 경제도 생명가치와 함께 그 가치의 핵심인 영성적 문화에 착안해야 세계화에 창조적으로 대응할 수 있을 것이

다. 지방의 새 문화는 개체성과 지방 토착의 독특한 전통문화의 재발견과 연계되어 있다.

16. 생명의 세계관 확립과 새로운 생명과학 및 문화의 창조 과정은 현 수준 생명공학의 범죄적 유치증을 극복해야 하며 19세기적 유기체설이나 사회생물학의 오류들을 극복해야 한다. 이것은 기와 생명의 보다 본격적인 천착으로 가능할 것이다. 지금은 텔레컴과 멀티미디어의 시대이지만, 앞으로는 생명공학시대가 올 것이다. 생명의 탐구는 기에서 신기神氣의 발견으로까지 나아가야 그 초기적 오류의 파멸적 위험을 극복할 것이다. 기 또는 신기, 단전과 기혈 등의 새로운 탐색은 분자생물학의 대변혁으로 아마도 생물학혁명을 가능하게 할 것이다.

17. 생명현상, 즉 자기작동의 현상은 그 자체가 '아니다 그렇다'가 공존하는 역설을 근거로 한다. 생명운동은 이 양극이 공존하도록 하는 운동이다. 생명의 철학은 이 역설에 대해 탐구해야 한다. 역설적인 생명 논리에 의해 여러 쌍의 혼란스런 양극을 동시에 파악하는 접근이 필요하다. 역설·역리는 항상 '기우뚱함'에도 불구하고 균형을 이루어야 하고, 이 기우뚱함은 시대적·사회적 혹은 기타의 조건들에 의해 결정된다. 예컨대 근본주의와 개량주의의 상보적 관계나 생명가치와 경제가치 사이의 중심이동 과정 등은 모두 기우뚱한 균형의 관계이다. 이것을 역易의 시중時中과 연계해서, 그것을 다시 역동적인 다층적 비평형 요동의 질서, 곧 카오스와 연계해서 살피는 것은 모두 의미 있는 일이 될 것이다.

18. 이 밖에도 인간의 탄생이 우주가 나를 임신하는 것이요 동시에 내가 우주를 잉태하는 것이라는 생명창조에 대한 미묘함을 탐색하는 일, 또한 우주와 부모가 나를 먹여 기름으로써 내가 우주와 부모에게 되먹여 드리는 피드백(feedback) 관계 즉 반포反哺의 이치를 새로운 생명윤리로 예의 검토하는 일 등은 새문화창조를 위한 오늘날의 중요한 과제이다.

동학, 생명, 인간
— 동학사상과 현대사상과의 관계 —

문 명 숙

1. 서론

현대를 '문명의 위기'[1)]와 '문화의 위기'[2)]라고 선언한 지도 상당한 기간이 된 것 같다. 이는 합리적 정신의 편협성과 기계만능주의와 물질문화일변도를 달리고 있는 현상들을 지칭하는 것이 아닌가? 그러나 이런 현상 자체를 위기라고 말할 수는 없을 것이다. 그렇다면 무엇이 위기인가? 다양한 방식으로 이 문제에 접근할 수 있겠으나 철학적인 시각으로 국한시켜 특별히 위기의 주체인 인간에 대해 궁구해 보고자 한다.

과학적 인간, 정보시대의 인간, 경제적 인간, 자연인, 생태학적 인간 등의 표현은 모두 인간을 둘러싸고 있는 문화적 환경에서 나온 말들이다. 또한 혹자들은 21세기를 '문화의 세기'라고 특징짓고 있는데, 이 표현은 문화의 양면성을 나타내고 있음에 틀림없다. 죽임의 문화와 살림의 문화, 이 양극 사이를 배회하는 이는 바로 문화적 존재로서의 인간주체로 수렴된다고 본

---

1) 정해창 엮음, 『인간성 상실과 위기극복』, 철학과 현실사, 1995, 머리말.
2) 한나 아렌트의 논제(성염외, 『세계화의 철학적 기초』: 김석수, 「세계성과 인간의 조건 -아렌트를 중심으로-」, 철학과 현실사, 1999, 355면).

다. 인간은 변화를 계속하고 있는 과정적 존재로서, 다양한 문화 속에 자리한 채 한편으로는 문화들 간의 대결과 충돌을, 다른 한편으로는 상호영향을 주고받으며 삶을 영위한다. 그 실례를 동학사상에서 볼 수 있는데, 동학이 서학에 대응하여 발생한 종교이면서도 여러 측면에서의 역설적인 만남을 통해 주체가 세워졌음을 확인할 수 있다.[3] 주체 문제를 문화·철학적 관점에서 논의하는 이유는 생물학이나 사회학의 관점보다는 한층 더 총체적이고 근본적인 의미에서 인간을 이해해 보기 위해서이다.

본고에서는 전통적인 문화유산 중에서 동학사상에 나타난 인간상을 검토함으로써 동학사상에서는 주체성에 대한 사유가 어떻게 정립되고 있으며 또 이 사상이 근·현대 한국사상의 조류 안에서 어떻게 옹호되어 왔는지를 살펴보겠다. 이 과정에서 우리는 동학의 경전과 주석자들 특히 손병희(1861~1922)와 이돈화(1844~?)의 인간관을 재해석하는 한편으로 현대 서구 철학자들 특히 프랑스의 '생'철학자 앙리 베르그송(H. Bergson, 1859~1941)과 현상학자 임마누엘 레비나스(E. Levinas, 1906~1995)의 인간관을 살펴보면서 동·서양의 상호보완관계를 모색하기로 한다. 또 다른 의도가 있다면, 21세기 세계시민의식을 지향하는 좀더 균형 잡힌 인간상, 즉 생명과 사랑의 문화를 이룩할 주체적인 인간 모습을 그려 보려는 것이다.

2. 문화적 갈등 속에서의 주체

서양과 동양의 문화적 대결 상황 속에서 자아를 지키기 위한 노력이 최제우의 '신'체험에 관한 표현 중에서 뚜렷이 나타난다.

'시천주侍天主'[4]와 "내 마음이 네 마음이다"(吾心則汝心也)[5]라는 최제우

---

3) 노길명, 『한국의 신흥종교』, 가톨릭출판사, 1988, 91면 ; 김태길, 『한국윤리의 재정립』, 철학과 현실사, 1995, 193면.

의 근본적인 체험은 천주(한울)의 뜻에 일치함, 곧 천주의 현존이 자아에 투영함을 말하고 있다. 그 후 천주와의 지속적인 대화는 인간의 자유가 절대자와 마주하게 되는 인격적인 관계를 나타내는데, 그 대화는 인간적인 의혹과 의문에 대한 절대자의 응답이 교환되는 형태로 전개된다. 여기서 최제우의 절대자에 대한 발견은 동시에 자기 인격체의 근본을 발견하게 되는 계기가 되며, 이것이 자기에 대한 확신으로 발전되어 자기자신성을 구축하게 된다.

절대인격자와의 관계를 토대로 한 이 자기성에서 세계와 인간에 대한 새로운 관계방식이 도출된다. 근본적인 이중성을 유지할 수 있는 항속적인 방안이 바로 '수심정기守心正氣'이다. 수심정기는 개인적인 실천사항으로서 최제우의 독창성을 살펴볼 수 있는 사상이다. 그는 "인의예지는 옛 성인의 가르친 바요, 수심정기는 내가 다시 정한 것이니라"6)고 하여 전통유교 사상에 대해 자신의 입장을 분명히 표명하면서도, 시천주와 수심정기 사이에서 이중적인 갈등을 느끼고 있었다. 한편은 천주와 한울이 병행된 문구를 보아도 알 수 있듯이 타문화(천주교, 서학)와의 대결을 통해 자극을 받은 문화적인 만남에서 한국 고유의 문화적인 주체성—천주(한울)와 자아의 관계—을 재정립하게 되기까지의 갈등이요, 다른 한편은 도덕적 주체로서 유교 전통에 대한 폐쇄성과 개방성 사이에서 겪는 갈등이다. 그는 인의예지라는 전통적인 윤리는 구체적인 생활을 영위하게 하는 데 설득력을 잃었다는 사실을 의식하고, 수심정기로써 도덕률의 인격적인 동시에 일상적인 역할을 찾고 있다. 다시 말해 최제우의 지적은 유교의 기본 덕목이 너무나 일반적이고 추상적이어서 구체적인 현실에 적용하는 데는 한계가 있다는 것이다.

---

4) 김용준은 시천주와 인내천의 개념이 천도교의 인간관을 대표한다고 본다(김용준, 『한국 철학연구』 제5집, 「천도교의 중요사상」, 해동철학회지, 1975, 100-104면).
5) 최제우, 『천도교경전』, 「동경대전」, "논학문", 천도교중앙총부, 1993, 28면.
6) 최제우, 『천도교 경전』, 「동경대전」, "수덕문", 51면.

서구문화나 전통문화에 직면하여 자신의 비판의식이 이처럼 자기 고유의 언어로 표현된 것은 어떤 의미에서는 해석학적인 주체성의 면모도 드러낸다고 할 수 있다. 이는 타문화와의 접촉을 통해 문화적인 정체성을 뚜렷이 표명해야만 한다는 시대적인 요구에 충실히 응답하고 있는 반성적 주체의 모습이다.

또한 최제우는 한국 고유의 전통에 대한 자기정체성에 있어서도 수심정기 외에 지상신선地上神仙이라는 새로운 표현을 통해 사상적인 주체성을 분명히 밝히고 있다. 그가 과거의 유교 전통을 대화 상대자로 삼아서 수심정기와 지상신선을 특히 강조한 것은 일견 전통문화와의 결별을 표명한 것처럼 보이기도 한다. 그러나 그는 유교사상 전반을 부정한 것이 아니라, 외면적이고 형식적이며 세계의 문제와는 거리를 유지하고 있는 추상적 주체에 대하여 내면적인 측면 즉 자기의식을 보완한 것이었다. 이 점에 그의 독창성이 있다. 그리고 지상신선에서 최제우는 구체적이고 실존적인 존재로서 사회와 세계에 참여하는, 실존주의 철학자 가브리엘 마르셀의 표현을 빌리면 '화신적化身的 존재' 즉 육화를 통하여 공간적·시간적 세계사에 참여하는 책임적 주체의 인간상을 추구하였다. 이러한 의미에서 볼 때 그는 실제적 삶과는 거리를 두는 유학의 군자상이나 도가의 현실을 떠난 초월적 존재로서의 신선상에 역동성을 부여하면서 정신적인 혁신을 시도하였다고 할 수 있다.

3. 인간격 주체

최제우의 이러한 실존적이며 내적인 인간상은 이돈화의 사상에서는 다양한 서양철학자들의 인간관에 비추어서 재해석된다. 그는 최제우의 인간관이 인내천人乃天에 모두 요약되고 있다고 보고 "우주격이 인간에 의하여 표현된 것을 이른다"고 하면서 인내천을 인간격人間格중심주의로 특징짓는다. 먼저 그는 신조어 '인간격'을 만들어 서양철학에서 인간의 고유성으로 보는, 즉 생물학 및 윤리학적인 관점에서 인간과 동물을 구별하는 의미로서의 '인격'과 구별한다.

인격은 개인에 대한 격格을 이르는 말이요, 인간격은 전우주격이 인간에 의하여 표현되었으므로 이를 인간격이라 하는 것이다. 우주격 즉 한울격은 인간에 의하여 비교적 완전한 형태로 나타났으므로 한울격은 인간격에서 볼 수 있다는 말이다. 인간격은 우주격 중 최종격을 이름이므로 인간격이라 하는 말 가운데 우주 전체를 일원으로 보아서 우주의 전중심이 자연계를 통하여 인간계에 솟아오른 우주 중추신경의 과실을 일러 인간격이라 한 것이다.…… 우주격 전중심이 전우주를 통하여 인간에 의하여 우주생활을 하는 격이므로 개인격 중에서는 우주격을 볼 수 없으며 현재 인간 전체 안에서도 우주격은 볼 수 없고, 우주격은 영원한 신비로 전적 인간 또는 미래인간을 통하여 얼마든지 향상될 만한 격이다. 우리는 이런 의미의 인간격을 가리켜 인내천이라 하는 것이다.[7]

이돈화는 서구의 인격 개념을 사회 및 우주론적인 관점에서 이해한 것 같다. 사실 위의 글에서 인간을 우주의 꽃으로 되어 가는 존재의 모습으로 그린 이돈화의 인간격과 서구의 인격 개념 사이에는 큰 차이가 없다고 생각된다. 차이가 있다면 이돈화의 인간격에는 우주적 차원이 특히 강조되어 있다는 점이라 하겠다.

다음으로 이돈화는 이 인간격 사상을 서구의 여러 철학사상들과 비교해서 그 특징들을 규명해 나간다. 그는 인간격(인내천) 사상이 "인간격 본위의 생활로 우주와 인간세계와 인간을 내적으로 결합하는 생활"로서 신본위도

---

7) 이돈화, 『신인철학』, 천도교중앙총부, 1982(초판 1924), 51-53면.

영본위도 유물주의도 아님을 주장한다.

우선 신본위에 대해서는 인내천의 종교관을 개진하는데, 기존의 종교관에서는 대부분 세상을 죄악시하기 때문에 현실생활에 직면하기보다는 이것을 부정한다. 종교를 현실고의 도피처로 삼는 이러한 종교인들의 믿음 양식과는 반대로 이돈화는 세상을 긍정적으로 바라본다. 그는 세상을 미완성품으로 간주하면서 인간이 이루어야 할 그 무엇으로 여기고, 그에 대한 인간의 책임을 호소한다.

이어서 이돈화는 영본위(유심론, 관념론)의 사조와 유물론의 한계를 지적하면서 그 보완점을 인간격 본위의 삶에서 찾는다. 그는 특히 유물론의 여러 유파 가운데 개인주의, 사회주의, 자연주의, 지력주의를 분석하고 비판적으로 재해석한다.

개인주의의 한계는 자기절대론을 주장하는 데 있으며, 이것이 무정부주의로 발전하여 영웅주의적 경향(니체)으로 나아갔다고 그는 지적한다. 사회주의 즉 마르크스의 유물사관에 대해서 그는, 인간사회의 변화 기저에는 경제적 요인이 작용하여 인간의 사상, 제도, 문화를 변화시킨다는 주장을 완전히 부정하지는 않고 부분적으로 받아들이면서도, 인내천의 전체적인 의미를 경제적 측면으로 축소시킬 우려가 있다고 지적하면서 다소 거리를 두고 있다. 자연주의에 관하여 이돈화가 지적하는 것은, 자연주의자는 인간정신을 부정하고 그저 자연에 순응한다는 입장인데 여기에는 다음과 같은 모순이 있다는 것이다. 자연주의자가 자연을 관찰하고 분석하여 자연의 법칙을 알아내는 데는 정신적 요구가 전제되어야 하는데, 인간정신을 부정한다면 결국 과학 자체를 부인하는 결과가 되지 않느냐는 것이 그 내용이다. 또 다른 하나의 지적은 자연주의가 감각세계만을 실재로 인정한다는 점이다. 그의 논거는, 인간은 무엇보다 문명인으로서 감각세계에만 종속되어 있지 않고 거기서 해방되어 사유로써 문명을 진보시키는 존재라는 것이다. 따라서 '경험세계 아니면 관념' 식으로 이원론적으로 실재를 보는 것이 아니라, 구체적인 경험과 사유세계의 공존을 실재라고 하는 것이 인내천주의의 입장임을 주장한다. 그는 끝으로 지력주의는 사유를 실재로 간주하여 인간 삶 전반을 사유가 지배한다고 여긴 나머지, 즉 관념을 절대화한 나머지 인간의 감정, 구체적인 삶의 생생함 등을 간과해 버리고 생기 있는 내용보다는 개념이라는 형식의 틀에 갇히게 되어 결국 인간을 개념의 노예로 만들었다고 비판한다. 그는 "인간은 결코 어떤 기성품의 지배를 받는 자가 아니다. 인간은 자기 자신의 고유력을 어디까지나 발휘해야 한다"고 주장한다.[8] 지성주의에 대한 이러한 입장은 관념주의나 실증주의의 허구에 반기를 든 베르그송의 실재의 의미와 상통한다 하겠다.

이러한 한계들에 대한 대안으로 이돈화는 제 사상에 담겨 있는 긍정적인 부분을 부분적으로 받아들여 인간격 본위의 생활, 즉 인간격이 주체가 되는 생활을 할 것을 제안한다.[9] 다시 말하면 어떤 이념을 고착화하거나 그 이념의 노예가 되어 있는 탈인격화된 삶이 아니라, 인격이 주체가 되는 삶을 살아가는 것을 말한다. 이 삶에 토대가 되는 것은 인간의 의지이다. 이 의지를 세부적으로 살펴보면, 먼저 이돈화는 인간의 자유의지에 대해 설명하고 이어서 의지의 활동을 논의하면서 시侍를 가지고 자아에 대한 새로운 해석을 시도한다. 그는 인간의 의지적 활동뿐만 아니라 생명력의 표현까지 가능케 하는 것이 의식이라고 하여 시천주의 시를 의식(conscience)과 연결지어 설명하면서, 동물과 구별되는 인간의 고유성을 시 의식에서 찾았다. 그는 수운의 자아인식을 시로 파악하고 그것을 의지활동으로 정의하였는데, 이는 이 자아 속에 의지의 원천인 한울의 자아가 전적으로 활동하고 있다는 의미에서이다. 그는 내유신령과 외유기화가 합쳐져서 내적으

---

8) 이돈화, 상게서, 58면.
9) 이돈화, 상게서, 58-69면.

로는 신과의 관계가, 외적으로는 사물과의 관계가 합일하는 그 지점에서 지知 혹은 각覺이 발생하여 그것이 가치에 대한 의지의 선택작용을 하게 된다고 보았던 것이다.

또한 그는 인간격을 인간학적 및 우주적인 측면뿐 아니라 '귀신鬼神의 격' 즉 종교적인 측면까지를 포함한 총체적인 의미의 인간성으로도 말하였으며, 한편으로는 진화론적인 측면에서 보기도 하였다. 그런데 진화론적인 측면에서 본다고 했을 때의 진화란 과학적인 의미의 진화가 아니라 인간격 생명력의 진보라는 의미이다.

이상과 같이 이돈화는 생명, 인간격, 자유 등 동양의 전통적인 글에서는 잘 찾아볼 수 없는 독특한 개념을 서양철학에서 원용하면서, 다음의 글을 통해 조화로운 인간상을 제시하고 있다.

> 인간격의 자유를 가능케 하는 현실생활개조에 가장 필요불가결한 것이니, 자유가 없는 곳에는 나 자신의 생활이 없는 것이다. 사람은 자연주의자가 말하는 것과 같이 자연의 노예도 아니며 지력주의자의 견해와 같이 사고의 노예도 아니다. 그들은 모두가 인간격을 인정하지 않으며, 따라서 인간격의 자유도 인정하지 않는다. 이러한 현대기계주의가 우리에게 만족을 주지 못할 것은 사실이다. 인간의 생활은 인간격의 기저에서 우러나와야 한다. 인간은 인간을 위하여 존재하는 것이다. 결코 자연을 위하여 존재하는 것이 아니며 사고를 위하여 존재하는 것도 아니다. 인간은 인간격을 위하여 존재하는 한에서 처음으로 참된 물질생활과 정신생활을 통일하는 인간격의 자유가 생기는 것이다.[10]

이 내적인 정체성의 정립은 사회적 범주를 초월하는 자아의식(본성)의 깨달음이라 할 수 있다. 자유를 자아와 동일시하고, 이를 생활화하는 데 가장 중요한 삼요소는 노력과 경敬과 애愛의 결합임이 강조된다. 여기서 인

---

10) 이돈화, 상게서, 83-84면.

간격의 고유한 면모가 실현된다는 것이다. 이는 베르그송적인 자아관에 나오는 자유, 생명, 의식(정신)의 개념과 일맥상통한다.

자아로부터, 오직 자아로부터 흘러나오는 행위를 자유스럽다고 부를 수 있다면 우리 개인의 특징을 부각시키는 행위도 참으로 자유스럽다고 보아야 한다. 왜냐하면 우리의 자아만이 오직 그 특징을 부각시키는 행위의 주인공이라고 볼 수 있기 때문이다.[11]

앞서의 인용문('물질생활과 정신생활을 통일하는 인간격의 자유'를 논한)에서도 이돈화가 베르그송의 견해에 동조하고 있다는 사실을 알 수 있지만, 그의 자아상은 베르그송의 '심층자아'와도 유사한 점이 많다. 베르그송의 인간관에서 심층자아란 표층자아와 대립되는 개념으로 사용되고 있다. 표층자아는 사회의 구성원으로서 자기에게 부과된 의무에 습관적으로 복종한다. 사회구조나 체제의 보존을 위해 개인성이 발휘되지 못하고 일종의 억압상태로 나타나는데 베르그송은 이를 폐쇄적인 사회에서 볼 수 있는 '닫힌도덕'의 일면이라 하였다. 개인의 선택이나 자유가 존중받지 못하는, 따라서 기계적인 움직임에서 나오는 맹목적인 추종이나 의무적인 행사로 간주되고 있는 사회에서는, 마치 자연세계에서 자연법칙이 필연적으로 작용하고 있듯이 인간의 사회생활에서 이 의무가 하나의 필연성처럼 작용하고 있다. 이 닫힌도덕에서 개인은 반성적인 차원이 결여된 채 외적인 규범이 제시하는 명령에 본능적으로 따르거나 익명적인 존재로서 행사하는 이중적 태도로서 나타난다. 이에 반하여 심층자아는 이런 폐쇄적 유대관계와의 단절을 전제로 하며, 도덕적인 의무에 따른 행위는 무엇보다 자아의 자유로운 책임일 뿐이다. 그러나 실제로 자유를 산다는 것은 쉽지 않은 일인데,

---

11) H, Bergson, Essai sur les donnees immediates de la conscience, in bergson, oeuvres, PUF, Paris, 1970, p.130.

그것은 자유가 바로 자기 자신을 확립하는 행위이기 때문이다.

그러나 우리가 우리 자신을 포착하는 순간은 드물다. 그런 이유로 우리는 드물
게 자유롭다. 대부분 우리는 우리 자신에게서 외적으로 살아가므로 우리 자아
에서 순수한 지속이 동질적인 공간 속에 투사한 그늘의 화상만을 알아차릴 수
있다.…… 자유롭게 행동한다는 것은 자기를 자신의 것으로 한다는 것이며, 순
수한 지속 안에서 자신을 재정립하는 것이다.[12]

자유행위의 원천은 인격적인 존재와의 만남에서 온다. 인격적이며 창조
적인 존재의 부름에 감동하여 출발한 이 존재자의 참여에는 자기가 속하고
있는 가정, 사회 또는 국가의 단위에 따라 생기는 단순한 유대관계라는 장
애물이 있지만, 거기에는 개방된 세상을 향한 창조적인 도약이 있다. 이 도
약에서 우리는 사회도덕과 인류도덕의 차이는 정도의 차이가 아니라 질적
인 차이임을 알 수 있는데, 왜냐하면 이 내적인 열망은 한정된 사회를 목표
로 한 배타적인 윤리를 뛰어넘어 인류를 지향하기 때문이다. 이를 베르그
송은 '열린도덕'이라 한다.[13] 열린도덕에서 자아는 무엇보다 자유행위 안
에서 표현되는데, 삶의 전 영역에서 주도권을 취하는 등 그 기획에서 생명
력이 일어나며 그 자체로서 창조적 행위가 되는 것이다. 이처럼 '위인의 부
름'에 내적인 동요를 느끼고 응답하는 사람은 양심에서 일어나는 것에서
나아가 더욱 완전한 도덕을 구현하고 창조하려는 사람들이다. 이런 위인들,
신비가들은 인류에게 새로운 길을 열어 주며 미지의 세계에 대한 가능성을
제시해 준다. 따라서 이들의 존재는 감동된 이들에게는 그 자체로 하나의
부름이 된다.[14]

베르그송은 진정한 자유의 실현이 어렵다는 것을 고려하면서도 인간사

---

12) H. Bergson. Ibid., p.151.
13) H. Bergson, Les deux sources de la morale et de la religion, PUF, 1984(218eme ed.). pp.27-35.
14) H. Bergson, Ibid., p.30.

회에는 자기됨의 길, 인간 바로세우기를 향해 갈등의 상황을 뛰어넘어 창조적 약진을 하는 사람이 있다고 했다. 바로 여기서 이돈화의 표현대로 인간격이 최고 생활에 참여하는 고상을 보여 주는 것과 접맥을 이루지 않는가 생각한다. 이런 의미에서 이돈화의 인격관은 무속신앙과 유·불·선의 장점 그리고 그리스도교 사상이 혼합된 자아상을 묘사했던 최제우의 자아관에 또 다른 지평을 열어 주고 있다고 본다.

4. 물과 영적 존재 사이의 주체

이돈화의 철학적인 분석에 비해 손병희의 자아관은 보다 영성적인 측면에 역점을 두고 있다는 것을 다음 글에서 알 수 있다.

> 육신은 백 년 사는 물체요, 성령은 천지가 시판하기 전에도 본래부터 있는 것이니라. 성령의 본체는 원원 충충하여 나지도 아니하며 멸하지도 아니하며, 더하지도 않고 덜하지도 않는 것이니라. 성령은 곧 사람의 영원한 주체요, 육신은 곧 사람의 한때 객체니라. 만약 주체로써 주장을 삼으면 영원히 복록을 받을 것이요, 객체로써 주장을 삼으면 모든 일이 재화에 가까우니라.[15]

인간은 육체와 정신, 유한과 무한, 주체와 객체, 일시와 영원 사이에 있는 중간자적 존재이다. 손병희는 최제우의 우주적 자아와 종교적 자아론을 따라 성령이 인간의 영원한 주체라고 하면서 몸이 영적인 성품으로 변화되기를 촉구한다. 인간의 근원이 본래 영적인 바탕임을 강조하는 본문은 이 글 외에도 여러 곳에 나온다. 우주와 세상사가 본래 영적인 관계를 지니고 있음을 논의하고 있는 「성령출세설性靈出世說」이 한 예이다.

---

15) 손병희, 『천도교 경전』, "以身換性說", 646-647면.

인간과 우주의 본체인 한울과의 인격적 관계에서 영감을 받은 손병희는 「인여물개벽설人與物開闢說」에서 당시의 문화적인 맥락에서 최제우의 개벽설에 대한 재해석을 시도한다. 이 글에서는 한편으로는 인간의 정체성의 본질에 대해, 다른 한편으로는 오늘날 전세계적으로 논의의 대상이 되고 있는 환경 및 생태 문제와 관련지을 수 있는 우주적 차원에서의 개벽에 대해 논하고 있다. 그는 우주적인 개벽은 인간학적인 차원에서의 혁신을 전제로 하며, 이 두 차원은 불가분의 관계에 있음을 강조한다. 먼저 그의 개벽에 대한 정의부터 살펴보자.

> 개벽이란 한울이 떨어지고 땅이 혼돈한 한 덩어리로 모였다가 자, 축 두 조각으로 나뉘임을 의미함인가. 아니다.
> 개벽이란 부패한 것을 맑고 새롭게, 복잡한 것을 간단하고 깨끗하게 함을 말함이니, 천지만물이 개벽은 공기로써 하고 인생만사의 개벽은 정신으로써 하나니, 너의 정신이 곧 천지의 공기이니라.
> 지금에 그대들은 가히 하지 못할 일을 생각지 말고 먼저 각자가 본래 있는 정신을 개벽하면, 만사의 개벽은 그 다음의 차례의 일이니라.16)

개벽은 인간을 둘러싸고 있는 천지만물 사이에 일어나는 자연이변현상에서 찾을 것이 아니라 인간의 정신적인 개혁에서 찾아야 한다는 것이다. 손병희는 왜곡되고 부패한 인간 삶의 현장에서 혁신을 그리고, 사회·정치적인 분야에서 유발될 수 있는 복합적인 문제를 풀 수 있는 실마리는 바로 인간의 정신에 달려 있음을 역설한다. 이러한 내면적 혁명은 사회·정치를 개혁하는 데, 나아가 범지구적인 삶의 조건들을 개혁하는 데 관건이 됨을 주장한다. 그는 외적인 혁신보다는 내면적인 측면을 특히 강조하면서 이 글의 말미에서 이것이 시대적인 상황에 응답하는 주체상임을 표명한다.

---

16) 손병희, 상게서, "인여물개벽", 666-667면.

이제 이 유형의 개벽을 당하여 정신상으로 무형의 개벽을 하지 않으면, 천하로 옷을 입고 우주로 집을 삼고 사해로 밭을 가는 그 사람이라도 한번 가지에서 떨어지면 문득 적막한 서리 맞은 잎과 같이 될 것이니, 이것이 사람과 물건이 개벽하는 때이니라.[17)]

또한 이 정신적인 개벽은 자연의 변화에도 깊이 관련되어 있다. 환경 문제를 인간과 동떨어진, 다시 말하자면 인간 삶의 주변적인 것으로 다루는 것이 아니라 인간 내면의 문제, 즉 인간의 정신과 동일시된 공기를 논하고 있어 우리의 주목을 끈다. "우리의 정신이 곧 천지의 공기"라는 말은 오늘날 환경 문제에 시사하는 바가 크다. 우리는 산행을 할 때 공기를 마시며 자연을 향유의 대상으로만 여겨 왔을 뿐 자연과 정신 사이의 필수불가결한 상호기여의 관계에 대해서는 전혀 의식하지 못하였다. 그러나 김지하가 지적하고 있듯이 "감각적 외부 세계로서만 자연을 파악하는 환경학 전체가 문제가 될 수밖에 없다. 환경학에서 생태학으로, 생태학에서 생명학으로 해당 학문이나 과학기술 체계가 급속히 변모해야 한다."[18)] 손병희는 여기서 정신적인 결단과 참여를 촉구하며 정신개혁의 구체적인 방안으로 자존심을 시侍로, 의구심을 정定으로, 미망념을 지知로, 그리고 육신 관념을 성령性靈으로 변화시킬 것을 제안한다. 다시 말하면 진정한 자기회복은 외적인 영역 즉 사회적인 신분이 아니라 '내적, 영적인 주체와의 관계에서 찾아야 한다'는 의미이다.

손병희의 사물과 인간 사이의 이 교응관계를 현상학자 메를로퐁티의 현상학적 신체관에 의거하여 표현한다면, 몸은 감각적 지각 작용에 의하여 체험된 존재로서 사물들 중의 하나이지만 일반 사물처럼 여러 요소들의 단순한 집합이 아니다. 몸의 의식은 세계와 더불어 하나의 직물처럼 서로 짜

---

17) 손병희, 상게서, 671면.
18) 김지하, 『생명』, 솔, 1992, 161면.

나가는 직조적 관계로서 세계의 현실에 깊이 새겨져 있으며, 세계 또한 체험의 현실로서 자기에게 능동적으로 다가온다. 이는 동양사상의 "자연 속에 인간이 있고 인간 속에 자연이 있어 주체와 객체가 서로 포용하는 경지"19)와 상통한다고 할 수 있다. 이 둘 사이에는 사이세계가 형성되어 물질과 정신이 서로 대립된다는 의미가 아니라 하나의 실재가 양면 즉 양의성을 함의함을 뜻한다.20) 몸에는 인간 개인의 구체적인 체험의 흔적이 내포되어 있으며 세계경험이라 할 수 있는 삶의 이미지와 타인의 삶도 함께 얽혀 있기 때문에, 이것은 하나의 역사성과 문화적인 증인의 역할을 하면서 미래를 향해 열려 있는 존재로 다가온다. 몸을 받아들인다는 것은 한 개인의 삶의 조건 속에 원초적으로 현재하는 은닉된 의미와의 관계를 받아들인다는 뜻이기도 하겠다.

> 몸이 있을 때에는 불가불 몸을 주체로 알아야 할 것이니, 왜 그런가 하면, 몸이 없으면 성품이 어디 의지해서 있고 없는 것을 말하며, 마음이 없으면 성품을 보려는 생각이 어디서 생길 것인가. 무릇 마음은 몸에 속한 것이니라. 마음은 바로 성품으로서 몸으로 나타날 때 생기어 형상이 없이 성품과 몸 둘 사이에 있어 만리만사를 소개하는 요긴한 중추가 되느니라.21)

손병희는 믿음의 정진에 관해 말하면서, 한울과 자아 사이에 주·객체 관계를 확고히 하였다면 더 나아가 그것이 신체를 통해 구체적으로 드러나야(顯示) 함을 권고한다. 여기서도 몸과 마음(성품)은 가시적인 의미와 비가시적인 의미의 상호의존관계에 있다고 할 수 있겠다.

---

19) 양적, 『동서인간론의 충돌』-문화비교와 소외론, 노승현 옮김, 백의, 1997, 162면.
20) M. Merleau-Ponty, L'Oeil et l'Esprit, Gallimard, 1964m pp,18-21.
21) 손병희, 상게서, "무체법경", 443-444면.

5. 생명주체

이돈화는 최제우의 지기일원론과 베르그송의 생명철학이 부합한다고 주장한다.[22] 그는 우주 안에서의 인간의 지위를 바로 이 생명의 진화에서 찾는데, 진화론의 논지를 따르면서도 인간 안에 있는 신성성을 부정하는 데는 동조하지 않고 오히려 진화론이 인간의 고상을 증명해 주며 인간의 신성을 간접적으로 밝혀 준다고 반론을 제기한다. 특히 우주의 최후 최고의 관계를 인간에 종결시킨 점으로 보아서도 그러하다는 것이다. "인간은 우주의 과실"로서 우주의 대정신이 인간의 생명에 의해 표현된 것이다. 이돈화는 물질현상과 정신현상의 차이를 본질적인 차원에서 설명하면서 베르그송의 생명사상을 원용한다. 여기서 그는 인간생명에 관한 한 불교 전통의 생명관과 입장을 달리한다는 것을 지적할 수 있다. 왜냐하면 불교에서는 사물과 인간의 생명 사이에 정도의 차이는 있으나 본질적인 차이는 없기 때문이다.[23]

생명력이라는 일원 이것이 우주의 본원인데, 여기서 생물체는 진화된다. 따라서 정신과 물질은 그 원천이 둘이 아니라 하나이다. 이돈화는 의식의 상태가 인간격에 와서 가장 잘 구체화되었다고 본다. 그것은 인간이 우주를 의식한 것이며, 우주의 본성은 인간의 의식에 의해 나타난 것이다. 인간

---

22) 이돈화는 베르그송의 생명철학과 오이켄의 신정신철학에 의존하여 인내전 사상이 이들의 인간관과 맥을 같이하고 있음을 확인하고 근대인의 열망에 인내천 사상이 일조할 수 있음을 표명한다.(이돈화, 상게서, 72면).

23) 진월에 의하면 "전통적인 불교계에서는 생(生)이나 명(命)이 따로따로 단족으로 많이 쓰였고, '생명(生命)'이란 합성어가 독립적으로 사용된 경우가 별로 보이지 않는 대신, 수명이란 말이 사뭇 익숙하게 쓰였으며, 생명체를 유정(有情)이나 중생(衆生)으로 부르는 경우가 대부분 이었다고 본다. 유정이나 중생이란 말은 문맥에 따라 구체적으로 지시하는 바가 다르겠지만, 인간은 물론, 크고 작은 동물과 아울러 식물까지를 포함한 모든 생명체를 포괄하여 쓰여 왔다"고 한다.(진월, 「불교의 생명사상」, 1999, 4, 24. 한국외어대학교 인문과학연구소와 우리사상연구소 공동주최, "이 땅에서 철학하기" -21세기 한국철학의 방향모색-에 발표된 논문).

의 우주관은 다름 아닌 '생명의 자기관조'이다. 여기서 자연계와 인간격 사이에 본질적인 차이가 있다면 자연 상태는 충동적 본능으로 반응하지만 인간격에 이르러서는 생명 자체를 인식하게 되었다는 점이다. "나는 생명이다"[24]라는 명제는 생명 자체가 한울이라는 의식에서 비롯된 인간정체성의 표명이다. 최제우는 『동경대전』의 「불연기연不然基然」에서 인간의 기원에 대해서는 생물학적으로 연역법과 귀납법을 동원하여 추론하지만, 만물의 존재의 근거는 결국 양의성을 띤 불연기연으로 보았다. 이런 관점이 이돈화에 와서는 원천 자체를 생명체로 명료하게 인식하였을 뿐만 아니라 생명 자체의 유동성 그리고 생명과 인간격 자유 사이의 상호작용을 발견하였다는 사실이 주목된다. 여기서 이돈화가 베르그송의 생생한 실재의 유동성을 받아들여 자기 나름대로 동학의 우주관을 재해석했음을 알 수 있다. 그는 철학적인 제 사상과 우주적인 생명을 인간격의 종교적 차원에서 수렴하였는데, 이것이 바로 인간격 생명력이다. 다시 말하면 '생명 자기의 무궁無窮'을 신의 무궁으로 이해한 점이다. 그는 자신의 인간격 사상을 신의 활동으로 보는데, 신의 활동의 양면성은 가시적인 면과 비가시적인 면을 지닌 신의 조화로서, 인간의 행동이나 사물에 대한 가치판단의 잣대가 된다는 것을 최제우의 다음 글로 보여 주고 있다.

근보가성僅保家聲 사십 평생 포의한사布衣寒士 뿐이로되
천리야 모를소냐 사람의 수족동정
이는 역시 귀신이오 선악간 마음용사
이는 역시 기운이오 말하고 웃는 것은
이는 역시 조화로세.[25]

24) 이돈화, 상게서, 73면.
25) 최제우, 『천도교경전』, 「용담유사」, "도덕가", 천도교중앙총부, 219-220면 : 이돈화, 상게서, 62면

또한 최제우는 신의 생명, 무궁성뿐 아니라 인간의 무궁성도 깨닫게 된다. 종교적인 주체는 무궁한 자아의 모습으로 고양되어 신비적 자아의 차원으로 열려 있다. 「흥비가」에서는 다음과 같이 말한다.

　이 글 보고 저 글 보고 무궁한 그 이치를
　불연기연 살펴내어 부야흥야賦也興也 비해 보면
　글도 역시 무궁하고 말도 역시 무궁이라
　무궁히 살펴내어 무궁히 알았으면
　무궁한 이 울 속에 무궁한 내 아닌가.26)

　최제우의 신비적 자아는 무궁의 자질로서 어떤 의미에서는 초월성과 보편성을 겨냥하고 있다. 무한성에 대한 이념은 글과 말을 통해 무한한 의미를 발견하고, 인식한 바를 살려 모든 이가 누릴 수 있도록 초대하고 있다.27) 이 신비적 자아의 모습이 최시형, 이돈화에게 계승되어 생명윤리로서의 인내천 윤리를 인간관계에서 전개하여 신비아의 실천적인 차원을 부각한 것이 독특하다.

　"도가 있는 바를 알지 못하거든 내가 나를 위하는 것이요 다른 것이 아니니라"28)라는 말에 나타나 있듯이 최제우는 도道로써 맺는 한울과의 일치가 '나'라는 주체를 바로세우는 것임을 강조한다. 자기됨의 원천인 한울과의 관계가 확립되면 자아는 사물과 타자와의 관계에서도 같은 인격을 공유하는 자가 된다. 인간과 타자와의 관계에 있어 최시형(1827~1898)은 '인시천人是天'과 '사인여천事人如天'의 인간존중사상으로 인간을 신과 동등한 위치에 두면서 인간은 누구나 존엄하고 또 평등하다는 것을 실천적으로 세상에 전개했으며, 또 '천지부모'와 '대인접물'을 통해 인간과 사물과의

---

　26) 『천도교 경전』, 「흥담유사」, "흥비가", 235-236면.
　27) 『인간관의 토착화』, 한국천주교중앙협의회, 1995 : 문명숙, "동학의 인간관", 168-170면.
　28) 최제우, 상게서, "후팔절", 102면.

관계방식을 새롭게 규명하였다.[29] 한울이 인간 안에 내재한다는 시천주, 천지부모 사상은 경천애인敬天愛人과 양천주養天主설 그리고 자연애호라는 범신론적 사상으로 펼쳐진다. 이 윤리관은 유교의 도덕사상이 지배적인 의식 속에서 인간 안에 신의 성품이 내재하고 있음을 강조하여 인간을 신의 신분으로 대할 것을 역설했다는 점에서 사회적인 인간규정의 한계를 지적하고 있다. 이는 우리가 무화할 수 없는 인간의 초월성과 종교적인 심성, 즉 절대자와의 인격적인 관계를 실천적으로 제시해 주고 있다. 그리하여 모든 것을 사물화하는 현대의 물질주의문명 속에서도 신의 생명력이 잠재하고 있다는 깊은 의미를 일깨워 주고 있는 것이다.

> 우리의 생명윤리는 인격주의(personalism)의 뿌리를 가져야 한다.…… 인격주의 철학에 뿌리를 둔 생명윤리는 인간을 그 본성적 특성들에서부터 파악한다. 또한 이 생명윤리는 인간을 그 존재로부터, 따라서 그 존재론적 가치로부터 파악하며, 그 존재론적 기반을 존중한다. 그러므로 인간이 어떤 편협한 이데올로기로부터 파악되거나 도구화되는 것을 거부한다. 인간은 그 본성적 특성들이 존중받을 때 비로소 존재 자체에서부터 존중받는다. 그의 자율성, 초월성이 존중되고 그에게 책임 있는 자유를 요청한다. 우리의 생명윤리가 가지는 인간관은 통일적 인간관이다. 그는 육체적·심리적·영적 요소가 하나로 된 전체요, 지성, 감성, 의지와 육체성, 영성이 도무지 분리될 수 없는 하나의 몸이다.…… 그는 육화된 영(anima incarnata)이다. 그래서 그의 생명권은 보장되어야 한다.[30]

현대 유전공학에서 시도하는 유전자조작이 인간에게 긍정적 역할을 할 수도 있으나, 인간존재의 면모를 근본적으로 바꿔 인위적인 새 인간을 만들려는 이 위험한 시도에는 결여된 것이 있다. 그것은 "완벽한 인내천의 윤

---

29) 최시형, 『천도교 경전』, 「해월신사법설」, 249-273면; 신일철, 『동학의 이해』, 사회 비평사, 1995, 108-117면.
30) 소병욱, 『생명윤리』, 분도출판사, 1996, 62-63면.

리적 기준"[31]이다. 과학기술은 인생의 중요한 도구, 동반자일 뿐 거기서 인간의 행복을 기대할 수는 없다. 현대의학은 그것이 생명에 개입하는 방식으로 인해 '인간생명의 신성'을 인정하는 새로운 윤리를 요청하게 만들었다. 결국 모든 지식은 윤리와, 궁극적으로는 '생명의 윤리'와 불가분의 관계에 있다는 사실을 인식하는 것이 21세기 생명문화 건설에 대비하는 미래의 윤리일 것이라 생각한다.[32] 반 퍼슨은 "인간은 자연과 비인격적인 힘에 희생되어서는 안 된다. 모든 기술은 반드시 윤리로 귀착해야 한다"[33]라고 주장하면서 인간생명에 봉사하는 과학기술문명의 본래적 이치를 분명히 하고 있다.

6. 담론적 주체

손병희의 「삼전론三戰論」에서 특히 '언전言戰'에 대한 해석을 참고하면, 그는 국제간의 교류에서 지켜야 할 합리적인 토론과 대화를 중요시한다. 이는 우물 안의 개구리처럼 폐쇄적이었던 당시의 한국을 세계적인 조류 속으로 개방하여 그 흐름에 부응하게 하려는 데서 나온 발상이다. 그는 일본의 문화적인 선진성[34]과 서구적 합리주의의 긍정적인 면을 보고, 타인과의 자유로운 토론이 한국을 근대화하는 데 일조할 뿐 아니라 국제적인 교류를 하는 데 있어서도 관건이 된다는 사실을 절감했던 것이다. 이성적 존재를 대변하고 사고를 표현하는 것은 언어구사 곧 합리적인 토론이 아닌가? 언어를 통한 의사소통은 인간에게 있어서 본질적인 요소이다. 인간은 대화를

---

31) 소병욱, 상게서, 29면.
32) 반 퍼슨, 『급변하는 흐름 속의 문화』, 강영안 옮김, 서광사, 223~264쪽.
33) 반 퍼슨, 상게서, 264면.
34) 이현희, 『동학혁명과 민중』, 대광서림, 1985, 192-194면.

통해 자신의 고유한 언어를 갖게 되며 그 언어의 활용을 통해 자신의 삶의 방식과 정체성을 드러낼 수 있기 때문이다. 우리의 문자 문화와 서구의 말 문화 사이에 차이가 있음에도 불구하고 언변이 국제관계에서의 의사소통 및 상호이해의 중요한 요소임을 간파한 것은 매우 흥미롭다. 결국 손병희 는 언어적 존재인 인간 안에 내재하는 담론이 다른 이에 대한 개방의 열쇠 가 되는 것으로 인식한 것 같다. 따라서 인간이면 누구나 다른 세계와 접할 수 있는 가능성을 지니고 있음을 말하고자 했던 것이 아닌가 생각된다. 오 늘날에도 동서 문화를 막론하고 이 언변의 중요성은 여전하다. 언어구조주 의나 현대철학에서의 언어철학, 현상학, 포스트모더니즘 등에서 많은 사상 가들이 논의하고 있는 문제도 바로 담론이다.[35] 그 대표적인 사람으로 레 비나스(E. Levinas)는 타자와의 대화가 서구 근대철학에 부재하고 있다는 사 실을 지적하고 담론으로 타자와의 관계에 들어갈 것을 제안한다.

언어작용은 관계의 항들 사이에 이성에 의한 합의가 결여되거나, 합의가 결여 되었기에 구성되어야 하는 것이 결핍된 상황에서 생겨난다. 이런 의미에서 언 어작용은 초월성 속으로 들어간다. 이처럼 담론은 절대적으로 이국적인 것에 대한 체험이요…… 놀람으로 인한 충격이다.[36]

레비나스에 의한 담론은 두 대화상대자의 자유로운 대결에서 어떤 생소 함을 서로 체험함으로써 진리를 형성하게 된다. 여기서 요청되는 것은 무 엇보다도 개방된 이성이다. 그는 타인의 얼굴이 담론으로서 나와 관계할 때 나와 같은 동일자의 맥락에 두지 않는다. 다시 말하자면 유아론적인 독 백이 아니라 얼굴이 현현하는 무한이념의 현존과의 관계로 생각한다.[37] 이

---

35) 소쉬르, 후설, 하이데거, 비튜겐슈타인, 메를로 뽕띠, 레비나스, 리꾀르, 라깡, 푸꼬, 데 리다, 하버마스 등을 꼽을 수 있다.
36) E. Levinas. Totalite et infini, Martinus Nijhoff, 1971, pp. 7071.
37) E. Levinas. Ibid., pp. 211-215.

언어 문제는 이돈화에 의하면, 언어문자의 발달은 인간으로 하여금 문화생활로 들어가게 하는 데 크게 기여했으며 언어작용의 발달은 이론적인 투쟁(言戰)을 도래하게 했다고 한다. 그리스의 토론 방식에서 발생한 변증법은 근대 헤겔의 역사적 사실의 변천이 변증법적으로 그 진화를 거듭하고 있으며, 세계는 아직 미완성이지만 그 속에서 다양한 형태의 정치적·경제적·문화적 논쟁이라는 새로운 현상을 목격하고 있음을 말한다.38)

7. 인륜적 주체

그러나 이돈화가 특히 강조하는 것은 '도전道戰'이다. 손병희도 도전을 언급하면서 그의 논점을 인화人和에 맞추고, 도는 생의 목적인 동시에 수단이라고 하면서 도전을 제안한다. 여기서 전통적인 도관과의 차이점이라면 운명론적인 도관이 아니라 인간의 노력에 호소했다는 점, 현실 속에서 능동적으로 대처하는 데 의미를 부여했다는 점 등을 들 수 있겠다.

다시 이돈화의 도전道戰에 주목하자. 그는 금세가 재전財戰의 시대라고 하지만 이는 인류가 계속 진화하는 이상 지속적일 수는 없고, 지속적인 것은 바로 도전의 세계라고 역설한다. 삶에서 도를 지향하는 완전한 행복, 진정으로 사람다운 투쟁이 일어난다는 것이다. 도전의 세계에서는 악적인 동기는 단명한 데 반해 전적 행복을 위한 창조적 투쟁, 진리의 가치를 위한 투쟁, 우주생활의 최고정신에 참여하는 활동 등은 지속된다는 것이다. 이러한 도의 가치관을 정립하기 위해 이돈화는 두 가지를 제안한다. 먼저 만물의 존재가치 및 의미를 천도와의 관계 속에서 추구해야 하고, 또 개체보

---

38) 성염외, 『세계와의 철학적 기초』: 문명숙, 「20세기 세계시민 사상과 현대한국의 세계시민 사상의 과제」, 철학과 현실사, 1999, 173-178면.

다는 전체에 의미를 더 부여하면서 도의 가치와 존재 여부도 전체 생활을 잘하고 못하느냐에 따라 결정해야 한다는 것이다. 그는 개인과 사회의 관계를 논의하면서 개인들 사이에는 상호 책임 있는 주체성을, 그리고 사회는 모성애를 지닌, 즉 다양성을 포용할 수 있는 아량을 지닌 마음을 육성해야 한다고 제창한다.39)

이 도덕적 문제는 오늘날 세계적인 조류에서도 요청되는 바이지만 한국 사회에서도 도덕의식의 일깨움은 중요한 과제로 남아 있다. 세계화의 시대를 논하면서 우리는 '세계에로의 열림'을 경제 분야에만 축소시키는 경향이 있는데, 문화적인 교류의 차원까지 가려면 먼저 윤리적인 차원에서 보완이 되어야 할 것이다. 도덕의식은 올바른 경제생활을 하기 위해서 요구될 뿐만 아니라 보다 근본적인 세계시민의식을 지향하는 기본정신으로 제시되고 있다. 이에 동조하여 김태길은 다음과 같은 생각을 제안한다.

> 우리의 도덕성이 높은 수준에 도달해야 한다. 중요한 것은 도덕적으로 행동하는 일이며, 사람들로 하여금 행동으로써 도덕률을 지키도록 하기 위해서는 도덕적으로 행동하도록 만드는 강한 힘이 작용해야 한다.…… 사람들은 누구나 자신의 행복을 추구하며 살거니와, 나의 도덕적 행위가 나의 행복을 위해 필수적이라는 신념이 확고할 때 사람들은 자연히 도덕적으로 행위하게 될 것이다.40)

그는 윤리를 '삶의 지혜'라고 하면서 우리 시대의 문제를 해결할 수 있는 실마리가 여기에 있다고 본다. 다만 인간의 자유의지가 있으므로 처방이 똑같을 수는 없다고 하여, 보다 근본적인 대안을 제안한다면 가치관을 정립하는 것이라고 한다. 외면적 가치에 편중된 소유지향적 존재방식에서 존

---

39) 이돈화, 상게서, 182면.
40) 김태길, 「현대를 위한 한국윤리」, 『한국윤리의 재정립』, 307~309쪽.

재지향적 곧 우리의 의식 속에 깔려 있는 심오한 욕망, 인격, 생명, 신뢰 등과 같은 내면적 가치를 살리는 방향으로의 전향을 말한다. 이를 위해 우선 자신의 사람됨, 품위를 가꾸는 것부터 시작한다면 타인의 인간성도 자연스럽게 존중하게 되리라는 것이다.[41]

자기를 출발점으로 하는 김태일의 입장과는 달리 인간관계에서 윤리학적 형이상학을 제안하고 있는 레비나스는 가치관의 정립은 내가 아닌 타자에게서부터 출발한다고 하며 타자성의 윤리를 제안한다. 그는 다른 이 혹은 낯선 이의 얼굴이 내 앞에 나타날 때 무방비 상태로 호소하는 타자의 얼굴에서 기존의 체험과는 완전히 다른 절대타자성을 체험하고 그에게 자신을 개방한다. 이때 그의 응답에는 강한 책임의식이 담겨 있다.

얼굴을 통해서 존재는 더 이상 그것의 형식에 갇혀 있지 않고 우리 자신 앞에 나타난다. 얼굴은 열려 있고, 깊이를 얻으며, 열려 있음을 통하여 개인적으로 자신을 보여 준다. 얼굴은 존재가 그것의 동일성 속에서 스스로 나타내는 다른 어떤 것으로 환원할 수 없는 방식이다.[42]

레비나스의 얼굴을 통해 나타나는 이 타인에 대한 윤리성은 현대인에게 새로운 각도의 인간관계 방식을 제시한다. 타인과의 대결에서 만남을 지향하는 이 태도는 우리가 사물을 이용 대상으로 보는 도구적 또는 이해利害적 관계로부터 이해理解지향적 관계 방식을 제안한다. 얼굴의 호소는 타자의 세계로 나를 개방하여 그와 연대를 같이하며 그의 삶의 세계로 들어가는 책임이 동반된 자아의식을 말한다. 이때 타자의 얼굴은 생물학적, 심리적, 사회·정치적, 문화적인 지시 요소들을 담지하고 있음에도 불구하고 우리는 그것을 초월하여 타자의 인격체를 나타난 그대로 체험할 수 있다는

41) 김태길, 상게서, 325면.
42) E.:evinas, Difficile Liberte, Paris, Albin Michel, 1976, p.20.

것이다. 주체성의 성립은 이 호소하는 타자 즉 고아, 과부, 외국인이 생명의 요청을 받아들일 때 가능하다. 이렇게 해서 형성된 자아는 자기 자신의 자유를 스스로 문제삼지 않을 수 없고, 그 자유를 진정으로 행사하지 않으면 자신에게 부정을 자행함을 의식하게 된다는 것이다. 자유는 타인과의 진정한 만남에서 실현되며 타인을 위한 헌신적인 응답으로 나타난다.

진정한 주체성은 타인의 존재를 자기 안으로 받아들이고 타인과 윤리적 관계를 형성할 때 비로소 가능하다. 그러므로 레비나스는 타인은 인간에게 새로운 존재 의미를 열어 주고 지배관계를 벗어나 섬기는 관계에서 다른 사람과의 의사소통을 가능케 하는 조건으로 본다.[43]

응답하는 주체는 타인에 대한 근심과 함께 타인을 책임지는 존재로서, 주체는 이제 타인과 대등한 관계로 마주하지 않고 불균등한 관계 속에서 정의가 실현됨을 지각한다. 레비나스의 타인을 영접하고 섬기는 인간관계 방식은 최제우의 천주를 모신(侍天主) 인간상이나 최시형의 사상(人是天)과도 상통한다고 할 수 있겠다.

8. 결론

동학사상에 나타난 주체성은 한마디로 종교·문화적인 주체로 수렴된다. 왜냐하면 인간의 정체성을 다양한 얼굴로 드러내고 있기 때문이다. 시천주(한울) 자아, 양천주 자아, 우주적 자아, 무궁한 자아, 생명력 자아, 인간격 자아, 정신(의식)적 자아, 영적인 자아 등 시대의 사상적 조류에 따라 그 고유한 언어로 인간의 주체를 특징짓고 있는 것이다. 이처럼 주체의 모습

---

43) 레비나스, 『시간과 타자』, 강영안 옮김, 문예출판사, 1996, 142면.

은 최제우를 계승한 사람들의 재해석으로 그 위상이 지속되고 있다.

현대에 와서 우리는 서구의 포스트모더니즘의 영향과 정보화시대의 인간상, 다시 말하면 지식과 정보를 향한 외부지향적 일변도로 달리고 있는 모습에서 심각한 주체성의 위기를 느낀다. 이런 견지에서 동학사상에 나타나 주체의 모습들은 내면성을 고민하지 않는 현대인에게 시사적이라 할 수 있다. 외적인 추구에서만 자기의 정체성을 찾는다는 것은 타인의 정체성을 왜곡할 뿐 아니라 그로 인해 결국 자기와의 불일치로 인한 자기모순과 무정신화로 나아갈 위험을 안고 있지 않은가? 동학이 기여할 수 있는 특성이라면 인간의 인격적인 내면성의 의미를 찾아 가꾼다는 데 있을 것이다. 내면성을 가꾼다는 의미는 폐쇄적이거나 배타적인 것을 말하지 않는다. 그것은 동학의 신비아의 모습에서 암시하고 있듯이 인격적인 절대존재와의 관계인 종교의 본질을 회복함으로써 참된 윤리의식을 정립하고 나아가 자신을 세계로 개방하는 것을 말한다. 우리가 발견한 의미는 한국이라는 한 나라 안에만 국한된 것이 아니기 때문이다. 중요한 것은 우리에게 주어진 살아 있는 전통문화의 유산을 인류에로 향하도록 여는 동시에 국제적인 조류와 호흡을 같이하는 것이라고 생각한다.

여기서 제기되는 문제는 문화적 주체성을 지키면서 어떻게 타문화에 대해 개방적인 주체가 될 수 있는가 하는 것이다. 열린 문화라고 해서 모든 문화적인 요소를 우열의 평가 없이, 그리고 미시적인 안목으로 무조건 수용하는 것은 문제가 있다고 본다. 문화의 민주화로 특수문화를 가치화하려는 경향은 긍정적이라 생각되지만 특수문화라고 해서 다 참된 문화일 수는 없을 것이다. 왜냐하면 문화에는 인간성의 살림의 문화[44]도 있고, 죽임의 문화도 있기 때문이다. 개방적인 주체는 문화다원주의에 입각하여 타자에게 열려 있으면서 문화의 가치에 대한 판단력이 분명한 사람이다.

---

44) 김지하, 『살림』, 동광출판사, 1987.

그 잣대는 무엇보다도 사람됨의 정신에 기여할 수 있는 문화인가 아닌가에 달려 있을 것이다. 동학의 경우 동서양의 문화적 충돌에도 불구하고 가장 근본적인 문제인 인간관에 관한 한 기독교적 근대적 휴머니즘으로부터 영감을 받았음을 부인할 수 없다. 이는 또한 시대적 요청에 의한 내면의 소리에 귀 기울인 결실로서 근대 한국인의 주체화에 기여하였다. 그렇지만 동학의 주체성은 여러 종교 전통을 포용한 혼합형 주체45)로, 또는 사회변동과 관련을 맺으면서 종교적 본질에 의한 주체보다는 정치·사회적 기능과 관련된 민족주의의 주체로 한때 머물렀다는 한계를 배제할 수 없다.46) 또한 '한울'사상은 여타 문화에 대해 이론적으로는 개방적이지만 한편으로는 편협한 국수주의도 그 속에 깔려 있지 않은가 자문해 본다. 편협된 '우리'의식 속에서 '이해의 대화'47) 혹은 생명과 사랑이라는 가치의 공유가 어떻게 가능할 수 있겠는가? 이른바 닫힌 윤리의식 아래에서는 국제화의 시대를 사는 오늘날 한국적인 문화와 인맥에서 비켜 있는 낯선 이를 맞이하는 개방성보다는 그의 인격성 자체를 부정하는 집단적이고 지리적인 폐쇄성이 표현될 우려 또한 있지 않은가 생각된다.

오늘날의 과제는 동학의 휴머니즘적 유산을 토대로 문화적인 타자성을 인정함으로써 타자와 세계를 공유하는 가운데서 한국적인 자기성을 정립

---

45) 유병덕, 『동학, 천도교』, 시인사, 1987, 17-53면; 서울대학교 종교학과 종교문화 연구실 편, 『전환기의 한국종교』 : 표영삼, 「천도교」, 집문당, 1986, 35-67면.

46) 이현희, 『동학혁명과 민중』, 대광서림, 1985, 175-240면.

47) 아렌트는 즉각성과 일시적인 필요에 의한 타자와의 관계에서 거리를 두는 "상상력"을 제안한다. 왜냐하면 이러한 태도만이 인간 사이의 이해뿐 아니라 사물과의 관계에서도 판단의식을 재회복할 수 있는 길이라고 생각하기 때문이다. "상상력만이 우리로 하여금 사물들을 각기 고유한 전망에서 볼 수 있게 해주며, 너무 가까이 있는 것을 어느 정도 거리를 두게 해주며, 그래서 우리가 왜곡되게 보거나 편견없이 그것을 이해할 수 있게 해준다. 또한 우리로부터 너무나 멀리 떨어져 있는 모든 것을, 그것이 마치 우리 자신의 일인 것처럼 볼 수 있고 이해할 수 있을 때까지 멀고 먼 심연에 다리를 놓아줄 수 있게 해준다. 어떤 사물들과 이렇게 거리를 두고 타자와의 그 깊은 심연에 다리를 s호는 것은 이해의 대화를 이루는 부분이다."(H. Arendt, Essays in Understanding, Jerome Kohn(ed.), Hacourt Brace & Company, 1994, p.323).

하는 것이라 하겠다. 결국 인간 바로서기와 인간 바로세우기가 우리에게 주어진 과제가 아니겠는가? 여기서 교육의 역할이 중요하다. 본문에서 논의한 사항 가운데 자유의지가 바로 도덕성의 실현에 관건이 된다고 보기 때문이다. 자유의지는 개념이 아니라 실천에서 육성될 수 있는 본성이다. 이 자유의지는 사람이 태어나면서부터 가지게 되어 수많은 다양한 타자와의 관계를 통해 실행되는 것이므로 실천적인 차원에서만 성숙될 수 있는 것이다. 따라서 자아의식의 확립에 타인의 자유를 내 존재의 조건으로 받아들인다는 것은 필수불가결한 일이다.

타인을 내 삶의 조건으로 수락한다는 것은 좀더 구체적으로 말하자면 타인의 인권과 그가 속한 문화를 존중하는 것을 말한다. 리쾨르는 인권에 관해 논의하면서 인류공동체의 차원에서 일언하기를, 동서 대결의 역사가 종식된 이 시점의 세계는 "여러 다른 문화간의 새로운 대결의 초기"에 있음을 지적하면서 이 새로운 논쟁의 시기에 인류공동체를 보강할 수 있는 것은 바로 다양한 교류라고 말한다.[48] 교류는 인간의 근본적인 권리로서 환언하면 '열림'이라고 생각한다. 이 점에 대해서는 손병희의 언변에 대한 강조에서 그 중요도를 충분히 인지한 바 있지만, 세계시민의식을 향한 자기성의 확립, 타자 및 타문화에 대한 개방성 등에 있어서의 갈등은 어제의 문제로만 끝나는 것이 아니라 오늘과 내일의 문제이기도 하다. 중요한 것은 그 속에 베르그송과 이돈화의 사유에서 보았듯이 창조적 생명력과 인간성의 육성을 향한 정신이 현존하느냐 하는 점이다. 이런 내면적 요구와 레비나스의 타자를 맞이함에 있어서 '사랑의 지혜'[49]를 추구하는 태도는 21세기 문화적인 주체상을 세우기 위한 또 다른 관점을 제시해 준다고 생각한다. 문화적인 갈등이 예전에 지녔던 거리에 비해 시·공간적으로 좁혀져

---

48) La Croix, 1998, 12, 31일자 리쾨르와의 인터뷰.
49) 강영안, 『주체는 죽었는가』-현대철학의 모스트 모던경향, 문예출판사, 1996, 307면.

일상사가 된 것이 오늘의 현실인 만큼 갈등은 결코 남의 몫으로 내어 줄 수 없는, 대체불가능한 자아의 몫이다.

이 글은 단순한 동·서 문화의 비교론이 아니라, 생명과 사랑의 문화를 건설할 21세기의 주체를 생각하는 전망에서 특정한 문화권에 속한 몇몇 사상가들의 인간에 대한 다양한 시각들을 살펴봄으로써 인간 존재방식의 차이가 나타내는 풍부함을 통해 인류를 이해하고 국제세계와 관계하는 다른 지평을 열 수 있지 않을까 하는 생각에서 시도해 본 소고이다. 외국에 있을 때 내국의 문제를 더 객관적으로 볼 수 있듯이, 우리는 타인과의 대화를 시도하면서 자기정체성을 보다 확실히 정립하도록 요구받지 않는가?

부 록

수운 최제우 관련 연구물 목록

1. 단행본

강인수, 『한국문학과 동학사상』, 도서출판 지평, 1989b.

김경창 편, 『(주석)전적동학문화재』, 정민사, 1979.

김상일, 『동학과 신서학』, 지식산업사, 2000.

김수용, 『(수운 최제우의 일대기) 궁궁을을』, 예하, 1995.

김완수 편, 『동학천도교사』, 사법행정문화원, 1993.

김월해, 『천도교 경전요해 : 논학문편』, 천도교중앙총부출판사, 1982.

김인환, 『최제우작품집』, 형설출판사, 1978.

_____, 『동학의 이해』, 고려대학교 출판부, 1994.

김지하, 『밥』, 분도출판사, 1984.

_____, 『살림』, 동광출판사, 1987.

_____, 『이 가문날에 비 구름』, 동광출판사, 1988.

_____, 『생명』, 솔, 1992.

_____, 『동학 이야기』, 솔, 1993a.

_____, 『옹치격』, 솔, 1993b.

김진혁, 『새로운 문명과 동학사상』, 지선당, 1997.

김 철, 『동학(천도교)이론의 개요』, 동선사, 1992.

_____, 『동학정의』, 동선사, 1989.

김 탁, 『한국종교사에서의 동학과 증산교의 만남』, 한누리미디어, 2000.

김한구, 「동학의 종교사회학적 연구」, 『신학사상』 67, 1987.

노태구, 『동학사상을 중심으로 한 평화통일의 정치사상』, 신인간사, 2000.

대종문화연구원 편, 『천도교(민족고유의 제정철학)』, 대지출판사, 1976.

동학사상연구회, 『동학사상』, 동학사상연구회, 1979.

동학학회, 『동학과 동학경전의 재인식』, 신서원, 2001.

_____, 『동학, 운동인가 혁명인가』, 신서원, 2002.

_____, 『해월 최시형의 사상과 갑진개화운동』, 모시는사람들, 2004.

_____, 『동학과 전통사상』, 모시는사람들, 2004.

동학혁명연구소, 『동학사상과 민주주의』, 동학혁명연구소, 1998.

민족문화연구소 엮음, 『동학사상의 새로운 조명』, 영남대학교, 1998.

박응삼, 『동학사상개론』, 원곡문화사, 1975.

박정동, 『시천교종역사』, 덕흥서림, 1926.

박창건, 『수운사상과 천도교』, 천도교중앙총부, 1970.

_____, 『천도교 경전에 인용된 인물고』, 천도교중앙총부출판부, 1985.

백세명, 『동학사상과 천도교』, 동학사, 1953 · 56.

_____ 편저, 『천도교 경전 해의』, 천도교중앙총부, 1969a.

부산예술문화대학 동학연구소 엮음, 『해월 최시형과 동학사상』, 예문서원, 1999.

송준석, 『동학의 교육사상』, 학지사, 2001.

수운교교리연구원 편, 「수운교 진리」, 수운교출판부, 1999.

신복룡, 『동학사상과 한국민족주의』, 평민사, 1978.

_____, 『동학사상과 민족주의』, 평민사, 1983.

_____, 『동학사조와 갑오농민혁명』, 평민사, 1985d.

신용하, 『동학과 갑오농민전쟁연구』, 일조각, 1993.

신일철, 「민중을 찾은 종교 — 천도교」, 『한국현대사』 8, 신구문화사, 1971.

_____, 『동학사상의 이해』, 사회비평사, 1995.

_____ 외, 『동학사상과 동학혁명』, 청아출판사, 1992.

오문환, 『사람이 하늘이다 — 해월의 뜻과 사상』, 솔, 1996a.

_____, 『동학의 정치철학』, 모시는사람들, 2003.

_____, 『해월 최시형의 정치사상』, 모시는사람들, 2003.

_____, 『천지를 삼킨 물고기』, 모시는사람들, 2005.

오익제, 『천도교개요』, 신인간사, 1957.

_____, 『천도교교리요지』, 천도교중앙총부출판부, 1986a.

_____, 『천도교입문』, 천도교중앙총부출판부, 1986b.

_____, 『천도교 개관』, 천도교중앙총부, 1988.

오지영, 『동학사』, 서울, 1940.

용담연원 편, 『동학 · 천도교 약사』, 보성사, 1990.

유경환, 『동학가사의 심층연구: 신화적 해석을 중심으로』, 대한출판사, 1985.

유영익, 『동학농민봉기와 갑오경장』, 일조각, 1998.

윤석산, 『(수운 최제우 평전)후천을 열며』, 동학사, 1996.

_____, 『동학교조 수운 최제우』, 모시는사람들, 2004.

윤철상, 『동학농민혁명의 역사적 의미』, 사회와연대, 2003.

윤하인, 『다시 뵈온 최제우 수운천사』, 삼영불교출판사, 1995.

이강오 외, 『한국근대사에 있어서 동학과 동학농민운동』, 한국정신문화원, 1995.

이돈화, 『신인철학』, 1924.

_____, 『수운심법강의』, 천도교중앙종리원, 1926.

_____, 『인내천요의』, 천도교중앙종리원, 1929.

_____, 『천도교창건사』, 서울, 1933.

_____, 『천도교창건록』, 천도교중앙종리원, 1934.

_____,『천도교교리독본』, 천도교청년회중앙본부, 1967.
_____,『동학지인생관』, 천도교중앙총부, 1972.
이세권 편,『동학경전』, 정민사, 1986.
이영호,『동학과 농민전쟁』, 혜안, 2004.
이용선,『동학』 상하, 성문각, 1970.
이을호 외,『한사상과 민족종교』, 일지사, 1990.
이현희,『동학혁명과 민중 — 한국근대사상의 맥락』, 새밭, 1981b.
_____,『동학혁명과 민중』, 대광서림, 1986.
_____ 엮음,『동학사상과 동학혁명』, 청아출판사, 1984a.
임금복,『동학 문학과 예술 그리고 철학』, 모시는사람들, 2004.
임형진,『동학의 정치사상: 천도교청우당을 중심으로』, 모시는사람들, 2004.
장영민,『동학의 정치사회운동』, 경인문화사, 2004.
전익수 편,『동학의 빛』, 천도교교육자회, 1988.
정경흥,『시천인간』, 개벽사, 1992.
정운채,『인내천진리와 사인여천주의』, 성음사, 1973.
_____,『자주주의 사상 개벽』, 천도교중앙총부출판부, 1988.
정혜정,『동학·천도교의 교육사상과 실천』, 혜안, 2001.
조기주 편저,『동학의 원류』, 보성사, 1979.
조동일,『동학성립과 이야기』, 홍성사, 1981.
조선총독부,『천도교개론』, 조선총독부, 1930.
조용일,『동학조화사상연구』, 동성사, 1988.
_____,『네 몸에 모셨으니』, 한강출판사, 1990.
총무처,『동학관련판결문집』, 총무처 정부기록보존소, 1994.
최동희,『새로쓰는 동학사상과 경전』, 집문당, 2003.
최정간,『(동학 100년)해월 최시형가의 사람들』, 웅진출판, 1994.
표영삼,『동학 창도과정』, 천도교중앙총부출판부, 1989.
_____·김용옥,『동학.수운의 삶과 생각』, 통나무, 2004.
한국고전연구회 편,『동학사상(최재우)』, 지하철문고, 1981.
한국문헌연구소 편,『동학사상자료집』 1~3, 아세아문화사, 1979.
한국정신문화연구원 고전자료편찬실,『동학가사』, 한국정신문화연구원, 1979.
한국정신문화연구원 사회·민속연구실,『한국근대사에 있어서의 동학과 동학농민운동』, 한국
    정신문화연구원, 1994.
한우근,『동학과 농민봉기』, 일조각, 1983.
홍 우,『동학입문』, 일조각, 1974.
_____,『동학문명』, 일조각, 1980.
홍장화 편저,『천도교 교리와 사상』, 천도교중앙총부출판부, 1990.
회상사,『수운 선생 전부』, 회상사, 1967.
村山智順,『조선의 유사종교』, 조선총독부조사자료, 1932.

2. 학위논문

1) 박사학위논문

장대희, 「동학의 민중 교육사상연구」, 중앙대학교, 1983.
조용일, 「동학의 조화사상에 관한 연구」, 동국대학교, 1986.
최무석, 『동학의 도덕교육사상에 관한 연구』, 고려대학교, 1988.
강인수, 「동학소설 연구」, 부산대학교, 1989a.
황선희, 「동학의 사상변천과 민족운동 연구」, 단국대학교, 1990.
이명남, 「초기동학의 정치사상적 성격에 관한 연구」, 부산대학교, 1992.
유경환, 「동학가사연구」, 경희대학교, 1993.
송준석, 『동학의 평등교육사상에 관한 연구』, 고려대학교, 1994.
오문환, 「해월 최시형의 생활정치 사상 연구」, 연세대학교, 1995b.
전기채, 『동학 사회윤리사상연구』, 성신여자대학교, 1996.
팽필원, 「동학윤리사상의 연구」, 동국대학교, 1996.
백혜리, 「조선시대 성리학 실학 동학의 아동관 연구」, 이화여자대학교, 1997.
임형진, 「동학과 천도교 청우당의 민족주의연구」, 경희대학교, 1998.

2) 석사학위논문

오세만, 「동학의 정치사상적 고찰 — 최제우의 사상을 중심으로」, 고려대학교, 1962.
최창규, 「동학에 관한 연구」, 연세대학교, 1966.
김한식, 「동학의 한국정치사상사적의의」, 고려대학교, 1967.
이보근, 「동학의 정치의식」, 서울대학교, 1971.
김현옥, 「동학의 여성개화운동연구 — 해월의 여성관을 중심으로」, 성신여자대학교, 1973.
김경일, 「동학윤리 사상과 실존주의」, 중앙대학교, 1974.
엄묘섭, 「동학의 사회구조적 성격」, 이화여자대학교, 1974.
이충기, 「동학사상이 근대 한국인의 의식형성에 미친 영향」, 연세대학교 교육대학원, 1974.
박성기, 「수운의 사상연구」, 동아대학교, 1975.
금세원, 「한국근대화과정에서 동학의 역할에 관한 연구」, 동국대학교, 1977.
이상두, 「동학평등사상과 전통적 민족 사상과의 관계에 관한 연구」, 연세대학교, 1979.
장창하, 「동학사상 및 동학혁명에 관한 연구」, 고려대학교, 1979.
표세연, 「동학의 정치사상적 고찰」, 동국대학교, 1980.
송재소, 「동학가사에 나타난 궁을사상연구」, 고려대학교, 1982.
신부철, 「동학의 윤리관」, 고려대학교, 1982.
유경환, 「동학가사의 한 고찰」, 단국대학교, 1982.
조재훈, 「동학가요에 나타난 궁을사상 연구」, 고려대학교, 1982.
박노진, 「천도교 개벽관」, 고려대학교, 1983.
안경식, 「동학의 민중교육사상과 운동에 관한 연구」, 한국정신문화연구원, 1983.
이재호, 「상주동학의 배경과 가사연구」, 계명대학교, 1983.

이춘광, 「초기동학의 교학사상」, 영남대학교, 1983.
이희주, 「동학사상의 이론적 검토」, 이화여자대학교, 1983.
진정태, 「창도기의 동학사상에 관한 연구」, 경남대학교, 1983.
최준수, 「동학사상의 기독교적 해석」, 한신대학교, 1983.
김경애, 「동학 천도교의 남녀평등사상에 관한 연구」, 이화여자대학교, 1984b.
김학준, 「동학가사 연구」, 한남대학교, 1984.
김호열, 「동학사상에 나타난 민족주의」, 영남대학교 교육대학원, 1984.
이봉준, 「동학사상에 있어서 민중의식에 관한 연구」, 연세대학교, 1984.
김상모, 「동학의 성립배경과 그 사상」, 한양대학교, 1985.
김창경, 「동학사상에 관한 일연구」, 숭전대학교, 1985.
송준석, 「동학의 가치관과 인본주의교육사상에 관한 연구」, 고려대학교, 1985.
안정삼, 「동학의 성립과 기본사상」, 단국대학교, 1985.
이현숙, 「동학의 가사에 나타난 여성관에 관한 고찰」, 이화여자대학교, 1985.
장화영, 「동학의 윤리사상 연구」, 전북대학교, 1985.
최봉길, 「수운사상에 관한 연구」, 영남대학교, 1985.
강태원, 「동학사상과 운동의 메세지 분석 연구」, 경희대학교, 1986.
서정희, 「동학사상의 근대적 성격에 관한 연구」, 동국대학교, 1986.
김귀옥, 「동학의 정치사상에 관한 연구」, 계명대학교, 1987.
김서령, 「동학에 나타난 샤머니즘 원리」, 성신여자대학교, 1987.
문성묵, 「동학사상에 나타난 근대성연구」, 국방대학원, 1987.
최광만, 「초기 동학교단의 수련과정에 관한 연구」, 서울대학교, 1987.
팽필원, 「동학사상에 나타난 윤리의 전통성 연구」, 서울대학교, 1987.
허 정, 「동학의 교육사상 연구」, 충남대학교, 1987.
박정남, 「동학사상에 나타난 민족주의의 성격」, 경희대학교, 1988.
심형진, 「동학에 나타난 인간중심주의 교육사상 연구」, 성신여자대학교, 1988.
홍경실, 「H. Bergson의 종교사상과 동학의 비교연구」, 고려대학교, 1988.
김경택, 「한말 동학교문의 정치개혁사상 연구」, 연세대학교, 1990.
김기현, 「동학사상에 나타난 교육관 연구」, 단국대학교, 1990.
김재범, 「동학의 민중종교운동적 성격과 그 사회적 기능」, 경북대학교, 1990.
박종덕, 「동학의 한울님에 관한 연구」, 목원대학교, 1990.
송후홍, 「동학의 민족주의적 성격에 대한 고찰」, 성균관대학교, 1990.
이길용, 「초기 동학의 인간관 연구」, 서강대학교, 1990.
전병곤, 「상주 동학교의 인본사상 연구」, 영남대학교, 1990.
김기현, 「동학사상에 나타난 교육관 연구」, 단국대학교, 1991.
박정연, 「동학사상에 나타난 사회윤리에 관한 연구」, 강원대학교, 1991.
이길용, 「초기 동학의 인간관 연구」, 서강대학교, 1991.
이용희, 「동학의 인본주의 교육사상 연구」, 영남대학교, 1991.
김종우, 「동학의 설득 모델에 관한 사회학적 연구」, 한국정신문화연구원, 1992.
노영필, 동학의 「"한울님(天)" 사상에 관한 연구」, 전남대학교, 1992.

이하재, 「동학의 인본주의 교육사상 연구」, 경희대학교, 1992.
정형욱, 「동학의 정치개혁론 연구」, 한국외국어대학교, 1992.
조돈희, 「동학사상에 나타난 신과 인간에 관한 연구」, 동국대학교, 1992.
최지희, 「수운 최제우의 여성관에 대한 연구」, 중앙대학교, 1992.
김대석, 「동학의 시천주 사상에 관한 연구」, 부산대학교, 1993.
이강일, 「동학의 인본주의 교육사상」, 한국교원대학교, 1993.
이영종, 「동학교육사상에 관한 연구」, 관동대학교, 1993.
장원석, 「수운 최제우의 지기에 대한 연구」, 한신대학교, 1993.
정미라, 「동학에 나타난 교육사상에 관한 연구」, 원광대학교, 1993.
홍성칠, 「동학 윤리사상에 나타난 근대성 고찰」, 인하대학교, 1993.
김길란, 「동학의 기본사상에 관한 연구」, 고려대학교, 1994.
남기상, 「동학의 인간관에 관한 그리스도교적 이해」, 수원가톨릭대학교, 1994.
민상순, 「동학의 신관에 나타난 교육사상 연구」, 한국교원대학교, 1994.
유문상, 「동학의 유교윤리사상 연구」, 충북대학교, 1994.
이헌동, 「동학의 교육관 연구」, 한국교원대학교, 1994.
조윤하, 「수운 최제우의 사상속에 나타난 도덕교육에 관한 연구」, 한국교원대학교, 1994.
남욱현, 「동학사상의 윤리관에 관한 연구」, 국민대학교 교육대학원, 1995.
박금준, 「동학사상의 본질에 관한 연구」, 대구대학교, 1995.
오필세, 「최제우의 교육사상 연구」, 강원대학교, 1995.
임태홍, 「동학 신관의 형성 과정 연구」, 성균관대학교, 1995.
정지연, 「동학의 교육사상에 관한 연구」, 인천대학교, 1995.
최민국, 「동학음악과 용담유사연구」, 동아대학교, 1995.
한동운, 「동학사상의 이데올로기적 분석」, 한국교원대학교, 1995.
홍지혜, 「동학과 한말 민족주의에 관한 연구」, 경희대학교, 1995.
구재서, 「동학사상과 서학사상의 비교 연구」, 국방대학원, 1996.
김대권, 「수운가사의 정조적 특성 연구」, 경성대학교, 1996.
김영미, 「동학의 교육사상과 그 현대 교육적 의미」, 경희대학교, 1996.
남욱현, 「동학사상의 윤리관에 관한 연구」, 국민대학교, 1996.
박래영, 「초기동학 사유체계의 구조적 이해」, 한국정신문화연구원, 1996.
박종주, 「동학의 신관에서 찾아본 과정신관적 특성」, 광주가톨릭대학교, 1996.
이승은, 「동학사상에 내재한 유교적 요소의 분석적 고찰」, 이화여자대학교, 1996.
이종우, 「동학의 인간관에 대한 연구」, 성균관대학교, 1996.
정경일, 「동학 생명사상에 대한 신학적 접근」, 한신대학교, 1996.
황기수, 「초기 한국 기독교와 동학운동의 관계에 대한 고찰 — 1885년부터 1920년을 중심으
    로」, 감리교신학대학교, 1996.
김대권, 「수운가사의 구조적 특성 연구」, 경성대학교, 1997.
김점권, 「동학의 아동존중사상과 교육」, 경상대학교, 1997.
이성순, 「동학의 정치사상과 그 역사적 의의」, 경희대학교, 1997.
김 승, 「동학의 인본주의 교육사상과 교육방법」, 조선대학교, 1998.

김점옥, 「불교와 동학에서 나타난 생명사상의 유아교육적 함의」, 부산대학교, 1998.
서윤애, 「파니카의 우주신인론과 수운의 시천주 사상 비교」, 이화여자대학교, 1998.
이근모, 「동학의 동경대전.용택유사에 나타난 인간교육관 연구」, 한국교원대학교, 1998.
김윤식, 「한국민족주의의 관점에서 본 동학농민혁명의 재조명」, 연세대학교, 1999.
김후래, 「동학 교육사상의 연구」, 관동대학교, 1999.
서윤희, 「동학의 여성해방운동」, 한국교원대학교, 1999.
소혜성, 「동학사상과 민족주의 의식에 관한 연구」, 전주대학교, 1999.
정대성, 「수운 최제우의 교육사상에 관한 연구」, 한국교원대학교, 1999.

3. 일반논문

강인수, 「용담유사에 나타난 인내천사상」, 『태야최동원선생화갑기념논총』, 삼영사, 1983.
강재언, 「동학사상과 농민전쟁」, 『한국의 근대사상』, 한길사, 1985. 4.
강철홍, 「수운사상의 교육적 가치관」, 『신인간』 419~420, 1984.
관성산인, 「대신사취형에 대한 사적 고찰」, 『신인간』 132, 1939.
구양근, 「동학가사문학을 통해 본 역사적 한국사상 계승문제」, 『동학연구』 3, 한국동학학회, 1998.
김경애, 「동학 천도교의 남녀평등사상에 관한 연구 ─ 경전 역사서」, 『여성학논집』 창간호, 이화
　　　여자대학교, 1984a.
김경일, 「인본주의에서 본 동학사상」, 『정신문화연구』 26, 한국정신문화연구원, 1985.
김경재, 「최수운의 신개념」, 『한국사상』 12, 1974. 11.
＿＿＿, 「최수운의 시천주와 역사이해」, 『한국사상』 15, 1977. 9.
＿＿＿, 「수운의 시천주 체험과 동학의 신관」, 『동학연구』 4, 한국동학학회, 1999. 2.
김경탁, 「동학의 동경대전연구」, 『아세아연구』 41, 고려대 아세아문제연구소, 1971. 3.
김광순, 「수운가사에 대하여」, 『한국의 철학』 15, 경북대학교, 1987.
김광일, 「최수운의 종교체험」, 『한국사상』 12, 1974. 11.
김범부, 「최제우론」, 『세계』 5, 국제문화연구소, 1960. 5.
＿＿＿, 「최수운의 생애와 사상」, 『현대와 종교』, 현대종교문제연구소, 1984.
김병제, 「용담정과 대구장대」, 『신인간』 34, 1929.
＿＿＿, 「용담유사 연구」, 『신인간』 119~146, 1938~1940.
김상근, 「동학연구」, 『동방학보』 1, 1977.
김상기, 「동학의 역사성」, 『신인간』 11, 1958.
＿＿＿, 「수운행록」, 『아세아연구』 13, 1964.
＿＿＿, 「동학과 동학란」, 『동방사논총』, 서울대 출판부, 1974.
＿＿＿, 『동학과 동학란』, 한국일보사, 1975.
＿＿＿, 「동학에 관한 문학사상사적 고찰」, 『울산공대연구론문집』 11-2, 1980. 8.
김승복, 「수도를 어떻게 할 것인가?」, 『신인간』 225, 1961. 12.
＿＿＿, 「인내천의 신앙」, 『신인간』 226, 1962. 3.
＿＿＿, 「수심정기」, 『신인간』 227, 1962. 6.

_____, 「인내천 사람」, 『신인간』 228, 1962. 9.

_____, 「사언행일치(思言行一致)」, 『신인간』 230, 1963. 2.

_____, 「무와 유」, 『신인간』 231, 1963. 5.

_____, 「수도강의 해설」, 『신인간』 232, 1963. 8.

_____, 「종교생활」, 『신인간』 233, 1963. 12.

_____, 「정신개벽」, 『신인간』 236, 1964. 12.

_____, 「기화지신(氣化之神)」, 『신인간』 256, 1968. 7.

_____, 「믿음」, 『신인간』 257, 1968. 8.

_____, 「견성각심(見性覺心)」, 『신인간』 258, 1968. 10.

_____, 「역지사지(易地思之)」, 『신인간』 261, 1969. 1.

_____, 「심학(心學)」, 『신인간』 263, 1969. 4.

_____, 「천사님의 감응」, 『신인간』 264, 1969. 5.

_____, 「책재원사(責在元師)」, 『신인간』 265, 1969. 6.

_____, 「재금사이작배(再今思而咋非)」, 『신인간』 268, 1969. 9.

_____, 「포덕천하」, 『신인간』 272, 1970. 2.

_____, 「만사지」, 『신인간』 273, 1970. 3.

_____, 「한울님을 바르게 알고 믿자」, 『신인간』 347, 1977. 6.

_____, 「수도의 목적과 방법」, 『신인간』 348, 1977. 7.

_____, 「수도의 계단」, 『신인간』 349, 1977. 8.

_____, 「신앙생활과 참회」, 『신인간』 350, 1977. 9.

_____, 「한울님을 위하는 글」, 『신인간』 351, 1977. 11.

_____, 「정성과 공경과 믿음」, 『신인간』 355, 1978. 3.

_____, 「시천주의 생활」, 『신인간』 361, 1978. 10.

_____, 「정시정문」, 『신인간』 382, 1980. 11.

_____, 「천재하방(天在何方)」, 『신인간』 389, 1981. 7.

_____, 「만사지(萬事知)」. 『신인간』 390, 1981. 8.

_____, 「도(道)」, 『신인간』 396, 1982. 3.

_____, 「마음」, 『신인간』 400, 1982. 8.

_____, 「삼화일목」, 『신인간』 472, 1989. 7.

_____, 「주문과 궁리」, 『신인간』 485, 1990. 8.

_____, 「동귀일체」, 『신인간』 490, 1991. 1.

_____, 「진리유일」, 『신인간』 498, 1991. 9.

_____, 「지상신선」, 『신인간』 524, 1994. 1.

_____ · 임운길 · 표영삼, 「특별수련방법」, 『신인간』 357, 1978. 5.

김신재, 「동학사상에서의 대외인식과 그 성격」, 『동학연구』 창간호, 한국동학학회, 1997. 12.

김양수, 「동학사상의 분석연구」, 『청대춘추』 24, 청주대, 1980. 3.

김영작, 「동학사상과 농민봉기」, 『동학혁명의 연구』, 백산서당, 1982. 1.

김용덕, 「조선후기에 있어서의 사회적 변동 ― 북학사상과 동학」, 『사학연구』 16, 1963.

_____, 「동학사상연구」, 『중앙대논문집』 9, 1964.

_____, 「동학에서 본 서학」, 『동아문화』 4, 서울대 동아문화연구소, 1965. 10.
_____, 「동학사상에 관한 제설의 검토」, 『한국사의 탐구』, 을유문화사, 1971. 7.
_____, 「동학사상을 읽고」, 『한국철학연구』 하, 동명사, 1978.
_____, 「동학사상의 독자성과 세계성 ― 동학과 서학」, 『한국사시민강좌』 4, 일조각, 1989. 2.
_____, 「여성운동의 근대화 과정 ― 동학사상과 그 밖의 종교」, 『한국사상』 8, 1996. 6.
김용문, 「대신사의 거룩한 인격」, 『신인간』 269, 1969.
김용준, 「동학(천도교)의 생명발전론」, 『한국철학연구』 3, 해동철학회, 1973. 5.
_____, 「천도교의 중요사상」, 『한국철학연구』 5, 1975. 7.
_____, 「동학의 인간관」, 『제2차 조선학국제학술대회 논문집』, 북경민족출판사, 1989. 12.
김윤식, 「동학과 천도교의 틈바구니에서」, 『이광수와 그의 시대』 1, 한길사, 1986.
김의환, 「동학성립의 사회적 기반」, 『신인간』 224, 1961a.
_____, 「동학성립의 연구」, 『부산사학』 1, 부산대문리대학 사학회, 1961b.
_____, 「동학의 사상적 배경1」, 한국사상 6, 1963. 8.
_____, 「초기 동학사상에 관한 연구」, 『우리나라 근대사논고』, 삼협출판사, 1964.
김인환, 「용담유사의 내용분석」, 『한국사상』 15, 1977.
_____, 「동학의 논리」, 『한국언어문학』 16, 언어문학회, 1978.
_____, 「용담유사의 내용분석」, 『문학과 문학사상』, 열화당, 1979.
_____, 「19세기 동학사상의 성격」, 『19세기 한국전통사회의 변모와 민중의식』, 고대민족문화연구소, 1982.
_____, 「동경대전의 통사구조」, 『최제우작품집』, 형설출판사, 1982.
김재우, 「동학에 있어서의 교육사상적 측면에 관한 고찰」, 『논문집』 8, 동양공업전문대, 1986.
김 정, 「동학에 나타난 근대적 민족의식」, 『광주교대론문집』 23, 1983.
김정선, 「동경대전과 용담유사의 비교 연구」, 『동악어문논집』 26, 1991.
김정의, 「최제우 소년관의 숙성」, 『동학연구』 3, 한국동학학회, 1998. 9.
김주희, 『동학가사』, 한국정신문화연구원고전자료편찬실, 1979.
김지하, 「앵산기행 ― 최해월의 밥사상의 재검토」, 『남녘땅 뱃노래』, 두레, 1985a.
_____, 「은적암 기행 ― 최수운과 남북접의 관계」, 『남녘땅 뱃노래』, 두레, 1985b.
_____, 「인간의 사회적 성화 ― 수운사상 묵상」, 남녘땅 뱃노래, 두레, 1985c.
_____, 「개벽과 생명운동」, 『신인간』 487, 1990.
_____, 「'아니다 그렇다'의 진리 ― 불연기연」, 『신인간』 491, 1991. 2.
김창걸, 「동학의 민중 교화이념 연구」, 『논문집』 8, 인하대 인문과학연구소, 1982.
김 철, 「경전번역소고」, 『신인간』 369, 1979.
_____, 「경전 자구에 대한 나의 관견」, 『신인간』 398, 1982.
_____, 「동경대전 토씨와 새김문제」, 『신인간』 399~402, 1982.
_____, 「인시천 인즉천 인내천」, 『신인간』 433, 1985.
_____, 「법설합본 간행에 즈음하여」, 『신인간』 436, 1986.
_____, 「도즉동야 운즉일야 이즉비야 ― 경전에서 본 동학과 서학」, 『신인간』 460, 1988.
김춘성, 「동학의 자연과 생태적 삶」, 『동학학보』 창간호, 동학학회, 2000.
김 탁, 「한국사에서 본 서학과 동학의 비교연구」, 『논문집』 4, 한국정신문화연구원, 1990.

김학준, 「동학혁명과 동학가사」, 『표현』 16, 표현문학회, 1989.
김한구, 「한국 보국종교의 유래와 그 영향에 관한 연구」, 『현상과 인식』 5/4, 1981.
_____, 「동학의 비교사회 문화론」, 『한국학논집』 9, 한양대 한국학연구소, 1986.
김한식, 「상고시대의 신관과 수운의 신관」, 『동학학보』 창간호, 동학학회, 2000.
김형준, 「수운주의자의 인간적 태도」, 『신인간』 79~83, 1934.
김호성, 「최제우의 인류구원의 에너지」, 『동학연구』 3, 한국동학학회, 1998. 9.
김홍철, 「수운·증산·소태산의 유불선 삼교관」, 『한국종교』 4·5, 원광대 종교문제연구소, 1980.
_____, 「수운·증산·소태산의 비교연구」, 『한국종교』 6, 1981.
_____, 「근대 한국 종교사상에 있어서의 병관연구」, 『한국민중종교사상론』, 시인사, 1985.
_____, 「근세 한국 신종교의 사회개혁운동에 관한 연구」, 『논문집』 22-1, 원광대학교, 1988.
나혜성, 「동학가사를 통해 본 종교선전」, 『저널리즘 연구』 5, 이화여대 신문방송학과, 1975.
_____, 「동학가사를 통해 본 종교선전」, 『신인간』 382, 1980.
노무지, 「전통적 민족사상과 동학의 평등사상과의 관계에 대한 고찰」, 『중앙사론』 6, 중앙대 사학회, 1989. 12.
노태구, 「동학의 민족주의 이념의 토대에 관한 연구」, 『논문집』 9, 경기대, 1981.
_____, 「동학혁명과 태평천국혁명의 비교」, 『동학혁명의 연구』, 백산서당, 1982.
_____, 「동학의 정치사상 ― 세계사적 의의를 중심으로」, 『동학사상과 동학혁명』, 1984.
_____, 「민족종교(동학)에 대하여 ― 통일전선운동과 관련하여」, 『동학연구』 4, 한국동학학회, 1999. 2.
_____, 「동학과 통일국가모델 ― 민족주의의 입장에서」, 『동학학보』 창간호, 동학학회, 2000.
리종현, 「최제우와 동학」, 『갑오농민전쟁 100돌 기념논문집』, 집문당, 1995.
문명숙, 「동학 생명 인간―동학사상과 현대사상과의 관계」, 『동학학보』 창간호, 동학학회, 2000.
박맹수, 「동경대전에 대한 기초적 연구―동경대전 연구성과를 중심으로」, 『정신문화연구』 34, 1988.
_____, 「동경대전에 대한 분석적 연구」, 『신인간』 464~466, 1988.
_____, 「동학자료의 재검토」, 『신인간』 473~474, 1989.
_____, 「동학의 '칼노래'와 '칼춤'에 나타난 반침략적 성격」, 『윤병석교수화갑기념 한국근대사논총』, 지식산업사, 1990.
_____, 「동학사서 최선생문집 도원기서와 그 이본에 대하여」, 『한국종교』 15, 원광대 종교문제연구소, 1990. 12a.
_____, 「동학자료의 재검토」, 『인간과 경험 동서남북』 2, 한양대 민족학연구소, 1990. 12b.
박성기, 「수운의 사상연구」, 『신인간』 401~403, 1982.
_____, 「동학의 민주사상에 관한 연구」, 『논문집』 3, 동래여전, 1984.
박성봉, 「동학사상 연구와 그 문제점」, 『사총』 4, 고려대사학회, 1959.
박승길, 「한말 신흥종교의 혁세 정신과 민중의 자기인식방향과 유형」, 『한국사회사연구회논문집』 7, 1987. 12.
박용옥, 「동학의 부녀규범 내수도문」, 『여성동아』, 동아일보사, 1968. 9.
_____, 「동학의 남녀평등사상」, 『역사학보』 91, 1981. 9.
_____, 「동학에서 본 여성상」, 『동학』, 동학선양회, 1999.
박종홍, 「한국사상연구의 구상」, 『한국사상』 1·2, 1957.

배범명, 「천도교의 인내천사상」, 『철학회지』 1, 중앙대철학회, 1965.

배상현, 「수운 최제우의 사상고 — 유학사상을 중심으로」, 『동학연구』 2, 한국동학학회, 1998. 4.

배형근, 「동학의 교육사상」, 『광주경상전문대논문집』 2, 1982.

백세명, 「최수운의 인내천사상」, 『세계』 5, 1960.

_____, 「대신사의 탄생과 후천개벽의 새 원리」, 『신인간』 269, 1969b.

백종기, 「동학사상의 형성과 전개 및 동학난에 관한 연구」, 『대동문화연구』 14, 성균관대 대동문화연구소, 1981.

삼 암, 「수운대신사 연표」, 『신인간』 422, 1984.

서영석, 「수운의 「용담가」 어석」, 『동학연구』 6, 한국동학학회, 2000. 2.

송호수, 「동학의 보국사상」, 『신인간』 380, 1980.

수 암, 「수운대신사의 생애와 사상」, 『신인간』 274, 1970.

신경림, 「판소리와 동학고장의 민요들」, 『민요기행』 1, 한길사, 1985. 9.

신국주, 「동학에 관한 연구」, 『율동 조용각화갑송수기념논총』, 동덕여대출판부, 1984. 6.

신복룡, 「초기 동학사상의 연구」, 『신인간』 257~258 · 260~263, 1968~1969.

_____, 「동학의 정치사상」, 『법경논총』 7, 1972.

_____, 「동학사상의 시대적 배경에 관한 연구」, 『건국대학술지 인문과학편』 28, 건국대, 1984.

_____, 「동학연구서설」, 『동학사상과 갑오농민혁명』, 1985a.

_____, 「동학의 창도와 전개과정」, 『동학사상과 갑오농민혁명』, 1985b.

신석호, 「동학란과 최수운」, 『세계』 5, 1960.

신용하, 「동학의 창도」, 『사료로 본 한국문화사』(근대편), 1984.

_____, 「동학과 사회사상」, 『한국 근대 사회사상사 연구』, 일지사, 1987. 8.

_____, 「동학과 갑오농민전쟁의 결합」, 『한국학보』 67, 1992. 6.

_____, 「수운 최제우의 동학의 창도」, 『동학연구』 창간호, 한국동학학회, 1997. 12.

신일철, 「한국근대화와 최수운」, 『한국사상』 1 · 2, 1957. 7.

_____, 「동경대전 · 용담유사 해제」, 『한국의 명저』, 1970.

_____, 「최수운의 역사의식」, 『한국사상』 12, 1974. 11.

_____, 「동학」, 『한국사론(조선후기)』 4, 국사편찬위원회, 1976. 12.

_____, 「동학사상」, 『한국사상대계』 3, 성대 대동문화연구소, 1979a.

_____, 「동학사상자료 해제」, 『한국사상』 17, 1979b.

_____, 「동학사상의 전개 — 시천주 사인여천을 거쳐 인내천 사상에로」, 『한국사상』 17, 1980. 2.

_____, 「동학사상의 도교적 성격문제 — 지기와 시천주의 관계」, 『한국사상』 20, 1985. 7.

_____, 「최제우의 후천개벽적 이상사회상」, 『한국사시민강좌』 10, 일조각, 1992.

_____, 「최수운의 민족사상」, 『동학연구』 2, 한국동학학회, 1998. 4.

_____, 「동학의 '무위'적 시민사회관」, 『동학연구』 6, 한국동학학회, 2000. 2.

신일환, 「최수운의 동학사상」, 『사상』 9, 1991.

안보오, 「동학사상의 연원과 그 전개」, 『역사학연구』 8, 전남대사학회, 1978.

안진오, 「동학사상을 읽고」, 『한국철학연구』 하, 동명사, 1978.

_____, 「동학사상의 연원」, 『한국근대민중종교사상』, 학민사, 1983. 12.

오문환, 「동학의 생명사상」, 『외국문학』 47, 외국문학사, 1995a.

_____, 「동학의 네오휴머니즘 정치철학」, 『한국정치학회보』 29-2, 한국정치학회, 1995. 12.

_____, 「해월 최시형: 인간중심주의와 열린 공동체」, 『사회비평』 14, 사회비평사, 1996. 2.

_____, 「동양사상이 보는 생명가치 — 원효 율곡 동학의 생명관」, 『생명가치와 환경윤리 학제간 연구, 한국환경정책평가연구원, 1996. 9.

_____, 「동학의 개벽사상」, 『한국정치의 재성찰 — 전근대성 근대성 탈근대성』, 한울, 1996b.

_____, 「접포제를 통해서 본 동학의 자치관」, 『삶의 정치 — 통치에서 자치로』, 대화출판사, 1998.

_____, 「수운 최제우의 인간관 — '시정지'를 통해 본 '신인간'」, 『동학연구』 4, 한국동학학회, 1999. 2a.

_____, 「해월의 삼경사상 — 하늘·사람·생태계의 조화」, 『해월 최시형과 동학사상』, 예문서원, 1999. 2b.

_____, 「동학의 후천개벽사상」, 『동학학보』 창간호, 동학학회, 2000.

_____, 「생명의 길」, 『신인간』 605, 2001. 1.

오익제, 「동학사상연구의 방향 — 문제제기와 연구의 소재」, 『한국사상』 18, 1981. 1.

_____, 「동학혁명운동의 현대적 재조명」, 『동학사상과 동학혁명』, 청아출판사, 1984. 10.

오출세, 「용담유사에 나타난 사상적 배경고」, 『동악어문집』 15, 동국대, 1981.

_____, 「최수운과 「용담유사」」, 『동학연구』 창간호, 한국동학학회, 1997. 12.

유경환, 「동학가사에 나타난 궁을에 대한 소고」, 『국어국문학』 101, 국어국문학회, 1989.

_____, 「동학가사에 나타난 낙원사상의 수용양상」, 『어문연구』 69, 1991.

유근호, 「동학의 정치사상 — 내재논리의 성격과 그 변용을 중심으로」, 『민주문화논총』 8, 1991.

유병덕, 「최제우의 동학사상」, (한국민중종교사상론』, 시인사, 1985.

_____, 「한국근세 종교의 민중사상연구」, 『한국종교』 14, 1989. 5.

유영묵, 『최수운과 동학란』, 『한양』 28, 1964. 6.

유탁일, 「찾아진 동학가사 100여편과 그 책판」, 『부산신문』 11, 부산대, 1974. 11.

_____, 「동학교와 그 가사」, 『한국문헌학연구』, 아세아문화사, 1989.

윤노빈, 「동학의 세계사상적 의미」, 『한국사상』 12, 1974.

_____, 「초월과 한울님」, 『신생철학』, 학민사, 1989. 10.

윤석산, 「용담유사 연구」, 『인문논총』 5, 한양대, 1981.

_____, 「신인으로서의 죽음」, 『신인간』 416, 1984a.

_____, 「용담유사에 나타난 수운의 인간관」, 『한국학논집』 5, 한양대 한국학연구소, 1984. 2.

_____, 「용담유사에 나타난 낙원사상 연구」, 『한국학논집』 8, 한양대 한국학연구소, 1985. 8.

_____, 「용담유사에 나타난 수운의 대외의식」, 『한양어문연구』 3, 한양대 한양어문연구회, 1985.

_____, 「용담유사에 나타난 수운상」, 『한국학논집』 10, 한양대 한국학연구소, 1986.

_____, 「동학에 나타난 도교적 요소」, 『도교사상의 한국적 전개』, 한국도교사상연구회, 1989. 12.

_____, 「용담유사에 나타난 변혁의 의지」, 『겨레문학』 3/3, 도서출판 지평, 1990. 3.

_____, 「동학의 인본사상」, 『겨레문학』 4/4, 도서출판 지평, 1990. 6.

_____, 「동학가사에 나타난 민간신앙적 요소」, 『인간과경험 동서남북』 2, 한양대 민족학연구소, 1990. 12.

_____, 「문학에 나타난 동학」, 『종교와 문학』, 소나무, 1991. 11.

_____, 「동학가사에 나타난 근대의식연구」, 『한국학논집』 25집, 한양대 한국학연구소, 1994.

_____, 「『동경대전』 연구」, 『동학연구』 3, 한국동학학회, 1998. 9.

_____, 「불연기연」 연구 서설, 『동학학보』 창간호, 동학학회, 2000.

윤이흠, 「민족종교 ─ 민족종교의 사회변화에 대한 대응태도를 중심으로」, 『사회변동과 한국의 종교』, 한국정신문화연구원, 1987. 10.

_____, 「동학운동의 개벽사상 ─ 신념유형과 사회변화의 동인을 중심으로」, 『한국문화』 8, 서울대학교, 1987. 12.

은 포, 「각국의 형태와 최수운 선생의 제생운동 ─ 후천 개벽조짐사(속)」, 『신인간』 74, 1933.

이강오, 「한국 신흥종교에서 보는 도교와 불로장생」, 『도교와 한국사상』, 아세아문화사, 1987. 12.

이강옥, 「용담유사에 대한 일고찰 ─ 작가의 독자인식과 독자의 작품수용 양상을 중심으로」, 『진단학보』 60, 진단학회, 1985. 12.

이광순, 「최수운선생과 동학창도」, 『한국사상』 10, 1972. 8.

_____, 「동학의 현도운동」, 『한국사상』 12, 1974. 11.

이돈화, 「인내천의 연구」, 『개벽』 1-6, 1929.

_____, 「인내천주의자 최수운」, 『혜성』 2-4, 1932. 4.

이명남, 「초기동학의 반봉건성의 한계에 관한 연구 ─ 수운 최제우의 사상」, 『부산대학교사회과학논총』 7-2, 1988. 12.

이병도, 「동학교문과 그 발생의 제요인」, 『한국사상의 제문제』 6, 국사편찬위원회, 1960. 3.

이부영, 「최수운의 신비체험」, 『한국사상』 11, 1974. 3.

이선근, 「최제우의 민족종교 ─ 그 이해와 운동」, 『세계』 2-5, 국제문화연구원, 1960. 5.

이연복, 「『만세보』의 사설에 나타난 천도교의 교육관」, 『동학연구』 3, 한국동학학회, 1998. 9.

이원호, 「동학의 인간관과 현대교육적 의미」, 『한국의 전통교육사상』, 한국정신문화연구원, 1983.

이정옥, 「동학가사와 내방가사 및 『진각교전』의 여성의식의 비교」, 『동학연구』 3, 한국동학학회, 1998. 9.

이학인, 「대신사 출세 당시 사회상」, 『신인간』 34, 1929.

이현종, 「수운제문집(관몰기록)에 대하여」, 『이해남박사화갑기념사학논총』, 1970.

_____, 「수운문집해제」 I~VII, 『신인간』 284~293, 1971.

이현희, 「동학사상의 배경과 그 의식의 성장」, 『한국사상』 18, 1981a.

_____, 「동학사상의 민족독립사상」, 『한국사상』 19, 1982. 5.

_____, 「수운의 개벽사상연구」, 『남사 정재각박사 고희기념 동양학논총』, 고려원, 1984b.

_____, 「최제우의 동학사상」, 『숭산박길진박사고희기념 한국근대종교사상사』, 원광대, 1984. 10.

_____, 「동학사상 태동의 사적 연원」, 『동학연구』 창간호, 한국동학학회, 1997. 12.

_____, 「최제우의 개벽사상과 19세기의 한국사회」, 『동학연구』 2, 한국동학학회, 1998. 4.

이형근, 「용담유사연구」, 『신인간』 419, 1984.

임 연, 「수운주의자의 역사적 태도」, 『신인간』 63, 1933.

임운길, 「동학 천도교의 의례와 수행」, 『동학연구』 4, 한국동학학회, 1999. 2.

임종철, 「수운의 사회경제관」, 『신인간』 422, 1984.

_____, 「동학의 경제이념」, 『정신문화연구』 25, 한국정신문화연구원, 1985. 6.

임헌도, 「권학가 연구」, 『논문집』 23, 인문과학편 공주사범대학, 1985.

임현구, 「조선원시동학사상」, 『신인간』 484, 1990. 7.

_____, 「최수운의 보국안민 사상」, 『동학연구』 2, 한국동학학회, 1998. 4.

장기수, 「수운의 종교적 신비체험의 과정과 실재적 현존」, 『현대사회와 종교』, 도서출판 주류, 1987.

장대희, 「최제우」, 『교육사상가평전』 1, 교학연구사, 1987.

장영민, 「동학사상과 민중신앙」, 『동학연구』 2, 한국동학학회, 1998. 4.

정영희, 「동학의 이념과 교육사상 연구」, 『동학학보』 창간호, 동학학회, 2000.

정재호, 「동학가사의 일고찰」, 『아세아연구』 38, 1970.

_____, 「용담유사의 국문학적 고찰」, 『한국사상』 12, 1974. 11.

_____, 「동학가사의 형식과 내용」, 『한국사상』 19, 1982a.

_____, 「동학사상과 민족독립운동 ─ 그 맥락적 의식의 제기」, 『한국사상』 19, 1982b.

_____, 「용담유사고」, 『한국가사문학론』, 1982. 8.

_____, 「용담유사에 나타난 수운상」, 『동학사상논총』 1, 1982. 12.

_____, 「용담유사의 근대적 성격」, 『근대문학의 형성과정』, 문학과 지성사, 1984.

_____, 「최제우 가사의 특질」, 『동학연구』 3, 한국동학학회, 1998. 9.

정진오, 「동학사상과 주체적 근대화 정신」, 『철학사상의 제문제』, 한국정신문화연구원, 1985. 3.

_____, 「동학의 정치사상」, 『논문집』(사회과학), 제주대학교, 1985.

정창렬, 「동학과 농민전쟁」, 『한국사연구입문』, 지식산업사, 1981. 3.

_____, 「백성의식 평민의식 민중의식」, 『현상과인식』 19, 1981.

_____, 「동학사상의 사회의식」, 『한국학논집』 9, 한양대 한국학연구소, 1986. 2.

조기간, 동경대전 할글번역, 『신인간』 117~122, 1937~1938.

조기주, 「대신사와 포덕문」, 『신인간』 319, 1974.

조대현, 「동학과 풍류도와의 관계」, 『동학연구』 4, 한국동학학회, 1999. 2.

조동일, 「최제우와 구전설화」, 『인간과 경험 동서남북』 2, 한양대 민족학연구소, 1990. 12.

_____, 「최수운과 구전설화」, 『동학』, 동학선양회, 1999.

조 민, 「동학: 국가없는 사회의 이상」, 『동학연구』 3, 한국동학학회, 1998. 9.

조용일, 「고운에서 찾아본 수운의 사상적 계보」, 『한국사상』 9, 1968. 7.

_____, 「근암과 수운의 관계」, 『한파 이상옥박사 화갑기념논문 4집』, 교문사, 1969a.

_____, 「수운과 의암과의 관계」, 『이상옥회갑론문집』, 교문사, 1969b.

_____, 「수운의 동학사상 ─ 한국의 근대사적 추이에서」, 『신인간』 282~286, 1971.

_____, 「수운이 창도한 동학의 사상적 배경」, 『한국사상』 10, 1972.

_____, 「근암에서 찾아본 수운의 사상적 계보」, 『한국사상』 12, 1974a.

_____, 「동학의 수련방법」, 『한국사상』, 1974b.

_____, 「불교의 삼학과 동학의 기본사상」, 『동양학』 6, 단국대 동양학연구소, 1976.

_____, 「동학의 시존주의의 철학과 한국의 장래」, 『동학연구』 2, 한국동학학회, 1998. 4.

조일문, 「동학의 정치사상사적 고찰」, 『사회과학』 1, 건국대 사회과학연구소, 1975.

조재훈, 「동학가요의 배경적 연구─용담유사를 중심으로」, 『논문집』 19, 공주사범대학, 1981.

_____, 「동학가요에 나타난 궁을사상의 연원 및 그 수용양태에 관한 연구」, 『논문집』 20, 공주사범대학, 1982.

_____, 「동학가요에 나타난 궁을의 의미」, 『논문집』 22, 인문과학편 공주사범대학, 1984.

조지훈, 「한국사상의 근거」, 『한국사상』 1·2, 1957.
조흥윤, 「최수운과 민중신앙」, 『동학연구』 4, 한국동학학회, 1999. 2.
최동희, 「수운의 인간관」, 『한국사상』 1·2, 1957. 7.
_____, 「동학의 기본사상」, 『한국사상』 3, 1959. 3.
_____, 「니이체와 최수운」, 『한국사상』 4, 1960.
_____, 「동학의 신앙대상」, 『아세아연구』 8/2, 1965. 6a.
_____, 「동학의 신관」, 『철학연구』 4, 고려대철학회, 1965. 6b.
_____, 「동학의 주문에 대하여」, 『한국사상』 8, 1966. 6.
_____, 「종교와 민족주의 ― 동학을 중심으로」, 『한국사상』 9, 1968. 7.
_____, 「동학사상연구」, 『아세아』 1/1, 월간아세아사, 1969. 2.
_____, 「한국민족주의와 동학사상―인간의 존엄성과 위대성에의 이념」, 『정경연구』 42, 한국정경연구소, 1969. 7.
_____, 「동학사상의 조사연구」, 『아세아연구』 35, 1969. 9.
_____, 「수운의 수도에 관한 사상」, 『신인간』 269, 1969. 10.
_____, 「동학의 종교적 동기와 수도목적」, 『한국철학연구』 1, 해동철학회, 1970. 5.
_____, 「한국의 동학 및 천도교사」, 『한국문화사대계』 2, 고대민족문화연구소, 1970. 12.
_____, 「동학사상의 변용과 개화」, 『고대문화』 12, 고려대, 1971. 5.
_____, 「동학사상의 발단과 그 성격」, 『새교육』 204, 1971.
_____, 「도의 의미와 그 한국적 전개 ― 동학의 '도' 개념을 중심으로」, 『한국사상』 10, 1972. 8.
_____, 「동학사상의 고유성과 다양성」, 『한국학』 3, 중앙대 한국학연구소, 1974. 3.
_____, 「수운의 기본사상과 그 상황 ― 사상형성의 과정을 중심으로」, 『한국사상』 12, 1974a.
_____, 「수운의 생애와 사상」, 『신인간』 314~316, 1974.
_____, 「수운의 실존적 체험」, 『신인간』 320, 1974.
_____, 「수운의 상황과 사상」, 『신인간』 321~325, 1974.
_____, 「천도교사상」, 『한국현대문화사대계』 2, 고려대 민족문화연구소, 1976.
_____, 「동학사상」, 『한국철학연구』 하, 동명사, 1978.
_____, 『동학의 사상과 운동』, 성균관대학교출판부, 1980a.
_____, 「동학의 기본사상」, 『한국사학』 1, 한국정신문화연구원, 1980b.
_____, 「수운의 선악관」, 『신인간』 422, 1984.
_____, 「천도교의 교리사상」, 『숭산박길진박사고희기념 한국근대종교사상사』, 원광대, 1984. 10.
_____, 「수운선생의 인간관」, 『신인간』 425~429, 1985a.
_____, 「최제우의 인간관」, 『철학적 인간관』, 한국정신문화연구원, 1985b.
_____, 「동학의 윤리의식」, 『현대사회와 전통윤리』, 고대 민족문화연구소, 1986.
_____, 「천도교의 교리 해석에 따르는 문제」, 『종교연구』 6, 한국종교학회, 1990. 10.
_____, 「수운의 종교사상」, 『동학연구』 4, 한국동학학회, 1999. 2.
_____, 「동학의 교리 전개」, 『동학』, 동학선양회, 1999.
최무석, 「최수운의 교육사상」, 『신인간』 397, 1982.
최민홍, 「최제우의 사상과 실존철학」, 『문경』 16, 중앙대문리과대학, 1964. 12.
_____, 「동학윤리사상과 실존주의」, 『문경』 17, 1965. 8.

_____, 「최수운과 휴머니즘」,『신인간』316, 1974.

_____, 「최수운과 '한'사상」,『신인간』422, 1984.

_____, 「수운 대신사와 현대휴머니즘」,『신인간』480, 1990.

최석우, 「서학에서 본 동학」,『교회사연구』1, 1977.

최수정, 「동학사료의 정리」,『한국사상』6, 1983. 8.

최원식, 「동학가사해제」,『동학가사』1, 한국정신문화연구원, 1979. 10.

_____, 「동학소설연구」,『어문학』40, 대구한국문학회, 1980.

최창과, 「최제우 그의 사상과 행적」,『정경연구』49, 1969. 2.

최현희, 「동학사상과 한국여성의 개화시각」,『신인간』381, 1980.

최효식,『수운 최제우의 생애와 사상』,『동학연구』2, 한국동학학회, 1998. 4.

표영삼, 「동학경전의 편제와 내용」,『신인간』402~403, 1982.

_____, 「대신사의 체포경위와 순도」,『신인간』416, 1984.

_____, 「동학경전 편제와 내용」,『신인간』423~441, 1984~1986.

_____, 「수운대신사의 생애 — 연대에 대한 새로운 고증」,『한국사상』20, 1985.

_____, 「대신사의 개벽관」,『신인간』443, 1986a.

_____, 「대신사의 한울님」,『신인간』444, 1986b.

_____, 「천도교 경전 번역의 문제점」,『신인간』452, 1987. 8.

_____, 「최선생문집도원기서 해제」,『신인간』465, 1988. 12.

_____, 「동학의 종교사상」,『동학연구』창간호, 한국동학학회, 1997. 12.

한우근, 「동학사상의 본질」,『동방학지』10, 1969. 12.

_____, 「동학의 성격과 동학교도의 운동」,『한국사』17, 국사편찬위원회, 1973. 12.

_____, 「동학창도의 시대적 배경」,『두계이병도박사구순기념 한국사학논총』, 지식산업사, 1987.

허문일, 「수운주의 예술에 대하야」,『신인간』63~66, 1933.

허종옥·이명남, 「초기동학의 반봉건성의 한계에 대한 연구 — 수운 최제우의 사상을 중심
으로」,『사회과학논총』, 부산대, 1988.

홍장화, 「한 사상과 동학」,『한국사상』21, 1989. 12.

_____, 「동학의 기본사상」,『동학연구』창간호, 한국동학학회, 1997. 12.

황묘희, 「수운 최제우의 여성관」,『동학연구』3, 한국동학학회, 1998. 9.

황문수, 「야뢰에 있어서의 인내천사상의 전개」,『한국사상』12, 1974. 11.

_____, 「이돈화의 신인철학사상」,『숭산박길진박사고희기념 한국근대종교사상사』. 원광대출
판국, 1984. 10.

_____, 「이돈화의 신인 사상」,『동학학보』창간호, 동학학회, 2000.

황선희, 「동학사상 연구」,『상명여대논문집』, 1985. 10.

_____, 「동학사상의 인본주의적 요소」,『동학연구』3, 한국동학학회, 1998. 9.

황승봉, 「대신사가 말씀하신 자유론」,『신인간』54, 1930.

수록 논문 원게재지(게재순)

1. 김승복, 「수심정기」(『신인간』 227, 1962), 「기화지신」(『신인간』 256, 1968), 「인내천
   사람」(『신인간』 227, 1962).
2. 김경재, 「수운의 시천주 체험과 동학의 신관」, 『동학연구』 4, 한국동학학회, 1999.
3. 김용휘, 「최제우의 시천주에 나타난 천관」, 『한국사상사학』 제20집, 2003.
4. 오문환, 「'시천주' 주문을 통해서 본 수운의 인간관」, 『동학의 정치철학』, 모시는사람
   들, 2003.
5. 윤석산, 「수운의 「검결」 연구」, 『동학사상과 한국문학』, 한양대 출판부, 1999.
6. 신일철, 「동학과 전통사상」, 『동학학보』 제5호, 2003.
7. 박경환, 「동학과 유학사상」, 『동학학보』 제5호, 2003.
8. 김용해, 「동학과 서학의 신관비교분석」, 『동학학보』 제4호, 2002.
9. 최민자, 「수운과 원효의 존재론적 통일사상」, 동학학회 2003년 11월 월례발표회.
10. 박소정, 「동학과 도가사상: 불연기연 논리를 중심으로」, 『동학학보』제5호, 2003.
11. 임형진, 「수운의 민족주의 정치이념」, 『동학무극사상연구』 창간호, 2001.
12. 노태구, 「동학의 무극대도와 통일」, 『동학학보』 제4호, 2002.
13. 김지하, 「동북아생명공동체와 새 문화의 창조」, 『대화』 1995 여름호.
14. 문명숙, 「동학, 생명, 인간 — 동학사상과 현대사상과의 관계」, 『동학학보』 창간호,
   동학학회, 2000.

필진 약력(게재순)

오문환吳文煥

연세대학교 정치외교학과를 졸업하고 동 대학교 대학원에서 석사 및 박사 학위를 취득하였으며 현재 연세대학교 사회과학연구소 선임연구원으로 있다. 저서로『해월 최시형의 정치사상』,『동학의 정치철학』,『천지를 삼킨 물고기』,『해월 최시형과 동학사상』(공저),『한국정치사상사』(공저) 등이 있고, 논문으로는「동학사상에서의 자율성과 공공성」,「동학의 천주관: 영성과 창조성」,「동양사상이 보는 생명가치 — 원효, 율곡, 동학의 생명관」 등이 있다.

김승복金昇福(작고)

호는 월산月山. 1961년 천도교 영등포교구 정원포 도정道正으로 추대되었고 1990년에 천도교 종학대학원 명예교수가 되었다. 천도교연원회 의장을 지냈다. 천도교의 종교·철학·수행을 다룬 소논문들을 1961년부터 1994년까지 39회에 걸쳐『신인간』지에 게재하였다.「견성각심見性覺心」,「진리유일眞理唯一」,「정시정문正示正聞」,「만사지萬事知」,「도道」외 34편이 있다.

김경재金敬宰

한국신학대학과 연세대 신학대학원, 고려대 대학원에서 현대신학과 동양철학을 공부하고 미국 듀북 대학교 신학원과 클레어몬트 대학원 종교학과에서 수학하였으며 네덜란드 유트레히트 대학에서 박사학위를 받았다. 한신대학교 신학과 교수를 역임하였다. 주요 저서로는『해석학과 종교신학』,『폴 틸리히 신학 연구』,『영과 진리 안에서』 등이 있다.

김용휘金容暉

한양대학교 물리학과를 졸업하고 동 대학교 대학원에서 석사학위(철학)를, 고려대학교 대학원에서 박사학위(철학)를 받았다. 현재 고려대학교 민족문화연구소 연구원으로 있다. 주요 논문으로「시천주사상의 변천을 통해 본 동학 연구」(박사학위논문),「동학의 신관 재검토」,「동학의 수양론」 등이 있다.

윤석산尹錫山

한양대학교 국문과를 졸업하고 동 대학교 대학원에서 박사학위를 취득하였다. 현재 한양대학교 국문과 교수로 있다.『바다 속의 램프』,『온달의 꿈』,『처용의 노래』 등의 시집과『고전적 상상력』,『용담유사연구』,『후천을 열며』,『동학교조 수운 최제우』,『주해 동경대전』,『주해 용담유사』,『道源記書 주해』 등의 저서가 있다.

신일철申一澈

고려대학교 철학과를 졸업하고 동 대학교 대학원에서 박사학위를 취득하였다. 고려대학교 문과대학장 및 대학원장, 고려대학교 철학연구소 소장 등을 역임하였으며, 현재 고려대학교 명예교수로 있다. 『동학사상의 이해』, 『신채호의 역사사상연구』, 『현대사회철학과 한국사상』, 『북한 주체철학 연구』 등 다수의 저작이 있다.

박경환朴璟煥

고려대학교 경제학과와 철학과를 졸업하고 동 대학교 대학원에서 석사 및 박사 학위(철학)를 취득하였으며 현재 한국국학진흥원 책임연구원으로 있다. 저서로는 『강좌 한국철학』(공저)이 있고 역서로는 『중국철학과 인성의 문제』, 『맹자』, 『양명학』(공역) 등이 있으며 주요 논문으로는 「장재의 기론적 천인합일사상 연구」(박사학위논문), 「현세적 가치와 출세적 가치의 대립」, 「공부방법론으로서의 존덕성과 도문학」 등이 있다.

김용해金龍海

전남대학교 법학과를 졸업하고 서강대학교 대학원에서 철학석사학위를, 오스트리아 인스브룩대학교에서 신학석사학위를 받았으며 독일 뮌헨 예수회철학대학에서 박사학위를 받았다. 현재 서강대학교 신학대학원 교수로 있다. 주요 저서로는 *Gotteserfahrung, Innsbruck, Zur Begruendung der Menschenwuerde und der Menschenrechte* 등이 있고, 주요논문으로 「'문명의 충돌론'에서 문명의 창출로」, 「인간존엄성과 인권을 근거 짓는 작업에서의 문제들」, "Die philosophischen Grundlagen der Menschenrechtsidee in Asien" 등이 있다.

최민자崔玟子

부산대학교 정치외교학과를 졸업하고 미국 애리조나주립대학교에서 정치학석사, 영국 켄트대학교에서 정치학박사학위를 받았다. 현재 성신여자대학교 교수로 있다. 주요 저서로는 『동학사상과 신문명』, 『세계인 장보고와 지구촌 경영』, 『새벽이 오는 소리』, 『직접시대』, 『길(道)을 찾아서』 등이 있고, 논문으로는 「단군조선의 건국이념과 정치사상」, 「패러다임 전환과 환경친화적 공동체」, 「태극사상에서 본 여성참여의 존재론적 함의」 등이 있다.

박소정朴素晶

연세대학교 철학과를 졸업하고 동 대학교 대학원에서 석사 및 박사 학위를 취득하였다. 현재 건국대학교 철학과 강의교수로 있다. 주요 논문으로는 「악론을 통해 본 장자의 예술철학」(박사학위논문), 「혜강과 완적의 음악론」, 「『장자』의 신화적 글쓰기」, 「장자사상이 동아시아 음악론에 끼친 영향」 등이 있다.

임형진林炯眞

경기대학교 행정학과를 졸업하고 성균관대학교 대학원에서 석사학위(정치학)를 받았으며 경희대학교 대학원에서 박사학위(정치학)를 받았다. 현재 경기대학교 사회과학부 대우교수로 있다. 주요저서로『동학의 정치사상』,『동학 천도교의 통일운동』,『천도교 통일운동과 동학민족통일회』등이 있고, 논문으로는「단군학과 한국정치학」,「동학사상과 정신개벽」등이 있다.

노태구盧泰久

고려대학교 법대를 졸업하고 동 대학교 대학원 정치외교학과에서 석사 및 박사 학위(정치학)를 받았으며 중국 중앙민족대학 대학원에서 박사학위(법학박사)를 받았다. 현재 경기대학교 교수로 있다. 저서로는『한국민족주의의 정치이념』,『동학혁명의 연구』,『세계화를 위한 한국민족주의론』,『동학과 신문명론』,『민족주의와 국제정치』등이 있고, 역서로는『홍수전: 태평천국혁명의 기원』,『동방민족주의론』등이 있다.

김지하金芝河

서울대학교 문리대 미학과를 졸업하였으며 현재 영남대학교와 예술종합학교의 석좌교수로 재직하고 있다.『시인』지에 시「황톳길」등을 발표하여 시작 활동을 시작한 이래 지금까지 시집으로『황토』,『타는 목마름으로』,『五賊』,『중심의 괴로움』,『花開』,『절, 그 언저리』등을 펴냈으며, 그밖에『밥』,『남녘땅 뱃노래』,『살림』,『사상기행』,『예감에 가득 찬 숲그늘』,『탈춤의 민족미학』,『김지하의 화두』등의 저서와 회고록『흰 그늘의 길』(전3권) 및『흰 그늘의 미학』을 간행하였다.

문명숙

효성가톨릭대학교 불문과를 졸업하고 서강대학교 대학원 종교학과에서 석사학위를 받았으며 파리가톨릭대학・파리4대학(소르본느)에서 공동박사학위를 취득하였다. 서강대학교 강사를 지냈다. 주요 논문으로는「동학의 인간관」,「최제우의 신관」,「데카르트의 자연관」등이 있다.

예문서원의 책들

일본사상총서

일본 신도사(神道史) 무라오카 츠네츠구 지음, 박규태 옮김, 312쪽, 10,000원
도쿠가와 시대의 철학사상(德川思想小史) 미나모토 료엔 지음, 박규태·이용수 옮김, 260쪽, 8,500원
일본인은 왜 종교가 없다고 말하는가(日本人はなぜ 無宗教のか) 아마 도시마로 지음, 정형 옮김, 208쪽, 6,500원
일본사상이야기 40(日本がわかる思想史四) 나가오 다케시 지음, 박규태 옮김, 312쪽, 9,500원
사상으로 보는 일본문화사(日本文化の歷史) 비토 마사히데 지음, 엄석인 옮김, 252쪽, 10,000원
일본도덕사상사(日本道德思想史) 이에나가 사부로 지음, 세키네 히데유키·윤종갑 옮김, 328쪽, 13,000원

예술철학총서

중국철학과 예술정신 조민환 지음, 464쪽, 17,000원
풍류정신으로 보는 중국문학사 최병규 지음, 400쪽, 15,000원
율려와 동양사상 김병훈 지음, 272쪽, 15,000원

동양문화산책

공자와 노자, 그들은 물에서 무엇을 보았는가 사라 알란 지음, 오만종 옮김, 248쪽, 8,000원
주역산책(易學漫步) 朱伯崑 외 지음, 김학권 옮김, 260쪽, 7,800원
공자의 이름으로 죽은 여인들 田汝康 지음, 이재정 옮김, 248쪽, 7,500원
동양을 위하여, 동양을 넘어서 홍원식 외 지음, 264쪽, 8,000원
서원, 한국사상의 숨결을 찾아서 안동대학교 안동문화연구소 지음, 344쪽, 10,000원
안동 금계마을 — 천년불패의 땅 안동대학교 안동문화연구소 지음, 272쪽, 8,500원
녹차문화 홍차문화 츠노야마 사가에 지음, 서은미 옮김, 232쪽, 7,000원
안동 풍수 기행, 와혈의 땅과 인물 이완규 지음, 256쪽, 7,500원
안동 풍수 기행, 돌혈의 땅과 인물 이완규 지음, 328쪽, 9,500원
영양 주실마을 안동대학교 안동문화연구소 지음, 332쪽, 9,800원
거북의 비밀, 중국인의 우주와 신화 사라 알란 지음, 오만종 옮김, 296쪽, 9,000원
문학과 철학으로 떠나는 중국 문화 기행 양회석 지음, 256쪽, 8,000원
류짜이푸의 얼굴 찌푸리게 하는 25가지 인간유형 류짜이푸(劉再復) 지음, 이기면·문성자 옮김, 320쪽, 10,000원
예천 금당실·맛질 마을 — 정감록이 꼽은 길지 안동대학교 안동문화연구소 지음, 284쪽, 10,000원
터를 안고 仁을 펴다 — 퇴계가 굽어보는 하계마을 안동대학교 안동문화연구소 지음, 360쪽, 13,000원

동양사회사상총서

주역사회학 김재범 지음, 296쪽, 10,000원
유교사회학 이영찬 지음, 488쪽, 17,000원
깨달음의 사회학 홍승표 지음, 240쪽, 8,500원

예문동양사상연구원총서

한국의 사상가 10人 — 원효 예문동양사상연구원/고영섭 편저, 572쪽, 23,000원
한국의 사상가 10人 — 의천 예문동양사상연구원/이병욱 편저, 464쪽, 20,000원
한국의 사상가 10人 — 지눌 예문동양사상연구원/이덕진 편저, 644쪽, 26,000원
한국의 사상가 10人 — 퇴계 이황 예문동양사상연구원/윤사순 편저, 464쪽, 20,000원
한국의 사상가 10人 — 남명 조식 예문동양사상연구원/오이환 편저, 576쪽, 23,000원
한국의 사상가 10人 — 율곡 이이 예문동양사상연구원/황의동 편저, 600쪽, 25,000원

민연총서 — 한국사상

자료와 해설, 한국의 철학사상 고려대 민족문화연구원 한국사상연구소 편, 880쪽, 34,000원
여헌 장현광의 학문 세계, 우주와 인간 고려대 민족문화연구원 한국사상연구소 편, 424쪽, 20,000원

우리의 새로운 세기를 밝혀 줄 '한국의 사상가 10人'

<예문동양사상연구원 '한국의 사상가 10人' 간행위원회>에서는 우리의 새로운 세기를 준비하기 위하여 해방 후 50여 년 동안의 연구사를 바탕으로 한국을 대표하는 사상가 10인을 선정하였습니다. 해당 사상가들의 사상적 면모를 보여 줄 수 있는 대표적 논문들을 주제별로 선별한 후 그 동안의 연구사에 대한 해제와 연구물 총목록을 정리하여 앞으로의 연구 방향을 제시하고 있습니다.

◇ 예문동양사상연구원총서(1~10)

한국의 사상가 10人 —— 원효 고영섭 편저 · 572쪽 · 값 23,000원
한국의 사상가 10人 —— 의천 이병욱 편저 · 464쪽 · 값 20,000원
한국의 사상가 10人 —— 지눌 이덕진 편저 · 644쪽 · 값 26,000원
한국의 사상가 10人 —— 퇴계 이황 윤사순 편저 · 464쪽 · 값 20,000원
한국의 사상가 10人 —— 남명 조식 오이환 편저 · 576쪽 · 값 23,000원
한국의 사상가 10人 —— 율곡 이이 황의동 편저 · 600쪽 · 값 25,000원
한국의 사상가 10人 —— 하곡 정제두 김교빈 편저 · 432쪽 · 값 22,000원
한국의 사상가 10人 —— 다산 정약용 박홍식 편저 · 572쪽 · 값 29,000원
한국의 사상가 10人 —— 혜강 최한기 김용헌 편저 · 520쪽 · 값 26,000원
한국의 사상가 10人 —— 수운 최제우 오문환 편저 · 464쪽 · 값 23,000원